● 中等职业教育"十一五"规划教材

中职中专文秘类教材系列

秘书实务

楼红霞　主编

科学出版社

北 京

内 容 简 介

本书是根据秘书的工作特征、工作内容和工作规范而编写的中等职业教育文秘专业教材。

全书共 11 章，由秘书实务概述，文书写作，文书处理，档案管理，会议管理工作，接待工作，信息管理，办公室管理，办公室日常事务管理，调研、信访和危机处理及办公自动化等部分组成，介绍秘书工作的内容、程序、方法和技巧，强调了秘书工作的实践性和应用性。本书通过学习目标、情景导入、知识精讲、知识链接、案例及点评、思考实训等环节将岗位和实际工作紧密相连，为秘书的实际工作提供了切实可行的解决办法，具有很强的操作性和实用性。

本书可作为中等职业学校文秘专业的教材，也可供相关短期培训班使用，还可供社会各行业文秘人员参考。

图书在版编目（CIP）数据

秘书实务/楼红霞主编 . —北京：科学出版社，2008
（中等职业教育"十一五"规划教材·中职中专文秘类教材系列）
ISBN 978-7-03-023147-5

Ⅰ. 秘… Ⅱ. 楼… Ⅲ. 秘书-工作-专业学校-教材 Ⅳ. C931.46

中国版本图书馆 CIP 数据核字（2008）第 153833 号

责任编辑：田悦红 殷晓梅/责任校对：耿 耘
责任印制：吕春珉/封面设计：耕者设计工作室

科 学 出 版 社 出版
北京东黄城根北街 16 号
邮政编码：100717
http://www.sciencep.com

铭浩彩色印装有限公司印刷
科学出版社发行 各地新华书店经销

*

2008 年 10 月第 一 版 开本：787×1092 1/16
2017 年 2 月第八次印刷 印张：21 1/4
字数：503 000

定价：42.00 元
（如有印装质量问题，我社负责调换〈骏杰〉）
销售部电话 010-62134988 编辑部电话 010-62135763-2007（SF02）

本书是分解秘书工作程序、详述专业技能的综合性专业教材。

秘书学是一门边缘科学，目前中等职业学校文秘专业的专业课包含众多其他专业的相关理论，如文书学、档案管理学、应用写作、公共关系、秘书礼仪等。这样秘书专业的知识点本来就较为分散，而目前使用的教材又多重理论、轻实践、重原理、轻技能，为此，本书克服了以往众多文秘教材的以上局限性，突出了知识的串联、实务、技能，较为详细地介绍了秘书工作的知识、流程及操作技能。

本书的特点主要体现在以下方面：

（1）注重操作性。秘书的工作内容决定了秘书从事的是政务性、业务性、事务性，如文书制作、会议组织、档案管理、危机处理等的操作。为此，本书没有深奥的理论，而是定位在做什么、怎样做、如何做，突出介绍各种实务工作的操作程序、规范要求和方法技巧。

（2）注重创新性。在内容上，本书充分考虑新知识、新技术、新成果在现代秘书工作中的应用；在体例上，打破"知识＋练习"的框架，尝试"学习目标＋情景导入＋知识精讲＋知识链接＋案例及点评＋思考实训"的模块编排体系，采用情景导入以激发学生的学习兴趣，借助案例及点评引导学生从实际工作中获取更多的经验；在训练安排上，对每一节内容不仅设置了思考题，还配有专门的"技能实训"，以帮助学生巩固所学知识，掌握必备的技能。另外，书中的"知识链接"可以帮助学生更好地理解相关知识和拓展知识面。

（3）注重理论与实践相结合。每一节内容的编排都有知识精讲、案例及点评和思考实训。首先让学生掌握每一实务的理论知识，而后让学生用所学知识分析、操作具体的工作实例，最后再通过思考实训让学生巩固所学知识及进行实际操作，通过反复强调、操作，达到理论与实践的有机整合，真正实现理论与实践的双丰收。

本书参阅了有关著作，吸取了相关学科的一些专家、学者的研究成果，特向有关作者表示衷心的感谢。本书的编写还得到了余姚市职成教中心学校的大力支持和帮助，在此一并致谢。

由于秘书理论与实务这门课程体系庞大、内容繁复，加之编者的水平有限，书中难免有疏漏之处，祈望广大读者批评指正，以便进一步修订和完善。

目　录

第一章 秘书实务概述

秘书是领导的助手、参谋和办事人员，秘书部门是党政机关、企事业单位和社会团体的办事机构，是联系内外、沟通上下的信息枢纽。秘书人员和秘书部门的上述地位、职责，决定了秘书的实务工作是一种为领导提供综合服务的辅助管理工作。

秘书在从事实务工作时，应有一定的指导思想，即先作计划、付诸实施，然后检查结果，围绕着计划—实施—检查这样一个滚动的过程来进行。首先要有明确的工作计划，包括工作目标、内容、分工或合作情况、工作步骤、方式方法、完成时间、标准要求等；其次要区分轻重缓急，决定工作次序，有条有理地去进行。秘书在同时进行几项工作时，应培养自己能正确判断情况、按照优先顺序处理工作的能力。秘书要顺利完成实务工作，就必须十分注意运用科学的思维方式和高效的操作方法。

第一节 秘书实务的内容和程序

 学习目标

掌握秘书实务的含义和内容。

情景导入

张秘书的一天

那是一个春天的星期一，张主任还是一个普通的秘书，大家按习惯称他为小张。上周因办公室罗主任要赶在星期日下午外出开会，他们俩便在周末加了一天半班，赶着写好了领导交办的4位局领导的讲话稿，并交给李副局长审阅。今天上班时，小张便感到比较轻松，他认为只要等李副局长审完稿，交到文印室印发就没事了。但当他到李副局长处取文稿时，李副局长却认为还要做些加工，增加一些内容，并要求小张修改后再交给他审阅。

小张回办公室赶紧修改。8点半左右，刘副局长要小张去见他，说刚接到电话通知，市委督查组要求他们在本周三上午下班前报送一份关于小康区建设的综合汇报材料。小张是2005年才来机关工作的，而小康区建设始于2000年，2004年基本建成，所以他许多情况不熟悉，必须查阅大量材料，并取得有关部门的支持。小张接受了任务，并立即打电话到有关部门索要材料，并亲自去档案局查阅有关资料。等他心中有了一点数，并回办公室准备拟稿时，已经快12点了。当他撰写好提纲，去局长室请刘副局长审定时，却被一把手王局长"逮"了个正着，王局长要小张陪同，去基层看一看企业改制工作的进展情况。他们先后看了5家企业，听取厂长汇报，深入车间听取意见，并具体了解生产与销售的情况，对企业改制后的发展提出了一些指导性的意见，这些小张都认真地作了记录。

午餐后，小张将自己锁在办公室内，先就王局长视察5家企业的改制情况写了一篇通讯稿。接着修改李副局长要求审阅的4位领导的讲话稿，一直到下午两点半才改好。然后小张把文稿交给李副局长审阅，李副局长说3点钟有个会要开，他边开会边看文稿，要小张下班时去他那儿取文稿，连夜复印。接着小张将已写好的通讯稿交报社刊发后，回到办公室。接下来的时间，他根据自己收集的材料，将刘副局长审阅过的提纲进行充实调整，并进行了必要的细化。他打算静坐构思，晚上动手一气呵成。在下班时，小张取回李副局长的审定稿，略作润色，就赶紧交付文印室印制，并组织了几位同事突击装订。待他吃过晚饭再回到办公室要收看"新闻联播"时，"新闻联播"已经结束。

小张泡了一杯浓茶，面对那堆尺把高的资料，开始专心致志地起草那大块头文章。初稿结束时，已是次日凌晨3点钟。那种如释重负的感觉，让小张至今都难以忘怀。

星期一从7点40分进办公室，到第二天凌晨3点，大约19个小时，小张都处于高度紧张状态。小张认为放在平时，这些工作肯定由罗主任承担，而自己只是个配角罢了。但以后的工作经历，却告诉小张，秘书这种"拼命三郎"式的工作状态，实在是太正常了。

知识精讲

一、秘书实务的含义

秘书实务就是具体研究和传授各项秘书工作的方法、程序和技能的知识体系。回答的问题主要是秘书做哪些事，应该怎样做。

二、秘书实务的内容

根据目前秘书工作的实际，秘书实务分为政务性工作、业务性工作、事务性工作等三大板块。

1）政务性工作是指直接为领导决策（不只限于党政机关的政治决策，也包括企业的商务决策）服务的综合性工作，包括调查研究、信息工作、参谋咨询、协调工作、督查工作、提案办理工作。

2）业务性工作是带有专业性的常规工作，主要有文稿的撰拟、文书的处理、档案管理、资料工作、会务工作、信访工作、保密工作、网站和网页管理、谈判工作和公关工作。

3）事务性工作是指一些专业性不强、主要依靠经验和责任心来处理的具体事务，主要有领导的日程安排、随从工作、通信联络、接待和礼仪、值班和突发事件处理、办公室日常事务管理。

这里把秘书实务工作分为政务性工作、业务性工作和事务性工作 3 类，只是根据每项工作的主要特点而作的大体划分。实际上绝大多数工作都兼有其他方面的某些特点，例如调查研究固然是一项综合性很强的政务工作，但在调查过程中必然要处理许多的具体事务，如开调查会就有会务工作，撰写调查报告又属于业务性很强的工作。

根据以上秘书实务工作的内容，本书将着重研究秘书工作的主要内容、基本要求、操作规范、实施程序及注意事项等。

知识链接

什么是秘书？

"秘书"是人们非常熟悉的一个名词。

在中国古代，"秘书"最早是指"宫中秘藏之书"。在东汉桓帝时设有管理秘藏之书的机构——秘书监，负责该机构的官员也叫秘书监，其副职叫秘书丞、秘书郎。

在现代语言中，对"秘书"的解释是多种多样的。《现代汉语词典》对"秘书"的解释是：掌管文书并协助机关或部门负责人处理日常工作的人员，如秘书长、部长秘书；秘书职务，如秘书处、担任秘书工作。

国家劳动和社会保障部于 2003 年重新修订的《秘书国家职业标准》对秘书的定义是：从事办公室程序性工作，协助上司处理政务及日常事务并为决策及实施提供服务的人员。

美国全国秘书协会给"秘书"下的定义是：高级官员的助手，掌管机关职责并具有在不同上司直接监督下承担任务的才干，发挥积极主动性、运用判断力在其职权范围内对机关工作做出决定的工作人员。

国际职业秘书协会对"秘书"的定义是：秘书应是主管人员的一位特殊助手，他掌握办公室的工作技巧，能在没有上级过问的情况下表现出自己的责任感，以实际行动显示出主动性和正确判断的能力，并且能在所给予的权利范围内做出决定。

三、秘书实务的程序

秘书在办理领导交办的事务或完成规定任务时，应该制定工作计划。完整的工作计划包括达到的目标、实施步骤、期限、运用的方法、完成工作后的总结和反馈等。重大项目必须有计划，细小的、琐碎的杂事可以省略许多环节，但也应有执行完整计划的思路。

秘书部门在计划的设置和执行过程中，要明确"5W1H"，即 Why——为什么做？原因与目的；What——做什么？项目、内容；Who——派谁去做？Where——在什么地方做？When——在什么时间做？什么时间完成？How——怎样去做？方式和手段如何？可以采用以下的目标管理方式：

1）制定阶段。秘书部门的负责人确定初步目标，明确部门内各成员的作用和相互关系，确立各成员的分目标。总目标和分目标应该互相协调，使各成员要清楚为实现总目标自己要做些什么。

2）实施阶段。秘书部门负责人根据分目标的要求，给予下属相应的权限和工作条件，使之能够独立自主地完成任务。负责人还要制定并严格执行既定目标的作业计划，并在其中辅之以一定的指导和帮助。

3）考评阶段。秘书部门负责人在计划完成后，应及时根据下属完成任务的情况，做出相应的工作评价，并给予相应的物质和精神鼓励。

秘书在以上的制定、实施、考评计划过程中，应保持高标准和严要求。秘书工作中有许多看来都是小事，但许多老秘书的体会则是"秘书无小事"。细小的差错（如文件中的字句、标点错误或是会务、接待工作中的某些疏漏）往往能影响大局，因此秘书实务的工作标准是不能降低的。

【案例及点评】

协助服务与秘书工作范围

毕业于某名牌大学的苏云踌躇满志地踏上了外企秘书的工作岗位，今天是她上班的第一天，一路上苏云想象着她的工作：在计算机前熟练地进行计算机操作；用流利的英文为总经理书写函件；聚光灯下，从容地主持对外活动……她兴冲冲地赶到办公室报到，老外经理淡淡地看了她一眼，然后吩咐说："请苏小姐先把办公室收拾一下。"苏云先是一愣，但又立即按照经理的吩咐做了起来。她将办公桌上东一堆西一堆的文件整理归位，将茶几上喝过的杯子、装满烟蒂的烟灰缸洗干净，然后对办公室的地面进行除尘，这一切做完以后，苏云对经理说："办公室收拾好了，请问经理，还有什么吩咐？"苏云心想，估计该让我起草文件了吧。可是没想到，经理头也不抬就说："请帮我倒杯水。"于是苏云泡了一杯热的茶水端过去，"对不起，我要的是白开水"，经理挥了挥手说，苏云赶忙又去换了一杯热的白开水。"对不起，苏小姐，我要的是冷水"，经理有点不耐烦地说，她只好去换第三杯水，这才让经理满意。从这以后，经理又吩咐她去做了很多的琐事：寄信、购买打印纸、煮咖啡等，一整天就这样匆匆过去了。第一天的工作经历，让苏云很失落，苦读了4年大学，为了提高英语水平、熟练操作计算机，她甚至本末倒置，白天上课懒洋洋，晚上拼命读夜校，为的就是能获得体面的外企秘书职业，没想竟然要像佣人一样为别人打扫卫生、端茶倒水、跑腿，这些不读书也能干的事为什么要让秘书来干，苏云的心里充满了困惑。

点评：苏云心里有困惑是不应该的，秘书具有"不管部"之称。秘书的第一件事就是为领导整理办公室，秘书工作是从整理办公室开始，也是从整理办公室结束，因此，对秘书来说，整理办公室是一项重要工作。秘书的整理办公室工作除了一般擦桌子、扫地等简单的劳动以外，还包括从文书归档一直到与各科室联系的各种工作，即为领导创造一个最佳的工作环境。

为领导服务是秘书实务的首要任务，是秘书实务的根本点和出发点，秘书应主动适应领导的工作习惯和生活习惯，而苏云没有了解经理的生活习惯，是不应该的。

寄信、购买打印纸等事务是办公室的日常事务工作，也是秘书实务的工作范围。俗话说："一个好汉三个帮"，日理万机的经理离不开强有力的"左右手"来协助他处理各项事务，秘书人员不但要辅助经理起草文件、调查研究和收集信息等工作，还要做大量具体的事务性工作，从而使经理能从大量繁琐事务工作中解脱出来，能有更多的时间和精力来抓大政方针、科学决策问题。秘书人员应充分发挥主动性，积极做好各方面的服务工作，努力成为经理的得力助手。

 思考实训

1. 秘书实务的内容有哪些？
2. 根据以下提供的材料来回答胜任秘书工作应具备条件。

招聘启事

本公司现面向内部全体员工公开招聘 1 名总裁秘书。

工作职责：

(1) 协助总裁处理公司的各项日常事务，安排总裁的活动行程；

(2) 参与组织和协调各种会议、仪式、活动等；

(3) 及时办理各部门文档的提交审批和回复工作；

(4) 负责做好各种重要会议的记录及归档、整理工作。

要求：

(1) 专业不限，年龄 25～30 岁；

(2) 两年以上相关工作经验，熟悉现代企业集团的日常经营运作业务；

(3) 工作细致、周到，擅长组织协调，应变能力强，具备出色的书面表达能力及沟通技巧；

(4) 良好的职业素养和形象气质；

(5) 具备良好的英语水平；

(6) 具备很强的事务处理能力、理解能力与分析能力；

(7) 能熟练使用 Microsoft Office 等办公软件及网络应用；

(8) 从事过综合管理工作至少一年，具备经济、管理、法律等综合知识者优先。

本次招聘将采取各部门推荐和自愿报名的方式，经过严格筛选后，最终人选由总裁面试决定。

×× 酒店管理公司人力资源部

2005 年 5 月 10 日

第二节 秘书实务的性质和特点

 **学习目标**

掌握秘书实务的性质和特点。

情景导入

小李为什么没有被聘用?

小李在一家港资企业任生产科长已有两年。前不久,他听说公司打算在企业内部公开招聘一名总经理助理,小李自认为自己条件不错,就信心十足地去人事部参加考试。

人事经理拿出一张试卷模样的纸放在他面前,让他在正确的地方打钩。小李接过纸一看,上面是一道测试题——有一天,气象预报说今天会刮台风下暴雨,总经理恰好不在公司,就打电话告诉你说:"今天有暴风雨,顶楼有几扇窗户还没有关,你去关上吧。"答案共有3个:①好的,我马上就去关;②我已经把那几扇窗户关好了;③我正在关窗子。小李不假思索地就在第二个答案后面画了钩。他心想,能为上司分忧的下属就是好下属,提前想到了上司想到的问题,解决了上司想解决的问题,不就是为上司分忧吗?人事经理接过答卷,马上就到总经理办公室去,好一会儿才出来,不无遗憾地对小李说:"不好意思,老总看了你的试卷后,认为你的心理素质不太适合做助理,你还是安心于目前的岗位吧。"

走出人事部办公室后,小李想了好几天也没有想通自己到底错在哪儿。一周后,小李实在忍不住就把人事经理约到一家饭店,人事经理说:"你错就错在太主观了,你的测试答案没有突出老总。换句话说,老总刚想到的问题你却早就做好了,这岂不说明你比老总还聪明?你想一想,老总会同意吗?"小李又问:"那我应该选哪个答案才对呢?"人事经理说:"应该选第1个'好,我马上就去关!'"小李说:"要是我确实已关好了窗子呢?"人事经理说:"也要这样回答,你应聘的是助理嘛!你的职责主要是协助你的上司,在他背后默默无闻地工作,而不能喧宾夺主。"

 知识精讲

一、秘书实务的性质

(一)辅助性

辅助性是秘书工作的基本属性。秘书人员的一切活动和工作都是给领导机构和领导人员提供保证和方便的条件。秘书实务的辅助性表现为:一切秘书工作都要围绕领导工作而展开；秘书为领导决策收集资料、提供方便，但最后定夺的是领导，秘书只有建议权、发言权，而无决策权；秘书在处理一切问题时，必须按照领导的指示及意图行事，决不能自作主张，自行其是。因此，秘书实务毫无疑问应当从属于领导工作，总体上呈现被动性。秘书实务的从属性要求秘书部门和秘书人员在具体实施各项业务时，必须辅助领导机关和领导人员以实施管理为目的，以领导机关和领导人的决定、指示和意图为准绳，以是否有利于实现组织目标为检验工作的标准。

（二）服务性

秘书工作具有多层次服务的对象。我国党政机关、企事业单位的秘书，历来坚持"三服务"的宗旨，即为领导机关服务、为各部门服务、为人民服务。秘书实务的服务性要求秘书人员要树立强烈的服务意识，化被动为主动，积极地、创造性地做好各项工作。

二、秘书实务的特点

秘书实务的性质决定了秘书实务具有以下特点：

（一）综合性

1）范围广泛。秘书实务所涉及的范围是根据领导工作的范围来确定的，也就是说，凡是领导职权范围所涉及的工作皆属于秘书实务的服务领域。

2）形式多样。秘书实务的具体手段、方式可谓丰富多样，打字印刷、电话传真、接待挡驾、文字拟稿、文书管理、信访处理、组织会议、安排活动、对内服务、对外联络等，不一而足。这就要求秘书人员要具备宽阔的知识面，掌握多种工作技能，才能成为秘书实务的多面手。

3）相互交织。秘书实务的各项内容虽然具有各自特点和表现形式，但其并不是相互割裂的，在实践中，常常是你中有我、我中有你，彼此联系、相互交融。如信访工作是秘书实务的一项重要内容，要做好信访工作就离不开接打电话、组织会议、处理文书、督促检查等秘书实务的支持。又如，会议组织和安排是秘书实务的经常性业务，却与文书拟写、物品准备、电话联系、接待工作等实务不可分割。

（二）繁复性

秘书实务涉及范围广、工作头绪多，具有繁杂、琐碎和重复的特点。有些事情看似很小，却经常出现、反复处理，很容易使人产生厌倦和烦躁情绪。秘书人员在操作实务工作时应当做到耐心、细致、周到，并善于计划统筹、总结经验、摸索规律，从而不断提高秘书工作的效率。

（三）程序性

秘书实务虽然繁杂、琐碎，但在处理过程中，却有较强的程序性。这些程序的种类包括以下几点：

1）自然性程序，即按工作活动的自然进展程序处理事务。一般工作的自然程序表现为准备、计划、布置、执行、检查、总结、评比、表彰。

2）理论性程序，即用科学的方法总结秘书实务的经验和教训，探索秘书实务的规律，并上升为科学理论，制定出合理的工作程序，反过来指导秘书实务。秘书实务一旦有了科学理论的指导，方向就会更加明确，效率就会显著提高。

3）指令性程序，这里所说的指令是指领导对办理某项事务的具体指示和要求。

4）法定性程序，即根据法律、法规和规章所规定的程序办理事务。公文写作、文书处理、信访工作、保密工作、印章管理等秘书实务工作，都要严格按照相关的法定程序处理。

5）技术性程序，有些依赖于技术支持的秘书实务，如电话、传真、计算机的操作等，都有一套技术操作的程序，必须遵循。

6）经验性程序，秘书人员在秘书实务的实践中会积累和创造大量的经验，从而形成符合本单位实际的工作程序，这些经验性程序往往具有宝贵的价值。

以上程序是相互联系的，一项具体的秘书实务往往会存在几种程序性要求。程序性特征要求秘书人员精通业务知识、熟悉有关规定、掌握操作技能、勇于实践探索、善于总结规律、不断提高办事程序的科学性。

（四）突击性

秘书实务中经常会遇到两种需要突击处理的事务：一类是计划中需要集中办理的事务，如各种年度大会、年终的立卷归档、领导重要活动的安排等；另一类是事先无法预料、无法做出计划安排的事务，如领导临时交办的事项，突发性危机事件等。这两类事务一旦出现和发生，秘书人员就必须紧急行动，集中时间和精力投入工作，以最快的速度完成任务。

（五）潜隐性

秘书实务同其他部门的工作相比，具有潜在和隐蔽的特点，其表现在以下三方面：

1）活动名义的假借性。秘书在操办实务过程中，需要经常同其他部门或其他机关联系和交往。但这些联系和交往只能在领导的名义下进行，或者说在对外代表领导时，才具有法律或行政上的效力。

2）活动过程的幕后性。秘书实务绝大多数是在幕后进行的，其活动的内容和过程很少为公众所了解，也不可能成为新闻追踪的对象。

3）劳动成果的利他性。秘书是为领导服务的，秘书实务是领导工作的基本保证。然而，秘书实务的成果却最终要转化为领导工作的成果，或者被领导工作的成果所涵盖。在领导工作的全部成果中，凝聚着秘书人员的智慧和心血。秘书实务的全部成果最终只能以领导的名义公之于世，秘书个人却无任何署名权。

充分认识秘书实务的潜隐性特点，对于加强秘书人员的修养具有重要意义。它要求秘书人员时时摆正与领导的关系，不计较个人的名利得失、善于谦让、乐为人梯、甘当幕后英雄。

（六）机要性

在秘书实务中，秘书人员必然要接触大量的秘密。这些秘密大致可以分成 3 类：第一类是国家秘密，一旦泄露，会给国家的安全和利益造成重大损失；第二类是商业技术秘密，这类秘密一旦泄露，会给企业或当事人造成一定的经济损失；第三类是属于领导系统内部不宜公开或者暂时不宜公开的事项，如正在酝酿而尚未确定的干部任免事项、领导人之间的意见分歧等，这类秘密一旦泄露，往往给领导工作造成极大的被动。

秘书实务的机要性特征，要求秘书人员要增强保密观念，遵守保密制度，在实务工作中处理好公开性和机要性的关系，确保各类秘密的安全。

知识链接

秘书类型

从秘书职能的层次划分，可以将秘书分为初级秘书、中级秘书和高级秘书。

按照《秘书国家职业标准》的有关规定：初级秘书主要从事操作性的服务工作；中级秘书主要从事辅助管理和部分操作性事务；高级秘书是指秘书部门的负责人、首脑机关的专职秘书，他们是在高层领导人身边从事高级参谋和助手工作。

【案例及点评】

炫耀泄密还不知

吴亮年方 30，才貌双全，年轻有为，在一国家机关供职。最近又得领导赏识，调至领导身边做秘书，可谓春风得意，前途光明。这次他单独执行完任务，顺风顺水，带着满腔壮志踏上回归的列车。坐稳之后，见对面正巧坐着一位姿色俏丽的小姐，他眼睛一亮，便无话找话，将执行任务的情况、领导的行踪和机关内幕炫耀一番，对方也听得津津有味。旅途的终点站很快就要到了，他们俩彼此大有相见恨晚之势，只恨行程太短，双方约定了下次的会面。吴亮回到单位，还没等到期待中的第二次约会，安全机关就上了门。原来，那女子是境外工作人员——一条披着羊皮的狼。吴亮也因为泄露机密而被单位解雇。

点评： 上述案例表明，秘书吴亮在车中与陌生人聊天，透露了国家机关的秘密，并给国家机关造成了损失。秘书实务的机要性特点，要求秘书人员增强保密观念、遵守保密制度，在秘书实务工作中处理好公开性和机要性的关系，确保各类秘密的安全。

思考实训

1. 秘书实务有哪些特点?

2. 根据以下材料分析刘秘书为什么会受到冷落。

刘秘书为何遭冷落?

江岸一家外贸公司在与日商洽谈,准备向日方出口大宗商品。双方商定由日方派船来港口装货,日方要求在中方提供港口水位的准确数字后,才可具体处理航运中的技术问题。公司张经理对此不是很清楚,回答含糊,大宗买卖谈判因此搁浅。刘秘书经张经理同意,用一口流利的日语,具体而详尽地介绍了长江从吴淞口到本港各段不同季节的水位变化,以及能承载的船舶吨位。日商很满意,当场签下了购货合同。

事后有人说刘秘书所起的作用大大超过了张经理,刘秘书也得意洋洋说:"何足挂齿,为他人作嫁衣罢了。"

话传到张经理耳中,刘秘书开始受到冷落。

第三节 秘书实务的原则和方法

学习目标

1. 理解秘书实务的原则。

2. 掌握秘书实务的方法。

情景导入

王勇为什么被辞退?

王勇是一家合资企业的秘书。上周老板出差,让他起草一份在董事会上的发言报告。他想时间还有一周,不必着急,于是摩拳擦掌地决心要好好给老板露一手。其后的几天,他忙于另外的几件事:寄了几封信,发了几份传真,打了几个无关紧要的电话,给老板的一位朋友买了一束鲜花去恭贺他的开业之喜,又和自己的几个朋友小聚了一两次。突然一天王勇在上班之时,想到老板明天就要回来了,他要的报告还未见一字。本打算全力以赴完成报告,可是他已安排了一个预约接待,一谈就是半天,下午又要安排去机场接老板的事,然后又被别的部门叫去协商安排明天的会议,终于把一切安排妥当,此时,也就到了下班时间。于是他决定回家加班。吃过饭,他紧张地坐到桌前,脑子里空荡荡的,不知该怎么写好。好不容易熬到夜里1点多钟,他的这份报告算是糊弄出来了。

第二天,王勇把报告交到总经理手里,总经理很不满意。总经理觉得王勇让自己在董事会上丢了面子，又综合王勇以前的表现，他决定辞掉王勇，重新招聘新秘书。

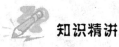 **知识精讲**

一、秘书实务的原则

（一）主动原则

秘书部门是领导机关的综合辅助部门，秘书实务从总体上讲具有被动性。但是，秘书人员以服务领导为首要职责，秘书实务要紧紧围绕领导工作的目标，这就必须化整体上的被动为工作上的主动。

（二）计划原则

秘书实务繁杂而且重复、面广且又量大，如果事先没有一定的计划，不分主次，势必精力分散、效率低下。因此，对于有时间规律性的工作以及当前需要做的工作，一定要事先定出工作计划，统筹安排，要做到目标和任务明确、个人职责明确、完成时限明确，从而使繁杂琐碎的日常事务变得井井有条。

（三）规范原则

秘书实务必须做到科学化、规范化和制度化。在长期的秘书工作实践中，我国已经建立了一整套行之有效的秘书实务规范。根据效力程度不同，这些规范可以分为两类：一类属于法定性规范，即以党内法规或国家法律、行政法规、地方性法规、部门规章以及地方政府规章的形式确定的秘书实务规范；另一类属于约定性规范，即在长期的实践中约定俗成的或由各机关和单位自行制定的秘书实务规则。

（四）创新原则

规范原则要求秘书实务严格遵守操作规范和操作程序，这是无可非议的。然而，规范和程序并不是固定僵化、一成不变的。在工作实践中，秘书应当勇于改革创新，革除那些已由实践证明与现代秘书工作和领导工作不相适应的旧规范和旧程序。

（五）协调原则

秘书实务从属于领导工作的性质以及秘书实务具有综合性的特征，决定了秘书部门与其他相关部门、秘书实务与其他相关工作存在广泛的联系。作为领导机关和领导人的综合辅助机构，秘书部门经常处在这种联系的枢纽地位。需要通过具体的秘书实务来协助领导推进整体协调，同时又必须通过协调与各方面的关系来完成各项秘书实务。在某种意义上，秘书办事的过程就是协调各种关系的过程。"七分办事，三分协调"，这是秘书实务的基本要领。

二、秘书实务的方法

(一) 时间管理的方法

秘书实务面广量大，需要投入大量的时间和精力，而秘书的时间资源又是有限的，这样就会出现繁重工作和有限时间资源之间的矛盾，以至许多秘书再怎么拼命工作也还是觉得时间不够用。以下的时间管理方法会对提高秘书的时间利用效率有所帮助。

（1）制定时间计划

秘书时间既然宝贵，就要倍加珍惜，做到计划使用和定量使用。秘书的时间计划应当按天、按周、按月、按年制定，在实践中逐步积累经验，经常调整和更新，使其能不断地适应秘书实务的需要。

（2）合理使用空余时间

空余时间有两种：一种是无法预见的，如火车误点、客人迟到等原因造成的空余时间；另一种是可以预计的，如等待代表团到来之前的时间、转乘飞机或火车的间隔时间等。秘书应当善于见缝插针，充分利用这些时间来思考问题、阅读报刊、整理文件、处理琐事等。这样就可以腾出整块的时间集中精力处理较大的事务。

(二) 提高效率的方法

（1）项目统筹法

项目统筹法是一种集目标管理、分工协调、进度控制、质量监督等方法于一体的综合性管理方法。组织重大会议、开展大型调研、筹备大型活动等都是秘书实务的重要内容。这类实务参与人数多、涉及范围广、整体协调配合要求高，需要采用项目统筹法进行管理控制。

（2）总分结合法

在秘书实务中，常常会出现这样的情况：一件事情尚未完成，后面的工作已经迫在眉睫，于是秘书不得不放下手头的工作，去应付更为紧急的事务。但如果这种情况反复出现，那么一旦安排不当，就会使有些工作半途而废或者前后脱节，影响工作效率。采用总分结合法，能够有效防止工作中途脱节，确保工作的连续性和完整性，提高工作效率。

（3）备忘法

秘书实务看似繁杂琐碎，却事关重大，一不小心忘了哪一件，都可能会影响大局。因此，秘书人员必须具有强健的记忆力。但是俗话说"好记性不如烂笔头"，秘书记性再好，也难免有一失，使用备忘法能保证秘书万无一失。常用的备忘方法有手册备忘法、台历备忘法、黑（白）板备忘法、电子备忘法。

(三) 请示报告的方法

1. 请示的方法

秘书在处理事务中，如果在工作上有疑难、无法处理时，应向领导请求指示，或在无权处理时，应向领导请求批准，这种方法即是请示。面对下级的请示，领导必须做出明确的答复或批复。请示具有以下的内容和形式：

（1）请示的内容

秘书向领导请示的内容必须是自己难以处理或无权处理的事，请求领导给予指示或授权办理。常规性工作或自己职权范围内的事则无须请示。

（2）请示的形式

请示可以是口头形式，也可以是书面形式。重大的、政策方面的、需授权批准的事，必须作书面请示，领导作书面批复，以示慎重，也可备日后查证。一般的事，如事务性工作，只需解决一些疑难的事，可用口头请示，领导只作口头答复或指示。紧急、突发的事，秘书可先作口头请示，及时办理，事后再补写书面请示，留档备查。

2. 向领导报告的方法

报告是指秘书向领导反映情况、提出建议，或应领导要求做出汇报。报告具有以下的内容和方式：

（1）报告的内容

秘书写报告可以有以下内容。一是定期报告工作情况和进程，让领导及时了解下情，随时做出指导；二是在工作中发生重大问题后报告，让领导及时了解并做出处理；三是提出合理化建议，供领导改进工作时参考；四是应领导的要求汇报情况。秘书主动汇报情况，要区分轻重缓急，适时、适地、适度地进行，以免干扰领导的工作。

（2）报告的方式

报告可以采用口头或书面的形式。如果是重要情况、重大事项，秘书宜采用书面形式，必要时还可以附上秘书自己对情况的看法和意见，提出处理问题的建议和方案，供领导选择、参考。

（四）向下级传达的方法

传达是秘书将领导或上级机关的文件精神、指示、情况等传递给下级机关或员工、群众。一种是正式传达，即由秘书在正式场合上宣读文件，或口授领导指示；另一种是非正式传达，即由秘书有意识地向传达对象"透露"主要精神，或所谓的"吹吹风"，一些尚未最后决定、需要听取反映的政策性内容往往采取这种方式。

（五）向领导进言的方法

进言是指秘书主动对领导提出意见、建议、批评或规劝。它不同于工作上发生疑难或处理权限问题而提出的请示，也有别于例行工作制度所规定的报告或应上级要求而作的汇报。进言应适事、适时、适地、适度。

（六）接受和领会领导意图的方法

秘书接受和领会领导意图即是受意。一种是直接受意，即领会领导在会议讲话、文件批示、工作部署或与秘书谈话时，直接就某一问题或某项工作所发表的意见和想法等。直接受意易于判断和领会。另一种是间接受意，是指领导在平时随便交谈的情况下，或在与其他人员谈话中就某一问题、某项工作发表的意见和看法等。秘书要善于领会领导意图，按领导意图办事。但要防止把领导酝酿过程中的意图当作领导的授意，把领导的质疑、设问误认为领导的指示。秘书还要防止自作聪明地去捕捉领导的"默许"和"暗示"，以免弄巧成拙。

（七）特殊情况下变通的方法

通常情况下，秘书必须照章办事，但在特殊情况下，秘书可采用变通方法，灵活从事。重大、紧急的事，可越级请示，甚至先处理再报告。如果来信来访者有特殊困难，秘书可以在政策允许的范围内给予特殊照顾或临时安置。对新情况、新问题在无章可循、领导又没有明确的指示时，秘书可参照有关政策，做出合乎情理的处理。

（八）为领导挡驾的方法

对于领导不必要接见的来访者、邀请性活动、不想接听的电话，由秘书出面阻挡或谢绝。挡驾的目的是保护领导，使之有时间、有精力、有效地进行工作。挡驾可以采取电话挡驾、来访挡驾、会议和活动挡驾。

知识链接

秘书工作实现"四个转变"

王兆国在1985年的全国第一届秘书长办公厅主任座谈会上，提出了新时期秘书工作内容的4个转变：从简单的办文办事转变为既办文办事又出谋划策；从单纯的收发传递信息转变为既收发传递又综合处理信息；从凭老经验办事转变为实行科学化管理；从被动服务转变为力争主动服务。

秘书工作内容的4个转变指明了秘书工作的目标、要求和做法，是新时期秘书工作的指导方针。

三、秘书实务的技巧

1）熟悉职权范围：秘书办事必须熟悉机关、单位和各部门的职权范围，必须熟悉主管领导和分管领导的管辖范围和分工负责的限度。

2）知晓办事渠道：秘书知晓办事渠道，遇事才能及时、妥善办理。

3）熟练办事程序：秘书办理事务，应遵守一定的办事程序，有些还必须严格按照规定的程序处理。

4）了解相关业务：秘书实务的处理具有很强的专业性，所以秘书必须掌握一定的业务知识，锻炼必备的操作能力。

【案例及点评】

秘书小蒋的麻烦

伟达公司的行政部秘书小蒋上任时间不久，就遇到了麻烦事。公司芮副总经理这几天出差，临走前嘱咐小蒋，如果内蒙古××乳业公司来函就立即将内容告诉他。第二天，小蒋果然收到这家公司的公函，说正在与芮副总经理接谈的一个为期3年的代理销售的合作项目，因伟达公司提出的条件太苛刻，对方将考虑取消合作意向。看完来函后，小蒋立即用电话向芮副总经理作了汇报并请示如何处理。芮副总经理表示等他回来后再说。由于对方是一家名气颇大的乳品生产企业，而且这一合作项目对伟达公司的发展很重要，小蒋觉得事关重大，便又将此函转给了时总经理，并请示如何处理。时总经理看了对方的来函后，埋怨芮副总经理工作缺乏灵活性，当即指示小蒋回函接受对方的条件。小蒋回到办公室正要动手起草回函，又觉得应当把总经理的决定先告诉芮副总经理，听听他的意见。芮副总经理在电话中听了汇报后，对小蒋大发其火，说他是多管闲事，并说对方来函只是一种谈判策略，他完全有把握谈成这个项目，现在既然总经理要管，那就让他去管吧，他今后不再插手，然后愤怒地挂断了电话。小蒋提着话筒半晌回不过神来，后悔不该急着向总经理汇报，弄得自己左右为难。

点评： 秘书小蒋能从维护公司利益的高度想问题，这是难能可贵的，问题在于小蒋在处理这一事件时没有把握好如何向领导请示的方法。芮副总经理临行前已有交代，此事向他本人请示汇报，第一次通电话时又明确指示小蒋等他回来再做处理，可见芮副总经理对此事胸有成竹。再说，对方的来函只是提出将考虑取消合作，言下之意就是还有回旋余地，情况并非十万火急。在这种情况下，小蒋将此事越级上报给时总经理，不仅没有必要，而且也会使领导人之间产生工作上的摩擦和误解，反而将事情复杂化，犯了秘书请示的忌讳。正确的做法应当是：根据芮副总经理的指示，等他出差回来后再办理，即使事关重大、十万火急，也应当由芮副总经理亲自向时总经理汇报请示，小蒋不应当越级请示。这件事情对小蒋来说可谓是一次不小的教训。

思考实训

1. 秘书实务的原则有哪些？
2. 秘书在工作中的具体操作方法有哪些？
3. 实训情景：

如何给领导提建议

小王和小张是一对同窗好友，从某管理学院毕业后分配在两个机关任秘书。一天，同学聚会，两人凑到一起"侃大山"，谈起了各自的工作情况。小王对单位领导比较满意，工作也感到顺心。而小张却对单位领导有一肚子意见，感到领导没把他放在眼里，很少接受他的建议。例如，有一次为一件事，小张向领导提了七八次意见，不仅不管用，领导还说他太幼稚，他感到在这样固执己见的领导手下工作太没劲了，他想调动一下工作。

小王听了小张的话后说："我看你确实是太幼稚，缺乏自知之明。"小张听了十分吃惊和不解"你这位老朋友怎么也说这种话，一点也不同情我？"小王说："我这样说正是同情你。你的毛病就出在这里，你总是希望别人理解你、同情你，可你理解不理解领导、同情不同情领导？你自以为自己什么都行，凡事都想说上几句，当然，说得对的，领导是应采纳，但有时说得对的，领导也不一定采纳。为什么？因为各人看问题的方法、角度不同。尤其是领导，作为一个负责人，他要从全局考虑，你提的意见可能是对的，但从全局看却并不一定能行得通，因此领导就不一定采纳，这都是正常的，有什么值得生气的呢？从这点看，你确实还太幼稚。"

听了小王的这番话，小张觉得有道理，就说："那我今后不再提什么意见和建议了。"小王说："那倒也不是。我的方法是事不过三。只要不是大是大非、性命攸关的原则问题，一个意见最多提3次就可以了。如果提出3次领导还不采纳，那说明领导有自己的考虑。即便某个问题处理不妥，领导也是会负责的。自己提了3次意见，从职责上说已经尽职了，也算心安了。这个办法你不妨试一试。"

小张按着小王的办法试了一段时间，果然有效，和领导的关系也改善了。过了些日子，两个人又见面了，小王问小张"最近工作得顺心吗？"小张说："不错，不错。"小王说："对嘛，我们是秘书，都是给领导当参谋的，既然是'参与谋划'，所以所提意见就有采纳不采纳两种可能，不能光想着自己行，自己的意见一定会被采纳，不采纳就不高兴。对领导是这样，同事之间也应该是这样。"

实训要求：根据以上材料，秘书应如何给领导提建议？

第二章 文书写作

文书是人们为了凭证和传递的需要，在一定介质上记录文字、图像信息而形成的书面材料。文书包括公务文书和私人文书两部分，本章所说的文书是指公务文书。公务文书主要包括两大类：一类是国家有关部门正式规定的公文文种，又称为通用公文；另一类是事务文书，即机关、单位、团体为处理工作而普遍使用的法定公文之外的文书，又称为常用文书。公务文书是指国家党政机关、企事业单位、社会团体在工作中使用的，用以处理公务事务、传播信息、表述意愿而撰写的具有一定惯用体式的实用性文章。秘书人员必须学习公务文书写作，学会书面沟通，以便辅助领导人出色完成任务。

第一节 公 文 写 作

 学习目标

1. 掌握公文规范的格式。
2. 正确撰写常用公文。

情景导入

就读文秘专业的小李即将毕业，在一家公司实习。她每天的工作基本上就是打印资料、接打电话、分发文件，工作倒也清闲。一天在吃午饭时，公司办公室主任对她说："交给你一个重要任务，请你给集团的财务部写一份请示，请求财务部增加100万流动资金。我今天抽不出时间，你帮我按照公文请示的要求，拟写这份请示。今天下午3点完成。"小李接受了任务，忐忑不安，这个请示该这样拟写呢？

 知识精讲

一、公文的种类

1. 行政机关的公文

根据2000年8月24日国务院颁布的《国家行政机关公文处理办法》中规定，目前我国行政机关使用的公文共有13种，即命令（令）、决定、公告、通告、通知、通报、议案、报告、请示、批复、意见、函、会议纪要。

2. 党机关的公文

据中共中央办公厅于 1996 年 5 月 3 日颁发的《中国共产党机关公文处理条例》规定，党的机关使用的公文共有 14 种，即决议、决定、指示、意见、通知、通报、公报、报告、请示、批复、条例、规定、函、会议纪要，其中除了决议、指示、条例、公报、规定外，其余的与行政公文相同。

3. 人大机关的公文

根据全国人大常委会办公厅于 1998 年 2 月 6 日发布的《人大机关公文处理办法（试行）》规定，列出以下公文文种：公告、决议、决定、法、条例、规则、实施办法、议案、意见、批评和建议、请示、批复、报告、通知、通报、函、会议纪要。

本章主要讲述行政机关的公文。

二、公文的格式

公文格式是指公文的各组成部分。我国的公文格式由眉首、主体、版记三部分构成。

（一）眉首

公文首页红色反线以上的各要素统称为眉首。这部分包括份号、秘密等级、紧急程度、发文机关标识、发文字号、签发人等 6 个项目。如果眉首用套红印制，则称为"红头文件"。

1. 公文份数序号

公文份数序号是将同一文稿印制若干份公文的顺序编号。如果需要标识公文份数序号，则用阿拉伯数字顶格标识在版心左上角第一行。

2. 秘密等级和保密期限

秘密等级分为绝密、机密、秘密 3 种。涉及国家秘密的公文应当标明秘密等级和保密期限，其中，"绝密"、"机密"级公文还应当标明份数序号。如果需标识秘密等级，则顶格标识在版心右上角第一行，两字之间空一字；如果同时表示秘密等级和保密期限，则顶格标识在版心右上角第一行，秘密等级和保密期限用"★"隔开。秘密等级和保密期限用 3 号黑体字。

3. 紧急程度

紧急程度是对公文送达时间的要求。紧急公文根据紧急程度分别标明"特急"、"急件"。如果需标明紧急程度则顶格标识在版心右上角第一行，两字之间空一字；如果需标识秘密等级和紧急程度，则秘密等级在版心右上角第一行，紧急程度在版心右上角第二行。紧急程度用 3 号黑体字。

4. 发文机关标识

发文机关标识由发文机关全称或规范化的简称加"文件"二字组成。当联合行文时应使主办机关名称在前，"文件"二字置于发文机关名称右侧，上下居中排布；如联合行文机关过多，则必须保证公文首页显示正文。发文机关标识上边缘至版心上边缘的距离为 25mm，上报的公文，发文机关标识上边缘至版心上边缘的距离为 80mm。发文机关标识一般使用小标宋体字，用红色标识，人们常把法定公文称为"红头文件"就是由此而来的。字号由发文机关以醒目、美观为原则酌定，但最大不能等于或大于22mm×15mm。

5. 发文字号

发文字号，简称文号，也称公文编号，是发文机关当年内发文总数中的顺序编号。

发文字号有两种格式，一种是使用常规号，它是同一年度公文排列的顺序号，由发文机关代字、年份和序号组成，缺一不可，并且 3 个部分的先后顺序不能打乱、颠倒；年份、序号用阿拉伯数字标识；年份应标全称，用六角括号"〔〕"括入；序号不编虚位（即 1 不编为 001），不加"第"字。如国发〔2002〕64 号，其中机关代字为"国"字，是国务院的代称，"〔2002〕"为年份，"64 号"就是该文件在 2002 年发文总数中的第 64 号文。另一种格式是发文字号不需要像大多数的文件那样采用常规号，而是仅使用顺序号（或流水号），不需要发文机关，也不需要年份，一般用在"令"中。联合行文的发文字号，只标明主办机关的发文字号。发文字号用 3 号仿宋体字，发文机关标识下空两行，居中排布。

6. 签发人

上报的公文，应当在首页注明签发人姓名。上报的公文一般是指议案、请示和报告。

签发人是指机关的正职领导人，或是主持日常工作的副职领导人；经授权，也可以由秘书长或办公厅（室）主任签发。对于联合行文，则需所有发文机关的领导人都要签发，但主办单位签发人的姓名排在第一行，其他签发人的姓名从第二行起在主办单位签发人姓名之下按发文机关顺序号依次顺排。

签发人的姓名，平行排列于发文字号的右侧。发文字号居左空一字，签发人姓名居右空一字。其中"请示"应当在附注处注明联系人的姓名和电话。

签发人这 3 个字用 3 号仿宋体字，签发人后标全角冒号，冒号后用 3 号楷体字标识签发人的姓名。

在发文字号之下 4mm 处印一条与版心等宽的红色反线。

红色反线是公文眉首与公文主题之间的间隔线，用来区分公文眉首与公文主体，其长度与公文版心等长。红色反线以上（含）为公文眉首，红色反线以下为公文主体。国家法定行政公文的红色反线为一条红色粗长直线。

（二）主体

置于红色反线（不含）以下至主题词（不含）之间的各要素统称为主体。这部分包括标题、主送机关、正文、附件、成文时间、落款、印章、附注等 8 个项目。

1. 标题

（1）公文标题的形式

公文标题应当准确地概括公文的主要内容并标明公文种类。标题一般由发文机关的名称、发文事由和公文文种三者组成，但在实际工作中，公文标题按照发文机关的名称、发文事由和公文文种的 3 个要素是否完全具备及组合情况的不同，可以有 4 种形式。

1）发文机关名称＋发文事由＋公文文种，如《××大学关于询问职业考核鉴定有关政策的函》。

2）发文机关名称＋公文文种，如《中华人民共和国公安部通告》。

3）发文事由＋公文文种，如《关于举办健康知识讲座的通知》。

4）公文文种，如《通告》、《公告》。

（2）公文标题的排版样式

公文标题根据文字的数量多寡，而有不同的排版样式。一般来说公文标题的排列长度不能与版心等长，当标题字数较多时应分行排列。主要有以下几种：

1）一字式。公文标题较短，只排列一行，居中排布即可。如：

> 中华人民共和国最高人民法院公告

2）等号式。公文标题字数较多，一行排布后，与正文和红色反线等长，就应将公文标题分行排列，两行字数一样多，可以采用等号式。如：

> ××市医药公司关于××医药总店
> 将保健药品作公费报销药品的通报

3）上长下短式。公文标题字数较多，在发文机关名称字数较多或为联合发文时，一行排不下，分行排列，两行字数不一样多时，可采用上长下短式。如：

> 海南省邮政局关于亚洲论坛首届年会
> 邮政通信服务工作的报告

4）上短下长式。公文标题字数较多，发文机关名称字数较多或转发性公文，标题一行排不下，分行排列，两行字数不一样多时，也可采用上短下长式。如：

> 广东省人民政府办公厅
> 关于人大代表建议政协提案办理情况的通报

5）中短式。公文标题字数较多，两行排不下，分3行排列，可采用中短式。如：

> 国务院关于同意厦门海关驻东渡办事处、
> 厦门海关驻高崎机场办事处
> 分别调整为东渡海关、厦门高崎机场海关的批复

6）中长式。公文标题字数较多，两行也排不下，分3行排列，可采用中长式。如：

> 中共中央关于在县级以上党政领导班子、
> 领导干部中深入开展以"讲学习、讲政治、讲正气"
> 为主要内容的党性党风教育的意见

7）正梯形式。公文标题字数较多，两行也排不下，分3行排列，也可采用正梯形式。如：

> 中共中央国务院中央军委
> 关于授予费俊龙、聂海胜同志
> "英雄航天员"荣誉称号并颁发"航天功勋奖章"的决定

8）倒梯形式。公文标题字数较多，两行也排不下，分 3 行排列，也可采用倒梯形式。如：

> 河北省发展和改革委员会关于委托
> 河北省石油化工建设工程质量
> 监督站行政执法的批复

（3）公文标题的位置

公文标题标识在红色反线下空两行处，可分一行或多行居中排布；回行时，要做到词意完整，排列对称，间距恰当。

（4）公文标题的字体

用 2 号小标宋体字。

2．主送机关

主送机关是公文的主要受理机关，即接受公文，并对公文的办理、传阅负主要责任的机关。标识主送机关应使用规范通用的简称或全称。主送机关的字体使用 3 号仿宋体字。

3．正文

公文的正文是公文的主体部分，是传达公文信息内容的重要区域，是体现发文机关意图的核心部分。

公文正文位于主送机关的下一行，每自然段左空两字，回行顶格。对于数字年份不能回行。公文正文的字体使用 3 号仿宋体字。公文正文的具体写法见下面各种文种的写法。

4．附件

公文的附件是对正文进行补充、说明或参考、佐证的文件材料，是正文的重要组成部分。常用的附件形式有图示、表格、统计数字、情况说明、附加的文件材料等。

（1）附件标识方法如下

1）附件的标识应为先标"附件"字样，后标全角冒号和附件文件标题。附件如果有序号，则应使用阿拉伯数字，附件名称后不加标点符号。如：

附件 1.×××××× 2.××××××

2）附件应与公文正文一起装订，并在附件左上角第一行顶格标识"附件"字样。

3）附件的序号和公文标题前后的标识应前后一致。

4）当附件与公文正文不能一起装订时，应在附件的左上角第一行顶格标识公文的发文字号，并在其后标识"附件说明"，附件如果有序号时，应在附件说明标识后标上序号和附件名称。

5）有的公文已经在正文中明确提到被发布、印发、批转、转发的文件名称，就不必再在正文之下标注附件，更不必标注"附件如文"的字样。

（2）附件标识位置

附件标识位置在正文之下左空两字处。

（3）附件标识字体

标识附件的字体使用 3 号仿宋体字。

5. 成文时间

成文时间是指公文的制发日期，是公文执行效力的保证，也是以后工作查考的重要依据。

（1）成文日期的确定

成文时间的确定有以下几种情况：

1）一般公文的成文日期以领导人签发公文的日期为准。

2）法规性公文以批准生效日期为准，当法规性文件的发布日期与施行日期不一致时，应在正文中同时注明施行日期。

3）经会议讨论通过的公文，以通过日期为准。在两个以上机关联合发文时，以最后一个发文机关领导人签发公文的日期为准。

4）公文签发日期与印制日期间隔时间较长，当超过一个星期以上时，应以印制正本日期作为发文日期。

5）电报类公文以发出日期为准。

（2）公文成文时间的拟写要求

1）公文的成文时间应使用公历制。

2）公文的成文时间应当标明具体的年、月、日。

3）行政公文的成文时间应标识汉字数字，如"2005 年"，不能写成"二零零五年"，或"二00五年"，应写为"二〇〇五年"。

（3）成文时间的种类

成文时间的种类有两种，即文尾式和文头式。

1）文尾式。文尾式成文时间是指公文的成文时间位于公文的结尾处，有两大类公文采用这种形式的成文时间。一类是一般用印类公文，其成文时间多采用这种形式，如批复、通知、报告、请示、函等。另一类是签署类公文，其成文时间也采用文尾式，但有其特定的格式。

2）文头式。文头成文时间是指公文的成文时间位于公文的开头处。主要涉及会议决议、经会议通过的决定和会议纪要三类公文。文头式成文时间的位置应置于公文标题正下方的居中位置。

（4）成文时间的位置

成文时间的位置一般应标识在正文之下右侧。上距正文 4～5 行。视印章尺寸大小，按最上一排印章上边缘距公文正文 2～4mm 为准。主要有以下几种。

1）单一发文。机关制发的单发文件的成文时间位置在落款处不署发文机关名称，只标识成文时间。成文时间位置在正文下右侧，右空 4 字。

2）联合发文。在多个机关联合发文时，成文时间应视印章的排布方式确定。主要有以下几种：

① 两枚印章的发文。当两机关单位或部门联合行文，需加盖两枚印章时，公文在落款处不署发文机关名称，只标识成文时间。成文时间标识在正文下空约两行行距，居中排布，左右各空 7 字。

② 3 枚印章的发文。当 3 个机关单位或部门联合行文，需加盖 3 枚印章时，公文落款处必须署发文机关名称，成文时间应标识在印章之下，居右侧，右空两字。

③ 4 枚以上（含）印章的发文。当 4 个以上（含）机关单位或部门联合行文，需加盖四枚以上（含）印章时，公文在落款处必须署发文机关名称，成文时间应标识在最后一行印章之下，居右侧，右空两字。

3）命令类发文。命令（令）是签署的形式，因此，命令（令）的成文时间位置应位于签署人的签名章下一行，右空两字标识，无须加盖印章。

4）简报和简报式会议纪要发文。简报式会议纪要是特殊格式的公文，因其形式类似于简报，定期或不定期发布，因此其成文时间与简报相同，都位于简报类公文眉首的文武线上居右顶格标识成文时间。

5）会议决议类发文。这类决议的成文时间与一般公文不同，应标识于公文标题之下居中位置，外加圆括号。具体写法有两种情况。

① 如果公文标题中已包括会议名称，括号内则只需写明"××××年×月×日通过"即可。

② 如果公文标题中没有会议名称，括号内则应写明"×会第×次会议×年×月×日通过"。

6）经会议通过类决定。这类决定的成文日期不得标识于公文正文之后，而是标识于公文标题之下居中位置，外加圆括号。具体写法为"（经××××年×月×日×次会议讨论通过）"。

7）非简报式会议纪要。这类会议纪要的成文时间位置应居中标识于公文标题下，外加圆括号。具体写法为（××××年××月××日）。

（5）成文时间的字体

公文成文时间的字体使用 3 号仿宋体字。年、月、日的数字，行政公文使用汉字标识，党务文件可以使用阿拉伯数字标识。

6. 落款

公文的落款是指公文的发文机关名称在文尾的标识。

（1）公文落款的种类

1）以印章落款作为公文生效标识。常为单一发文、两个机关或部门联合发文所采用。

2）以机关名称落款，作为公文生效的标识。3 个以上机关或部门联合行文时采用这种形式。主要是为防止出现印章盖在无文字的空白处。

3）以机关领导人的姓名落款，作为公文生效的标识。这种形式叫签署。

（2）公文落款的位置

这里主要说明以机关名称或以机关领导人姓名落款的位置。由于单一发文和两个机关或部门联合发文无须落款，是用印章直接盖在成文日期上，所以以下只涉及签署 3 个以上机关联合发文的落款位置。

1）3 个机关或部门联合行文的落款位置。

当 3 个机关或部门联合行文时，必须标识发文机关名称，其落款位置应位于公文正文下两行，平行间隔，居中排布。各发文机关的名称应与印章上的名称相匹配。

2）4个以上（含）机关或部门联合行文的落款位置。

当4个机关或部门联合行文时，也必须标识发文机关名称，其落款位置应位于公文正文下两行，平行间隔，一行排列3个，居中排布；最后一行余1～2枚印章，仍平行间隔，居中排布。各发文机关的名称应与印章上的名称相匹配。

3）简报式会议纪要无须落款。

（3）公文落款的字体

公文落款的字体使用3号仿宋体字。

7. 印章

公文的印章和签署是公文生效的标志，是公文依法执政的依据，是公文合法性的标识。

8. 附注

附注一般是用来说明公文的发放范围、公文的联系方法或需要说明的其他事项等情况，如"此件发至县团级"、"此件可登报"等。下级机关上报的请示，应当在附注处注明联系人的姓名和电话等相关内容。公文如果有附注，应在成文日期下一行居左空两字加圆括号标识。公文附注的字体应使用3号仿宋体字。

（三）公文版记

公文的版记部分是公文的附加成分，也是公文的结束部分，不属于公文的主体内容。公文的版记由主题词、抄送机关、印发机关、印发日期和版记反线等要素组成。

1. 主题词

（1）主题词的标识

主题词是指能准确概括公文主题内容的规范化词语。《国家行政机关公文处理办法》规定，公文应当标注主题词。上行文按照上级机关的要求标注主题词。在标注时，先标该公文的类属，再标类别，最后标文种。主题词一般为2～3个，最多不超过5个。

（2）主题词的字体

"主题词"三字用3号黑体；词目用3号小标宋体词。

（3）主题词的位置

主题词位于公文最后一页版记部分的黑色反线之上，居左顶格标识"主题词"字样，后标全角冒号，标全角冒号后再标引主题词词目，每一个词目之间空一字。

2. 抄送机关

抄送机关是指除主送机关外需要执行或知晓公文的其他机关。抄送机关的标识位置在主题词下一行，版记反线下左空一字，标识"抄送"，后标识全角冒号，回行时与冒号后的抄送机关对齐，在最后一个抄送机关后标句号。抄送的字体使用3号仿宋字体。

3. 印发机关与印发日期

印发机关一般是各个单位的办公厅（室），用3号仿宋体标识。印发时间以公文复印的日期为准，用阿拉伯数字标识。印发机关左空一字，印发时间右空一字。

4. 版记反线

为显示各要素之间的区别，版记中的各要素之间均加一条反线，宽度与版心相同。在版记的各要素之下加一条与版心等宽的反线隔开，最后一个要素之下要有一条反线作底线。

三、常用公文纸幅、页边、版心格式

（1）常用的公文格式包括下行文和不需批示的上行文（见图 2-1）

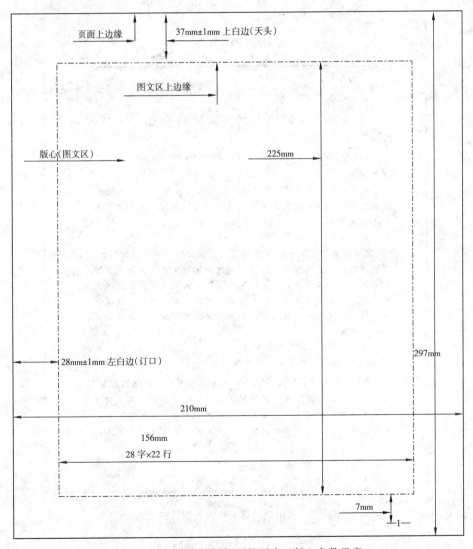

图 2-1　A4 公文用纸幅面及页边、版心参数示意

（2）常用公文首页格式（见图 2-2）

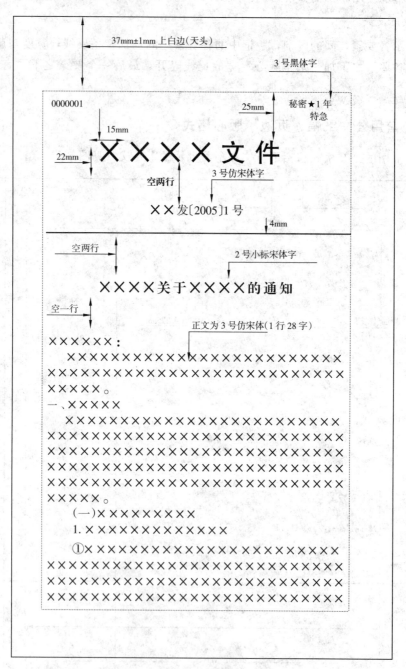

图 2-2　常用公文首页格式数据排列示意

（3）上报公文首页眉首格式（见图 2-3）

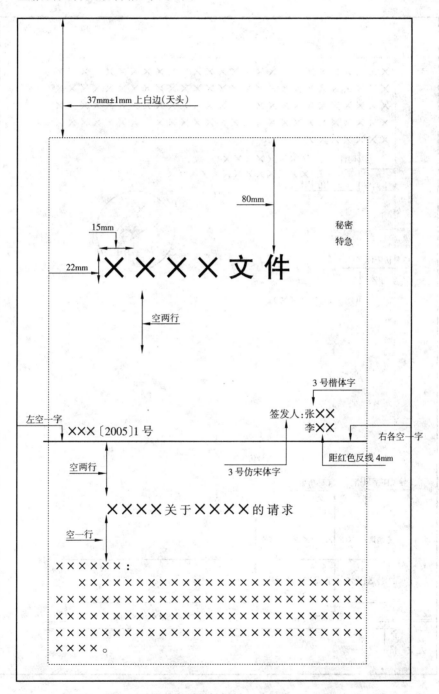

图 2-3　上报公文首页眉首格式数据排列示意

（4）常用公文尾页版记格式（见图 2-4）

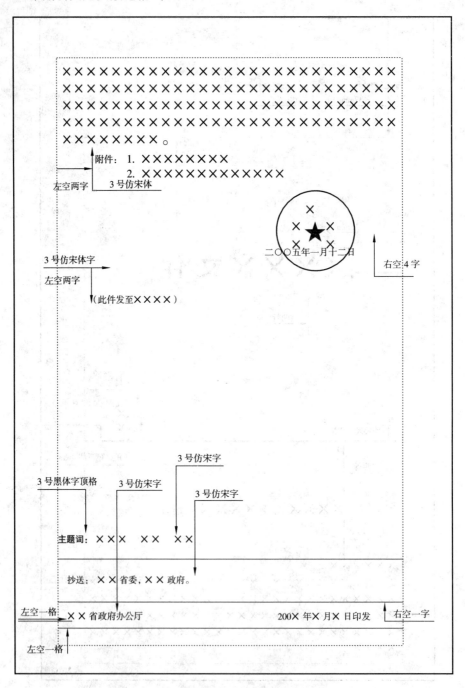

图 2-4　常用公文尾页版记格式数据排列示意

（5）上报公文尾页版记格式（见图 2-5）

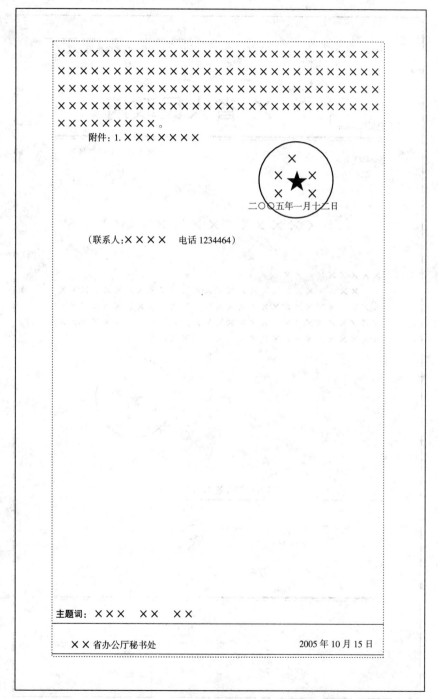

×××××××××××××××××××××××
××××××××××××××××××××××
×××××××××××××××××××××××
×××××××××××××××××××××××
×××××××。
　　附件：1.×××××

二〇〇五年一月十二日

（联系人：××××　电话 1234464）

主题词：×××　　××　　××

××省办公厅秘书处　　　　　　　　　2005 年 10 月 15 日

图 2-5　上报公文尾页版记格式数据排列示意

（6）信函式公文特定格式（见图 2-6）

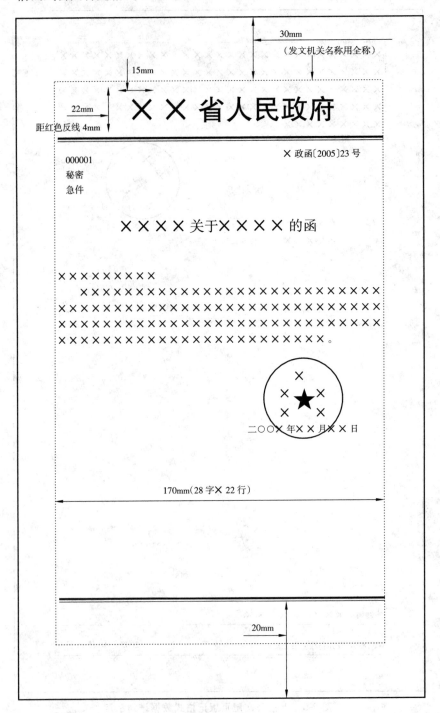

图 2-6　信函式公文特定格式示意

（7）简报式会议纪要特定格式（见图 2-7）

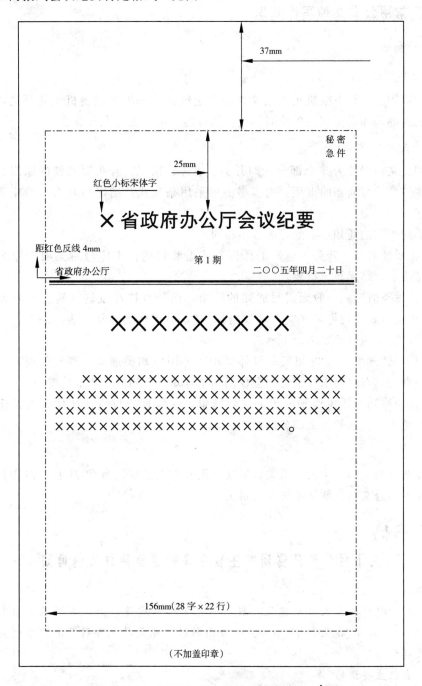

图 2-7 简报式会议纪要特定格式示意

四、常用公文文种写作知识

(一) 通知

1. 通知的适用范围

通知适用于批转下级机关的公文，转发上级机关和不相隶属机关的公文，传达要求下级机关办理和需要有关单位周知或者执行的事项、任免人员等。

2. 通知正文的写法

通知正文一般分为3个部分，即开头、主体、结尾。开头写通知的原因、依据和目的；主体部分写通知的事项，内容多的可采用条款式；结尾写要求与希望等，也可不写结尾，因文而异。

但不同类型的通知正文的写法各不相同。

1）指示性通知。开头写通知的原因、依据和目的；主体写对某项工作的指示意见、安排决定；结尾写执行要求。

2）转发类通知。一般无需写通知的缘由，而是直接写批转（转发）对象和转发（批转）决定，如"现将××文件转发给你们"，但批转类通知应表明态度，或指出文件的意义，提出执行的要求。

3）告知性通知。要告知某一具体事项，可用告知类通知。要把何时、何地、何事、如何办理、有何要求写清楚。会议通知是告知类通知的一个重要类别。

4）任免通知。任免通知的正文比较简单，一般直接写明任命什么人担任什么职务，或者免去什么人的什么职务即可。

3. 落款

在正文的右下方写明发文机关、发文日期并加盖公章。自2001年1月1日起，单一机关制发的公文在落款处不署发文机关。

例文 1

关于召开浙江省研究生教育课程建设研讨会的通知

各会员单位：

为进一步推进研究生课程建设，提高研究生培养质量，浙江省研究生教育学会决定于2005年6月30日至2005年7月1日由浙江工业大学主办召开浙江省研究生教育课程建设研讨会。

一、会议主要议题

（1）研究生课程教学内容、教学方法及教学手段研讨；

（2）交流研讨研究生的教学改革经验；

（3）交流展示研究生课程教学平台的建设成果；

（4）观摩课程教学。

二、参加会议人员

各会员单位的研究生教育工作负责人及教学管理人员。

三、会议时间

2005年6月30日、7月1日两天；报到时间：2005年6月30日上午。

四、会议地点

浙江安吉香溢度假村。

五、会议费用

与会人员每人交纳会务费400元，食宿自理。

六、参加会议要求

（1）请与会单位准备好会议交流研讨材料。

（2）为便于会务筹备，请务必于6月10日之前将参加会议回执寄到浙江工业大学研究生院（邮编：310014）。

（3）联系人：××× ×××   电话：×××××××   传真：×××××××

附件：参加浙江省研究生教育课程建设研讨会回执表

（浙江省研究生教育学会印章）

（浙江工业大学研究生院印章）

二〇〇五年六月二日

评析：这是一份会议通知。通知的正文包括召开会议的目的和须知事项两部分内容。其中，须知事项包括会议时间、地点、内容、人员及会议议题、联系的方式等。

（二）通报

1. 通报的适用范围

通报适用于表彰先进、批评错误、传达重要精神或者情况。

2. 通报正文的写法

不同类型的通报正文的写法各不相同。

1）表彰性通报的正文，一般包括4个层次：首先介绍先进事迹或经验，交代具体的时间、地点、人物、事情原委和结果；其次分析先进事迹或经验产生的原因、性质和意义；再次写明表彰的方式、奖励的级别；最后写希望和要求。

2）批评性通报的正文一般也分4个层次：首先写清楚受批评的错误事实；其次写出错误的性质及危害；再次写明对受批评者的处理决定；最后写希望和要求。

3）情况通报的正文一般由3个层次组成：首先写发布通报的依据、原因与目的；其次写通报的情况，分析其对与错、利与弊；最后写希望和要求。

3. 落款

在正文的右下方写明发文机关、发文日期并加盖公章。自2001年1月1日起，单一机关制发的公文在落款处不署发文机关。

例文2

××市医药公司关于××医药总店
将保健药品作公费报销药品的通报

各科室、各医药商店：

自今年1月上旬以来，××市医药总店每天派出两名职工推着流动售货车，带着市工商行政管理局新近发给该店的零售营业执照，在市郊人多处销售人参蜂乳精、阿胶、参类、龟苓膏等20多种不能公费报销的高档滋补药。凡购买者均可为其开具发票，写的却是可以报销药费的普通中草药或西药，造成了极不好的社会影响。事发后，工商行政管理部门暂时吊销了他们的营业执照。

省卫生厅、省财政厅早于××××年12月30日转发了卫生部的《关于滋补、营养、饮料等保健类药品不准作公费报销的通知》，而××医药总店为了追求小集体的利益，公然违反《通知》的有关规定，在销售药品时弄虚作假，让购买者把补药当作普通药品报销，这不仅违反了国家的政策，而且败坏了企业和社会的风气，损害了国家、集体的利益。经研究决定，除责成该店领导做出深刻检查外，同时予以通报批评。

各单位接此通报后，要将信息迅速传达到群众中，教育大家吸取教训。同时，应认真学习党的各项方针政策，端正思想认识，坚决刹住药品经营中的不正之风。在遵纪守法的前提下发动群众，千方百计提高销售额，使服务工作沿着健康的轨道发展。

（××市医药公司印章）

××××年六月二十七日

评析：这是一份批评性通报。文章层次清楚，第一节先叙述事情的经过，第二节对这件事进行分析评价并做出通报批评的处理意见，最后一节提出希望。

（三）请示

1. 请示的适用范围

请示适用于向上级机关请求指示、批准。

2. 请示正文的写法

请示的正文由请示原由、请示事项、请示结束语三部分组成。

1）请示原由。这是行文的重点，要交代请示事项产生的背景、原因，阐述请示的理由和依据。理由要充足，依据要充分，道理要讲透彻。

2）请示事项。这是行文的落脚点，必须具体、明确，一目了然。

3）请示结束语。另起一行，常用的结束语是"以上请示适当否，请批复"、"以上请示，请予审批"、"以上请示如无不妥，请批准"等。

3. 落款

在正文的右下方写明发文机关、发文日期并加盖公章。自2001年1月1日起，单一机关制发的公文在落款处不署发文机关。

例文 3

**××大学关于工程硕士专业学位
研究生收费标准的请示**

××省教育厅：

经国务院学位委员会批准，我校成为工程硕士专业学位研究生单位，从 2000 年秋季起招生，部分学生从在职人员中招收。根据教育成本核算，并结合我省实际，我校工程硕士专业对在职学位研究生的收费标准拟定为：

（1）报名费 150 元。用于入学考试工作中的命题、考试、阅卷、录取等开支；

（2）每年培养费 8000 元，用于注册、管理、课程学习、考试、论文指导、学位答辩及教学设备购置和教学实践等开支。

以上请示，如无不当，请批准。

（××大学印章）

二〇〇一年三月十二日

评析： 这是一份请求批准的请示。请示原由阐述充分，请示事项明确，用"以上请示，如无不当，请批准"作结束语，文章结构完整。

（四）报告

1. 报告的适用范围

报告是适用于向上级机关汇报工作、反映情况、答复上级机关的询问时使用的公文。

2. 报告正文的写法

报告的写作，总体上应注意三点：第一要实事求是，对工作中的成绩和问题要如实反映，不能报喜不报忧；第二要突出重点，做到详略得当，主干突出；第三要以陈述为主，条理清楚。具体来说，不同种类的报告，其写作方法和要求有所不同。

（1）工作报告

其正文部分主要包括以下内容：

1）前段工作的过程、做法、主要成绩和经验、存在问题。

2）对今后工作的意见，应写得明确具体。

（2）情况报告

其正文部分主要包括以下内容：

1）叙述某一情况或问题的原委。

2）提出对它的基本看法，有时还应提出处理意见。

（3）答复报告

其正文部分应按照上级所询问的问题具体而明确地逐一进行答复，答复完毕，报告也随之结束。

3. 落款

在正文的右下方写明发文机关、发文日期并加盖公章。自 2001 年 1 月 1 日起,单一机关制发的公文在落款处不署发文机关。

海南省邮政局关于亚洲论坛首届年会邮政通信服务工作的报告

海南省人民政府办公厅:

根据《海南省人民政府办公厅关于做好亚洲论坛年会工作的通知》的精神,我局精心策划,上下密切配合,较好地完成了年会的邮政通信服务任务。现将有关情况报告如下:

(1) 领导高度重视,把搞好年会邮政服务当作一项重要工作来抓。在接到省政府办公厅的通知后,我局专门召开会议,传达贯彻省政府的通知精神,对做好年会服务工作提出具体要求。同时成立了由省局杨世忠副局长为组长的亚洲论坛首届年会邮政服务工作领导小组,明确了服务内容和各单位的协调分工,制定了服务工作方案,并向全省邮政部门发出《关于做好亚洲论坛年会工作的通知》,要求各单位把搞好亚洲论坛年会的邮政服务工作作为当前头等大事来抓,确保邮政通信迅速、准确、保密、安全。我局先后两次召开办公室、公众服务处、网路处及海口、琼海、三亚、琼山等单位负责人会议,统一思想,周密部署年会的邮政服务工作,对邮政营业、邮件报刊投递、环境整治、安全保卫、宣传等工作,并将各项工作落实到单位和个人,为年会邮政服务工作做好充分的准备。

(2) 认真按照省政府有关部门的要求,准确及时地将报纸投送到位。

(3) 设立邮政服务点,提供方便快捷的现场服务。

(4) 发行《博鳌亚洲论坛》等邮品,为扩大宣传海南做贡献。为迎接首届年会的召开,我局精心策划,成功开发了《博鳌亚洲论坛》邮册、《博鳌亚洲论坛》画轴邮品、《博鳌亚洲论坛首届年会纪念封》,并受到年会代表以及有关部门的好评。全省各市邮政局抓住年会的有利时机,开展年会邮品的营销活动,宣传海南,扩大海南在国内外的影响,特别是海口、三亚、琼山、琼海和洋浦五地的邮政局均发挥各自优势,加大年会邮品和其他邮品的营销力度,仅琼海邮政局就销售年会邮品 1 万余件,直接宣传了年会、宣传了海南,取得了双赢效果。

特此报告

(海南省邮政局印章)
二〇〇二年四月十九日

评析: 这是一份工作报告,行文简明有序。文首简要概括,由工作依据、进行情况到成效收获,仅用 58 个字,言简意赅,体现了公文语言的精练、利落。随后由一个"现将有关情况报告如下"的提领句,明确引入下文,开始了报告的主体部分。主体部分由 4 个方面的内容组成,通过每段开头的总括句带起本段内容。4 个总括句恰当、准确而凝练。每段均有典型例证,以充分支持总括句。最后用"特此报告"收束全文,可谓意尽言止,毫不拖沓。

（五）会议纪要

1. 会议纪要的适用范围

会议纪要适用于记载、传达会议情况和议定事项。

2. 会议纪要的结构与写法

会议纪要一般由标题、正文两部分组成。

（1）标题

标题形式有以下 4 种：

1）会议名称＋文种，如《全国农村会议纪要》。

2）发文机关名称＋议题＋文种，如《国务院三峡工程建设委员会库区移民资金管理座谈会会议纪要》。

3）议题＋文种，如《关于加强土地管理的会议纪要》。

4）双行标题形式正题提出问题或点明主旨，副题多为"会议名称＋文种"，例如"这些苦恼怎么解决？

　　　　——武汉市中心百货商店部分团员座谈会纪要"。

（2）成文日期

标题下面以会议结束的日期作为成文时间。

（3）正文

正文通常由前言、主体、结尾三部分组成。

1）前言一般写会议概况，包括会议的背景、依据和目的；会议名称、时间、地点；与会人员、主持人、领导人出席会议的情况；会议的议程和议题、结果和评价。这部分内容写后用"会议纪要如下"或"会议确定了以下事项"过渡到主体。

2）主体写会议的主要精神、研究的问题、讨论的意见、提出的任务要求。主体结构一般有 3 种：一是以逻辑顺序，这种写法适用于大型会议的会议纪要，可以使内容条理清楚，逻辑性强；二是以条款为顺序，这种写法是把会议议定的事项，分条列项地写出来；三是以会议进程为顺序，这种写法是把参加会议成员的发言摘其要点，按发言的先后顺序来写。

3）结尾一般写指明方向、发出号召、提出希望等内容。有的会议纪要不写结尾。

例文 5

××乡教育工作会议纪要

（××××年×月×日）

为了学习和贯彻今年 5 月《国务院关于基础教育改革和发展的决定》，××乡于 6 月 5 日在乡镇政府会议室召开了教育工作会议。各村、全乡各单位的主要负责人、各中小学校长共 150 人出席了会议。乡党委书记×××总结了我乡教育工作的成绩和存在的问题，乡党委书记×××对如何搞好今年教育工作提出了具体要求。

这次会议着重讨论了以下 4 个问题：

（1）关于制止中小学生流失问题。由于对《中华人民共和国义务教育法》贯彻不力，本学年我乡中小学已有100多名学生离校做工务农。大量流生的出现，直接影响着我乡未来劳动者的素质。为此，会议要求全乡人民认真学习，坚决贯彻《中华人民共和国义务教育法》和《国务院关于基础教育改革和发展的决定》，依法送子女入学读书。对不履行此义务的家长或监护人，所在的村要督促他们在一个月之内送子女或被监护人返校复学。各乡镇企业不得招收16岁以下的儿童进厂做工。各中小学校要积极动员流生返校，不得歧视排挤成绩差的学生，要认真做好差生的转化工作，努力提高教育质量。

（2）关于征收教育附加税问题。根据县政府2001年的16号文件精神执行……

（3）关于加强中小学德育工作问题……

（4）关于普通教育"转轨"问题，各中小学要全面贯彻教育方针，变升学教育为素质教育，积极为本地经济建设培养生产、经营、管理方面的人才。各校要对学生进行热爱家乡、建设家乡的教育，上好劳动技术课，办好高中职业班和"3＋1"试点班。各村要给学校安排12亩劳动实验基地。

百年大计，教育为本。会议号召全乡干部群众人人关心教育，尊师重教，积极为教育事业办实事，全乡教育工作者要发扬人梯精神，勤奋工作，努力为现代化建设培养更多的合格人才。

评析： 正文开头先写了会议概况，交代时间、地点、参加人员、中心议题及会议议程。主体部分作者用归纳分析法阐述了会议主要讨论的4个问题，结尾部分作者发出号召。

（六）函

1. 函的适用范围

函适用于不相隶属机关之间的商洽工作，询问和答复问题、请求批准和答复审批事项。

2. 函正文的写法

函的正文先说明发函的根据、目的、原因等，然后交代发函事项，最后用函的结束用语收尾。原由要简明扼要，事项要求一文一事，结尾一般用"特此函达"、"盼复"等固定结语。

3. 落款

在正文的右下方写明发文机关、发文日期并盖公章。自2001年1月1日起，单一机关制发的公文在落款处不署发文机关。

例文6

××市统计局
关于请求拨款的函

市财政局：

我局原有132平方米的砖瓦结构车库（平房）一处，因年久失修于今年雨季突然倒塌，急需修复。经测算，共需资金30万元。因我局除行政拨款外无另外资金来源，故请能予临时拨款为盼，以解决车辆越冬之急需。

附件：维修图纸与预算

（××市统计局印章）

二×××年×月×日

评析： 这是一份请求函，它的优点主要是格式正确，行文关系准确，理由充分。

【案例及点评】（见附件1和附件2）

赣×市农业机械局文件

赣市农机〔2003〕2号   签发人：黄××

关于将赣×市农业机械化技术推广服务站
列为全额拨款事业单位的请示

赣×市人民政府：

我局下属赣×市农业机械化技术推广服务站是原赣×地区编委批准成立的正科级经费自理事业单位（赣地编〔1992〕49号文件和赣地编〔1993〕32号文件）。现有在岗职工3人，均为国家大中专院校机械专业毕业生并已取得中、初级职称的农机科技人员。该站成立11年来，为推广新型农业机械和农业机械化技术，为建设现代农业，增加农民收入作出了一定的贡献。但是由于这项工作是公益性工作，社会效益高而经济效益低，因而多年来经费无法自理，导致科技人员的工作和生活条件无法保障，一定程度上延缓了我市科技推广工作及建设现代农业，增加农民收入的进程。

省委省政府《关于加强农业技术推广体系建设的决定》（赣府发〔2001〕2号）第3条4款规定："各级农业技术推广机构编内人员经费要纳入同级财政预算，保证足额到位，按时发放。"国家新修订的于今年3月1日开始施行的《中华人民共和国农业法》第7条51款规定："县级以上人民政府应当根据农业生产发展需要，稳定和加强农业技术推广队伍，保障农业技术推广机构的工作经费。各级人民政府应当采取措施，按照国家规定，保障和改善从事农业技术推广工作的专业科技人员的工作条件、工资待遇和生活条件，鼓励他们为农业服务。"这些法规都为农业机械化技术推广机构列为全额拨款事业单位提供了政策依据。

为了落实国家政策，保障和改善从事农机化技术工作的专业技术人员的工作条件和生活条件，稳定农机化技术推广队伍，加速我市农业机械化推广的进程，促进现代化农业的发展，因此，请求将赣×市农业机械化技术推广服务站列为全额拨款事业单位。

以上可否，请批示。

（赣×市农业局印）

二〇〇三年三月五日

（附注：联系人×××　电话×××××××）

主题词： 农业　机构　拨款　请示

抄送： 市编委、市财政局。

赣×市农业机械局办公室	2003 年 3 月 7 日

　　点评： 请示是上行文。请示公文的格式由眉首、主体和版记三部分所组成。眉首由发文机关标识、发文字号和签发人组成，他们的位置与下行文的位置不一样，而案例中很好地表达了上行文在这些项目中的位置，同时，请示上行文中成文日期的后面必须注明联系人及联系人的电话号码，这在例文中也得到了很好的体现。请示正文通常由请示的原因、请示事项和请示结束用语组成，请示的原因的是重点，作者从单位现状、贡献和请示的两大法规依据作为理由陈述，重点突出，然后提出请示事项，做到水到渠成。

浙江省教育厅文件

浙教学〔2004〕24 号

浙江省教育厅关于评选浙江省普通
高等学校优秀毕业生的通知

各高等学校：

　　为表彰先进，调动在校大学生的学习积极性，促进高校形成良好的学风和校风，引导学生树立正确的世界观、人生观和价值观，我厅决定继续开展 2004 年普通高校优秀毕业生评选工作。现将有关事项通知如下：

　　一、评选对象：

　　本省各普通高等学校应届毕业研究生和本、专科生。

　　二、评选名额：

　　毕业研究生按 5％的比例评选。

　　教育部直属高校本科毕业生按 5％的比例评选，其他高校本科毕业生按 4％的比例评选。专科毕业生按 3％的比例评选。

　　三、评选条件：

　　（一）热爱祖国，拥护中国共产党的领导和社会主义制度，拥护改革开放的方针政策，能模范遵守国家和省制订的大学生行为规范，以及各校制订的学生行为准则，遵纪守法，有良好的思想品德修养。在校期间未受过纪律处分。

　　（二）有扎实的专业基础和优秀的学习成绩，尊敬师长、团结同学，热心参加各种文体活动、社团活动和公益活动，师生反映良好。

　　（三）大学期间获校级"三好学生"、"优秀学生干部"、校一、二等奖学金或其它相当奖项 2 次（项）以上。

　　四、评选优秀毕业生是一项十分重要的工作，各校要加强领导，严格掌握标准，广泛听取教师、学生的意见，切实做好省级优秀毕业生的评选、推荐工作。评选过程中要做到条件标准公开、程序办法公开、评选结果公开。

　　五、各校将《浙江省高等院校优秀毕业生登记表》和《浙江省高等院校优秀毕业

生名册》（一式两份）并附软盘（用数据库形式）于 3 月 10 日前报送我厅学生管理处，我厅拟于 3 月底前对

初审合格的优秀毕业生进行公示，接受监督，5 月底前正式表彰，并通过有关渠道向社会公布。

六、《浙江省高等院校优秀毕业生登记表》和《浙江省高等院校优秀毕业生名册》请各校按附件样式自行印制。

附件：1. 浙江省高等院校优秀毕业生名册

2. 浙江省高等院校优秀毕业生登记表

（浙江省教育厅公章）

二○○四年二月十九日

主题词：高校　学生　奖励　通知

抄送：浙江省人事厅，各市人事局，各市教育局。

浙江省教育厅办公室　　　　　　　　　　　　2004 年 2 月 19 日

点评：通知是下行文。本公文按照下行文的格式进行排版，它包括眉首、主体和版记三部分组成。眉首由发文机关标识和发文字号组成；主体部分包含了标题、主送机关、正文、附件、成文日期及公章等项目；版记由主题词、抄送机关、印发机关和印发日期、版记反线构成。每一个项目都按照公文格式的要求进行，做到格式规范；公文主体部分中的正文符合通知的结构与写法。正文有通知的原因、通知的事项两部分内容所组成，通知事项采用条款式的写法，条理清楚。

 思考实训

1. 公文分为哪几类？本书阐述的主要是哪一类？

2. 实训情景：

情景 1：

县人民政府关于批转《×省人民政府关于学习宣传〈中华人民共和国森林法〉的通知》的通知

各乡、镇人民政府，县直各单位：

现将《×省人民政府关于学习宣传〈中华人民共和国森林法〉的通知》印发给你们，请认真贯彻执行。

今年以来，我县连续发生森林大火，主要是由于生产用火造成的，各乡、镇要从中吸取教训，严格管理生产用火。如果再发生类似事情，则要追究主要领导的责任。

××县人民政府（印章）

××××年×月×日

实训要求：根据以上材料，对公文的标题、受文对象、落款、正文等方面进行改正，并写出正确答案。

情景 2：

××市供电局公告

近日来，我市连续发生冒充供电局工作人员拆剪线路、拆卸用户电表以及对用户随意停电、断电和进行敲诈勒索等不法事件，致使电表被盗，电线剪切，私接乱拉，情节十分恶劣。不仅给用户造成经济损失、生活上带来不便，而且破坏了我局声誉和供用电双方关系。为此，特声明如下：

（1）凡是我局职工在用户处进行拆、装电表、剪接电线、迁移电杆、变动表位、抄表收费、监督用电、修理电气等业务事项，一律身穿蟹青色军装电业标志服，佩戴闪电帽徽和豫电胸章，并随身携带工作证。未有上述标志者，均属冒充，用户有权制止。

（2）希各机关、团体和居民用户，提高警惕，协助我局做好供电工作，严防坏人扰乱、破坏。

（3）对揭发或抓获冒充我供电局工作人员者，除表示谢意外，还给予一定物质奖励。

2002 年 4 月 7 日

实训要求：改正文划线的 5 处错误。

情景 3：

东方职业高中为了举办第二届科技活动摄影作品比赛，向各班级发了一份通知，通知的主题是"我眼中的校科技周"，参赛作品每人限 4 幅（组），照片彩色、黑白、数码片不限；每张照片背面须注明作者姓名和班级，参赛作品一律不退；参赛截止日期为 2005 年 6 月 20 日，参加比赛的学生需把作品直接交到学生处毛老师处，大赛设一等奖 5 名、二等奖 10 名、三等奖 15 名。

实训要求：根据以上材料替东方职业高中拟写一份通知。

情景 4：

1）××××年 2 月 20 日上午 9 时 20 分，××市××百货大楼发生重大火灾事故。

2）事故发生后，未造成人员伤亡，但烧毁一幢 3 层楼房及大部分商品，造成直接经济损失达 792 余万元。

3）施救情况：事故发生后，市消防队出动 15 辆消防车，经过 4 个小时扑救，火灾才被扑灭。

4）事故原因：直接原因是电焊工×××违章作业，在一楼焊铁窗架时电火花溅到易燃货品上引起火灾。但也与×××百货大楼的管理及员工安全思想模糊，公司制度不落实，许多不安全隐患长期得不到解决有关。

实训要求：要求你以××市工商局的名义向××省商业厅起草一份公文。

情景 5：

中天商贸集团总公司目前是市属的大型国有企业，拥有分公司 15 家，总资产有 150 亿，在职职工近 5 万人。其所属的第五分公司主要经销副食品。几年来，随着城乡人民生活水平的不断提高，第五分公司的市场越来越广阔，分公司的规模也在不断扩大。2001 年，第五分公司的一个副食品冷库需要扩建。根据有关人员反映，自 1998 年以来，由于市场经济的迅速发展，农村许多地方办起了养殖场、鱼塘等，有的还实行了联营，鲜肉、鲜蛋、鱼虾等副食品大量增加，极大地丰富了菜篮子。在这种情况下，原有冷库已不能满足需要。他们想在分公司所在地的东望县再建一个冷库，面积为 90m×60m，这样可储存鲜肉、鲜蛋、鱼虾等近 200 吨。为此，他们请求总公司拨款 800 万元，并希望于 2001 年破土动工，争取次年投入使用。该分公司将选派一名有经验的副经理分管此项工作。

实训要求：根据所给内容，以第五公司的名义拟写一份主送给中天商贸集团总公司的请示。

情景 6：

某公司拟召开"现代企业文化建设"研讨会，会议的议题有：如何进行企业文化的建设和管理？影响我公司企业文化建设的因素有哪些？如何理解现代企业文化的独特性？会议将于 9 月 20 日召开，参加人员主要是公司中层以上的管理人员和公司顾问，共计 30 余人。上午将由总经理就如何进行企业文化的建设和管理作一小时的专题报告，并请公司顾问就影响我公司企业文化建设的因素做一个半小时的讲座。下午将与会者分成 3 个小组对上述议题分别讨论，讨论后 3 个小组各派 1 名代表发言，每人发言时间为 30 分钟，最后由总经理进行大会总结。晚上安排全体参会人员共进晚餐。

实训要求：根据以下材料拟写一份会议纪要。

第二节　事务文书

学习目标

1. 理解事务文书有关文种的基础知识。
2. 能撰写常用的事务文书。

情景导入

××县办公室秘书小王工作已一年有余。在 2006 年年初，该县准备参评××省示范文明城市，××县办公室主任老李认为，小王一年来，工作勤奋，肯动脑筋，有一定的写作能力，于是，把××县参评××省示范文明城市的计划交给了他。小王接受任务后，通过收集材料，结合本县的实际，制定出切实可行的争创省文明示范城市的计划，接着，全县对照省示范文明城市参评的条件，根据制定的计划开展了一系列的活动。为反映全县人民参评省文明示范城市的实际行动，××县人民政府召开了多次会议，秘书小王如实地进行了记录，同时，根据会议精神××县办公室编制了简报，并分发到各有关单位。经过全市人民的共同努力，终于在 2006 年年底××县被评为省文明示范城市。为了总结表彰在争创省文明示范城市活动中的个人和先进单位，××县办公室向各单位、社区、乡村收集先进材料，秘书小王再根据收集的材料拟写了××县争创省文明示范城市活动的总结，并为这件事编写了大事记进行存档。

小王在这次活动中虽然很辛苦，但他通过本次活动，锻炼了自己的才能，使自己更加清楚地认识到学好事务文书的重要性，同时，他通过本次活动，牢固地掌握了在工作中出现的一些事务性文章的写法。

 知识精讲

（一）计划

1. 计划的概念

计划是机关、单位或个人对将要进行的工作、生产与学习提出预想的目标，并制定出实现这个目标的具体步骤、方法和措施所使用的应用文。

知识链接

计划的不同名称

（1）计划、规划：是指时间较长、范围较广、内容比较概括的计划。如《×××城市建设长远规划》、《××省发展国民经济的"十五"规划》等。

（2）方案、意见：是指目标明确、任务要求和措施办法具体的计划。如《关于深入进行供销社体制改革的试点方案》、《关于××省计算机推广应用工作的若干意见》。

（3）工作要点：是指在一个时期内工作的指导原则和总的要求，主要的工作任务及应把握的重点。如《××省 2000 年个体私营经济管理工作要点》。

（4）安排、打算：是指时间较短、内容比较具体的计划。如《关于今年第一季度几项主要工作的安排》、《今冬明春开展文体活动的打算》。

（5）设想、初步设想：指初步的、还未成熟的或比较粗略的计划。如《改造低产田、提高单位粮食产量的设想》等。

2. 计划的结构与写法

计划一般有 3 种形式：第一种是条文式；第二种是图表式；第三种是图表加条文式。但无论哪种形式，都由标题、正文、落款三部分组成。

（1）标题

计划的标题由单位名称、计划时限、计划内容和计划种类名称组成，如《××市××学校 2003 年工作计划》。如果是未正式通过，或未经上级批准的计划，可在标题下一行加注"草案"、"初稿"、"供讨论用"等。

（2）正文

正文一般包含三方面内容：一是情况分析（制定计划的根据），要对现状做出分析，写明本计划是在什么基础上制定的；二是做什么和达到什么目的（任务和目标），制定计划要明确做什么，也就是说，根据需要和可行性，提出本计划在期限内应完成的任务和达到的目标；三是怎样做（要求、方法、步骤），在提出任务和目标后，要明确需要做哪些工作，这些工作怎么做，分哪几个步骤完成，还要一一写明完成的期限和人员分工，以及确保实施的措施等内容。为了条理清楚，可以分条列项写。

3. 落款

落款包括署名和日期。如果在标题中已写出制定计划的单位名称，则可不用署名；如果是个人计划则应先写单位名称再写姓名，日期写在署名的下一行。

（二）总结

1. 总结的概念

总结是人们对前一阶段的工作或一项活动，进行全面、系统的回顾，分析研究，并从中找出经验教训，引出规律性的认识，从而明确今后实践的方向而形成的书面材料。

2. 总结的结构与写法

总结的结构由标题、正文、落款三部分组成。

（1）标题

总结的标题有 3 种形式。

1）公文式：由单位名称、时间、事由、文种组成，如《××市 2004 年度市政建设工作总结》。

2）新闻式：采用双标题。正标题点明文章的主旨或中心，副标题具体说明文章的内容和文种，如《春风进家门，温暖万人心 ——杭州市 2004 年春节扶贫工作总结》。

3）文章式：标题只是内容的概括，并不标明"总结"字样，但一看内容就知道是总结，如《我校是如何搞好后勤服务社会化的》。

（2）正文

正文一般由前言、主体、结尾三部分组成。

1）前言。前言也称导语，是总结的开头部分。一般是概述基本情况，包括交代总结所涉及的时间、地点、单位和背景。前言概述基本经验、点明中心思想、引用数据、主要成就或问题等。前言要求紧扣中心，简洁精练，有吸引力。

2）主体。主体是总结的主要内容，这部分一般要写清楚以下几个问题：

① 工作情况。工作情况即进行了哪些工作，采取了哪些措施、方法和步骤，有哪些效果，取得了什么成绩。

② 经验和体会。经验和体会即工作中哪些做法是成功的，取得成绩的主客观因素是什么。这部分是总结的重点，在全文中占主导地位，写作时要注意主次和详略，注意把感性认识上升到理性认识的高度。

③ 问题和教训。问题和教训即工作中遇到哪些问题，给工作带来哪些损失和影响，

要着重分析问题和教训及产生的主观原因。

④ 今后的打算和努力方向。今后的打算和努力方向即针对工作中存在的问题，提出切实有效的改进措施，提出一些新的奋斗目标，以表示决心、展望前景、鼓舞斗志。

3）结尾。结尾通常写今后的努力方向（也称今后的打算）。如果这项内容在主体中写过，则不再另加结尾。

（3）落款

总结的落款包括署名和日期。单位总结的署名，一般不放在落款处，而写在标题中或标题下。个人总结署名，一般写于正文后的下方。

（三）会议记录

1. 会议记录的概念

会议记录是在开会时，把会议的基本情况、会上报告、与会人员的发言、讨论的问题、形成的决议等内容如实记录下来的书面材料。

知识链接

会议记录与会议纪要的异同

相同点：

会议记录与会议纪要都有很强的记实性。

不同点：

（1）从内容上来看，会议记录具有原始性，要求将会议进程、会上发言和决定事项等内容如实、完整地记载下来；会议纪要则有很强的概括性，它反映的是会议的基本精神和主要内容。

（2）从时间上来看，会议记录是在会议进行过程中由记录人当场记录下来的材料；会议纪要则是会后根据有关材料进行去粗取精，分析、整理出来的书面材料。

（3）从作用上来看，会议记录具有素材作用，可作为会议纪要的参考，为写作纪要服务；会议纪要则有实施性，并在一定时期内对实际工作具有重要的指导意义。

（4）从性质上来看，会议记录是未经过加工、整理的原始材料；会议纪要则是经过对会议记录的加工、整理后，择要写出的正式文件。

（5）从写作要求上来看，会议记录要求有会必录；会议纪要则是当会议结果正式行文外发时，才在会议记录的基础上整理成文。

2. 会议记录的结构与写法

会议记录一般有标题、会议组织情况、会议进行情况、结尾四部分组成。

（1）标题

标题由单位名称、会议事由、文种组成，如《阳明中学第三届教职工代表大会记录》。

（2）会议组织情况

会议组织情况包括时间、地点、出席人、列席人、缺席人、主持人、记录人、议题共 8 项。

1）会议时间。会议时间应写清楚年、月、日、午别、时、分，如：2001 年 9 月 6 日上午8：30～11：30。

2）会议地点。会议地点写清楚会议召开的具体地点，如教学楼 3 楼会议室。

3）出席人。出席人即按照规定必须参加的人。人数不多的会议可将出席人的姓名、职务全部写上，人数多的会议则只写参加会议的人。

4）列席人。列席人即不属于本次会议的成员。应写清楚列席人的单位、姓名、职务。

5）缺席人。人少的会议要写清楚缺席人的姓名，并注明缺席的原因；人多的会议，则只注明缺席人的姓名。

6）主持人。主持人要写出其姓名、职务。

7）记录人。记录人要写出记录人的姓名、职务，以示对记录负责。

8）议题。有时只有一项议题，有时则有几项议题，如果是有几项议题的，则应分条列项写。议题可从会议通知、主持人的开场白或会议内容的记录中归纳出来。

（3）会议进行情况

这部分是了解会议意图、反映会议成果的主要内容，是会议记录的主体，要着重记录，以备查考。它主要包括主持人开场白、大会主题报告、讨论发言和决议。

1）主持人开场白。这是了解会议意图的主要依据，应着重记录。

2）大会主题报告。这是会议的核心。如果发言者有书面讲话稿，则应记录报告的题目"原文见附件"；如果发言者没有书面发言稿，则应记下发言的要点。

3）讨论发言。按发言顺序将每个发言人的姓名及发言内容记录下来。发言人的姓和名应齐全，职务可在姓名后加小括号注明。

4）决议。会议最后如果形成决议，则应把决议梳理、概括清楚，然后分条写出来。决议有时可从主持人的总结讲话中记录下来，有时则需要记录员根据表决发言的内容加以归纳、概括。有些会议经过讨论暂时议而不决的，应在记录时注明"暂不决议"，以示交代本次会议的结果。

（4）结尾

在会议内容后，要另起一行空两格写"散会"字样，在会议记录右下方，由会议主持人和记录人签名。

（四）简报

1. 简报的概念

简报是机关、社会团体、企事业单位编发的，在汇报工作、反映和通报情况、交流经验、指导工作时广泛使用的一种简短灵活的表现内部事物的书面载体。

2. 简报的结构与写作

简报由报头、报核和报尾三部分组成。

（1）报头

报头由简报名称、期号、编发单位、编发日期组成。

1）简报名称：如"工作简报"、"工作通讯"、"会议简报"等。简报名称一般要以醒目的套红大字在报头部分居中书写。

2）期号。期数标在简报名称正中下方。一般是一年一编号，标"第×期"。

3）编发单位。编发单位标在期号左下方，一般应写全称。

4）编发日期。编发日期标在期号右下方。

报头与报核之间用一条红线隔开。

（2）报核

这是简报的主要部分，由标题和正文组成。

1）标题。简报的标题，类似于新闻的标题，要求揭示主题、简短醒目。

2）正文。正文大致有如下几种写法：

① 报道式。正文由导语、主体、背景、结束语等新闻要素组成。

② 分析式。通过对材料进行归纳，找出问题的症结，然后提出解决的办法，如《学生考试作弊应引起重视》，首先列举了学生考试作弊的种种现象，然后分析作弊的原因，最后提出防止作弊的办法。

③ 汇编式。汇编式先将所要反映的问题作总的介绍，再按将要反映的问题分为若干方面，层层展开来写。有关大会讨论的简报用这种方式较多。

④ 转摘式。转摘式即直接引用有关材料，其形式可以完整地原本转抄，也可以根据需要摘录部分材料。

（3）报尾

这一部分主要包括发送单位和印发份数两项内容，写在简报最后一页的末端。发送单位一般要分别标明"报×××（上级单位）、送×××（同级单位或不相隶属的单位）及发×××（下级单位）。印发份数写在发送单位的右下方。

报核与报尾部分之间，也要用横线隔开。

（五）大事记

1. 大事记的概念

大事记是按照时间顺序记录一个国家、一个地区、一个行业、一个企业、一个单位各个领域发生的大事、要事，是供日后查考的实录性文书，也是编纂资料、查证历史、总结工作的重要线索和依据。

2. 大事记的结构和写法

大事记的结构由标题、时间、记录事项三部分组成。

（1）标题

1）机关或单位名称＋文种，如：《上海博世生物科技有限公司大事记》。

2）机关或单位名称（有时也可写范围或行业名称）＋主题＋文种，如《中国水文大事记》。

（2）前言

大事记一般要写前言，说明编撰的目的、意义、指导思想、体例、时限和材料来源。单位内部的综合性大事记一般不写前言。

（3）正文

大事记的正文一律按年份、月份、日期的顺序写作。一般以日期为条目，如一天中有几件大事，每个条目可标识同一个日期，也可以一天中事件发展的具体时段为条目。每个条目为一个自然段，写一件具体的事情，即做到一事一记。对于重要决定事项要写明文件名称、制定机关、主要内容、发至范围；对于重大人事变动要写明决策机关名称、变动的具体内容；对于重要会议或活动应写明依据目的、名称、时间、地点、主题或主要议题、主要出席人物、会议或活动的结果；对于重要成果和荣誉应写明成果或荣誉的名称和等级、获奖人姓名或名称（团体）、颁发机构名称；对于重大危机事件一般要写明起因、经过、时间、地点、人物、结果。

3. 大事记写作的注意事项

1）材料准确，事实说话。

2）条理清楚，一事一记。

3）语言简明，用词恰当。

4）内容概括，信息完整。

【案例及点评】

材料1：

××市全民义务植树造林
××××年春季工作计划

根据全国五届人大第四次会议通过的《关于开展全民义务植树运动的决议》，希望我市广大人民群众积极响应党和政府的号召，人人争当义务植树的突击手，争当保护林木的哨兵，个个为绿化祖国贡献力量。为此，我市在今年春季要做好以下几项工作。

一、任务与要求

（1）我市今春计划造林面积达××亩，植树达××株。要求每人平均完成3～5株，栽树后要有人管理，保证成活。植树不要占用好地。春季植树造林要在植树节前基本完成。

（2）以市政府为领导、以各区为单位、以全民义务植树造林指挥部为指导的群众性植树造林活动的具体要求是：

1）各机关、团体的领导要带头，并指定专人负责此项工作。

2）充分发动群众，组织好力量，并采取分片的办法。

3）要因地制宜，要根据气候、土壤等不同条件栽植不同品种的树。

4）各苗圃要及时做好挖苗备运工作。

5）加强各环节工作的检查，在二月中旬做一次全面检查。

二、措施

（1）于二月下旬召开一次植树造林工作会议。参加人员为本市各机关、团体、学校、工厂的有关负责人及政府区以上的主要负责人等，会议重点研究植树造林的各项准备工作，采取必要措施予以落实。

(2) 加强各单位各部门植树造林的领导工作，认真解决各单位存在的问题。

(3) 抽调××名干部到植树造林第一线做具体指导工作。

××省××市人民政府

××××年×月×日

点评：例文标题清楚，正文开头用一句话就写明了所定计划的依据和目的，接着十分明确地交代了植树造林的任务、要求、实施的具体措施与步骤。然后是制定计划的单位和日期。纵观全文，这份计划写得完整，顺序有条不紊。在计划中任务提得适当，措施有力，方法和步骤也具体明确，让人看后觉得符合实际，切实可行。该计划用语精练，明白易懂。

材料2：

××省结核病防治所××××年工作总结

在卫生厅党组织的关怀和领导下，在各处室的支持和帮助下，××××年全所党政团结、上下齐心，全体职工积极努力，以全国结核病防治规划为目标，以全国和全省卫生工作大会精神为动力，结合我省和我所实际，圆满地完成了所长和党支部的两个工作目标合同所规定的任务，并通过抓"项目"试点，为开创我省结防工作新局面奠定了良好基础，现将主要工作总结如下：

一、以目标合同为基础，抓好全省结防工作。

所长与厅长签订的目标合同，是全年的工作基础；支部工作目标合同，是完成各项任务的保证；全省的防痨工作，则是结防所的工作目标和控制全省结核病疫情的要点；开展的"项目"试点工作，正是推动全省结防工作跨上新台阶的一个良好开端。

(一) 党政齐抓共管，争创全省防痨工作新局面（略）。

(二) 抓"项目"试点，奠定基础，提高我省结防水平（略）。

(三) 完成了今年新列入的×个卫生部项目在启动前的考核检查、培训等准备工作（略）。

(四) 加强质控，保证质量（略）。

(五) 完成了××、××两个结防监测县的技术指导工作（略）。

(六) 继续把好防痨药品质量关，为基层提供方便（略）。

二、积极开展结核病门诊和住院病人的治疗工作（略）。

三、做好所内建设，稳定结防队伍（略）。

四、培训人材与提高教学、科研水平（略）。

五、继续做好宣传工作（略）。

六、存在问题如下。

(一) 我省结核病疫情严重，宣传工作力度还不够，使部分领导和群众对其仍然认识不足，大部分医疗单位领导和医院的医务人员仍然不了解现代结核病的管理手段和先进的治疗方法。

……

（五）业务学习抓得不够紧，没有有计划、有目的地安排专业学习。

××××年×月×日

点评：本文结构完整，条理清晰。首先概述基本情况，然后从 5 个方面总结了一年的工作，并指出了在工作中存在的问题。文章采用的是分条列项的写法。

材料 3：

飞熊公司项目会议记录

时间：××××年 9 月 1 日上午 8：00～11：00。

地点：公司会议室。

出席人：公司各部门主任。

主持人：马燕（公司副总经理）。

记录：祁迎峰（办公室主任）。

一、主持人讲话：今天主要讨论一下《中国办公室》软件是否投入开发以及如何开展前期工作的问题。

二、发言如下。

（一）技术部朱总：类似的办公软件已经有不少，如微软公司的 Word、金山公司的 WPS 系列，以及众多的财务、税务、管理方面的软件。我认为首要的问题是确定选题方向，如果没有特点，就千万不能动手。

（二）资料部祁主任：应该看到的是，办公软件虽然很多，但从专业角度而言，大都不很规范。我指的是编辑方面的问题，如 Word 中对于行政公文这一块就干脆忽略掉，而书信这一部分也大多是英文习惯，中国人使用起来很不方便。WPS 是中国人开发的软件，在技术上很有特点，但中国在运用文字方面的编辑十分简陋，离专业水准很远。我认为我们定位在这一方面是很有市场的。

（三）市场部唐主任：这是在众多航空母舰中间寻求突破，我认为有成功的希望，但关键问题就是必须小巧，并且速度极快。因为我们建造的不是航空母舰，这就必须考虑到兼容问题。

各部门都同意立项，初步的技术方案将在 10 天内完成，资料部预计需要 3 个月来完成资料编辑工作，系统集成大概需要 20 天，该软件预定于元旦投放市场。

散会。

主持人：（签名）　　记录人：（签名）

点评：这篇会议记录结构完整，格式正确，详略得当。如写会议组织情况，会议名称、时间、地点、与会人员（出席、列席、主持、记录人）一应俱全。会议内容条理清楚。

材料4：

××地税简报

第12期

××市地方税务局　　　　　　　　　　　　二○○二年八月十八日

抓改革深化　　促征管质量

8月10日至11日，全市地税系统关于深化农村税收征管改革暨单项税收管理办法的经验交流会议在××召开，会议介绍交流了××分局深化农村税收征管改革的经验和各地单项税收的管理办法，实地学习考察了××分局的改革成果，讨论研究了进一步深化全市农村税收征管改革、加强农村分局征管基础建设的具体工作措施。参加会议的有市局领导，各县（市）局、市直各分局局长及征管科长，省局征管处×××处长也到会并作了重要讲话，市局×××局长作了总结讲话，××副局长作了会议主题报告。

省局×××处长充分肯定了××地税系统的征管工作成绩：一是征管改革步伐坚实；二是征管基础工作积极主动；三是个体税收管理严密规范；四是普通发票管理基础牢固。他特别强调，当前加强税收征管，关键要做好4个方面工作：一是"收"，就是要坚持以组织收入为中心，努力完成收入任务；二是"转"，就是要坚持改革方向，彻底转换征管模式，完善内部工作规程，加强税源户籍管理，真正实现由"管户"向"管事"的转变；三是"管"，就是要强化日常管理，堵塞税收漏洞，提高征管质量；四是"查"，就是要发挥稽查作用，打击涉税犯罪，推进依法治税。

会议系统地总结了××分局深化农村税收征管改革的经验，认为××分局的经验有"五大特色"：一是有高度敏锐的改革意识；二是有切实可行的征管模式；三是有健全规范的运行机制；四是有简明严格的考核措施；五是有持之以恒的务实作风。其综合成效表现为"四个统一"：局容局貌与干部精神面貌的统一；干部个人素质与队伍整体素质的统一；征管改革单项效果与全局工作综合效果的统一；精神文明建设与物质文明建设的统一。××分局的经验有三点可贵之处：贵在坚持，贵在平时，贵在创新。

会议对当前全市农村税收征管工作中的模式转换、系列划分及岗位职责落实、税务行政执法、单项税收控管和责任制挂钩考核等5个重点问题进行了客观分析，指出推进农村税收征管改革的关键在于深化认识、统一思想、整体联动、把握机遇、狠抓落实：一要调查摸底，制定切实可行的方案，分类排队，统筹安排，精心组织，稳步推进；二要加强领导，把深化农村税收征管改革作为今年的一件大事来抓；三要整体推进，注重"三个结合"，即深化农村税收征管改革同开展征管基础规范管理达标定级活动相结合，同实施税务行政执法"两制"相结合，同研究制定单项税收管理办法相结合；四要严格考核，主要是抓好改革进程的阶段考核、改革内容落实情况的考核和工作责任制考核，从而确保深化改革的各项目标顺利实现。

市局×××局长在会议总结讲话中要求要以推广"××分局的经验"为契机，进一步深化全市农村税收征管改革，并着重做到四点：一是统一思想，形成改革共识，要解决好精神状态问题、改革思路问题和管理意识问题；二是加强领导，明确改革目标，各级地税局要把深化农村税收征管改革摆上重要议事日程，从"一把手"到班子成员都要重视、支持农村税收征管改革，切实加强对改革的组织、指导、指挥、协调，保证改革有条不紊，不断深化，到年底，全市所有农村分局的征管模式都必须参照××分局的模式，全面转换到位；三是完善措施，促进改革的落实，部署要周密，考核要从严，典型要推广，重点要突出；四是搞好协调，营造改革合力，要做到目标同向，工作同步，行动一致，合力攻坚，形成齐抓共管的工作局面，保证改革政令畅通，改革任务落实。

报：省局领导及有关处（室）、市委、市政府。
送：市局领导、市直有关单位。
发：各县市地税局，市直各分局，本局各科室。

（共印 60 份）

材料 5：

中国工程院 2004 年大事记

一月（节录）

2 日，经国务院领导批准，钱正英、张光斗院士任三峡枢纽工程质量检查专家组顾问，潘家铮院士任专家组组长，谭靖夷、罗绍基院士任专家组副组长，梁应辰、梁维燕院士为专家组成员。

5 日，钱正英院士在京主持召开关于"科技兴黔"工作中沼气工程和草地畜牧业发展规划等有关情况的专题汇报会，听取农业部科技司和草原监理中心等有关机构的情况介绍。沈国舫副院长、卢良恕院士等有关方面的专家出席汇报会。

同日，我院向国务院呈报《中国航空发动机试验设施建设研究》的咨询报告。

点评：这是一份综合性大事记的节选，以月份为编写单元。记述内容线索清楚、简明扼要，记述语言直截了当、简洁凝练。在记录有关内容时，如实载录事实本身，不作评价，更无借题发挥。

很多单位编写本年度大事记，大都以月份为编写单元。同一月内发生的大事一般以"日"为序记录。当一日之内有两件事要记载时，第二件事的时间要素则以"同日"表示。

 思考实训

1. 简报的报头由哪几部分组成？
2. 总结正文的开头书写有几种方法？
3. 实训情景：

情景 1：

××乡上半年工作总结报告

半年来本乡在精神文明和物质文明的建设方面做了许多工作，取得了很大成绩。半年来，主要做了以下工作：①动员组织乡、村干部和广大群众学习中央一号文件；②安排、落实全年生产计划；③推行、落实承包合同制；④帮助专业户发展；⑤修建乡小学校舍；⑥建乡食品厂方便面生产车间厂房；⑦推销乡果脯厂、食品厂、编织厂的产品；⑧为乡机械加工厂解决原材料不足问题；⑨美化环境，街道两旁栽花种草；⑩封山植树；⑪办了一期果树栽培技术培训班；⑫健全乡政府机关，调整工作人员，开始试行乡干部招聘制。

半年来，在工作繁杂、头绪多而干部少的情况下，能做这么多工作，主要是以下原因。

（1）上下团结。乡领导和一般干部能同甘共苦，劲往一处使。当工作中有不同看法时，大家能当面讲，共同协商。互相有意见时能开展批评和自我批评，不犯自由主义错误。例如经管科同志对乡长不同他们商议，便擅自更改果脯厂奖励办法、影响产量一事有意见、经当面提出，乡长接受其意见还做了自我批评，并共同研究了新的奖励办法，使生产产量得以提高。

（2）不怕困难。本乡企业刚刚起步，困难很多，如技术力量薄弱、原材料不足、产品销路没打开等。为此，经管科的同志和全乡干部共同想办法，他们不怕跑路，不惜自己的休息时间，忍饥受冻、四处联系，终于解决了今年所需要的原料，推销了一些产品。

（3）领导带头。乡的几位主要领导带头苦干、实干。他们白天到下边调查、了解情况、解决问题，晚上还开会研究问题、寻找解决办法。领导干部夜以继日地工作，带动了全乡工作。

×××× 年 × 月 × 日

实训要求：分析上面这篇工作总结存在的问题，并提出修改方案。

情景 2：

××市××饮食商店饮料销售计划

根据市商业会议关于创收节支的精神，本商店制定今年夏令季节饮料的销售计划如表 2-1 所示：

表 2-1 创收节支指标

品　　名	去年夏季销售量	今年夏季销售量	今年夏季多创收/%	备　　注
棒冰	50000 支	100000 支	100	
紫雪糕	30000 支	60000 支	100	
汽水	10000 瓶	20000 瓶	100	
可口可乐	5000 瓶	10000 瓶	100	
雪碧	40000 瓶	80000 瓶	100	

续表

品　名	去年夏季销售量	今年夏季销售量	今年夏季多创收/%	备　注
冰砖	20000 瓶	40000 瓶	100	
桔子水	10000 瓶	20000 瓶	100	
柠檬水	10000 瓶	20000 瓶	100	

为完成比去年同期销售量翻一番的计划，具体措施、办法如下：

(1) 充分调动本商店职工的积极性，树立不达目的不罢休的精神。

(2) 4 月份由进货负责人落实货源。

(3) 切实做好饮料的贮存工作。

(4) 扩大销售网点，延长营业时间。

(5) 经理深入饮料部，及时掌握销售情况，并采取各种措施确保销售计划的完成。

实训要求：找出上面这一篇应用文的错误地方，加以改正，并简要说明理由。

情景 3：

(1) 会议名称：××、××两大区××学校校际协作会议。

(2) 会期：××××年 9 月 20 日～25 日。

(3) 会议地点：××省××市。

(4) 主办单位：××学校。

(5) 与会单位：16 所××学校和部分省××局科教处的代表。

(6) 与会人数：42 人。

(7) 会议宗旨：互相交流办学经验，建立校际协作关系。

(8) 会议内容：以"加强科学管理，向管理要质量"为题，交流了各校的办学经验；以邓小平南巡讲话精神为指导，讨论了如何适应经济改革的新形势，深化教学改革的问题；建议由××教育局职教处牵头，建立××学校教育研究会，定期商讨一些教改中带共性的深层次问题；通过了《××、××两大区××学校校际协作会章程》；商定下届协作会议于××××年 8 月在××学校召开。

实训要求：拟写一篇会议简报的正文。

情景 4：

××市正在开展"文明从脚下做起"的交通安全宣传周活动。

实训要求：结合本班本校的具体情况，为本班写一份条款式的"文明从脚下做起"的活动计划（方案）。要求方案有 3 条以上（包括 3 条）的具体措施，内容合情合理，格式规范，字数在 200 字以上。

情景 5：

捷达化工有限责任公司根据上级指示精神，开展了为期 50 天的以防火、防爆、防盗为重点的安全大检查活动，并取得了明显的成效。这期间，公司主要做了以下工作：传达上级文件精神，开展全员安全教育和培训，深入学习安全操作规程和相关法律法规，开展岗位安全练兵活动；进一步落实安全生产责任制，层层签订责任状，班组配备安全员；全面进行安全大检查，对发现的隐患进行了整改；对个别不合理的工艺和流程进行改造，在关键部位安装电视监控设备；加强值班制度，对个别责任心不强的员工给予辞退处理；在全公司开展禁烟活动，对个别吸烟的员工责令其在吸烟室吸烟；进一步健全规章制度，严格操作规程，对违规人员进行处罚等。

实训要求：根据以上工作，拟写一份安全大检查活动的总结提纲和写作要点。

第三节 商 务 文 书

 学习目标

1. 理解意向书、经济合同、协议书的知识、结构和写作方法。
2. 根据素材要求，规范地拟写意向书、经济合同、协议书。

情景导入

河北安民食品厂是一家加工禽类农产品的民营企业。公司生产的各种真空包装的禽类食品符合国家卫生标准，且质量上乘，受到广大消费者的欢迎。为进一步保护和推销商品，公司决定重新改换包装，在与广东省万民印刷厂进行接触后，准备委托万民印刷厂为其生产铝箔食品袋。万民印刷厂主要生产各种系列的包装袋和包装箱，该厂的铝箔食品袋生产技术过硬，产品质量稳定。2004年8月7日，万民印刷厂与安民食品厂进行了协商。

协商内容是安民食品厂委托万民印刷厂加工铝箔食品袋300万个，单价为0.308元，分期交货，议定食品袋质量标准为耐高温达到121℃，无漏气，表面无疙瘩、无折纹。若产品质量不符合合同规定，由厂方负责包换包退。万民印刷厂做到收款后即发货，货运路费由安民食品厂支付。

双方协商后，立即签订了意向书，一式两份，双方各执一份。并商定于15天后签订正式合同。

2004年8月23日，双方在签订意向书的基础上，进行细化，达成了协议。双方交货期限定于9月底第一批发20万个；余下两批于同年12月和次年2月中旬发出。河北安民食品厂先付6000元，请万民印刷厂收到款即发货。安民食品厂在收到全部食品袋后的8天内即付清货款。延交货款则按工商银行延期付款规定，每延期一天，就交货款总值0.03%的罚金。因产品数量短少，不符合合同规定，供方应偿付需方不能交货货款总值5%的罚金。因交货日期不符合合同规定，每延期一天，则按延交货款总值0.3%由供方偿付给需方延期交货罚金。如果需方中途退货，则由需方偿付供方退货总值5%的罚金。当双方由于不可抗力而不能履行合同时，并经双方协商和合同签证机关查实证明后，可免于承担经济责任。签订合同正本 4 份，双方各执两份。

 知识精讲

一、意向书

（一）意向书的概念

意向书：是双方或多方就合作项目在进入实质性谈判之前，根据初步接触所形成的带有原则性、意愿性和趋向性意见的文书。

（二）意向书的结构与写法

意向书的结构一般包括标题、正文、落款三部分。

1. 标题

意向书的标题有 3 种写法。

1）文种式标题，如《意向书》。

2）简明式标题，由事由和文种组成，如《关于合作办学的意向书》。

3）完全式标题，一般由双方的合作单位名称、合作项目和文种组成，如《山师大附中与三联集团签订联合办学意向书》。

2. 正文

意向书的正文包括引言和主体两部分。

1）引言。内容包括：一是签订意向书的单位；二是明确指导思想和政策依据；三是规定总体目标，最好用承上启下的惯用语结束引言、导出主体。

2）主体。意向书所要实现总体目标的具体化，一般都以分项排列条款的形式来表述，各项条款之间的界限要清楚，内容要相对完整。主体部分还应该写明未尽事宜的解决方式，即还有哪些问题需要进一步洽谈，洽谈日程的安排，预计达成最终协议的时间等。最后应写明意向书的文本数量及保存者。

3. 落款

落款由签署和日期组成。单签式意向书，只由意向的一方签署，文书一式两份，由合作的另一方在副本上签字认可，交还对方；联签式意向书由双方联合签署，各执一份为凭。换文式意向书，是用双方交换文书的方法表达合作意向，各在自己的文书上签署。

二、经济合同

（一）经济合同的概念

合同，通常也叫合约或契约。经济合同是法人之间或自然人之间为实现一定的经济目的，经过充分平等协商，明确相互权利义务关系的协议。

知识链接

经济合同与意向书的区别

1）从内容上看：意向书的内容概括、原则，仅表明当事人双方或多方的意向、设想和打算；而合同内容具体、详细、周密，对双方的权利、义务等有具体的要求。

2）从用途上看：意向书多用于技术合作、工程确立、联合投资、经济洽谈等方面；而合同则多用于购销、工程承包、加工承揽、货物运输、供用电、财产租赁、仓储保管、借款、保险等方面。

3）从法律效力上看：意向书不具有法律效力，不受法律保护；而合同则具有法律的约束力和强制性，当事人必须全面履行合同规定的义务，任何一方不得擅自变更或解除合同，不论哪一方违背了合同中规定的条款，都要负违约责任。

（二）经济合同的结构与写法

经济合同的格式一般都有标题、双方单位名称、正文、附则、落款五部分。

1. 标题

标题一般由事由加文种组成，事由主要用于揭示合同的性质，如《购销合同》、《建筑工程承包合同》等。

2. 双方单位名称

写明签订合同双方或多方单位名称。为使行文方便，一般在括号注明"甲方"、"乙方"或"供方"、"需方"。

3. 正文

正文包括签约缘由和主体。

签约缘由写出订立合同的目的和依据等，常用的写法是："为了……，经双方协议，特定如下条款，以资共同遵守。"

主体，即双方协议的内容。主体部分要逐条说明双方共同确认的权利和义务，按《中华人民共和国经济合同法》规定，经济合同应具备以下主要条款：

（1）标的

标的是经济合同双方当事人权利义务共同指向的对象，是双方当事人确立权利义务关系的基础。没有标的或标的不明确，双方的权利义务就缺乏依据，经济合同就无法履行。标的要写全称，型号、规格要写清楚。经济合同的标的一般分为三类：有形物、劳务、智力成果。

（2）数量和质量

数量和质量是标的的具体化。数量是标的的计量，是衡量签约双方权利和义务大小的尺度。在经济合同中，数量应按国家度量衡制来表示，并且必须准确、清楚。

质量是指产品和劳务的优劣程度，是标的内在素质和外观形态的综合指标。在经济合同中，对质量的要求必须精确、具体，要尽量采用国际或国家标准。如果没有上述标准，则采用专业标准，如果没有以上各种标准，可由合同当事人双方协商确定。

（3）价款或酬金

价款或酬金是当事人一方取得对方产品、接受对方劳务或智力成果所支付的代价，通常以货币表示。以实物为标的的叫"价款"，以劳务为标的的叫"酬金"，统称为"价金"。价金是标的的货币表现，它的制定要符合国家法律、政策规定。

价金条款一般包括产品的价格组成、作价办法、作价标准、调价处理办法等。现在我国的价格形式有3种，即国家牌价、浮动价和议价。在签订经济合同时，凡有国家牌价的，必须按国家牌价；凡没有国家牌价的，合同当事人可根据有关政策和法律而议价；凡对产品质量有特殊要求的，可以在国家牌价基础上适当上下浮动。

（4）履行的期限、地点和方式

期限是指经济合同履行的时间要求，即合同的有效期限与合同履行期限。履行期限有一次履行期和分期履行期两种，到期不履行即为逾期。期限规定必须明确、具体。

地点是指履行经济合同即交付、提取标的的具体地点，这是分清双方责任的重要依据之一。在合同中应明确、具体规定履行地点，以便按约定地点顺利履行合同。

方式是指当事人履行义务的具体方法。一般来说其包括标的的交付方式和价金的结算方式，在经济合同中对此一定要表述清楚。

期限、地点和方式是经济合同中最容易引起纠纷的地方，因此，在合同中对这几点的规定越具体、越明确越好。

（5）违约责任

违约责任是指当事人不履行合同规定的义务所负的经济责任和法律责任。保证经济合同履行的条款，是一种经济约束，也是处理经济纠纷、分清责任的书面证据。违约责任的主要内容是违约金。违约金带有惩罚和补偿的双重性质。

除了以上5项主要条款以外，根据不同经济合同的特殊需要以及当事人提出的要求，还有必要对一些事项做出规定或列出专用条款加以具体表达和说明。

4. 附则

附则包括经济合同的有效期、文字形式及份数、保管、报送单位、签订时间、地点和经济合同的补充办法。经济合同有正本、副本之分，合同的正本一般为一式两份；副本按签约双方的需要而定，份数可多可少。与经济合同有关的表格、实样、图纸等，一般则作为经济合同的附件。

5. 落款

落款由署名、盖章和日期构成。署名应写全称，并盖公章。经法定部门公证的经济合同，要注明鉴证机关名称及鉴证人姓名，并盖章、签字。最后在右下方写明合同签订的日期。

（三）经济合同写作注意事项

1. 内容要合法

经济合同的内容必须遵守国家的法律和行政法规、政策，否则属于无效合同。

2. 条款、项目要完备、明确、具体

经济合同的条款与项目关系到双方的经济利益和法律责任，各项条款和有关项目缺一不可，一定要表述完备，不能有遗漏，并尽可能具体和做到标的、各方权利义务、各方经济和法律责任"三明确"。

3. 表述要严谨、准确、简洁

经济合同在文字表达上必须严谨、规范、简洁，标点符号力求准确，文面要整洁，该大写的数字要用大写，切忌语义不明、词义含糊和一词多义现象。

三、协议书

(一) 协议书的概念

协议书是社会组织或个人之间对某一问题或事项经过协商取得一致意见后共同定立的明确相互权利义务关系的契约性文书。

知识链接

协议书与经济合同的异同

相同点：

协议书和经济合同都是双方或多方签订的规定相互权利义务关系的协议文书，一经双方签订并依法成立，即具有正式法律效力，双方或多方都应依照规定承担各自应该承担的义务并享有各自应该享有的权利。如果某一方不履行双方约定的条款，另一方则有权要求对方履行；如果由于某一方不履行约定条款而给另一方造成损失的，另一方则有权要求对方做出赔偿。

不同点：

1) 协议书使用范围较广。协议书不仅适用于经济领域，还适用于教育、文化等社会生活的各个领域，与经济合同比起来，更具有开放性和延伸性。

2) 协议书的定约主体没有严格、统一的限制。合同的当事人必须是具有法人资格的社会经济组织或具有民事权利能力和民事行为能力的自然人。而协议书的当事人可以是国家间、政府间、单位间，也可以是单位与内部的职工之间。如国际间的文化、教育交流协议，政府间的外交协议，城市间的建立友好城市协议，企业间的资产置换协议，企业内部的解除劳动关系协议等。

3) 协议书的定立形式没有明确的规范。合同的内容相对比较单一，应用情况也不像协议那样复杂，因此，国家对合同的文本形式做出了明确的规范。国家工商行政管理局曾出版了《中国合同范本》一书，共规范了 26 种、63 个分项的合同文本形式，并规定了必备条款、选择条款和约定条款的构成。而协议从总体上说，并没有合同那样的规范程度，基本是定约双方约定的内容和条款。

4) 协议书的时效比较灵活。合同的有效期一般不长，各方当事人履行完各自的义务，合同的效力即应终止。而协议书的时效弹性很大，有的短期内即终止效力，有的则会长达十几年、几十年，甚至是永久性的。如子女收养、过继协议、联营协议、仲裁协议以及国家之间的外交协议等。

（二）协议书的结构与写法

协议书一般包括标题、立约当事人、正文、生效标识四部分。

1. 标题

标题一般在"协议书"这一文种名称前标明该协议书的性质，如"赔偿协议书"。

2. 立约当事人

立约当事人即在标题下方写明协议各方当事人的单位名称或个人姓名。如果是单位，可在单位名称后注明法定代表人姓名、地址、邮政编码、电话号码等内容；如果是个人，可在姓名后注明性别、年龄、职务等内容。注明的项目可视协议书的性质而定。在立约各方当事人的前面或后面，一般应注明"甲方"、"乙方"等，以使协议书正文行文简洁方便；当"甲方"、"乙方"放在立约当事人名称或姓名前面时应在其后加冒号，放在后面时可在其前后加括号。

3. 正文

正文一般分为立约依据或缘由、双方约定内容两部分。

1）立约依据或缘由，这是正文的开头，起到引出后文的作用。

2）双方约定内容，这是正文的主体部分，一般用条款式分条列项写出双方协商确定的具体内容。不同性质的协议书所包括的条款也不一样，因而在协议书写作中具体应写明哪些条款要视协议书的性质和双方协商的结果而定。对于少数涉及经济利益的协议书，国家明确规定了应包括的条款，签约时应当遵守。

4. 生效标识

协议书正文结束后，应签署立约各方当事人的单位名称或个人姓名；如果是单位，应同时签署代表人的姓名及协议书的签订日期，并加盖机关印章或个人印章；如果协议书有中间人或公证人，也应署名盖章。内容重要的协议书，可请公证处公证，由公证人员签署公证意见、公证单位名称、公证人姓名、公证日期，并加盖公证机关印章。

【案例及点评】

材料1：

开展多方技术经济合作意向书

广西×××对外开放办公室（甲方）与深圳××××有限公司工贸发展部（乙方），经双方协商同意，确定如下技术经济合作关系：

一、双方就以下范围进行长期的技术经济合作

(1) 高科技产品开发。

(2) 农副产品深加工与综合利用。

(3) 外贸出口。

(4) 合办第三产业。

(5) "三高农业"项目开发。

(6) 技术咨询。

(7) 高新技术以及资金等方面的引进合作。

二、合作方式

双方本着互惠互利、利益共享、风险共担的原则，根据具体项目协商采用具体的多种合作方式。

三、合作程序

由双方商定在适当时间组团考察，根据考察结果共同拟定合作项目、方式、内容、步骤。

四、甲乙双方义务

(1) 甲方负责提供其资源、项目及资源和项目的落实。

(2) 乙方负责提供合作开发项目的技术资料、组织有关技术力量、协调开发项目的有关关系，还负责协助或代理甲方的产品出口、合作项目产品的出口、甲方所需或双方合作项目所需的设备、技术的引进。

(3) 双方确定具体的联络人员，进行经常的联络工作。

五、此意向书一式四份、双方各执两份。

甲方：广西×××对外开放办公室　　　乙方：深圳××××有限公司工贸发展部

代表：×××（签名）　　　　　　　　代表：×××（签名）

×××年××月×日

点评：这是一则写得较好的技术经济合作联签式意向书。标题由事由（项目）和文种构成。导言写明签订意向书的单位，并用承上启下惯用语导出技术经济合作的各项意向。正文写合作的范围、方式、程序和双方义务等方面的意向性意见。各条款以数码标出。各条款内容只确定了原则意向，不涉及具体细则。落款内容也较完整。

材料2：

工程承包合同

立合同人：××市××区××局（以下简称甲方）

　　　　　××市建筑工程队（以下简称乙方）

经双方协商，签订以下条款，以资共同遵守。

(1) 施工地点：××区××街。

(2) 施工项目及面积：全部工程混合二层为500平方米，拆除原旧房共400平方米。

(3) 施工日期：2002年2月下旬开工，同年11月15日前完工。

（4）工程造价：全部造价为 18 万元，拆房费用为 6 万元。

（5）承包方式：新建工程按×××年××市建委工程预算定额的规定编制预算、结算，乙方包工包料。

（6）拨款办法：签订合同后甲方按工程预算总额预付给乙方备料款 30％，以后按工程月进度拨款，到达 80％时起，乙方应退回甲方的供料款，剩余的 5％待完工后交付甲方使用一个月内结清。

（7）材料供应：由甲方供应材料，所有材料如果发生差价，由甲方负责。

（8）施工前准备工作：拆除旧房、施工用电架设临时动力线均由乙方办理。

（9）工程质量：全部工程质量必须符合市建委规定的质量验收标准。

（10）施工中如果有变更项目，则另再协商，编制增减预算，纳入结算。

（11）奖罚办法：每提前一天完工，按总造价的 0.02％发给奖金，逾期一天，也按总造价的 0.02％罚款。

（12）本合同正本两份，甲乙方各执一份。副本四份，送甲乙双方业务主管部门各一份；公证处、××市建设银行各执一份。

   建设单位   施工单位

××市××区××局（章）   ××市建筑工程队（章）

负责人：×××（签名）   负责人：××× （签名）

联系人：×××（签名）   联系人：××× （签名）

                 二〇〇年一月五日

点评：这是一份条款式合同，写得简明、具体、完备。正文的工程标的、履行地点、履行日期、工程价款或酬金等表述明确，也明确了违约责任。附则部分也说得很清楚。

材料 3：

<h3 style="text-align:center">图 书 出 版 协 议 书</h3>

甲方：××人民教育出版社

乙方：王芳、刘昂

上述双方为图书出版事宜，按照国家有关公开出版物的管理规定，经过充分协商，达成如下协议：

（1）乙方愿将自己所编著的《中国当代法律应用文写作大全》一书（100 万字）交由甲方出版，并授权甲方在 10 年内享有专有出版权。

（2）乙方保证上述作品中不含有侵犯他人著作权和其他权益的内容，如果有侵权行为，则由乙方承担全部责任。

（3）甲方经审稿后认为符合出版条件，即将本书纳入本社×××年度图书出版计划，并于当年 6 月 30 日以前予以出版。

（4）甲方负责编审书稿、装帧设计、安排排印、印制、征订和发行。

（5）书稿经甲方终审发排后，乙方不得再抽掉、调换或增减书稿内容，亦不得在原稿或样本上作大改动，否则，由此引起的有关内容违法或成本增加等其他后果，就由乙方承担全部责任，甲方并有权因此终止协议。

（6）该书经双方协定，印数为 4150 册，规格为大 32 开，成品尺寸为 850×1168mm，采用锁线方式装订，分平装和精装两种，其中平装本封皮为塑料覆膜、150g 铜版纸质。

（7）双方确定的版权页内容包括：书名、编著者、发行者、印刷者、开本、印张、字数、印刷年月、版次、标准书号、定价等项，由甲方负责设计并编排。

（8）出版发行后 3 个月内，由甲方按××元/千字的付酬方式付给乙方稿酬；付酬时甲方按国家有关管理规定代扣个人所得税。

（9）出版物的版权归作者所有，甲方根据有关政策、法律法规保护作者版权。

（10）如果有违约，双方协商解决。当协商不成时，就提请××省出版局版权管理处仲裁。

甲方：××人民教育出版社（印章）

乙方：王××（签字）　刘××（签字）

二〇〇×年二月十日

点评：这份协议书结构完整，协议书的内容用条款式表述也很清楚。

 思考实训

1．比较经济合同与协议书的异同。

2．实训情景：

情景 1：

建 筑 合 同

××机械厂（甲方）与××建筑工程公司第一工程队（乙方）经双方协商签订如下条款：

（1）工程内容：甲方原有宿舍（均系平房）800m²，现扩建 2000m²，其中拆除旧房 400m²。新宿舍要求为 4 层的钢筋混凝土梁砖墙结构（详见图纸）。

（2）建筑费用：全部建筑工程费用为 200 万元（详见清单），所有的建筑材料由乙方负责采办。定立合同后甲方先付给乙方工程费用 100 万元，余款在宿舍建成验收后全部付清。

（3）建筑工期：2005 年 3 月 1 日开工，当年 8 月 15 日竣工。

（4）经济责任：厂方如果不能按期付款，每超过一天应赔偿对方按工程费 1‰计的赔偿金，工程队如果不能按期完成施工任务，每拖延一天，厂方可在工程费中扣除千分之一作为赔偿。

（5）施工期间人身安全由乙方负责。

（6）本合同一式 4 份，双方各执一份，鉴证机关一份，建设银行一份。

甲方代表人：林非清 乙方代表人：郝龙

电话：××××××× 电话：×××××××

账号：××× 账号：×××

鉴证机关：（单位盖章）

代表人：吴庸

电话：×××××××

实训要求：根据经济合同的写作要求，指出上面这份合同的错误并作修改。

情景 2：

红星果品商店（甲方）王建，于今年 5 月 30 日与西山果园（乙方）刘芳签订了一份合同。合同提到甲方今年购买乙方生产的无核蜜桔 5×1000kg、蜜桃 2×1000kg，各分三批提货，由乙方于 6 月 20 日～30 日送到甲方所在地，运费由甲方负担，各类水果价格视质量好坏，按国家当地收购牌价计价。货款在每批货物交货当天通过银行托付。这份合同一式四份，双方各执一份，各自上级单位备案各一份。

实训要求：根据上述内容，拟写一份购销合同。

第四节　礼仪文书

学习目标

1. 理解欢迎词、欢送词、开幕词、闭幕词、请柬等文种的基础知识。
2. 能撰写欢迎词、欢送词、开幕词、闭幕词、请柬。

情景导入

中国塑料城的规模日益扩大，如今，中国塑料城的建筑面积已达 16.8 万 m²，总投资达 6.5 亿元，进驻中国塑料城的商户有 1100 多家，历年累计市场交易总额超过 1000 亿元，成交总量超过 1000 万 t，成为国内最大的塑料专业市场和最大的塑料原料集散地。同时，一个更宏大、配套更完善的中国塑料城已绘出蓝图，在不久的将来，中国塑料城的整体规划规模将扩大到 4.6km²，年销售塑料原料规模将达到 400 万 t。

为了当地企业展销塑料产品，达成各项交易，拓展企业的市场渠道，更好地招商引资，使众多客商了解余姚和余姚的塑料产业，使余姚成为他们投资的首选地，同时为进一步带动余姚的第三产业发展，促进第三产业水平的提高，余姚市人民政府与其他单位合作，成功举办了 7 届中国塑料博览会。2006 年中国塑料博览会于 11 月 5 日再次在中国最大的塑料产品集散地浙江省余姚市举行。第八届中国塑料博览会由中国石油和化学工业协会、中国石油天然气股份有限公司、中国石油化工股份有限公司、中国中化集团公司、中国轻工业联合会、浙江省余姚市人民政府6家单位联合主办。

第八届中国塑料博览会筹委会有关负责人介绍，本届塑料博览会将突出经贸交易和科技交流两大主题。除了传统的产品展示展销和经贸洽谈活动外，会上还将举办2006年中国塑料产业发展（国际）论坛，以"资源、能源节约和塑料产业可持续发展"为主题，邀请国内外塑料业界的专家学者进行理论研讨。

为成功举办盛会，第八届中国塑料博览会筹委会向这些专家发出热情洋溢的邀请信，组织做好开幕式有关工作，并对来自国内外的朋友表示热烈的欢迎。

 知识精讲

一、欢迎（送）词

（一）欢迎（送）词的概念

欢迎词：是指客人光临时，主人为表示热烈的欢迎，在座谈会、宴会、酒会等场合发表的热情友好的讲话。

欢送词是领导人在欢送仪式或宴会上向来宾发表的表示欢送的演讲文书。宾客造访结束即将离开，在为他送行时，东道主在集会或宴会上就要致欢送词。

（二）欢迎（送）词的结构与写法

欢迎（送）词一般包括标题、正文和结尾三部分。

1. 标题

欢迎（送）词的标题要写明"欢迎（送）词"3字，正式发表的可以加上致词人的姓名、欢迎会的名称、讲话三部分，如《×××在欢迎（送）×××的宴会上的讲话》。

2. 正文

正文部分主要由开头、主体、结束语三部分组成。

1）开头。开头要写明称呼，以泛称全体参加欢迎（送）者比较常见，如"同志们、朋友们"、"女士们、先生们"，此种写法要先写被欢迎（送）者，也可以尊称被欢迎（送）者与泛称与会者相结合，如"尊敬的×××先生、朋友们、同志们"等。如果是欢迎（送）外国贵宾，在其姓名后还可以加上"阁下"、"殿下"、"夫人"等尊称。

2）主体。欢迎（送）词的主体部分是其中心内容，要表示热烈欢迎（送）的情意，表述宾客来访的意义、作用或相互合作的成果，表述对友好交往的珍惜、重视之意。

3）结束语。欢迎词的结束语要表示感谢和祝愿，如"再一次表示热烈欢迎"、"为朋友们的健康幸福，干杯"、"向×××再一次表示诚挚的感谢"等。欢送词的结束语要表示感谢和祝愿，如"祝×××身体健康、旅途愉快"、"向×××再一次表示诚挚的感谢"等。这些祝愿或感谢语一般以宾客为致达对象，也有连及全体与会者的，如"谢谢大家"、"让我们为共同事业的发展干杯"、"祝各位生活幸福"、"祝大家一路顺风、万事如意”等。

3. 结尾

欢迎（送）词的署名及日期，在演说结束时，致词者自然不一一念出落款署名，但在公开发表时，就要在题下或落款处署上致词者的名称与日期。

二、开（闭）幕词

（一）开（闭）幕词的概念

开幕词是在会议开始时由主办单位负责人或外单位代表对会议表示良好祝愿的讲话稿。

闭幕词是党政机关、社会团体、企事业单位的领导人在会议闭幕时所作的总结性讲话。也可以说，闭幕词就是在会议结束时，致词人代表组织所发表的热情友好、感谢的言词。

（二）开（闭）幕词的结构与写法

开（闭）幕词一般由首部、正文和结束语三部分组成，各部分的项目内容与写作要求如下：

1. 首部

首部包括标题、时间、称谓3项。

1）标题。标题一般由事由和文种构成，如《中国共产党第十二次全国人民代表大会开（闭）幕词》。有的标题由致词人、事由和文种构成，如《×××同志在×××会上的开（闭）幕词》。有的标题采用复式标题，主标题揭示会议的宗旨、中心内容，副标题与前两种标题的构成形式相同，如《我们的文学应该站在世界的前列——中国作家协会第四次会员代表大会开幕词》。也有的标题只写文种，即《开（闭）幕词》。

2）时间。时间位于标题之下，用括号注明会议开幕的年、月、日。

3）称谓。称谓一般是根据会议的性质及与会者的身份来确定的，如“同志们”、“各位代表、各位来宾”、“运动员同志们”等。

2. 正文

开幕词的正文首先要直接陈述因何事或何会而宣告开幕；其次应指出会议的内容及其意义；最后应写出对与会人员的感谢之意。

闭幕词的开头要简要说明大会经过，以及是否圆满完成了预定任务。闭幕词的主体就是对大会进行的概括和总结。闭幕词的结尾一般都是对保证大会顺利进行的有关单位及服务人员表示感谢。

3. 结束语

开幕词的结束语要简短、有力，并要有号召性和鼓动性。写法上常以呼告语另起一段，如“预祝大会圆满成功”等。闭幕词的结束语一般就是宣布会议结束，通常只有一句话："现在，我宣布，××××大会闭幕。"

三、请柬

（一）请柬的概念

请柬是一些单位领导在邀请上级领导、兄弟单位的有关同志前来参加重要纪念、庆祝活动而使用的一种告知性的礼仪文书。

（二）请柬的结构

请柬的结构由标题、称谓、正文、落款、日期组成。

1. 标题

标题在封面或页面居中用大号字体印制或书写"请柬"二字。印在封面的标题需要作些美术装饰，也可以点明活动的主题，如"庆祝恒元大厦集团有限公司成立十周年请柬"。

2. 称谓

称谓就是用尊称写邀请对象的姓名，例如"尊敬的××先生/女士"。有的请柬将被邀请对象的姓名写在信封上，请柬就省略了邀请对象的姓名；也可以将邀请对象的姓名写在正文中。无论采用何种方式，邀请对象的姓名一项都不可缺少。

3. 正文

统一印制的请柬，可以用一句话将活动事由、名称、时间、地点写清楚，行文中不用标点符号。然后另起行空两格书写"敬请"或"恭候"二字，再另起行顶格写"光临"或"莅临"，后面不能用任何标点。

4. 落款

落款就是在右下方写清楚制发请柬的单位全称或领导人姓名。

5. 日期

在落款下方写明年、月、日。

（三）拟写请柬的注意事项

对于需要邀请对象回复的请柬，要在最下面标注"敬请赐复"及电话号码、联系人；对于需要告知邀请对象提前就座、服装要求或入场地点时，应在右下方注明。

知识链接

通知、邀请函和请柬在使用上的区别

通知、邀请函和请柬都具有告知相关对象参加某项活动的功能，在某些场合也可以通用，但在使用上它们是存在区别的。

1）通知通常用于上级机关召集的或单位内部组织的会议和活动。通知在行政公文中属于下行文，对于平行机关或互不隶属机关在举办活动或会议时不适合用通知传达。

2）邀请函通常用于不相隶属机关、平行机关举办的会议或活动，如行业座谈会、展览会、学术研讨会等会议或活动。

3）请柬是举办方在郑重其事地邀请相关人员参加某项活动时使用的文书。请柬突出强调礼仪性。请柬的邀请对象往往都是举办方极力争取的嘉宾或贵宾。

【案例及点评】

材料1：

欢 迎 词

尊敬的女士们、先生们：

值此华南××有限公司成立20周年庆典之际，请允许我代表华南佰纳川有限公司并以我个人的名义，向远道而来的贵宾们表示热烈的欢迎。

朋友们不顾路途遥远专程前来贺喜并洽谈贸易合作事宜，为我公司的20周年庆典更增添了一份热烈和兴旺，我由衷地对各位表示诚挚的谢意！

今天的各位来宾中有许多是与我们有着良好合作关系的老朋友，公司成立至今能取得如此业绩，离不开老朋友们的真诚合作和鼎力支持。对此，我表示衷心的钦佩和万分的感激。同时，我们也为能有幸结识来自全国各地的新朋友而感到无比高兴。在此，我再次向新老朋友们表示热情欢迎。我相信，今后我公司一定会与新老朋友密切协作，推动相互间的友好合作关系进一步发展。

"有朋自远方来，不亦乐乎？"真诚祝愿各位朋友在短短的几日来访中愉快幸福！

吴××

总经理

华南××有限公司

二〇〇三年九月二十五日

点评：写欢迎词时要围绕"欢迎"这一主题，要以热情洋溢、发自肺腑的语言，向对方表示热烈欢迎、期盼其来访的心情，切忌东拉西扯，游离主题。该篇欢迎词抓住欢迎、感谢和祝愿3个含意而展开，并分别针对老友和新朋表示了情谊，主题突出，层次分明，语言流畅，短小精干。

材料2：

欢 送 词

尊敬的史密斯先生、尊敬的史密斯夫人、尊敬的朋友们：

经过炎热的夏季和金色的秋季，史密斯先生及其夫人在我厂的指导工作胜利结束，他们就要离开我们回国了。

他们夫妇虽然将离开这里，但是他们忙碌的身影却会留在厂房里，慈祥的笑容却会留在我们每个人的心里。史密斯先生及其夫人热情友好、学识渊博、技艺高超，给我们留下了许多美好的回忆。在这依依不舍的告别之际，我们衷心希望史密斯先生及其夫人今后会像回故乡一样，常来这里做客。

真诚祝愿史密斯先生及其夫人旅途愉快、一路平安！

薛××

总经理

金晨机电设备有限公司

二〇〇三年三月二十日

点评：拟写欢送词要围绕"欢送"这个主题。古诗云："相见时难别亦难。"当与尊贵的宾客、友好的使者、多年的合作伙伴分手时，致一篇情真意切、饱含留恋之情的欢送词，是特别切时切景的事情。上文言语不多，却感情浓厚、层次分明、语言朴实而切题，其中"在这依依不舍的告别之际，我们衷心希望史密斯先生及夫人今后会像回故乡一样，常来这里做客"一句，饱含真情实感，寄予无限深情，很有感染力，毫无矫揉造作之词。

材料 3：

2001 年度全县国税工作总结表彰大会开幕词

× × ×

（二〇〇年二月二日）

同志们：

在这辞旧迎新之时，我们国税系统精英荟萃、壮志抒怀，在这里隆重召开 2001 年度全县国税工作总结表彰大会。首先，我代表局党组，向一年来关心、支持国税工作的各级、各部门领导表示衷心的感谢！向参加会议的各位功臣表示热烈的祝贺！并通过你们向工作在征管第一线的全体干部职工及家属，表示崇高的敬意和亲切的慰问！

过去的一年，我县广大国税干部在市局和县委、县政府的正确领导下，同舟共济、开拓创新，各项工作都取得了丰硕成果：精神文明建设初见成效，文明创建活动蓬勃开展，国税行业形象日新月异；征管改革不断深化，征管质量和效率日益提高，税收征管水平又向现代化迈进了一大步；税收执法进一步规范，依法治税迈出了新的步伐，整个队伍的政治素质、业务素质、勤政廉政意识普遍得到提高；国税收入历经千难万险，圆满实现了预定的奋斗目标。总之，2001 年，全体国税干部职工为全县的经济发展，为全县的国税事业出了大力、流了大汗、操了大心，劳苦功高。今天，我们召开这次总结表彰大会，就是对过去的一年进行全面总结，以迎接新挑战。

这次会议的主要议程有 3 项：一是全面总结 2001 年工作；二是布置 2002 年工作；三是表彰先进，交流经验。

同志们，这次大会既是一个辞旧迎新的总结会，也是一个继往开来的誓师会。通过这次大会，我们全县国税干部职工必将厉兵秣马、昂扬上阵，以饱满的热情和旺盛的斗志踏上新的征程，为我县改革开放和国税工作做出新的贡献。

预祝大会取得圆满成功！

点评：本文第一节说明会议的背景、表示祝愿；第二节进一步烘托会议背景，画龙点睛地说明会议的重要意义和中心任务；第三节概括说明会议的议程；最后是结束语。文章条理清楚、结构完整。

材料 4：

×××副校长在校第二届田径运动会上的闭幕词
(2005 年 11 月 17 日)

老师们、同学们：

在全校各方的关注与关怀下，在全体运动员、裁判员、工作人员和师生员工的共同努力下，我校第二届田径运动会圆满完成了各项预定的比赛项目，即将落下帷幕。在此，我代表校党委、行政和运动会组委会，向在各项比赛中取得优异成绩的代表队和运动员、向获得"体育道德风尚奖"的代表队表示热烈的祝贺！向为本届运动会辛勤工作的裁判员、大会的工作人员表示衷心的感谢！本届校运动会发扬了"更高、更快、更强"的奥运精神，展现了师生"积极进取、团结奋进"的精神风貌，是一次团结的盛会、友谊的盛会、成功的盛会。在短短的两天时间里，比赛进程井然有序，赛场气氛紧凑热烈，效率很高，成绩喜人。

参加本届运动会的共有 32 支学生代表队，运动员达 1036 人，共设比赛项目 30 个，规模超过首届。这次运动会成绩显著，有 13 人次刷新 7 项学校田径运动会的记录，获团体总分前 6 名的代表队分别是高三（1）班、高三（5）班、高二（3）班、高二（5）班、高一（7）班和高三（3）班，有 3 个班级获得"体育道德风尚奖"。

在为期两天的比赛中，运动员们顽强拼搏、不畏强手。在赛场上分秒必争，竞争激烈；赛场下互勉互励，气氛感人。后勤保障周到细致，裁判员和工作人员各司其职、兢兢业业，保证了比赛的公平、公正。这次运动会是对学校体育工作整体水平和全体师生员工精神面貌的一次综合检阅，它有助于加强全校师生员工间的相互沟通，增进团结；有利于培养积极向上、顽强拼搏的精神。校风和校园文化得到了进一步展现。通过这次运动会，反映了在较短时间内学校整体竞技水平稳中有升，一些项目还取得了突破。从中我们可以肯定，学校体育工作的思路和方向是正确的，全体体育工作者和广大教师的工作是富有成效的，同时我们还发现了一些很有潜力的新苗子，也看到了师生对体育活动的热情，这说明学校的体育工作和体育水平还有很大的发展空间。借此"东风"，我们将进一步强化体育工作力度，力求在整体工作安排上、在群众体育活动的开展上、在专业队的建设上都达到一个新的水平。同时，我希望全体师生保持和发扬在这次运动会上所体现出的精神，将这种精神体现到我们的学习和工作中，继续推进素质教育、校园文化建设、促进学校建设和改革的发展。

老师们、同学们，让我们继往开来、再接再厉，在今后的工作和学习中取得新的、更大的成绩！

现在，我宣布：××职业学校第二届田径运动会胜利闭幕！

点评：本文第一节说明运动会已完成预定任务，即将闭幕，并表示一定的祝愿；第二节、第三节概述运动会的情况及运动会的收获；第四节发出号召，提出要求和希望；最后，宣布会议闭幕。

思考实训

1. 分析下面这篇闭幕词，指出它们的不足之处。

××同志在县老干部会议上的发言

（××××年十月五日）

今天，县委、县政府召开老干部工作会，我认为这很有必要，这说明县委、县政府对广大的离休老干部是关心的、是爱护的，对老干部的管理工作是重视的。

老干部勤劳大半生、奋斗大半生，人人都有一部光荣的历史，有的还多次受到生死考验。如何发扬光荣传统，再经受离休考验，保持晚节，关键在于加强领导，做好工作弊端，老干部之所以是党和国家的宝贵财富，就是因为他们在长期的工作实践中积累了丰富的经验，我们应该向他们学习。老干部本身也有一个学习问题，社会是在不断进步的，革命是在不断发展的，不学就跟不上形势。

我们化工系统的老干部关心国家大事，关心企业的兴旺，愿意为企业多做贡献，这是党几十年培养的结果，是他们党性强、事业心强的表现，我们应该鼓励、支持他们"老有所为"，并为他们"老有所为"创造良好的条件。第二磷肥厂在这方面做得不错，这个厂成立了"老年体协"，组建了老干部门球队，工作开展得很活跃。

只要组织上引导得好，我们系统的老干部会乐于为社会再做贡献的，他们大都具有一定的特长，具有一定的社会影响。老干部的学习问题要注意特点和需要，不能为学而学。学习的方法很多，读书、看报、上老年学校都行，争取做到"活到老，学到老"。

以上是我的一点粗浅认识，不当之处，还请领导和同志们批评、指教。

2. 分析下面这篇开幕词，指出它们的不足之处。

在××县商业系统第十四次职工代表大会开幕式上的讲话

同志们：

时光荏苒，岁月流逝，一年一度的职工代表大会召开了。这次大会是在党的十六大精神鼓舞下，在改革开放的新形势下，在县委、县政府的正确领导下，经过大家的共同努力，××县商业系统第十四次职工代表大会现在热烈开幕。

出席这次代表大会的代表，是在全县各商业系统做出贡献、成绩优异的先进模范。

我在这里代表××县商业局向参加这次会议的全体同志们表示深切的慰问和极大地感谢!

这次代表大会是在全县人民认真贯彻执行党的十六大制定的方针政策指引下,齐心协力、艰苦奋斗,夺取我县在2002年农业生产新胜利的大好形势下召开的。特别是今年夏季,我县遭受特大洪涝灾害,在县委、县政府的领导下,我们又取得了重大胜利,在这种情况下召开××县商业系统第十四次职工代表大会更有其特殊的意义。出席这次职代会的代表,有离退休干部的先进代表,有正在自己的工作岗位上奋力拼搏、做出突出贡献的"商业明星",还有各乡、县直各单位的列席代表。大家喜气洋洋、欢聚一堂,共同研究探讨如何在新形势下搞好全县商业系统的管理与服务。这次代表大会要以党的十六大精神为指针,认真总结我县一年来商业系统的工作成绩,找出差距,明确今后的工作任务和方向,协力攻关,争取在我县商业发展史上写下光辉的一页。

预祝这次职工代表大会圆满成功!

3. 实训情景:

情景1:

活动:山西旅游宣传周活动。

致词:山西省旅游局局长。

对象:有关领导、新闻记者和旅游业工作者。

目的:向大家汇报山西旅游业的新举措、新面貌、新产品、新形象;给北京市民展示山西旅游的新特点,即安全山西、健康山西、绿色山西、文明山西。

基础:北京、山西是邻居,两地的人民向来是同呼吸、共命运、心连心;两地旅游界的同仁互相鼓励、互相支持、互相关心、互通信息。

现状:路修好了,景区、景点的环境清洁了,各种旅游设施更加完善了,各项服务更加规范了。

决心:作为北京周边最近的旅游目的地,山西正以古代文明和名山秀水组成的全新旅游产品恭候您的光临,山西人民将以一如既往的朴实和热情盛迎北京和全国各地乃至海外的旅游者。

实训要求:根据上述内容,代致词人写一份开幕词。

情景2:

在新学期开始的时候,又一批新同学来到了校园,请你代表老同学在学校开学典礼上发言,表达对新生的热烈欢迎之情。

实训要求:拟写一份欢迎词。

情景3:

宁波大学中文系的陈香和李娜两位文秘专业的学生来到东方职业学校的高一文秘

班实习。这两位实习老师经常带领同学们参加校园的课外活动和有意义的社会活动，为班级赢得了许多荣誉；她们还非常关心学生的学习和生活，教给同学们许多校外的新鲜知识，给班级注入了新鲜的活力，与同学们的关系和睦、融洽，建立了深厚感情。实习时间马上就要结束，陈香和李娜马上就要离开同学们回到自己的学校了，同学们决定开一个欢送会。

实训要求：根据以上内容为班级写一份欢送词，表达同学们的不舍之情。

第三章 文书处理

　　文书处理，是指围绕文书的运行所开展的一系列相互关联、衔接有序的工作，是秘书部门的一项经常的、大量的基础性工作。文书处理工作主要包括发文处理、收文处理、文书传递、文书清退、文书立卷、文书归档、文书销毁等环节，这些在实际工作中，已形成许多规范化的程序和常规要求。本章将着重讲述收文处理、发文处理和文书立卷等环节。

第一节　收文处理

学习目标

1. 掌握收文处理的程序、要求和方法。
2. 能正确进行文书收文处理程序的规范化操作。
3. 能正确填写《文件传阅单》。
4. 能根据文件拟写拟办意见。

情景导入

　　某机关办公室秘书小任，平时总自以为有点小聪明、办事快、效率高，从不注意细节问题。一天，办公室主任出差，小任收到一份急需领导传阅的文件，他找出一份文件传阅单贴在文件首页上，就急忙跑出去找领导传阅签字。

　　小任先碰上刘副局长，他把情况报告后，就请刘副局长阅读文件，并在文件传阅单上签字。刘副局长看完文件后，边夸小任办事利索，边在传阅单上签字。完了还叮嘱小任，王局长现在在财会科听取年度财务工作汇报，要小任请王局长看完后再找孙副局长看。小任见刘副局长的签字是在第二行，第一行留给王局长了，也很高兴，还说刘局长细心呢。"一把手"王局长看过签字后，小任找到"二把手"孙副局长，兼任机关副书记的孙副局长看完文件后却不肯在文件传阅单上签字，他说这份传阅单不符合规定，要重制。

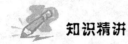
知识精讲

一、秘书人员收文处理程序（见图 3-1）

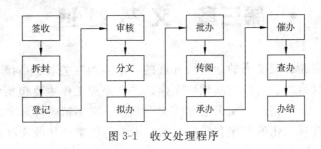

图 3-1　收文处理程序

二、秘书人员收文处理要求和方法

（一）签收

签收是指秘书人员收到外部文件后在对方的文件投递单或送文簿上签字或加盖公章，以示收到。

1. 签收的方式

签收有以下几种方式：第一种是在当面交接或专人送达时，在对方的送文簿（即对方的发文登记簿）上签字；第二种是通过邮递部门寄来的挂号件或通过机要交通部门传递的机要件，在文件投递单上签字；第三种是在文书拆封后，在信封内夹寄的发文通知单回执上签字；第四种是在设有外收发的机关中，当外收发向内收发交接文件时，收件人在外收发的收文登记簿上签字；第五种是收到传真件和电子文件后，以传真或电子邮件的形式回复并加以确认。

2. 签收时应当履行的手续

（1）检查核对

1）对有信封包装的文书，要检查核对所收文件信封上的收文机关和收文人是否与本机关一致，如果发现投递错误则不应签收，并应及时退回。

2）检查信封是否有破损、开封等情况，如果发现有破损和开封情况，则应及时查明原因。在确认信封内文件没有受损、缺件、缺页和泄漏后，方可签字。

3）认真核对所收文件同对方送文簿或发文通知单上填写的项目是否相符，在确认无误后方可签字。

（2）签字盖章

在核对检查无误后，就以双方约定的方式签署收件人姓名、盖章（有时亦可盖签收章）、注明收到日期，如果收到急件应注明具体时间。

（二）拆封

文书处理工作中的拆封是指由指定的秘书人员拆取收到的公务文书。拆封必须指定专人，其他人员未经同意不得拆封。

1. 拆封的具体要求

1）信封上标明送本机关或写明"办公室收"的文书，可直接拆封。

2）领导人的亲启件未经特许，不得拆封。

3）急件、密件应当先拆，以保证急件和密件能得到优先处理。

4）拆封后如果发现信封内的文件是误送或发文手续不全，则应及时与对方联系，弄清情况、酌情处理。

5）拆封时不能用手撕，而要用剪刀沿封口剪开，注意不能剪去邮票、邮戳、邮编、地址等标记，更不能损坏信封内的文件。拆封后，应取尽信封内的所有文件和附寄的发文通知单。

6）经检查核对，确认收到的文书与发文通知单上注明的项目完全相符并且完好无损后，就在发文通知单上签字、盖章（可盖签收章），并寄回原发文机关。

（三）登记

收文登记是指秘书人员记录文书的收进、运转和处理。凡属于正式往来的公文、组织内部文书和会议文书，秘书人员必须填写收文登记表，如表 3-1 所示。

表 3-1　收文登记表

序　号	收文日期	收文编号	来文单位	来文字号	密　级	文件标题	份　数	分发情况	主办单位	处理情况	备　注

1. 收文登记的方法

1）流水登记法就是秘书人员将收到的文件按照时间顺序不分种类依次登记，同时将文件的办理过程和转送手续简要地记载在同一本簿上。

2）分类登记法就是秘书人员根据本单位确定的文件分类标准分类登记。如中央相关文件、省市相关文件和下级单位文件等。

2. 收文登记的形式

1）簿式登记，即以登记簿的形式记载所收文件的有关项目和数据。

2）联单式登记，即一次填写三联单或四联单。第一联为文件处理单，粘附在文件上随文件一起运转；第二联为收文登记单，装订成册后代替收文登记簿；第三联为收文分送单，在分文时送承办部门留存备查，减少承办部门的重复登记；第四联为文件催办单，作催办记录用。

3）簿单结合式登记，即先将来文用收文簿登记，然后对需要办理的文书再填写两联单，一联为文件处理单，一联为催办单。

4）计算机登记，即用计算机进行收文登记，应建立专门的收文登记文件夹和收文登记文档，文件夹和文档的名称应当写明收文机关（部门）和登记期限，如文件夹名称为"上海××公司办公室 2003 年收文登记"，文档名称为"上海××公司办公室 2003 年 1 月收文登记"。

3．收文登记的注意事项

1）必须逐项登记，不得漏登、省略。

2）登记时不得重复和跳号。

3）字迹必须清楚、工整，并符合档案要求。

4）登记后的文件必须加盖收文编号章，以示区分。

（四）审核

收文审核特指收到下级机关上报的、需要办理的文书，由秘书部门统一进行审查核准。收文审核的重点是：是否应当由本机关办理；是否符合行文规则；内容是否符合国家法律、法规及其他规定；涉及其他部门或地区的事项是否已协商、会签；文种使用、文书格式是否规范。

（五）分文

分文是指在审核的基础上，根据来文的性质和办理要求，确定具体承办或阅批的对象，并将文件准确、及时地送达相应机关或人员处办理。

1．分文去向

1）内容重要或涉及全局性工作的文件应先报秘书部门负责人拟办，再报领导人批办。

2）事务性文件且承办对象和承办要求明确的文件，可直接分至有关业务部门承办。

3）无需办理的参阅文件或者需要先传阅再办理的文件，可根据规定的阅读范围直接组织传阅。

2．分文的要求和方法

1）在分文前秘书人员应认真仔细阅读来文，弄清文件的性质和办理要求并对分文的去向做出准确的判断，防止分错文件。

2）在确定分文对象后，需领导人批办的文件应当送文上门，其他文件可视情况或送文上门，或发领取文件通知单，或打电话通知，或利用开会的机会分发。

3）直接分至职能部门或下级单位，或者经领导人批示后需要再次分文的单份文件，秘书可在收文登记簿的承办单位一栏中填上承办单位名称，并请具体承办人在签收人一栏中签字。如果需要分文的数量较多，则可另外填写"送文簿"，由收文单位的经办人签收。

4）对于需退回存档的文书，要在文书首页加注"阅后退回"的字样；对于限期退回的，应写明退回的具体期限。

（六）拟办

拟办即在领导人批办之前，由秘书部门负责人或经授权具有较高水平的秘书人员，在仔细研究文件的基础上，提出如何办理文件的初步意见或建议，并在"文件办理笺"上写明，以供领导人批办时参考。"文件办理笺"如表 3-2 所示。

表 3-2 文件办理笺

来文机关		来文日期	
文件标题		来文字号	
批示意见			
拟办意见			
处理意见			

1. 拟办文书的范围

1) 上级机关下达的需要领导传阅或要求本机关办理落实的文件。

2) 下级机关或内设部门上报的需要领导阅知或本机关答复的文件。

3) 其他机关主送本机关并需要答复的文件。

2. 拟办的要求

拟办是秘书部门辅助领导决策，当好参谋、助手的重要一环，也是秘书部门和秘书人员思想、政策水平和业务能力的集中体现，应予以高度重视。拟办时要求做到：

1) 了解机关或单位内部的机构设置和具体的职能分工，掌握每位领导人的职权范围，熟悉各项工作的流程和规则。

2) 在认真阅读文件、切实领会文件精神实质和具体办理要求的基础上，从本机关或单位的工作全局出发，尊重客观实际，提出切实可行的建议。必要时可向领导人提出多套方案以供选择。

3) 拟办意见力求简明扼要，语气应当是建议性、祈请性的。拟办人要亲署姓名，写明日期，以示郑重负责。

（七）批办

批办是领导人或负责人就某一文件的拟办或承办处理意见所批示的原则性意见。

1. 批办的程序

1) 对于重要文件秘书人员应送至单位领导批阅。

2) 对于日常问题秘书人员应先拟办后，再送领导批办。

3）秘书人员对有具体请示事项的文件，应由主批人签批，其他审批人圈阅视为同意。

4）对于无请示事项的文件，圈阅表示阅知。

2. 批办的拟写要求

1）批办的意见应明确具体。

2）批办应指明处理原则、方法、具体措施和办文时限。

3）批办应指明具体的承办部门和人员，并在批办栏签属批办人姓名和批办时间。

4）对于涉及面较广的文件应实行会批，如果会批意见不一致，秘书人员就要呈送主要领导人批示。

5）批办的语言要明确、清楚，姓名和日期要完整。

（八）传阅

传阅是指两个以上人员或部门轮流看一份文件。在文件数量少而阅读人员多的矛盾情况下，通常采用这种方法。传阅的依据，一是来文中规定的阅读范围，二是在领导人批办意见中提出的阅读范围。

1. 传阅顺序

一般公文本着"有关者必阅，无关者不阅"的原则，先送主要领导人，次送主管领导人及其他副职领导人，再送有关业务部门负责人；对于紧急公文和需要主管领导阅批的公文，应按先办后传、急者先阅的方法处理，让主管领导和经办人首先阅知，以缩短传阅周期。

2. 传阅方法

1）分送传阅：即由秘书按一定顺序直接送给应阅人，第一人阅后退回，再由秘书送给第二人，依次传阅，并同时填制"文件送阅单"，由阅文人阅后签字，文件传阅单如表 3-3 所示。

表 3-3　××××（单位名称）文件送阅单

来文单位		来文字号	
文件标题			
收文日期	年　月　日	收文号	
阅文人签名	阅文时间	阅文人签名	阅文时间
	年　月　日		年　月　日
	年　月　日		年　月　日
	年　月　日		年　月　日
	年　月　日		年　月　日

2）集中传阅：即对一些简短而又紧急的文件，可利用开会或领导集中学习的时机，在会前或会后集中传阅。

3）设立阅文室：即将需要传阅的文件、资料等放在专门设立的机要阅文室内，让应阅人员安排时间前往阅文。

3. 传阅要求

1）避免"横传"。所谓"横传"，是指领导人之间绕开秘书自行横向传阅文件，这极容易造成文件的压误或丢失。因此，应当实行以秘书为轴心的"直传"，即第一位领导人应当将阅读后的文件直接退给秘书，然后再由秘书送给第二位领导人阅读，以此类推。这一办法尽管手续较多，但能够切实保证文件的安全，并从整体上提高文书的处理效率。

2）分清主次。当来文份数较少时，应优先安排主要领导人或与文件有关的主管部门阅读。

3）灵活调整。要根据文件传阅的具体情况灵活调整传阅次序，提高传阅速度。

4）加强催阅。对于已经传递给领导人的文件，应加强催阅，以免压误。

5）保护文件。在组织传阅时，要将文件放在文件夹内，避免直接磨损。

6）及时处理。在文件的传阅过程中，领导人如果有批示，应及时办理。

（九）承办

承办是指承办部门或承办人根据领导人的批办意见和文件的内容、要求，对文件进行具体办理落实。承办包含两层含义：一是指根据收到的文书办理具体工作；二是指文书的撰拟、文字处理等。

1. 承办工作的范围

1）上级机关针对本单位下达的指示，有的需要向下传达贯彻，有的要在本单位内部执行。

2）上级领导交办的事项和需要办复的公文。

3）下级机关呈送本机关的请示和重要报告。

4）同级机关和其他不相隶属机关要求协作的函电等。

5）人大代表的建议、议案和政协委员的提案等。

2. 承办工作的要求

1）经过领导批办的公文，要根据领导批示的意图、意见，具体办理。

2）未经领导批办的公文，应遵循有关方针政策的精神或有关部门的规定，以及以前的惯例，酌情处理。

3）倘若需要承办的公文较多，就要分清轻重缓急，坚持先主后次、先急后缓、急件急办、特事特办，做到有条不紊地处理承办事宜。

4）已经承办和处理完毕的公文，应当及时清理，并注明有关情况。

5）已经承办和处理完毕的公文和等待答复的公文，须分别保存，不要混在一起。

（十）催办

催办是指秘书人员对需要办复的文件，根据缓急程度和办理时限要求，适时查询督促承办工作，以防积压和延误。

1. 催办方法

秘书人员一般采用电话催办、发函催办、登门催办和约请承办部门来人汇报等。

2. 催办的具体做法

1）送负责人批示或者交有关部门办理的公文，秘书人员应负责催办。

2）秘书人员在文件交给承办人办理的两至三天内，如果仍未见办理结果，应向承办部门或承办人催问办理情况、查问办理结果。

3）对于三日后仍未办妥的文件，秘书人员应督促承办部门或承办人，并限时办完。

4）对于紧急公文应跟踪催办，重要公文应重点催办，一般公文应定期催办。

5）对于重要文件的催办，秘书人员应填写《收文催办卡片》，如表3-4所示。

表3-4 ××××（单位名称）收文催办

发文机关			发文字号	
收文日期			收文号	
文件标题				
承办日期		承办时限		
催办日期		主办单位		
领导批示摘要				
办理情况记录	承办人 年 月 日			
办理原因及情况说明	签字 年 月 日			
催办部门		联系电话		联系人姓名	

（十一）查办

查办是催办工作的继续和深入。秘书人员查办工作的目的就是对承办部门或承办人办文拖拉、落实领导批示不力、反馈信息迟缓、屡催不办的情况进行督查。

秘书人员查办工作的重点如下：没有按规定期限办结的文件；对领导交办落实不力的事项；屡催不办的部门或承办人；对重大决定事项追踪反馈不及时等。

（十二）办结

公文的办结，即由承办人在文件处理单上注明承办的结果、方式和日期。

知识链接

朱元璋的诉苦诗

朱元璋是明代的开国皇帝，他一向勤政，事必躬亲，尤其是在文件办理上。《春明梦余录》中提到朱元璋的工作量，"八日之间，内外诸司奏札凡一千六百六十，计三千二百九十事"。由此平均计算，朱元璋平均每天要看200多份奏章，以每天工作10个小时计算，每个小时要读20份奏章。朱元璋长年累月地看大量的奏章，长此以往，也难免厌倦。他自己曾写诗抱怨："百僚未起朕先起，百僚已睡朕未睡。不如江南富足翁，日高丈五尤披被。"

【案例及点评】

多处环节出错　年度报告匆忙完成

大地保险股份有限公司集团接到《中国保监会关于 2003 年年度报告编报工作有关问题的通知》（保监财会〔2004〕41 号），其要求各公司应于 2004 年 4 月 16 日前将年度报告的纸质文本和电子文本送达中国保监会，于 4 月 30 日前将注册会计师出具的管理建议书的纸质文本和电子文本送达中国保监会……秘书赵霞在 2004 年 1 月 16 日接到通知，将文件登记后，刚贴好文件处理单，就接到总经理电话，要她到××投资公司取验资报告，赵霞随手将报告放入文件夹。两天后，赵霞想起这份文件，赶紧交给办公室陈主任。陈主任当时正给公司的一名员工布置一项紧急工作，遂将文件放在桌上。出去后没再返回办公室。勤杂员在打扫房间时，把文件放到文件夹中。两天后陈主任打开文件夹发现了文件，赶紧简单批注了拟办意见，交总经理过目。总经理当即批示，责成财务部刘主任办理此事。财务部刘主任又将文件交给财务部干部李力，由李力负责。因临近春节，李力将文件放在抽屉里。李力春节外出旅游出了车祸，住进医院。直到 3 月 22 日总经理过问此事的办理情况，刘主任才想起此事。赶紧打电话询问李力，又布置全体财务人员或相关人员连续加班三个星期，才于 4 月 15 日前编写完 2003 年年度报告。

点评：公文处理是一项严肃认真的工作，来不得半点马虎，应严格按照收文程序操作，任何环节的失误都有可能带来严重后果。办公室工作比较繁杂，工作应分清轻重缓急，应经常使用手册备忘法、台历备忘法、黑（白）板备忘法、电子备忘法等多种方法以防止遗忘工作。秘书赵霞和办公室陈主任都没有使用这种方法的习惯，以使收文在运转过程出现了遗忘现象，同时，办公室陈主任缺少文件的保密意识，不负责任地将文件放在桌上，而自己走掉，以至勤杂人员随便挪动、翻看办公桌上的文件。在这份文件的处理过程中，秘书赵霞在接到总经理的电话，要她到××投资公司取验资报告时，已经贴好了文件处理单，她可以及时送给办公室陈主任。或者说，她在登记中缺少必要的环节，根据登记的环节，秘书人员应对文件来源、存在、去向、密级、缓急程度、编号、内容和处理、运作过程情况作记录。办公室陈主任在拟办过程中简单地批注了拟办意见，这是不对的。根据材料，可以知道这是一份来文内容重要且较为复杂的文件，因此，办公室主任在拟办时要提出如何办理的具体建议。在承办过程中，财务部刘主任把该项重要工作只交给李力一个人办理也是不妥的，作为财务部刘主任应及时拟定工作阶段日程表及办结时间，及时开会，布置工作。同时，作为秘书部门应及时、多次对财务部进行催办。由于拟办、承办等环节的错误，再加上秘书部门缺少催办环节，才会出现全体财务人员或相关人员连续加班三个星期，于 4 月 15 日前编写完 2003 年年度报告的局面。

思考实训

1. 收文处理包括哪几个环节？

2. 实训情景：

沈阳分公司收到内蒙古七头牛皮革服装总公司的一份通知，得知总公司将于近日对沈阳分公司进行全面检查，以下是通知的内容：

内蒙七头牛皮革服装总公司关于安全生产检查的紧急通知

各分公司：

根据 2007 年度总公司的工作安排，七头牛皮革服装总公司将于近日开始对沈阳地区进行全面检查。望各分公司高度重视，对照 2007 年度的安全生产考核指标，全面自查整改，并做好接受检查的准备。各分公司将自查报告于 2008 年 2 月 28 日之前上报至总公司人事行政部。

特此通知

内蒙七头牛皮革服装总公司（章）
二〇〇八年一月十八日

实训要求：

1）2007 年 2 月 20 日，总经理秘书赵霞收到这份通知。拆启后，将文件取出，核对好份数、日期后，将文件的内容登记在收文登记簿上。（演示秘书赵霞收启文件和收文登记的过程。）

2）赵秘书取出文件处理单，填上内容、提出初步办理意见，再将文件处理单夹在通知原件上，拿到总经理办公室，请王总经理批示。（演示秘书拟办文件的过程。）

3）在总经理办公室内，王总经理看了通知后，同意了赵秘书的处理意见，指明此份通知中要求办理的事项具体应由人事行政部负责办理。他立即打电话让赵秘书过来，让她将这份通知和办理意见传达给人事行政部。（演示领导批办文件的过程。）

4）赵秘书将这份通知和办理意见，交给人事行政部部长陈峰义，请他负责办理。陈看过后，以电话的形式，告知 3 个单位，要求他们对照 2007 年度安全生产考核指标进行自查，并在 2 月 28 日将自查报告交至人事行政部。（演示承办文件的过程。）

5）2007 年 2 月 28 日，3 个单位的自查报告均按要求上报。陈峰义在文件处理单上，填好办理结果、方式和日期，然后和通知原件一起交还给赵秘书。（演示陈峰义的文件办结过程。）

第二节 发 文 处 理

学习目标

1. 掌握发文处理的程序、要求和方法。

2. 能正确填写《发文稿纸》和《发文通知单》。

3. 能规范操作发文的各个程序。

情景导入

大西洋酒店的发文处理工作

大西洋酒店是当地一家名气很大的合资企业。一次，酒店保卫部经理代拟了一份以酒店的名义发出的急件，竟然将文稿打印在空白的复印纸上送到酒店办公室。办公室赵霞秘书一看是急件，二话没说便送给总经理签字。总经理看后对很多地方不满意，于是用红笔在文稿上直接作了修改，最后在文稿的下白边处签上了自己的姓名和日期，吩咐秘书立即印发。

知识精讲

一、秘书人员发文处理程序（见图 3-2）

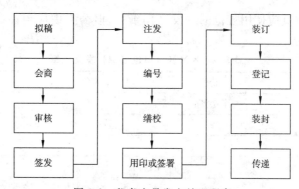

图 3-2　秘书人员发文处理程序

二、秘书人员发文处理要求和方法

（一）拟稿

拟稿是发文处理的起始环节，是文件承办人根据领导的交拟或批办意见草拟文稿的过程。文书的拟稿一般有四种情况：一是重要文件由领导人亲自动手起草；二是专业性文件由职能部门拟写；三是全局性、综合性文件由秘书部门和秘书人员撰写；四是一些重要文件由领导者亲自挂帅，组织专门起草班子集体拟稿。秘书拟稿过程可分为交拟、议拟和撰拟 3 个阶段。

1. 交拟

交拟是指组织的领导人或秘书部门的负责人向承担撰拟任务的秘书人员交代任务。交拟的重点在于交代写作意图，即行文目的、对象和指导思想等方面。领导应明确、具体交代制作文书的意图，秘书则应全面领会，搞清起草文书的性质、行文目的和任务、范围。

2. 议拟

议拟是指领导和具体拟稿人员一起讨论研究，做起草文书的准备。秘书收集相关材料、确定主题、整理思路、拟写提纲并征求意见，完善提纲。

3. 撰拟

1）进一步领会领导意图。

2）听取相关部门或单位的意见与建议。

3）在拟制公文前，对涉及其他部门职权范围内的事项，主办部门应主动与有关部门协商，取得一致意见后方可行文。如果有分歧，主办部门的主要负责人应当面协调，当仍不能取得一致意见时，主办部门可以列举各方理由和依据，提出建设性意见，并与有关部门会面后，报请上级机关协调或裁定。

4）属于部门职权范围的事务，应当由部门自行行文或联合行文，并应注明主办部门。须经政府审批的事项，需经政府同意并授权，方可由部门行文，并有"经政府同意"字样。

5）执笔写出发文初稿。

6）发文草稿首页应使用规范的《发文稿纸》，但公文中应当注明并逐项填写，发文稿纸如表 3-5 所示。

表 3-5 ××××（单位名称）发文稿纸

发文字号：		份号：		密级：		缓急：
签发：		会签：				
主送：						
抄送：						
附件：			主题词：			
拟稿部门：			拟稿人：		核稿人：	
打印人员：		校对人：		打印时间：年 月 日 时 分		
文件标题：						
文件内容：						

（二）会商

会商是指当文件的内容涉及不同部门或机关的工作职责时，主要的发文机关应依法同其他部门或机关进行协商并取得一致的工作环节。会商是联合行文的必备环节，会商未果则不能行文。

（三）审核

审核是指文稿草拟后，在送交领导人审批签发前的一个必须经过的环节。文稿审核一般由秘书部门负责人或领导指定的经验丰富、水平较高的秘书人员承担。

1. 文书审核的重点

1）程序方面：是否确需行文；是否符合行文方式和行文规则；内容涉及的相关部

门之间是否经过协商；会签手续是否完备。

2）内容方面：是否符合党和国家的方针、政策和有关的法律、法规，以及上级机关的有关精神；政策是否保持连续性，提法是否同已发布的文书相衔接；提出的措施和办法是否符合实际、切实可行；反映的情况是否真实准确。

3）文字方面：文字表述是否概念准确、简明扼要、条理清晰、标点正确、语法规范；有无错字、漏字。

4）格式方面：文种使用是否恰当；文书标印格式规定的各个项目是否齐全；秘密等级和保密期限、缓急程度、主送、抄送、传达范围、主题词、印刷份数等的确定是否合理。

2. 文书审核的步骤

文书审核一般分为两步。第一步为通读，初步掌握文稿的主要意图、脉络和存在的问题。如果发现问题先用铅笔作上记号，不直接修改。对于情况不清楚的，应向拟稿部门或有关单位了解。第二步为正式审核，即对文稿逐字、逐句、逐条、逐项地进行认真审核。

（四）签发

签发是指领导人在秘书部门审核的基础上，对送审稿进行最后审阅，确认可以发出，在发文稿纸的签发栏内写明发文意见并签字的行为。文书一经签发，便由送审稿转化为定稿，定稿是缮印正本的法定依据，定稿是孤本文稿，要特别注意保护好定稿。

1. 签发的权限

1）凡以机关名义发出的、内容重要或涉及面广的文书，均由机关正职或主持日常工作的副职领导人签发。

2）业务性文书可由具体分管的副职领导人签发。如果问题较为重要，也可请正职领导人加签。

3）日常性工作的文书经授权后可由秘书长或办公厅（室）主任签发。

4）在会议上讨论、修改、通过的文书，经整理后，可由会议的主席或秘书长或其他被授权人签发。

5）凡以机关内部名义发出的文书，应由部门负责人签发；如果是重要问题，可报请机关主管领导人加签。

6）在实行集体领导的组织内，重要文件应由全体领导成员共同签批意见；如果已经会议讨论通过，可由主要负责人签发。

7）联合发文或内容涉及其他部门的文书，应实行会签。

2. 签发的类型

1）正签，即签发人在自身法定职权范围内签发公文。单位的正职领导人通常是以单位名义行文文件的正签人。

2）代签，即根据授权代他人签发文件。例如，正职领导人因公外出，通常授权由主持日常工作的副职领导人代签文件。

3）核签。核签又称加签，即上级领导部门或机关代下级部门或机关审核签发文件。核签文件常见于上级机关批转下级机关的文件，以便让文件在更大的范围内生效。

4）会签。联合行文的文件，要由涉及文件内容的所有部门或机关负责人对该文件进行签署。

（五）注发

注发是指秘书人员批注经过领导同意发出的文件如何印发的行为过程。注发的任务是对领导签发的文件如何印制、如何发出、发多大范围等提出具体意见。

（六）编号

编号是指秘书部门对需要发出的文书进行统一编排发文字号。

（七）缮校

缮校包括缮印和校对两个环节。

1. 缮印

缮印即根据定稿制作正本的过程。缮印环节要求做到以下几点：

1）严格按公文标印格式制版。

2）文面清晰、整洁，装订牢固。

3）分清缓急，注意保密。急件应先打先印，密件应指定专门的印刷单位或专人打印，必要时应派人监印。印制密件的废弃纸张和校样要妥善处理，不得移作他用。

4）严格按照确定的份数印制，不得擅自多印。

5）建立登记制度。登记的内容包括名称、送文单位、送文时间、印文数量、印完时间、取件人姓名、缮印人姓名等。

2. 校对

校对是保证文书缮印质量的重要环节。文书在正式开印之前，均应严格校对，重要的纸质文书在缮印之后还需再校对。

1）文书校对的作用：一是消灭和纠正排版的错误；二是统一字体、字号、格式；三是发现原稿中的错误。

2）文书校对的方法。纸质文书的校对方法有以下几种：

① 折校法，即把校样折叠起来，放在原稿上逐行校对。

② 交替法，即一手指校样，一手指原稿，逐字逐句左右交替校对。

③ 读校法，其需两人协作进行，即一人读原稿，另一人看校样。读稿人应读准每个字音，报清楚标点符号、字体、字号、空距、另起段等，遇有罕见字、同音字以及特殊要求时，应特别加以说明。

3）文书校对的要求。

① 文字内容以原稿（即定稿）为依据。如果发现原稿中确有错误需要改正，应当向拟稿人或核稿人提出，在拟稿人或核稿人做出修改或同意修改后，才能改动校样。除常识性错误外，校对人不得随意改动原稿的文字。

② 普通文件实行两校一读，即校对两次后再通读一遍；而重要文件至少实行三校一读。

③ 在校样上改动的字和校对引线要从行间牵出版心，标注在文稿的上、下、右空白处，不要标注在左白边上，以便于立卷时装订。校对符号的引线不可交叉，不能在原错处加、减字或者涂改。校对符号及其用法应按《中华人民共和国国家标准——校对符号及其用法（GB／T14706—1993）》执行。

④ 重要文书应将清样（即最后一次校定、准备复印的校样）送领导人审批、修改。

⑤ 文书印好后，还应认真核对，确保万无一失。

⑥ 为明确责任，打印人和校对人应在最终校稿上签注姓名。

（八）用印或签署

1. 用印

需对外发出的公文，除会议纪要和领导人签署的之外，公文缮印后，都必须由秘书人员在落款处按规定的方式加盖机关的印章。用印必须注意以下几个方面：

1）应以机关领导人在公文原稿（即定稿）上的签发意见为依据。

2）印章、发文机关、签发人三者必须一致。

2. 签署

签署是指领导人在公文落款处亲笔签名或代以签名盖章。凡以领导人名义发出的文书，如命令、任免通知等，应由领导人在文件正本的落款处亲署姓名。在签署前，应先印好领导人的职务和签署日期。签署的权限仅限于正职或代理正职的领导人，副职不签署。由于签署是在缮印之后进行，而缮印应依据定稿，因此，签署的文书应在缮印之前，由同一领导人签发。正式签署的日期应与签发日期相一致。签署的文书一般不再标写发文机关，也不需要加盖公章。如果印刷份数较多，可由秘书代盖领导人手书体签名章。

知识链接

文书的稿本

文书的稿本是指文书的文稿和文本。同一内容和形式的文件，根据其在撰制印刷过程中的作用，根据其使用的不同需要，往往形成不同的文稿和文本。

文书的文稿

1）草稿：草稿是指内容和文字表达都还未成熟的原始稿件。

2）定稿：定稿指公文的草稿经过修改并由领导人审阅、签发或者经过会议讨论正式通过的最后完成的定型文稿。只有定稿才能形成正式文件。

文书的文本

1）正本：正本是根据定稿印制的用作向外发出的正式文本。

2）副本：副本是指公文形成之后，由于实际工作的需要，往往使正本文件发生许多增值或变形的文本，这种根据公文正本复制、誊抄的其他文本称为副本。副本又称为抄本。

3）存本：存本指的是发文机关留存的印刷本。

4）试行本：试行本主要用于法规性文件，是法规性文件的一种特殊形式。试行本在试行期间同样具有法定效用。

5）暂行本：暂行本也主要用于法规性文件。在制发机关认为一时还来不及制定详细周密的规定时，就先发一个暂行的文件执行。暂行本在暂行期间具有同等的法定效用。

6）修订本：修订本是指已经发布生效的文件，在实行一段时间以后，进行进一步修订后再发布使用的文本。修订本具有法定效用。

（九）装订

文件正本在盖具公章后，如果是多页面文件应进行装订。具体要求如下：

1）文件装订要求：应左侧装订，不掉页；包本公文的封面与书芯不脱落，后背平整、不空；无坏钉、漏钉、重钉，钉角平伏牢固，后背不得散页、明钉。

2）表格装订要求：A4纸型横排表格，单页码表头装订于订口处，双页码表头装订于切口处；A3纸型表格，且为最后一页时，封三、封四应为空白页，A3纸型表格应装订于封三前，不应装订于文件的最后一页（封四）。

（十）登记

一切发出的文件，均应进行登记，一般用簿式登记。发文登记表如表3-6所示。

表3-6 发文登记表

顺 序 号	发文日期	发文字号	密 级	文件标题	发往单位	份 数	归卷情况	备 注

（十一）装封

除公开发布或以电信手段传递的文书外，其他文书均需在对外发送前用信封套装并封口。装封具有防止泄露文件内容、保护文件、避免磨损、便于携带递送的作用。装封时要做到以下几点：

1）信封上的收文机关名称要准确清楚，地址、邮编要详细无误。

2）保密件、急件必须在信封上标明密级和紧急程度。

3）重要文件应填写"发文通知单"，并与文件一起递送，其内容包括文件标题、发文字号、份数、附件、清退日期等，并附上回执，请对方查对无误后签字、盖章并寄回。发文通知单样式如图3-3所示。

	××××（单位名称）发文通知单			

_____：（单位名称）

现将下列文件发给你们，请查收无误后签字，并盖章寄回或传真给我公司。

地址：×××××××× 联系人：×××

邮编：×××××× 联系电话：××××××××

××省阳光实业有限公司（公章）

××××年××月××日

- -

回执

××省阳光实业有限公司：

下列文件收到，核查无误，现将回执寄给你们。

×××××（公章）

××××年××月××日

序　号	文　件　标　题	发　文　字　号	一　式　份　数	备　注
收文时间		签收人		

图 3-3　发文通知单样式

4）装封时要做到五查：查文件份数；查有无附件；查是否漏盖印章；查文件的收文机关与信封上的收文机关是否一致；查有无多发、重发或漏发的单位。

5）封口要牢固，以避免文件在传递过程中滑出。保密件需用密封条封口，并在封口上加盖保密戳。

（十二）传递

广义的传递包括文书处理所有环节之间的交接。这里所指的传递是狭义的，即文书印制后的传递。文书的传递有以下几种渠道。

1）邮局寄发。邮局寄发用于传递普通文书。

2）机要交通。机要交通是我国中央和省部级党政领导机关之间的重要秘密文书的传递系统，其中间环节少、保密制度严、可靠性强，主要用于少数密级较高、内容较重要的文件。

3）机要通信。机要通信机构是专门承担机要通信任务的系统，其设置形式有两种：一种设置于各级的邮电部门内，另一种设置在县级以上党政机关的秘书部门内。除规定必须由机要交通传递的文件外，各级党政机关的秘密文书都要通过机要通信系统来传递。

4）当面交接。发给机关或单位内设部门的文件，如果驻地集中，可采取送文上门或通知前来领取的方法当面交接，也可借集中开会的机会，向各部门代表分发。当面交接秘密文书要遵守保密制度。

5）集中交换。在机关集中的地区或办公区域，可设文件交换站，各机关在规定的同一时间里相互交换、签收文件。设交换站集中交换文件，具有方便、快捷、成本低等优越性，适用于传递普通文件或密级较低的文件。

6）电信发送，即用电报、传真和计算机传递文件。重要而且紧急文件在用传真和计算机传递之后，还应发送纸质文件。用电报传递密件必须使用密码。用传真和计算机传递秘密级和机密级文件，应采取加密措施。传真和计算机不得传递绝密级文件。

7）公开发布，即采用公开张贴、报纸、广播、电视等方式直接向社会和群众发布文件，适用于需要公开行文的文书。

【案例及点评】

材料1：

办文要有程序

某中等职业学校要投资新建一座微机房，为加强管理，提高计算机学科的教学质量，增加办学效益，需要制定有关微机使用与管理的规章制度。分管领导刘校长把此项文书撰拟的任务交给秘书小王。小王根据领导交代的撰拟意图，先进行调查研究，从兄弟学校和科研单位收集了各种不同标准的微机使用和管理的规章制度，也参阅了化学实验室、物理实验室的使用与管理制度，最后形成写作提纲，经分管领导认可后写成初稿。小王将初稿交微机房管理员以及教务处、总务处征求意见后，送学校办公室审核。办公室张主任从教育局开会回来，带回一份市教育局统一制定的中学微机房使用及管理制度，故认为本校没有必要再单独行文。张主任把此情况向刘校长作了汇报，刘校长认为市教育局制定的文件比较原则，对中等职业学校社会培训类微机教学的使用与管理缺乏具体的针对性，不便于操作，不完全适用，学校仍有必要单独行文。张主任遵照刘校长的意见，将初稿送往具有法定职权的王校长处签发定稿，印制盖印后生效。

点评：规章制度的制定也属于文书制作，因此，上述案例的制作程序是按照文书的制作过程来进行的。拟稿的过程分为交拟（刘校长把拟稿的任务交给秘书小王）、议拟（小王收集材料，形成提纲，经领导认可）、撰拟（写成初稿）3个阶段。会商的过程是小王将初稿交微机房管理员以及教务处、总务处征求意见。审核的过程是，张主任核稿后认为无必要单独行文；刘校长认为职业学校有其特殊性，市里统一的文件不完全适用，应当单独行文。签发的过程即张主任将初稿交王校长签发定稿，印制成文，盖章生效。虽然这是一份内部的管理规章制度，但在办文的过程中也遵循了办文的程序。

材料2：

办文要贯彻领导意图

小任原是机关的一般职员，因爱好写作，常在某晚报上发表点"豆腐干"小文章。

处长爱才，就把他调到宣传处任文字秘书。不久，处长让他写一篇报告，向上级汇报本单位一年来是如何加强思想政治工作的，有何成绩，存在的问题以及今后的打算。领导意图很明显，可小任三易其稿也未过关。第一稿，可谓笔走龙蛇，只一个下午，交稿。可处长一看，说太"花"了，无内容。原来小任写作时充分卖弄自己的特长，一会儿抒情，一会儿描写，一会儿议论，这怎能过关！第二稿，散文笔法改了，但立足点太低，主要是通过小任的眼光去看事情，缺乏全局观。第三稿，存在的问题和缺点占了80%的篇幅，而且用的是"请示报告"这种文种，处长看得直摇头。

点评：小任在办文的过程中未收集材料，第一稿用半天就写好了，但其对公文写作不是很了解。公文语言讲究庄重、朴实，表达方式一般不使用描写、抒情，而小任在写作时充分卖弄自己的特长，一会儿抒情、一会儿描写、一会儿议论。同时小任的主要问题是没有领会领导的意图。工作报告主要篇幅要谈成绩，存在的问题和缺点，要疏理归类，不能占太多的篇幅，要从实际出发，站在全局角度，挂好"两头"。

小任缺乏公文写作的基础知识，向上级汇报工作，要用"报告"这一文种，而不能将"请示"、"报告"合用。

 思考实训

1. ××省文物局为配合国家文物局的文物普查工作，需向全省各地市发一份《××省文物局关于认真做好文物普查工作的通知》。局领导责成局秘书小陈起草该文件。小陈写完初稿后，本想找领导过目。但领导外出开会，需5天后才能回来。小陈觉得这份文件内容简单，不会出什么差错，就自作主张，将草稿交打字员小李打印。小李与小陈关系不错，不好意思拒绝。文件打印好后，小陈找办公室齐主任盖公章。齐主任发现该份文件既没有填写发文稿纸，也没经局长签发，遂没给该文件盖印、注册和登记，并表明等局长回来后再作处理。

根据以上内容回答以下问题。

1）文件未经签发能否向外发出？

2）文件的形成过程，是否只经过签发就可以成为正式文件？

3）文件的发文稿纸上，除签发栏外，还有哪些项目？它们有何作用？

4）机关"第一把手"外出开会，是否就应暂停机关的发文工作？请指出错误所在。

5）找出小陈在发文程序上的错误做法。

6）找出小李在发文程序上的错误做法。

7）指出齐主任做法的正确之处。

8）指出齐主任做法的欠妥之处。

2. 实训情景：

小任接受了办公室主任的任务，即要他起草一份表彰张旭、叶龙、吕津3位同学在××省职业高中学生电子专业技能竞赛中获得团体冠军的表彰性通报。为表彰他们，学校决定奖励每生2000元，并授予"校技能操作能手"称号。在交待任务时，主任还主动告诉他，通报分四部分，一是表彰的主要事迹，即概述事件发生的时间、地点、人物、经过、结果；二是事实评析即对通报的事实进行恰如其分的议论分析，要指出先进事迹的精神实质、意义和影响；三是要写清楚表彰的决定；四是要向全体学生提出希望与要求。并告诉小任要如何收集材料、如何组织材料、重点放在哪里、要突出什么等。小任认真地记录下来，回到自己办公室开始拟写。小任拟写完毕后交办公室主任审核，然后根据办公室主任提出的意见进行修改，修改后誊写在发文稿纸上。小任将文件编号后，将稿件交打字员打印，打字员在接受打印的任务之前，先接受了打印一份学校文化艺术节的方案。小任取回文件正稿，逐一盖章。

实训要求：

试分组进行角色模拟。每一组的角色分为办公室主任、秘书小任和打字员。

（1）办公室主任

1）布置秘书小任拟写一份通报（熟悉任务，变成自己的语言，以主任口吻口头布置，实境演练）。

2）温习关于通报的知识，自己也根据所给材料拟写一份，以便对秘书的行文进行审核。

3）审核秘书拟写的通报草稿，按照通报写作的要求，严格审核文字、格式，并提出修改意见，让秘书回去修改。

（2）秘书

1）记录办公室主任布置的任务，领悟主旨，拟写一份通报。

2）对草稿进行初审。

3）文稿交办公室主任审核。

4）按主任提出的意见进行修改，将草稿誊写在统一的发文稿纸上。

5）给文件编号，写在发文稿纸的相应栏目，然后交打字员缮印。

6）取回文件正稿，逐一盖章。

（3）打字员工作

1）上班后收到任务——请打印出一份文化艺术节的方案，打好后存盘（要求注意速度、内容无误、格式正确）。

2）打印秘书拿来的通报，询问时间要求（要求文字准确、符合规定体式的要求）。

3）对打印文字进行认真校对、排版，确保文字印制质量（打印 10 份，打印完后送到秘书处）。

第三节 文书立卷

 学习目标

1. 能正确进行文书立卷的规范化操作。

2. 能正确拟制《案卷目录》。

3. 掌握文书立卷的方法。

4. 会拟写案卷标题。

　　张婷婷是阳光公司新招的秘书，她工作勤快，笔头功夫不错，很受老板的赏识。可她对文书的管理和立卷工作却知之甚少。起初她把文件都塞在同一个文件柜中，可不到半年，柜子里的文件塞得满满的。有一次，老板急查一份合同正本，张秘书翻箱倒柜，虽找到了文件，但时间却过了半小时，让老板等得好着急。事后，老板狠狠地训斥了她一顿，还责令她限期改正。张秘书为了不丢这份工作，她向有经验的天地实业公司刘颖秘书请教。刘秘书告诉她，文书的平时归卷保管应有条有理，每一文件的存放既要方便查阅，又要有利于将来整理立卷。要做到这一点，就必须事先制定一套平时归卷的方案，也就是确定每份文书的存放地址。同时，刘秘书告诉张秘书自己要注重平日的积累，每天要抽 30 分钟时间来做文书归档工作，将一天形成的办理完毕的文件材料，随时收集、登记、分类，并归入预先设立的卷夹（宗）内。接着刘秘书向张秘书演示了当天地将收集到的"关于评定工资问题的文件材料"按同一问题归入"问题特征"中，将"公司 2005 年第一季度生产情况统计表"归入"时间特征"中，将"公司与某医药公司的销售合同"归入"名称特征"中，将市工业局的 58 号文件归入"作者特征"中，还有两份材料则分别归入"通讯者特征"和"地区特征"。

知识精讲

一、文书立卷的含义

　　文书立卷是指文书部门将办理完毕的、具有查考价值的文书，按其形成的规律和内在的联系组成案卷，使之系统化工作。我国实行的是文书部门立卷制度，即由承办和处理文书的部门进行立卷工作。具体地说，就是由文书部门和各业务部门的专、兼职文书人员负责立卷工作。

二、文书立卷的方法

　　已经办理完毕、并且具有保存价值的文书（包括电报）应该立卷。文书立卷一般有以下几种方法。

1. 按问题特征立卷

　　按问题特征立卷，就是将反映同一问题的文件一同组卷，将反映不同问题的文件分别组卷。如：

1）嘉定市人民政府关于加快发展城镇绿化的意见。

2）嘉定市城镇绿化工作纲要。

3）嘉定市绿化工作委员会关于进一步做好城镇绿化工作的通知。

4）嘉定市绿化工作委员会关于城镇绿化工作的报告。

以上文件的共同特征是问题，因此可以按问题特征立卷。案卷标题为《嘉定市人民政府、嘉定市绿化工作委员会关于城镇绿化工作的意见、纲要、通知、报告》。

2．按作者特征立卷

按作者特征立卷，就是将属于同一作者的文件一同立卷，不同作者的文件分别立卷。如：

1）上海大地汽车有限公司 2005 年干部培训工作计划。

2）上海大地汽车有限公司 2005 年干部培训工作总结。

3）上海大地汽车有限公司 2005 年员工培训工作计划。

4）上海大地汽车有限公司 2005 年员工培训工作总结。

以上文件的共同特征是作者相同，因此可以按作者特征立卷。案卷标题为《上海大地汽车有限公司 2005 年干部、员工培训的工作计划、总结》。

3．按文种特征立卷

按文种特征立卷，就是将种类名称相同的文件一同立卷，将不同种类名称的文件分别立卷。如：

1）上海北海生物科技有限公司关于王震同志任职的通知。

2）上海北海生物科技有限公司关于徐海婴同志任职的通知。

3）上海北海生物科技有限公司关于免去张磊同志职务的通知。

4）上海北海生物科技有限公司关于免去徐华同志职务的通知。

以上文件的共同特征是文种，因此可以按文种特征立卷。案卷标题为《上海北海生物科技有限公司关于任免王震、徐海婴、张磊、徐华同志职务的通知》。

4．按时间特征立卷

按时间特征立卷，就是将同属于一个时期或时间阶段的文件一同立卷，将不同时期或时间阶段的文件分别立卷。

1）沪江大学关于 2004 年度扩招本科生的请示。

2）沪江市教委关于同意沪江大学 2004 年度扩招本科生的批复。

3）沪江大学招生办公室关于做好 2004 年本科招生工作的通知。

4）沪江大学招生办公室关于 2004 年本科招生工作中要掌握好几个政策问题的通知。

以上文件的共同特征是时间特征，因此可以按时间特征立卷。案卷标题为《沪江大学、沪江市教委、沪江大学招生办公室关于 2004 年本科生招生的请示、批复、通知》。

5．按地区特征立卷

按地区特征立卷，就是将内容涉及同一地区的文件一同立卷，将内容涉及不同地区的文件分别立卷。如：

1）中山区 2003 年学前教育情况的调查报告。

2）中山区 2003 年基础教育现状的调查报告。

3）中山区 2003 年文化基础设施的调查报告。

4）中山区 2003 年群众性体育活动现状的调查报告。

以上文件的共同特征是地区特征，因此可以按地区特征立卷。案卷标题为《中山区 2003 年学前教育、基础教育、文化基础设施、群众性体育活动现状的调查报告》。

6. 按通讯者特征立卷

按通讯者特征立卷，就是将本单位与某单位就某个问题或几个问题的来往文件一同组成案卷。需要指出的是，按通讯者特征立卷与按作者特征立卷不同，按通讯者特征立成的案卷，卷内应是两个单位就特定问题相互往复的文件，不应包括这两个单位各自的其他行文。如：

1）北海大学关于王海工作调动问题的函。

2）江南大学关于王海工作调动问题的复函。

3）北海大学关于刘晗工作调动问题的函。

4）江南大学关于刘晗工作调动问题的复函。

以上文件的共同特征是通讯者特征，因此可以按通讯者特征立卷。案卷标题为《北海大学与江南大学关于王海、刘晗工作调动问题的来往文书》。

上述 6 个特征从不同方面反映了文件的内容和有关联系。但在实际的立卷工作中，人们又不能只从文件某一方面的特征去考虑如何组卷，而是应该灵活地采取多种立卷方法，做到几种特征的综合运用。例如，题为"北京市××厂 2005 年厂务会议记录"的案卷，就运用了作者、时间和文种等多个特征。

知识链接

其他文书的立卷方法

1）绝密文件单独立卷，与绝密文件有联系的少数普通文件，也可随同绝密文件一同立卷。

2）不同年度的文件一般不得放在一起立卷，但跨年度的请示与批复，可放在复文年立卷。

3）跨年度的会议文件放在会议开幕年，其他文件的立卷按照有关规定执行。

4）在归档的文件材料中，应将每份文件的正件与附件、印件与定稿、请示与批复、转发文件与原件、多种文字形成的同一文件分别立在一起，不得分开，立卷时应文件合一。

三、文书立卷的步骤

文书立卷的步骤，如图 3-4 所示。

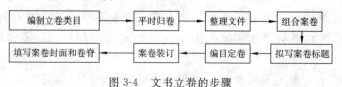

图 3-4　文书立卷的步骤

（一）编制立卷类目

立卷类目也称案卷类目、归卷类目和归卷条目，是指秘书人员在档案部门的指导下，根据机关工作活动的规律，按照文书立卷和归档的原则要求，参照往年的立卷情况，对新一年将要形成的案卷类别和条目，事先拟定的立卷方案。立卷类目由类和目两部分构成。

1．类，即案卷的类别

确定类别的方法有两种：

1）按文书内容所反映的问题分类。这种方法较适用于内部机构不太稳定、文书种类较多的单位。以企业为例，案卷类目一般可以设综合、生产、人事、财务、技术、供销等类别。按文书内容所反映的问题分类，类别之间的界限划分要清楚，不能出现相互交叉、相互包含的情况。

2）按单位内部的工作部门分类。以工作部门的名称为类别名称，适用于内部机构比较稳定的单位。如党委机关的文书，可以按职能部门确定类别，分成综合类、组织类、宣传类、统战类、纪检类等。

一个单位内部案卷类别的确定只能按照统一的标准或方法进行，而且还要与档案管理部门的案卷分类方法相一致。规模较大或文件数量较多的机关，在类之下，还可以设属类。

2．目，即条目、条款

条款是年初预先拟制的一组文书标题，有了这一条款，平时就可以将相关的文书归入其下。拟制条款应当运用立卷的特征，一般应反映出文书的作者、问题和名称，如《××公司 2005 年销售计划、合同》，条款拟好后，要按类别编号。

（二）平时归卷

平时归卷是指平时将已经处理完毕的文书，进行有计划地收集，并依据案卷类目准确归卷。这样做，既有利于平时查阅文书，又可以及时发现文书收集中的问题，从而可以采取措施，加以解决。对具备立卷条件的文书，还可以提前立卷，以尽量减轻集中立卷时的工作压力。平时归卷的具体要求如下：

1）准备好文书归卷的容具，如卷夹、卷盒、文件柜等，将拟好的条款名称和编号填入标签，粘贴于卷夹、卷盒和文件柜的正面，对于竖放的卷夹、卷盒还要在卷脊处贴上标签，以便文书可以"对号入座"。

2）根据文书立卷归档的范围，应做好平时的收集工作，做到收集一份、归卷一份。

3）对已归卷的文书，要定期进行检查。发现归卷不准确的，要及时纠正。年初确定的案卷类和条款如果与当年实际产生和收到的文书不相符合，要及时调整、修改、补充。

4）对相关工作已经全部结束并已收集齐全的文书，可以提前立卷。

（三）整理文件

1）按立卷类目整理。立卷类目是整理文件的纲目。秘书人员搜集到大量文书材料之后，应分别纳入立卷类目中去，从而使散开的材料变成各有归宿的系统材料。

2）按照文书之间的内在联系整理。秘书人员应按照文件之间的内在联系整理，包括按照事物之间的原因与结果联系整理，以及按照原件与正件之间的联系整理。

3）按照立卷的要求整理。秘书人员应按照立卷的要求把反映同一个问题的材料放在一起，把反映同一事件的文书放在一起，把保存价值相同的文件放在一起，把同一级别的文件放在一起。

（四）组合案卷

1. 调整案卷

经过平时归卷和整理的文书，在正式立卷之前，还要进行案卷调整。调整的任务是检查同一条款内的文书是否已经收集齐全，是否有多余或重复的文书，文书之间是否保持了内在联系，文书组合是否体现了立卷特征，保存价值是否一致，数量是否适当。

2. 排列次序

案卷调整后，要根据文书之间的联系，确定卷内每份文书的先后次序。其方法有如下几项。

1）时间排列法，即卷内文件一律按成文时间的先后次序排列。这种方法适用于严格按名称、作者和问题特征立卷的案卷。

2）重要程度排列法，即按照卷内文件所反映问题的重要程度排列次序。其具体做法是：重要文书在前，次要文书在后；政策性文书在前，业务性文书在后；主件在前，附件在后；存本在前，定稿在后（如果是重要文件有多次草本的，则按草本产生的顺序排列）；转发件（包括发布、印发、批转件）在前，被转发件在后；结论性、决断性、判决性文书在前，依据性、证据性材料在后；上级单位，本单位的批复在前，下级的请示附后；下级单位，本单位的请示在前，上级的批复在后（但如果涉及人事、机构设置等重要问题，则批复在前，请示在后）；不相隶属单位之间的函件往来，问函在前，复函在后。

3）问题-时间排列法，即先将卷内文件按问题的重要程度分成若干组，每组再按成文时间的先后排列次序。这种方法适用于由若干个小问题构成的大问题，或由几个不同问题组成的案卷。

4）地区-时间排列法，即先将卷内文件按地区分成若干组，每组再按成文时间的先后排列次序。这种方法适用于由涉及几个地区的文书组成的案卷。

5）作者-时间排列法，即先将卷内文件按作者分成若干组，每组再按成文时间的先后排列次序。这种方法适用于由几个作者产生的文书组成的案卷。

6）通讯者-时间排列法，即先将卷内文件按通讯者特征分成若干组，每组再按成文时间的先后排列次序。这种方法适用于与两个以上单位往来的文书组成的案卷。

7）问题-作者-时间或作者—问题—时间排列法，即先将卷内文件按问题或作者特征分成几个大组，每个大组再按作者或问题特征分成若干小组，最后按成文时间的先后排列每个小组内文件的次序。这种方法适用于由几个作者、涉及几个问题的文书组成的案卷。

8）姓氏笔画排列法，即将卷内文件按姓氏笔画的多少排列次序。这种方法适用于处理人民来信来访的案卷。

（五）拟写案卷标题

案卷标题是对卷内文书特征的概括，其作用是帮助档案利用者查找具体的文件，并为档案的整理编目、登记及编制档案检索工作提供依据。拟写案卷标题，要求内容概括、确切，文字精炼、准确，结构统一、完整。

案卷标题的结构一般应当由作者＋问题＋名称三部分构成，如《××市××局关于物价管理的报告、请示、规定、通知》。运用地区特征的，要标明地区；运用时间特征的，应标明年度；运用通讯者特征的，应标明通讯者名称。在作者、问题、名称较多时，可以适当概括或用"等"字省略，如《同济大学等十所高校关于 2000 年招生工作的计划、总结、招生名单等》。

案卷标题拟好后，另用纸书写好，同案卷放在一起，待案卷装订后正式填写在案卷封面上。

（六）编目定卷

1. 编页号

编页号是为了便于查阅和管理档案，有图文的页面均编为一页，无图文的页面不编页号。页号应当填写在文书正面的右上角和背面的左上角，与文书标印格式中的页码（正面的右下角和背面的左下角）相对应。编写页号要避免重编或漏编。

2. 填写卷内目录

凡永久和长期保存的案卷都要填写卷内目录，以便于查阅和统计。而短期保存的案卷，视其重要程度而定。卷内目录的项目包括：

1）顺序号，又称件号，即卷内每份文件所排列的序号。

2）文号，即每份文件的发文字号。对于正式文书以外的文件，填写文件的编号。文件无编号的，则无需填写。

3）责任者，即文件作者。对于文书来说，即发文机关。以领导人的名义形成的文件，如领导人的批示、信函等，就填写领导人的姓名。

4）题名，即文书标题。如果原文件无标题或标题不能说明文件内容的文件，可由立卷人员自拟，外加方括号"［］"。

5）日期，即文件的成文日期。成文日期用阿拉伯数字填写，应填写 8 位阿拉伯数字，在月日不足两位时，用"0"补足。在表示年、月的数字右下角加点号"."。如"1999.08.18"。

6）页号，即卷内每份文件首页所在之页。最后一份文书的起止页号都要填上。

7）备注。备注留待对卷内文件改动时作说明之用。

卷内目录用纸规格应同文书用纸一致。卷内目录应置于卷首一起装订，软卷皮装订的案卷，即为封二。同时，复制一份，写上卷号和案卷标题，按案卷排列的次序，汇编成册，作为档案检索的工具。有条件的单位，可将卷内目录输入电子计算机储存，以便今后自动检索。完整的卷内文件目录如表3-7所示。

表3-7　卷内文件目录

顺序号	发文号	责任者	文件题名	日　期	页　码	备　注
1	国发〔2000〕23号	国务院	国务院发布《国家行政机关公文处理办法》的通知	2000.08.24	1	
2	国办发〔2000〕29号	国务院办公厅	国务院办公厅转发《×× ×××××××》的通知	2000.10.26	15	
...						
20	×××	×××	××××××	×××	186～191	

3. 填写备考表

卷内备考表用来记载卷内文件的有关情况，其项目包括本卷情况说明、立卷人、检查人和立卷日期，应按规定格式和要求填写。卷内文件备考表一般应置于案卷尾页，软卷皮装订的案卷，即为封三。卷内文件备考表如图3-5所示。

本卷情况说明：

立卷人：

检查人：

立卷日期：　年　月　日

图 3-5　卷内文件备考表

（1）本卷情况说明

有以下情况时均应在此栏内加以说明。

1）文件的齐全完整程度。如密不可分的文件收集不全，某份文件有正件与附件，但附件遗失；关于同一问题的请示与批复，或有请示无批复，或有批复无请示；一次大型会议的声像材料缺失等。

2）文件本身的状况。文件有残缺、破损、字迹不清、发生霉变等情况。

3）文件的管理状况。文件的修改、补充、移出、销毁等情况。

4）文件的保管状况。文件内容同其他载体互见的，应注明其他类档案的编号，会议案卷，同时还有会议照片案卷，应注明"会议照片在'×—6.1—5中"。

5）如果无需要说明的情况，应完整填写立卷人、检查人的姓名和时间，以示负责。

（2）立卷人

填写负责该盒归档文件质量的立卷人员姓名。

（3）检查人

填写负责检查审核案卷归档文件质量的人员姓名。

（4）立卷日期

填写归档文件整理完毕的日期。

（七）案卷装订

1. 案卷装订前的技术处理

1）拆除金属物：去掉归档文件原有的订书钉、曲别针、大头针等金属物。

2）修补托裱：对于白边区有领导批示字迹的文件，应在有批示字迹的文件反面区域加衬托裱；破损文件，即有孔洞、残缺、折叠处易磨损的文件应进行补缺、托补和托裱；小于规定规格尺寸的文件应进行加边托裱。

3）折叠取齐：凡大于规定规格尺寸（A4 型或 16 开型）的文件要折叠、取齐、压平。折叠要尽量减少折叠次数，折痕应尽量位于文件、图表的字迹之外。当文件页数较多时，应单张折叠。采取左侧装订的案卷或文件，应将左侧、下侧对齐。

2. 确定装订线

横排文件组成的案卷，一律在左侧装订。

3. 装订方法

成卷装订时，一般应将文件及软（硬）卷皮用大夹子夹固牢靠后，再在左侧打 3 个孔（孔距 7cm 左右），然后用棒线固定，即"三孔一钉"装订法。装订孔不得损坏文字，装订线不应压字，妨碍阅读。装订要牢固，不损页。

知识链接

案卷装订的卷皮类型

案卷装订的卷皮有两种：一种是硬卷皮，一种是软卷皮。硬卷皮用 250 克牛皮纸制作，其规格为：封面与封底 300mm×220mm 或 280mm×210mm（长×宽），封底的三边（上、下、翻口处）要另有 70mm 宽的折叠纸舌，卷脊可根据需要分别设 10mm、15mm、20mm 等 3 种厚度，上、下侧装订处要各有 20mm 宽的装订纸舌。另一种为软卷皮，其规格大小同文书用纸。使用软卷皮装订的案卷，必须装入卷盒内保存。卷盒外形尺寸采用 300mm×220mm（长×宽），高度分别为 30mm、40mm、50mm 等 3 种。在盒盖翻口处中部，要设置绳带，使盒盖能紧扣住卷盒。

（八）填写案卷封面和卷脊

1. 案卷封面

以卷立卷的案卷应编制案卷封面。案卷封面项目包括全宗名称、类目名称、案卷题名、卷内文件起止日期、保管期限、归档号和档号，如图 3-6 所示。

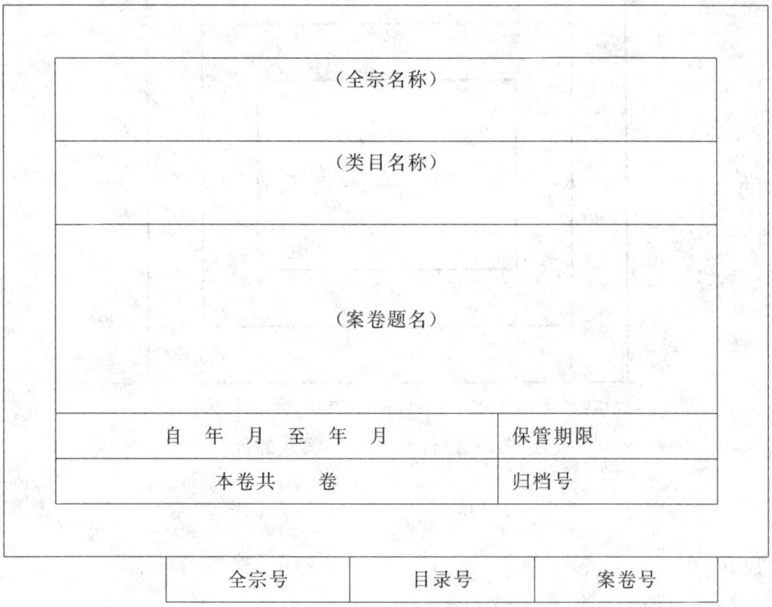

图 3-6　以卷立卷的案卷封面

1）全宗名称。全宗名称即立档单位名称，应写全称或通用简称，不得将本单位的名称简称为"本部"、"本委"。

2）类目名称。类目名称即填写案卷所属基本类目分类方案中的末级类目名称。如某单位的档案分类为两个层次（一级类目和二级类目），一级类目"党群工作类"下，有党务工作、群团工作等二级类目，该案卷中的文件分属这两个二级类目，其案卷封面的"类目名称"栏应分别填写党务工作和群团工作。

3）案卷题名，即案卷标题。

4）卷内文件起止日期。填写案卷内最早形成的文件日期和最后形成的文件日期。要求一律按公元纪年，用阿拉伯数字书写具体的年月日。

5）保管期限是指填写立卷时依据《文书档案保管期限表》划定的案卷的保管期限。

6）归档号，即文书立卷部门向档案管理部门归档移交时所编的案卷顺序号，又称为文书处理号。

7）档号。档号由全宗号（档案馆指定给立档单位的编号）、目录号（全宗内案卷所属目录的编号）、案卷号（目录内案卷的顺序编号）组成，由档案部门填写。

以件立卷的案卷无须编制案卷题名，无需填写案卷封面，只需填写《归档文件目录》，然后将档案直接装入档案盒，但需填写档案盒盒脊的各项目。档案盒封面只设置"全宗名称"项，取消了案卷盒封面的其他各项。"全宗名称"应填写立档单位名称，如图 3-7 所示。

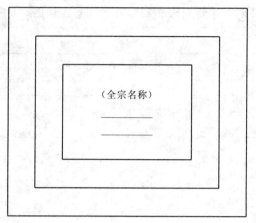

（全宗名称）

规格：310mm（长）×220mm（宽）

图 3-7　以件立卷的档案盒封面

2. 卷脊

卷脊项目包括：

1）全宗名称。

2）目录号。

3）年度。

4）起止卷号。

【案例及点评】

材料 1：某机关的档案管理员在整理文件材料时，把关于同一问题的请示与批复按两份文件分别立卷，并且把跨年度的请示与批复，放在请示年立卷中。

点评：上述立卷方法违反了文书立卷应保持文件之间的有机联系的规则，跨年度请示与批复，应放在复文年立卷中。

材料 2：某单位文书档案人员在填写卷内文件目录时，将本单位的转发文与上级单位的被转发文作为两份文件进行分别登记。

点评：根据文书立卷的案卷质量要求，转发文件与原件应视为一件文件，因此在填写卷内文件时，转发文件与被转发文件均应登记目录，只是本单位的转发文件占序号，上级单位的被转发文件不占序号，而只将其形式与内容特征登记到转发文件条目的下面。

材料 3：某单位办公室秘书小王，平时将收到的文件按收文顺序依次放入文件柜中，到年底才开始整理并按时间顺序立卷。

点评：文书立卷可采用平时归卷、年终定卷等方法。平时已经办结的文件，可随时归卷，即放入预先已设立好的案卷中。当一次会议已经结束、一个案件已经办结或一项工作、一次活动已经结束时，如果不再产生新的文件材料，就可以立卷了。小王的这种做法无形之中给年底工作带来了压力，加大了工作强度。文书立卷就是按照文件材料相互之间的某些共同特征组合成案卷，而小王不考虑文件材料相互之间的联系，千篇一律地按照时间顺序立卷，这就失去了立卷的意义。小王应根据文件材料相互之间的联系采取按问题特征、按作者特征、按文种的特征、按地区特征、按通讯者特征、按时间特征等方法进行立卷，这样，文书立卷工作将会做得更好。

 思考实训

1. 某集团公司下属的两个公司，庆达公司和力丰公司，分属两个部门管理，庆达公司经营不善，希望合并到力丰公司内，力丰公司领导同意了。于是，力丰公司向庆达公司发出了《关于力丰公司合并庆达公司的决定》，文件到达庆达公司后，引起了庆达公司上下的强烈反响，他们认为力丰公司无权做出这样的决定，应该马上撤销……

问：力丰公司可以向庆达公司发文吗？发出的《关于力丰公司合并庆达公司的决定》对不对？为什么？如果两个公司要合并，应该怎么办？

2. 实训情景：

情景 1：

某集团公司下属的利华公司新来了文员刘颖，办公室主任让她整理以下的文档资料。

（1）利华公司 2005 年 2 月份的经理会议记录。

（2）利华公司 2005 年销售计划。

（3）市工商局关于年检工作的通知。

（4）利华公司致香港地区凯福公司关于合作事宜的函。

（5）利华公司 2005 年 4 月份的经理会议记录。

（6）市物价局关于物价检查的通知。

（7）香港地区凯福公司关于合作事宜给利华公司的复函。

（8）利华公司 2005 年 6 月份的经理会议记录。

（9）利华公司与香港地区凯福公司的会谈纪要。

（10）利华公司 2005 年 8 月份的经理会议记录。

（11）市税务局关于税务自查的通知。

（12）利华公司 2005 年销售工作总结。

实训要求：对以上文件分别组合成 3～4 个案卷，并拟制案卷标题。

情景 2：

广东××学院办公室秘书兼档案管理员晓玲，平时对已办理完毕的文件都认真做好归卷工作，每年年初便开始对上一年有保存价值的文件材料进行分类立卷，保证在上半年内将上一年的文件整理归档完毕，使学院的档案管理工作有条不紊。如表 3-9 所示是该学院有保存价值的一部分待归档文件。

表 3-9　学院有保存价值的一部分待归档文件

来文单位	文件字号	文件标题	文件日期
××学院		广东建宁工程公司关于学院食堂油污处理施工工程的合同	2005-5-26
××学院		广州市健强白蚁防治工程有限公司服务合同书	2005-6-28
××学院		广州市花城太阳能有限公司防爆齿轮输油泵安装合同	2005-7-2
××学院		穗丰广告公司宣传标语拆迁维修施工合同	2005-9-10
××学院		广州绿景园林艺术绿化工程有限公司绿化养护承包合同	2005-9-12
××学院		广东大和文化发展有限公司购销合同	2005-9-30
院团委	广×院团〔2005〕1 号	2004/2005 学年度第二学期院团委工作计划	2005-1-10
院团委	广×院团〔2005〕8 号	2004/2005 学年度第二学期院团委工作总结	2005-6-23
院团委	广×院团〔2005〕12 号	2005/2006 学年度第一学期院团委工作计划	2005-9-12
院团委	广×院团〔2005〕18 号	2005/2006 学年度第一学期院团委工作总结	2006-12-29
院党委	广×院党〔2005〕47 号	关于批准马伟东等同志为中共正式党员的决定	2005-6-29
院党委	广×院党〔2005〕61 号	关于吸收陈秋红等同志为中共预备党员的决定	2005-7-1
院党委	广×院党〔2005〕73 号	关于批准张晓玲等同志为中共正式党员的决定	2005-9-13
院党委	广×院党〔2005〕75 号	关于吸收林芳等同志为中共正式党员的决定	2005-10-22
院党委	广×院党〔2005〕82 号	南方学院 2005 年全院党员名册	2005-12-18
××学院		广东省普通高校高职商务英语专业备案表	2005-9-28
××学院		广东省普通高校高职人力资源管理专业备案表	2005-9-28
××学院		广东省普通高校高职现代教育技术专业备案表	2005-9-28
××学院		广东省普通高校高职会计专业、电算化专业备案表	2005-9-28
××学院		广东省普通高校高职广告设计与制作专业备案表	2005-9-28
××学院		物流管理专业教学计划	2005-7-2
××学院		国际贸易专业教学计划	2005-7-2
××学院		计算机应用技术专业（计算机营销）教学计划	2005-6-30
××学院		计算机应用技术专业（办公自动化）教学计划	2005-6-30
××学院		旅游管理专业教学计划	2005-7-2
××学院	广×院〔2005〕12 号	关于张莉萍等同志的任免通知	2005-3-15
××学院	广×院〔2005〕19 号	关于梁义平等同志的任免通知	2005-4-30
××学院	广×院〔2005〕21 号	关于陈友青同志的免职通知	2005-4-30
××学院	广×院〔2005〕29 号	关于调整谭红英等同志工作岗位的通知	2005-6-18
××学院	广×院〔2005〕61 号	南洋学院 2005 年人员调配通知	2005-7-3
××学院	广×院〔2005〕20 号	关于调停校园治安综合治理委员会的通知	2005-6-13

来文单位	文件字号	文件标题	文件日期
××学院	广×院〔2005〕32号	××学院校园治安综合治理领导责任制实施办法	2005-6-20
××学院	广×院〔2005〕36号	关于任命防火责任人的通知	2005-6-30
××学院	广×院〔2005〕52号	关于印发《2005年新生报到期间突发事件应急预案》的通知	2005-8-30
××学院	广×院〔2005〕80号	关于印发《2005年校运会突发事件应急预案》的通知	2005-11-20

实训要求：

（1）按已学过的分类立卷方法，将上述文件进行分类并组成案卷，并拟写出案卷标题。

（2）对卷内文件进行正确排列并填写卷内文件目录。

情景3：

晓玲是广东某学院的办公室秘书，兼管该校的档案管理工作。对于档案收集工作，晓玲非常认真负责，对办公室工作中形成的、办理完毕的、具有参考利用价值的管理性文件、会议文件、重要文件的历次修改稿、电话记录、电报、本校编印的院报等，都认真细致地进行登记、收集、定期归档。由于晓玲认真、细致、科学的管理，该校的档案室被评为省特级档案管理单位。下面是该学院一年来收到的部分文件：

（1）已登记在收文登记簿上的文件如表3-10所示。

表3-10　已登记在收文登记簿上的文件

来文单位	文件字号	文件标题	文件日期
省教育厅	粤教〔2005〕3号	关于印发广东省部分高校勤工俭学工作座谈会会议纪要的通知	2005-11-11
省委组织部	粤组〔2005〕158号	关于我省开展治理整顿党政机关及其所属单位乱办班乱收费乱发证等问题的通知	2005-7-3
省教育厅	粤教高〔2005〕197号	关于贯彻实施《普通高等学校学生管理规定》有关普通本专科学生转学的通知	2005-12-23
省委组织部	粤组通〔2005〕48号	关于抓紧做好干部档案审核整理及检查验收工作的通知	2005-6-3
省教育厅	粤教体〔2005〕32号	关于加强学校传染病预防工作的通知	2005-6-15
省教育厅	粤人发〔2005〕77号	广东省人事厅关于调整专业技术资格评审中若干政策规定的通知	2005-4-28
市红十字会	穗红〔2005〕10号	关于印发《广州市红十字会急救医疗救助专项资金使用和管理方法》的通知	2005-4-19
省教育厅	粤宣发〔2005〕10号	关于加强和改进省哲学、社会科学规划项目管理工作的意见	2005-10-10
省教育厅	粤宣思〔2005〕65号	转发中共中央宣传部、教育部关于加强和改进高等学校哲学、社会科学体系与教材体系建设的若干意见的通知	2005-11-18
省委组织部	粤组〔2005〕12号	认真实践"三个代表"，扎实做好驻村工作	2005-6-5
省教育厅	粤教财〔2005〕87号	转发教育部、国家法制改革委、财政部，关于做好2005年高等学校收费工作有关问题的通知	2005-5-8

续表

来文单位	文件字号	文件标题	文件日期
省教育厅	粤教规〔2005〕96号	关于做好《中国高校大全》编印工作的通知	2005-5-3
省教育厅	粤高教会〔2005〕59号	关于发展中国高教学会个人会员的通知	2005-4-30
省教育厅	粤教发电〔2005〕11号	转发教育部、监察部、国务院纠风办关于严厉禁止学校违规收费，落实政府对教育的投入责任的紧急通知	2005-3-9
省教育厅	粤教字〔2005〕5号	关于贯彻落实全国教育系统贯彻落实《实施纲要》的通知	2005-6-10
省教育厅	粤教商〔2005〕153号	关于我省高等学校本科专业清理情况的通报	2005-5-17
省纪检委	粤纪发〔2005〕32号	广东省高等院校领导干部在经营经济实体兼职的暂行规定	2005-5-18
省教育厅		关于征求《广东省高等教育教学楼改革工程"十一五"项目立项指南》意见的通知	2005-2-15
省教育工委	粤教工委〔2005〕14号	关于认真贯彻执行《广东省高等学校领导干部在经营经济实体兼职的暂行规定》的通知	2005-4-8
省教育厅	粤高教学〔2005〕33号	关于申报中国高教学会2005年教育科学研究课题的通知	2005-10-13
省教育厅	粤教体〔2005〕17号	转发《卫生部（食品卫生许可证管理办法）》的通知	2005-4-17
省教育厅	粤教思〔2005〕57号	转发教育部社政司关于进一步加强和改进高等学校校报工作的若干意见的通知	2005-5-13
省教育厅	粤教继〔2005〕25号	关于我省2005年高等学校教师资格认定工作的通知	2005-6-8
省委先进办	粤先组办〔2005〕8号	关于召开全省先进性教育活动和"十百千万"干部下基层驻村工作会议的通知	2005-3-30
省委组织部	粤教人〔2005〕12号	关于印发《关于加强高等学校队伍建设的意见》的通知	2005-4-20
省教育厅	粤教思〔2005〕64号	关于开展高校思想政治理论优质课程建设工作的通知	2005-9-15

（2）在校长办公室收集到的文件。

包括以下几项：

1）广东××学院院长在全省教学管理经验交流会议上的典型发言。

2）省轻工技术学院来校联系工作的介绍信。

3）省政府关于对工商管理学院干部刘××行政处分的通报。

4）广东××学院2005～2007年三年发展规划（修改稿）。

5）广东××学院与穗丰广告公司关于宣传标语拆迁维修施工的合同。

6）省教育协会邀请广东××学院院长参加联谊活动的请柬。

实训要求：对上述文件进行判断，把材料整理成归档文件和不归档文件，并说明理由。

第四章 档案管理

　　档案管理工作，即通过科学的管理提供丰富的档案信息，为社会的政治、经济、文化等各项事业服务的工作。档案管理工作主要指收集、整理、鉴定、保管、检索、利用等方面的工作。信息时代的电子文档管理不同于传统的做法和要求。本章将概要介绍档案管理和电子文档管理的方法和要求。

第一节　档案管理工作的程序和方法

学习目标

掌握档案管理工作的程序和方法。

情景导入

　　东方职业技术学校建校近 20 年，学校决定进行一次"建校 20 周年的校庆"活动。为把校庆办成一次喜庆祥和、规范有序的盛会，学校成立了校庆工作领导小组，确定了要完成校庆庆祝大会、一场文艺汇演、科学报告会、编写《东方职业高中二十周年校志》、《东方职业高中二十周年大型纪念画册》、《东方职业高中二十周年教科研论文集》、《东方职业高中二十周年管理文集》等任务。学校决定把编写《东方职业高中二十周年校志》、《东方职业高中二十周年大型纪念画册》等任务交给学校党政办公室来完成。党政办公室张主任接到任务后，向学校档案室及其他知情人收集建校 20 年来的有关材料，在收集的过程中，学校党政办公室张主任发现学校档案室中缺少材料，如学校领导人的变换、学校重大事件、教职工获奖情况统计等都没有收集或整理，这给编写校志带来了许多不便。党政办公室张主任马上把情况向校庆工作领导小组汇报，最后，校庆工作领导小组决定组织有关人员向全体教职工（包括离退休的教职工）收集学校过去的信息，以弥补学校档案的不足。经过全体教职工的积极提供材料，又经过党政办公室的整理，最终，比较顺利地完成了校志的编写工作。

知识精讲

档案管理工作主要指档案的收集、整理、鉴定、保管、检索、利用等工作，具体步骤如图 4-1 所示。

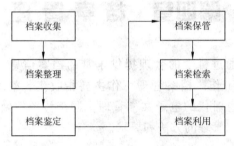

图 4-1　档案管理工作步骤

（一）档案收集

档案收集工作就是将分散在单位各内部工作机构的有保存价值的文件、材料，有组织有计划地收集到档案保管部门，实现档案的集中统一管理的工作。它是档案管理工作的第一个环节，它直接关系到保管档案的齐全和完整程度。因此，档案收集工作是后续档案工作环节的基础。

1．档案收集的范围

1）重要的会议资料，如会议通知、报告、决议、总结、会议纪要、会议简报、会议记录、领导人讲话、重要发言、录音带、照片、视频材料等。

2）上级下发的与本单位业务有关的决议、决定、命令、条例、规定、计划等。

3）代上级单位撰写的已被采用的重要文件的定稿。

4）本单位的请示与上级单位的批复、下级单位的请示与本单位的批复。

5）反映本单位主要业务活动的报告、总结、工作计划、统计报表、信访工作材料。

6）与有关单位签订的合同、协议书及其他来往文书。

7）干部任免、员工奖励、员工处分以及员工劳动、工资、福利等方面的文件材料。

8）本单位及下属单位成立、合并、撤销、更改名称、启用印信的文件材料。

9）反映历史变革、重要活动的大事记、剪报、照片、录音带、录像带以及编辑的出版物等。

10）财产、物资、档案等的交接凭证。

11）不相隶属单位颁发的需要本单位贯彻执行的条例、规定、通知等。

12）下级单位报送的报告、统计报表等。

2. 档案收集的方式

1) 平时收集。秘书人员根据文件材料的承办、形成、运转情况，及时收集办理完毕的文件。

2) 定期收集。秘书人员对于平时收集有困难的各种文件材料，应根据其形成的实际情况，定期适时地收集，以防散失。

3) 年终收集。在每年年终时，秘书人员要进行一次性清查、清退应归档的文件材料，并移交给档案人员，以保证应归档文件材料的齐全和完整。

3. 档案收集的途径

1) 根据收发文登记簿进行核对，这是文件收集最常用、最有效、最直接的途径。

2) 根据文件中提供的线索进行跟踪式收集。

3) 根据文种的对应关系进行收集。

4) 根据收文的文号、图纸的图幅编号进行收集。

5) 根据领导人、承办人在文件处理单上签署的意见所提供的线索进行收集。

6) 根据业务开展的实际情况，深入现场进行收集。

7) 通过走访领导、承办人或当事人提供的线索进行收集。

4. 档案收集工作的应注意事项

1) 严格执行文件的立卷归档制度及收发文登记制度。

要把账内账外文件材料一起纳入登记、清退和归档范围。秘书、档案人员要督促、指导文书立卷人员通过各种渠道，把好各种关口。如按登记如数清退文件；对于发文，不交定稿不予编号；底稿、附件不齐不予盖章等。应尽一切可能把应归档的文件材料全部收集起来。

2) 加强对零散文件的收集。

一个单位即使建立、健全了归档制度，也有可能遗漏一些文件，特别是未经收发登记的文件，往往不能按规定及时归档。如领导及有关人员外出学习、考察、参加各种会议带回的有价值的文件材料，本单位内部机构产生的文件，往往都容易分散在个人手中，再加之机构调整、员工变动等因素，也都有可能导致归档文件不齐全、不完整。因此，除正常的归档工作以外，档案部门和文秘人员还需要采取一些相应的控制措施。如将文件材料的形成、积累工作，纳入到有关部门及有关人员的岗位责任制和奖惩制度；同时，结合保密检查、节日或年终清理文件、机构调整或人员变动等机会，把应该归档保存的文件全部集中起来，以补充归档制度的不足。

3) 平时的收集工作要落实到人。

在收文环节中，要由文书人员把好阅办关，文件办完后要及时收回；在发文环节中，要由文书人员把好印发关，凡是经过文书部门盖印发出的文件无论是定稿、存本、附件，一律由文书人员收全；外出人员带回的会议文件、各种会议记录，由秘书或办公室主任负责收集，或由文书人员按规定及时收集；本单位召开的会议，由本单位秘书、文书、档案工作人员和参加大会秘书组的成员负责收集；内部文件（本单位形成的计划、总结、各类统计报表和规章制度、政治活动中形成的文件材料）由文书人员随时收集。

（二）档案整理

档案整理工作就是将处于零乱状态的档案文件，经过分类、组合、排列和编目，使之系统化。

1．档案整理的类型

1）系统排列和编目。在这种档案整理类型中，秘书人员参与整理档案的任务，主要是检查案卷质量，制定档案的分类排列方案，系统排列案卷和全宗以及加工案卷目录。

2）局部整理。在这种档案整理类型中，秘书人员参与整理档案的任务，主要是对已接收但不完全符合整理要求的案卷，进行必要的加工整理，对由于遭受损失、销毁与移出等各种原因致使整理体系发生重大变化的档案，进行新的系统化调整。

3）全过程整理。在这种档案整理类型中，秘书人员参与整理档案的任务，主要是对必须接收和征集的零散档案，包括档案整理工作全部内容进行系统化整理和编目。

2．档案整理的工作步骤

档案整理的工作步骤，如图 4-2 所示。

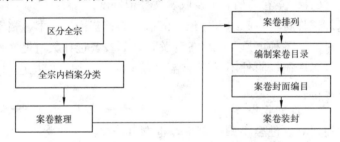

图 4-2　档案整理工作步骤

（1）区分全宗

档案整理工作一般是从区分文件所属全宗开始的，只有把属于一个全宗的文件集中在一起，才能根据全宗的具体情况进行下一步的系统整理工作。如果不先区分全宗，那么属于不同全宗的文件就会混淆不清，就不可能或者不能正确地作进一步的整理。全宗是由一个国家机构、社会组织或个人形成的全部档案所组成的有机整体。立档单位，也叫"全宗构成者"，是一个能够构成全宗的独立机关、组织或著名人物。一般情况下，一个独立从事活动的机关或组织就是一个立档单位，一个立档单位形成的全部档案可以构成一个全宗。如一个公司所形成的全部档案可包括党群管理、行政管理、财务管理和产品、基建、设备、科研等方面各种门类的档案。一个科学家、文学家、艺术家、教育家、企业家、金融家、社会活动家以及其他知名人士，在其一生活动中所形成的著作手稿、讲话稿、日记、文件、信函和音像材料等均属个人全宗中的内容。

知识链接

立 档 单 位 的 条 件

一是能独立行使职权，并能以自己的名义对外行文。

二是一个独立的经济核算单位，可以编制预算或财务计划。

三是设有管理人事的机构或人员，并有一定的人事权。

（2）全宗内档案分类

1）档案分类的常用方法。档案分类，就是把立档单位所形成的档案，按照档案的来源、时间、内容和形式上的联系，分成若干层次和类别，构成有机体系。常用的档案分类方法如下：

① 年度分类法。年度分类法即根据形成和处理文件的年度对档案进行分类。每一年设一类，年度即类名。按年度分类，可以同现行机关的文书处理制度所要求的以年度为单位对文件进行整理和移交的规定相吻合，便于人们按时间查找利用档案。

② 组织机构分类法。组织机构分类法即根据立档单位的内部机构设类和归类，将档案按文件形成或承办的部门来分类，一个机构设置一个类，机构名称就是类名。这种方法能保持全宗内文件在来源方面的固有联系，能客观反映立档单位的历史面貌，便于按照一定的文件来源查找和利用档案。

③ 问题分类法。问题分类法即按照文件内容所说明的问题对档案文件划分类别。采用问题分类法，符合文件形成时的特点和规律，能使内容性质相近的文件汇集在一起，便于按专题查找和利用档案。

2）档案分类方法的结合运用。在实际工作中，单纯采用一种分类方法的情况是比较少见的，较多的是将以上几种分类方法结合使用，称之为复式分类法。一般构成以下4种复式分类法：

① 年度—组织机构分类法：就是把全宗内档案按年度分开，然后在每个年度下面再按内部组织机构进行分类。

② 组织机构—年度分类法：就是对全宗内的档案先按组织机构分开，然后在组织机构下面再按年度分开。这种分类法适用于内部机构多年一直固定的立档单位，或用于比较稳定稍有调整的立档单位。

③ 年度—问题分类法：就是把全宗内的档案先按年度分开，然后在每一年度的档案中再按问题分类。这种分类方法一般适用于内部机构较少，且经常变化的中、小型机关。

④ 问题—年度分类法：就是先把全宗内档案按问题分开，然后在每个问题下面再按年度分类。这种分类法适用于历史档案和撤销机构档案的分类。

3）档案分类的技巧。

① 正确判定档案所属年度。一个立档单位的档案，无论是采用年度-组织机构分类法，还是年度—问题分类法，都要首先涉及正确判断文件材料所属年度问题，这是档案分类中一个很重要的问题。对于下面几种情况的文件，应该准确地判定其所属年度：

（a）文件上有两个以上日期但又不是同一个年度的文件。对此类文件要根据文件的特点，确定最能说明该文件特点的日期作为分类的根据。例如，法律、法令和条例等法规性文件，以批准日期为根据（公布生效的文件，以公布日期为根据）；指示、命令等领导性文件以签署日期为根据；会议记录以开会日期为根据；计划、总结、预算、决算、统计报表以内容针对时间为根据。

（b）文件上没有准确日期的文件。对此类文件应运用多种方法去判定和考证文件的准确日期或接近日期。其方法是，分析文件的内容，研究文件的制成材料、格式、字体和各种标记，或者通过与已有准确日期的同类文件进行比较、对照来判定该文件的日期。

（c）跨年度的文件。此类文件有两种情况：一是一份文件内容跨了两个以上年度。例如，前一年的工作总结和后一年的工作计划，内容针对两个年度。对此，应以主要内容为根据，判定其所属年度；内容不分主次的，应归入形成文件的年度；五年计划、三年总结、十年规划等文件，是属于计划的，应归入计划开始的一年，是属于总结的，应归入总结针对的最后一年。二是一组有密切联系的文件，形成于两年以至于两年以上，如一次会议，前一年底开会后一年初结束，此种会议形成的文件，应归入会议开幕年。专门案件形成的跨年度文件应放在结案年立卷。

② 正确判定档案文件所属机构。在按组织机构分类时，对涉及几个机构的文件，在一个立档单位内应有一个统一的规定，以便将文件合理而有规律性地分入相应的类别，以便查找起来有规可循。

（a）经本单位党委、党组讨论而以单位行政名义发出的文件，一般应归入行政某机构类。

（b）业务机构起草而以单位行政名义发出的文件，一般应归入单位的中心机构，也可归入业务机构。

（c）对于几个机构联合办理的，一般归入主办部门，也可归入批示"退存"的部门或最后的承办部门。

4）人物全宗内档案的分类方法。人物全宗内档案的分类，有一些不同于一般机关单位全宗内档案分类的特点。对人物全宗内的档案，大致分为如下几类：

① 生平传记材料。凡是与立档单位的人物生平有关的材料，均归入此类。其包括个人自传、履历表、学历证明、身份证明、奖状、遗嘱等。

② 创作材料。创作材料包括各种手稿、日记、回忆录、记事簿和从别人作品中所作的摘录、译稿、抄校文稿等。

③ 公务活动材料。公务活动材料是指反映全宗构成者公务活动和社会活动的某些文件材料。

④ 个人书信。个人书信包括全宗构成者收到别人寄来的信件和本人发给别人的信稿。

⑤ 经济材料。经济材料包括反映本人和家庭财产状况及经济活动的材料。

⑥ 亲属材料。亲属材料包括全宗构成者的直系亲属（配偶、子女、父母等）和其

他主要亲属能够反映和说明全宗构成者生平、活动、经济等方面的材料。

⑦ 评价材料。评价材料包括别人所写和收集的关于纪念、评述和回忆全宗构成者的文章、创作材料、祭文和悼词等。

⑧ 音像材料。音像材料包括反映和记述全宗构成者及其亲属、朋友、同学、同事各方面活动的照片、画册、录音、录像等材料。

⑨ 其他材料。其他材料包括全宗构成者收集来的而不能归入上述各项的其他材料。

人物全宗的分类，有它的特殊难度。因为人物全宗内遇到的常常不是一个完整的案卷，而是一些零散的文件材料，甚至残缺不全，一些材料上不但没有印章，而且没有注明日期，这就增加了分类困难。因此，秘书人员在对人物全宗内档案进行分类时，更需要对该全宗构成者有一定的研究和了解，并学习和掌握一些相关知识。

（3）案卷整理

案卷，是具有密切联系的若干文件的组合体，是档案的基本保管单位。立卷就是将单份文件组合成案卷的工作。文件立卷有利于维护文件安全，方便管理；有利于保持文件之间的有机联系，方便查找利用。

一般是根据文件的不同特征，将具有某方面共同点和联系密切的文件综合在一起，组成一个案卷。根据文件不同方面的特点，适应不同检索途径和日常管理的需要，人们通常采用按问题、作者、文种、地区、时间、通讯者6种特征立卷的方法。

（4）案卷排列

档案经过合理的分类并立成案卷以后，为确定案卷的位置、给编制案卷目录提供具体的内容，就必须对案卷进行系统排列。

案卷排列，就是将各类已经组合好的案卷，按照系统整理的要求，采用一定的方法，确定其先后排列次序，并按此顺序编上号码的工作。

（5）编制案卷目录

秘书人员在案卷排列完成之后，就应进行案卷目录的编制了。案卷排列为编制案卷目录提供了具体内容，而案卷目录又最后固定了案卷的排列顺序。

案卷目录就是案卷的名册，它是揭示案卷内容和成分并固定案卷排列次序的表册。

1）案卷目录的类型。一般说来，案卷目录有两种类型，一种是以全宗为单位编制一本综合目录；另一种是按全宗内各种类别分别编制几本分册目录。其中分册目录又可分为以下3种。

① 按全宗内的档案类别编制的案卷目录。按全宗内的档案类别编制的案卷目录，常见的有以下几种：

（a）年度-组织机构目录。

（b）组织机构-年度目录。

（c）年度-问题目录。

② 按保管期限编制的案卷目录。按保管期限编制的案卷目录，分为以下几种：

（a）永久目录。

（b）长期目录。

（c）短期目录。

③ 按保管期限结合分类方法编制的案卷目录。按保管期限结合分类方法编制的案卷目录，基本上分为两种形式：

（a）保管期限-类别目录。

（b）类别-保管期限目录。

案卷目录类型的选择，应根据全宗的大小、全宗内案卷数量的多少、立档单位的组织状况、分类方案的结构等情况而定。

2）案卷目录的结构。案卷目录的结构一般包括封面、目录、序言、案卷目录表和备考表五大部分。

① 封面。案卷目录的封面包括以下几个项目：档案馆（室）名称；全宗和目录名称；全宗号、目录号；目录中档案的起止时间、保管期限。

② 目录即目次。目录是案卷所属类目的索引，是介绍案卷目录内容和结构的纲目，应写明以下内容：案卷分类的名称；起止页码；案卷的起止号。

③ 序言。序言中应讲明使用案卷目录和利用档案时需要了解的情况，其包括：目录结构；编制方法；立档单位；全宗简史；全宗内档案的完整程度。

④ 案卷目录表。案卷目录表是案卷的主体，它以表格形式直接登记案卷封面上的各项内容，如表4-1所示。

表 4-1　案卷目录

案卷号		题名	年度	页数	期限	备注
档案室编	档案馆编					

（a）案卷号：档案室、档案馆编制的案卷顺序号。

（b）题名：案卷封面上的标题。

（c）年度：案卷所属年度或起止时间。

（d）页数：卷内文件的实有页数。

（e）期限：案卷封面注明的保管期限。

（f）备注：用来补充说明某些案卷的特殊情况。

⑤ 备考表。备考表附于案卷目录之后，总结性地记载案卷目录的基本情况，包括本目录所登记的案卷数量和案卷排列长度（m），案卷目录的页数（用汉语数字或阿拉伯数字标明），编制日期以及其他必要的说明，最后是编制者签名或盖章。

知识链接

全宗号　案卷目录号　案卷号　卷内文件页号与件号

全宗号：档案馆（室）给定每个全宗的代码。编制全宗号的方法很多，归纳起来有两大基本类型，即流水法和分类法，其中以前者为主。档案室保存的就是本单位的一个全宗，有时也代管其他一些单位的全宗，但因全宗数量少，而且档案最终要进档案馆，所以一般不编制全宗号。若档案馆已指定该档案室档案全宗号，则可同时编制。

案卷目录号：全宗内案卷所属目录的代码。一个全宗内档案数量很多，用一本目录登记已不够用，这样就会形成若干本案卷目录，需要把案卷目录按序编号，每一个案卷目录必须编一个号，这就是案卷目录号。

案卷号：案卷排列的顺序号。案卷经系统排列之后，要确定每个案卷的前后次序和排列位置，所以要编定案卷号。在一本案卷目录内，案卷号必须从1号开始流水编号，有多少案卷就编多少号，当中不能重号、不能空号。

卷内文件页号与件号：页号即案卷内文件页（张）的顺序号，卷内文件各页（张）按排列次序流水编号，不应有重号、空号；件号即案卷内文件的顺序号。卷内文件必须单件装订，按排列次序流水编号，不应有重号、空号。有的文件不需要装订，以单份文件为保管单位。

档案整理的工作除了上述工作外，还有案卷封面编目和案卷装封。

（6）案卷封面编目

卷内文件整理完毕之后，要以案卷为单位在封面上编目。案卷封面编目的主要项目包括全宗名称、类目名称、案卷题名、时间、保管期限、件数、页数、归档号、档号。

1）全宗名称相同于立档单位的名称。

2）类目名称指全宗内分类方案的第一级类目名称。

3）案卷题名即案卷标题，是封面中最主要的项目，用以概括和揭示卷内文件的内容和成分。它为查找利用提供线索，也是编制各种检索工具的基础。

拟写标题是案卷编目的主要内容之一，是秘书人员或档案管理人员的一项基本功。

拟写案卷标题的基本要求有以下几点：

1）熟悉文件内容，如实拟写标题。拟制案卷标题不要仓促下笔，应从头至尾把文件看一遍，熟悉卷内文件的基本情况，理出头绪。在拟定标题时，必须注意政治上的正确性，要以马克思列宁主义的观点和方法，如实地揭示档案的内容和实质。档案往往都具有若干历史特征，拟写标题时应注意反映这些特征、尊重历史事实。

2）文字简炼、表达准确。案卷标题的文字要求简明通顺，准确地揭示卷内文件的内容，要力戒过于抽象、笼统或繁琐冗长，概括力求恰到好处，并忌用易生歧义的词语。

3）标题的结构力求完整。案卷标题的一般结构是作者—问题—名称。必要时还须标明地区、收发文机关名称和时间。

（7）案卷装封

长期和永久保存的案卷，一般均应装订成册，对于特别珍贵的文件、图片和照片以及其他不便装订的文件，可利用合适的卷夹、袋、筒、盒等装封，以便固定和保护档案。

在案卷装封之前，首先要除去文件上的金属物，并进行必要的修补等技术处理工作。

（三）档案鉴定

档案鉴定主要是判定档案价值的大小以及档案是否具有继续保存的价值和保管期限的工作。

1. 档案鉴定程序

1）拟写档案鉴定工作申请。鉴定工作申请应包括鉴定的目的、内容、参加人员和所需时间。

2）报分管领导审核，主要领导批准。

3）组建档案鉴定小组。

4）统一档案的鉴定标准。

5）鉴定小组成员鉴定档案。

6）提出鉴定意见。

7）对有保存价值的档案，确定保管期限，并入库保管。

8）对失去保存价值需销毁的档案登记造册，并提交档案鉴定报告。

9）领导审查、批准档案鉴定报告，在档案销毁清册上签署意见。

2. 鉴定档案保存价值的操作步骤

1）成立鉴定小组。

2）整理档案资料。

3）选择鉴定标准。

4）选择鉴定方式及方法。

5）分析档案的保存价值。

6）撰写报告。

7）提出建议。

3. 档案鉴定报告的内容

1）档案原有机关（构）的基本资料。

2）鉴定背景资料。鉴定背景资料包括鉴定原因、鉴定标准、鉴定的方式方法、鉴定遭遇的困难及处理情形和鉴定小组成员。

3）档案描述。档案描述内容包括档案号、文件产生起讫日期、数量、原件或复制品、媒体形式、保存状况、档案名、档案内容、产生原因及目的、档案特色、限制应用的原因、与其他档案的关系和相关鉴定案例等事项。

4）鉴定结果。鉴定结果包括档案销毁、典藏或转移等处置事项的建议。

（四）档案保管

档案保管工作的任务就是努力消灭与限制损毁档案的各种因素（包括自然的和人为的），维护档案的齐全与完整，不断提高档案的科学管理水平，最大限度地延长档案寿命以及维护档案安全。

1. 档案的保管期限

我国现行的档案保管期限有永久、长期和短期 3 种。

（1）永久保存

永久保存就是将档案无限期地保存下去。凡是反映本单位主要职能活动和基本历史面貌的，在本单位工作和国家经济建设、文化建设、政治斗争、科学研究中需要长远利用的档案，都应列为永久保管。它主要包括两部分：

1）本单位在工作中制成的重要文件，如指示、命令、决议、决定、各种会议的重要文件、工作计划和总结、重要的请示或报告，以及有关机构演变、人事任免的文件材料等。

2）上级单位颁发的属于本单位主管业务并需要贯彻执行的重要文件，如指示、命令、批复等，还有下级单位报送的有关方针政策性的和重要问题的请示、报告、总结等文件材料。

（2）长期保存

长期保存一般指保存 16～50 年。凡是反映本单位一般工作活动的、在相当长时间内本单位需要查考的档案，均应列为长期保管。它也主要包括两部分：

1）本单位在工作中制成的、在相当长时间内需要查考的文件材料。

2）上级单位颁发的和下级单位报送的比较重要的文件材料。

（3）短期保存

短期保存一般指保存 15 年（含 15 年）以下。凡是在较短时间内本单位需要查考的各种文件材料，均应列为短期保管。它主要包括 3 部分：

1）本单位一般事务性的文件材料。

2）上级单位和同级单位颁发的非本单位主管业务但要贯彻执行的文件材料。

3）下级单位报送的一般工作总结、报告和统计表等文件材料。

2. 档案损毁与减少的原因

档案损毁的原因，如表 4-2 所示。

表 4-2　档案损毁的原因

档案损毁的因素	档案损毁的原因	
自然损毁因素	内因	纸张的质量
		油墨的质量
		墨水的质量

续表

档案损毁的因素	档案损毁的原因	
自然损毁因素	外因	不适宜的温湿度
		紫外线辐射
		灰尘、有害气体污染
		有害的昆虫、微生物
人为损毁因素	工作人员失职	水灾、火灾
		责任心不强、工作制度不健全、缺乏管理知识和科学知识、造成磨损
	其他人员破坏	盗窃
		纵火
		战争破坏

3. 档案保管的技巧

（1）纸制档案的保管技巧

1）提高安全防范意识，如档案柜要上锁、档案不准擅自带离规定的使用场所等。

2）确定档案使用权限，如规定可以接触相关档案的人员、不同的使用者未经允许不准私自交换使用档案等。

3）建立档案借阅制度，即借阅档案资料要做好登记制度。

（2）电子档案的保管技巧

1）控制电子档案的使用，如规定电子档案的使用权限、使用密码保护等。

2）电子档案的安全保管，如电子档案被外借使用回收后一定要先查毒，保证其安全，存放电子档案的柜子要加锁保管等。

（3）缩微品档案的保管技巧

1）秘书人员要将存放缩微品档案的柜子上锁，以防止丢失或外人随意使用。

2）秘书人员不得将缩微品的原件外借，以防止损害或丢失。

3）秘书人员在存取缩微胶片时应戴上手套或拿取胶片的边缘，避免污染、擦痕或留下指纹等。

4）保证室内合适的温度和湿度。

知识链接

档案保管"八防"

档案保管的"八防"是在保管档案过程中应该注意的8个方面，它的具体内容是：

1）防火。火灾是档案的大敌，在档案的保管过程中，一定要注意防火。一方面，在档案保管场所要严禁用火；另一方面，要采用防火的先进设备。如许多档案保管部门都备有烟尘自动报警装置和自动灭火装备。

2）防水。档案存放的地点要远离水源，尽量避开低洼的地方；同时，在档案存放地点严禁相关人员带水进入。

3）防潮。40％～60％是合适的湿度，空气过干或过湿对档案保存都不利。

4）防霉。霉菌也是造成档案被侵蚀和破坏的重要因素，在档案保管过程中，要注意利用先进技术防霉。

5）防虫。要避免昆虫、鼠和其他动物对档案的损害。

6）防光。光线直射会造成纸张水分散失，使档案变脆易折，应避免光线对档案的直射。

7）防尘。要防止灰尘对档案的损害。

8）防盗。要建立库房的安全监控，防止档案材料失窃。

（五）档案检索

档案检索是指对档案信息进行加工和存储，并根据需要查找。为适应使用者对档案的多种类、多角度的需求，需要编制多种类型的档案检索工具。

1. 检索工具的分类

（1）按编制方法分类

1）目录。目录是系统地揭示档案内容和成分以及档案号的一种检索工具，如卷内文件目录、案卷目录、全宗文件目录、专题目录和分类目录等。

2）索引。索引是以一定的排列顺序揭示某些文件或其组合单位中的某一部分、某一项目，并指明其档案号或存放位置的一种检索工具，如文号索引、人名索引和地名索引等。

3）指南。指南是以叙述方式综合介绍档案情况的一种工具，如全宗指南、专题指南和档案馆指南等。

（2）按检索范围分类

1）以一个全宗或其部分为对象的检索工具，如案卷目录、卷内文件目录汇集、全宗文件卡片或目录、文号卡片和全宗指南等。

2）以一个档案馆（室）的全部或部分档案为对象的检索工具，如分类卡片、分类目录、主题卡片、主题目录或索引、档案馆指南等。

3）以一定的专题为对象的检索工具，如专题卡片、专题目录、人名卡片或索引、地名卡片或索引、专题指南等。

（3）按形式分类

1）卡片式。秘书人员将文件或案卷的内容和形式特征记录在卡片上，并按照一定的规则将卡片组织成有机体系，用以检索。

2）书本式。当卡片式积累到一定数量后，秘书人员可以将其编排、印刷成书本式检索工具。书本式检索工具也可通过剪贴使之成为卡片式检索工具。

2. 编制档案检索工具的常用方法

（1）案卷目录

案卷目录是以案卷为单位，按照档案整理顺序组织起来的档案检索工具。在编制案卷目录时，秘书人员必须以全宗为基础，一个全宗可以编一本，也可以编几本案卷目录。案卷目录的类型有综合目录和分册目录两种，综合目录是以全宗为单位编制，而分册目录是以全宗内各种门类为单位编制。

（2）全引文件目录

全引文件目录是指将全宗内文书档案或其一部分卷内文件目录按一定的排列方法（分年度或分保管期限）汇编在一起而成的检索工具。全引文件目录具有以下两种形式：

1）先列出案卷号、题名、年度、页数和期限，随之在下面标出卷内文件目录。

2）先指明案卷号（在卷内文件目录右上角），再列出这个案卷内的卷内文件目录。

（3）专题目录

专题目录也叫专题卡片目录，是系统地揭示某一专题档案内容和成分的一种检索工具。专题卡片的编制方法如下：

1）选题。

2）制定计划。计划的主要内容包括专题名称、题目纲要和选材标准、题目所包括的年限和所涉及的地区、查找档案范围的所属全宗及全宗的构成成分、工作步骤与方法和人员分工等几项。

3）选材。

4）卡片的排列。卡片的分类和系统排列工作，一般根据原来所编计划中的分类方案，并结合所选材料和卡片的实际情况进行修改和补充。

（4）人名索引

人名索引是揭示档案中所涉及的人物并指明其档案出处的检索工具。人名索引一般由人名和档号两部分组成。人名索引一般按姓氏笔画、汉语拼音字母顺序或四角号码等方法排列。人名索引从体例上可分为综合性人名索引和专题性人名索引。

1）综合性人名索引是将档案中所涉及的人名都编成索引。

2）专题性人名索引是根据所列专题范围（如任免、奖惩等），对涉及该专题的人名进行编制索引。

（5）全宗指南

全宗指南是以文章叙述形式介绍和揭示档案室所保存的某一个全宗档案内容和成分及其利用价值的一种书本式检索工具。其体例包括以下内容：

1）立档单位和全宗的历史概况。此部分简要地叙述立档单位的成立时间、人数、机构设置情况，主要领导的配备，立档单位的性质、任务及主要职能活动情况，隶属关系以及全宗历史的变革等。

2）全宗内档案内容和成分的介绍。此部分先介绍全宗内档案的构成及数量，然后以档案内容或以组织机构为主线分别介绍档案情况，突出有价值的内容，最后再介绍全宗内档案的整理（分类、编目）及保管情况。

3）全宗指南的辅助材料。此部分主要包括关于利用全宗内档案材料的说明（利用方式、服务手段和利用效果），有关立档单位历史和全宗历史的参考资料情况（自编参考资料的种类、数量）等。

（六）档案利用

档案利用工作是指秘书人员以所藏档案信息资源为基础，通过一定的方式和途径，直接提供档案，为前来查询问题的档案使用者提供服务。

秘书人员可以采用以下方式和途径向档案使用者提供服务。

1. 开设阅览室

阅览室是联系档案的保管者和使用者的纽带，是档案管理工作发挥作用的主要渠道，因而秘书人员必须做好阅览室工作。

2. 档案外借

档案外借是指按照一定的制度和手续，档案使用者将档案携带出档案阅览室使用。

（1）档案外借的范围

1）从维护档案的完整和安全出发，档案一般是不借出馆（室）外使用的，但在特殊情况下，为照顾利用者工作方便，或某些机关必须用档案原件作证据时，也可以暂时借出馆外使用。

2）对于特别珍贵的档案、古稀文本，以及照片、影片、录像带、录音带等原件，不能借出馆（室）外。

（2）档案外借的手续

档案外借使用应有严格的制度，需经过一定的批准手续。党政领导以及机关负责人借阅档案材料，或机关内部各业务部门借阅本单位档案，都必须填写借阅单，履行签收手续。外单位借阅档案材料，应持有介绍信，写明借阅人身份、借阅目的、范围和借阅期限等，经批准后方能借出。

（3）档案外借的管理

1）档案借出使用的时间不宜过长，一般不超过一个星期。

2）借出时要交接清楚，并在被借阅案卷的位置上，设置醒目的代卷卡，卡上标明借阅卷号、借阅时间、借阅单位和借阅人姓名、归还时间，以便检查和催还。

3）借阅机关和借阅人应负责维护被借阅档案的完整与安全，不能转借和私自复制，不得损坏、丢失，不得拆散、抽取等。

4）借阅的档案在归还时，要认真清点和仔细检查文件状况，并及时注销，若发现文件有损毁情况，应及时请示领导处理。

3. 制发档案复制本

制发档案复制本就是根据利用者的需要发送和提供副本或档案摘录。

档案复制本分为副本和摘录两种。副本，反映档案原件的复制；摘录则是只选取档案原件的某些部分。

制发档案复制本的方法主要有复印、手抄、打印、印刷、摄影、静电复印和缩微复制等。

4. 出具档案证明

档案证明是秘书人员向申请询问、核查某种事实在所藏档案中有关记载的使用者出具的书面证明材料。秘书人员只有在使用者正式申请下才能进行这项工作，而且对申请的审查和证明的拟写，都必须认真对待。

5. 提供咨询服务

提供咨询服务是指秘书人员以档案为依据，以自己所掌握的业务知识和专业技术知识为基础，解答查询者提出的问题，或指导使用者获得有关某一方面档案的线索。

6. 印发目录

印发目录是指秘书人员将档案目录印制分发到有关部门，它包括内部印发和外部交流两种，其目的是为了交流情况、互通信息。

7. 举办档案展览

档案展览是指根据某种需要，按照一定主题，系统地陈列档案材料。

 【**案例及点评**】

档 案 不 能 随 便 外 借

罗燕玲是总经理办公室的文员，公司有个报告在起草过程中需要用到 5 份档案，办公室主任让罗燕玲到档案室去借。罗燕玲来到档案室，专门负责登记档案的付丽丽不在，而另一档案工作人员老古恰巧是罗燕玲男朋友的母亲。老古在罗燕玲的央求下，找出这 5 份档案并让其带走了。报告就顺利写完了。过了一段时间，档案室来电要求归还档案，罗燕玲在桌上、橱里的一大堆文件里找了半天，只找到 4 份，还有一份不知道在哪里，罗燕玲隐约记得，这份档案还是机密文件。她悄悄地问了好几人，大家都说不记得了，最终这份文件仍然不知所踪……

点评：档案外借是为档案使用者提供服务，体现了档案的利用价值，因此，罗燕玲到档案室借用档案没有错，档案工作人员老古可以按照一定的制度和手续让档案使用者将档案携带出档案室阅览和使用。但案例中的老古错在利用人情关系，没有经过档案外借的审批手续，更没有填写档案借阅单、履行签收手续。从案例上看，借出时交接不清楚，没有在被借阅案卷的位置上设置醒目的代卷卡，卡上也没有标明借阅卷号、借阅时间、借阅单位和借阅人姓名、归还时间，没有跟借阅人说清楚借阅人应负责维护被借阅档案的完整与安全，正因为这样，才导致了档案借用时间过长及重要文件遗失。另外，机密文件一般是不外借的，档案管理人员应严格把关。

 思考实训

1. 档案管理工作有哪些步骤？

2. 实训情景：

公司新的办公大楼已经落成，过几天就要乔迁新址，公司各部门都在为此而忙碌。

实训要求：负责档案工作的秘书小王这时该做什么？

3. 实训情景：

情景 1：

远东贸易公司成立之初，其档案管理工作由行政部门秘书小赵一个人负责。什么时候收集、什么时候整理、按照什么原则进行分类等工作都是小赵一个人自行决定。因为开始公司规模较小，只有 8 个部门，工作量不大，一般就是收集和整理各部门的档案。所以她采用机构组织一年度一保管期限的分类方法。随着公司业务量不断扩展，公司规模逐渐变大了。前几年领导决定做一些部门调整，由最初的 8 个部门变为 14 个，后来又经历一些人事方面的变动，公司最终确定 12 个部门。王建接替小赵的工作，但是她依旧使用以前的档案分类方法。一天，张副总要查 3 年前公司的一份文件，王建知道张副总要的文件是关于市场调查方面的，但由于公司部门频繁的调整和变动，使得王建分不清那份文件所属的部门。没办法，她抱出小山般的档案文件，一个个挨着翻，但是这样找起来真如大海捞针。最后，她向一位跟这份文件有关系的同事请教了一下，才找到张副总需要的文件。

实训要求：

(1) 什么是档案的分类？

(2) 档案分类的方法有哪些？

情景 2：

阳光时装公司在成立之初，创始人就想到了对公司财务、管理等方面的文件档案进行收集整理，并让秘书小吴负责保管备用。但由于公司占地面积不大，资金流转也紧张，所以不能提供设备齐全的档案室。秘书小吴建议，可以暂时把档案室设置在办公楼地下室靠里面的一个房间里，等以后有地方了再搬出来。那个房间虽然很偏，但是很安静，一般不会有人进去，利于档案的保密，另外，光线也很不好。小吴认为，阳光太充足会使所藏的纸质档案变脆，所以没有阳光反倒是件好事。于是，那间屋子就暂时成了档案存放地。半年后，问题产生了，由于档案室位置偏僻，很少有人打扫，加上阴暗潮湿，很多档案都开始发潮，有些档案字迹开始模糊，有些还生了虫子，严重影响了利用。同时，公司在档案库房的管理方面比较松懈，例如，档案调阅后未能及时归于保管位置；允许非档案管理人员进入库房查找档案，或跟随档案人员进入库房；调阅档案不进行记录等。因此，公司的档案损坏程度较严重。

实训要求：

(1) 档案保管工作的内容包括哪些？

(2) 怎样做才能有效地保护好档案？

情景 3：

大地实业有限公司的档案在积累了一定数量之后，由于只有案卷目录而没有其他形式的检索工具，在查找档案时经常出现速度慢甚至查找不到的问题。针对上述现象，秘书夏雨分析已往查找档案的情况，发现公司的领导和业务人员频繁查找的档案主要有客户资料、公司的发文和内部文件等。

实训要求：

（1）按编制方式来分，档案的检索工具有哪些？

（2）为提高查找档案的效率，秘书夏雨应编制哪些检索工具？

第二节　电子档案管理

学习目标

1. 了解电子档案的有关知识。

2. 掌握电子档案的管理程序和方法，并能在实际工作中运用。

情景导入

美国大学以电子档案储存论文

据报道，美国西弗吉尼亚大学系务委员会已经要求学生将其论文制作成电子格式。以后，该校的学术论文将不再放在图书馆的书架上，而是储存在学校的电脑系统中，而且，这些论文还会被放在因特网上。

弗吉尼亚理工学院则是论文图书馆计划的发起者，目前已有 35 个院校加入。这些院校的老师认为，将论文改成电子版有很多好处，最直接的好处就是可以培养学生的电脑应用能力，这在现代已是不可或缺的必备技能。电子论文还能加入如音效、图片、动画、影像等多媒体元素，这对设计、建筑、美术，甚至任何领域的论文，都是如虎添翼。其实，这些电子档案最大的好处，是可以帮助传播知识。

但是电子档案论文能否持久保存还是令人担忧的。无人能保证现在可阅读的光碟，在数十年后是否会被更进步的科技所取代，而成为无法保存和阅读的废物。德克萨斯州大学的研究人员认为，与光碟相比，纸更能保存资料，如 2000 年前写在沙草纸上的死海卷轴（Dead Sea Scrolls），到现在还保存良好。

知识精讲

一、电子档案的概念

电子文件是指在数字设备及环境中生成，以数码形式存储于磁带、磁盘、光盘等载体，依赖计算机等数字设备阅读、处理，并可在通信网络上传送的文件。通俗地讲，电子文件就是由计算机生成、传输和处理的文件。具有档案保存价值的电子文件归档后即形成电子档案。电子档案由档案保管部门保存。

二、电子档案的分类

电子档案可分为如下几类：

1）文本文件，即利用文字处理技术生成的文字文件、表格文件等。

2）数据文件，一般以数据库的形式存在。

3）图形文件，即运用计算机绘图软件等生成的静态图形文件。

4）图像文件，即借助视频设备获得的动态图像文件，如使用扫描仪扫描的各种原件画面、用数码相机拍摄的照片等。

5）声音文件，即采用音频设备录入或用编曲软件生成的文件。

6）多媒体文件，即借助计算机多媒体技术制作的由文本、图像、影像、声音等若干种文件合成的文件。

7）命令文件，即为处理各种事务而用计算机语言编写的程序。

三、电子文件归档的工作程序和方法

电子档案有许多不同于传统纸质文档的特性，决定了其在管理方面有很多特殊性。从电子文件的收集，到电子文档的传输、整理与归档、鉴定，再到电子档案的保存与维护、利用与管理，都给文秘人员提出了新的课题。秘书应该顺应时代的要求，努力掌握电子文档的管理程序和方法。

（一）电子文件的收集

1）文书部门对草稿文件一般情况下可以不保留，但从保留电子文件的重要修改过程考虑，则应收集。对于起辅助作用或正式作用的电子文件，则应及时收集积累，并与其相应的纸质文件建立标识关系。对"无纸化"系统生成的电子文件，应在收集积累过程中制成备份或制成缩微品，以免系统在发生意外情况时文件丢失。

2）对不同信息类型的电子文件，由于其技术特性不同，存储载体和记录信息的标准、压缩方法也不同，因而应分别采取措施以保证其完整性。电子文件的读取、还原，离不开其生成的技术设备条件、相关软件和元数据，所以收集积累还必须包括这些内容。

3）电子文件在计算机网络系统上进行收集积累时，应用记录系统有自动记录的功能，可用来记载电子文件的形成、修改、删除、责任者、入数据库时间等。

4）用载体传递的电子文件，要按规定进行登记、签署，对于更改处，要填写更改单按更改审批手续进行，并存有备份件，以防止出现差错。

5）电子文件的收集积累应由文书部门集中管理，不得由个人分散保管。在网络系统中运用电子文件，应建立电子文件数据库，或在数据库中将对应在积累范围的电子文件注明积累标识。

（二）电子文件的传输

1. 电子文件传输的方式

1）利用存储介质传输。存储介质包括磁盘、光盘、磁带等。传输前先把电子文件复制到存储介质上，然后利用人力送到目的地。

2）利用计算机网络技术传输。传输区域可分为局域传输和远程传输。局域传输主要应用于单位内部，传输速度较快。远程传输是利用远程网络技术通过电子邮件的方式传输，其使档案的异地传输变得简单易行。

2. 电子文件传输中的管理

利用网络进行电子文件的传输得到了越来越广泛的应用，但也暴露出一些问题需要密切注意和管理，主要是：

1）传输中的安全管理。电子文件在传输过程中容易被他人窃取，比较可行的管理方法是在文件传输前把数据加密，待到达目的地后再进行解密。

2）传输中的病毒防治。传输设备可能会携带病毒，文档部门必须在电子计算机上安装防病毒软件，自动对来自网络上的文件进行病毒检测。

3）传输中的合法性管理。纸质文档上的单位盖章和领导签字，是有法律效力的。对于在电子文件上的签字（即"电子签字"）以及其合法性问题，我国颁布的《电子签名法》已在法律上做出了规定。

（三）电子文件的整理

电子文件的整理是指按照一定的原则和方法，将收集积累的电子文件分门别类地进行清理，为归档作准备。主要工作包括：

1）对电子文件分类、排序。就是将磁性载体传递的零散的、杂乱的电子文件通过分类、标引、组合，使其存储格式处于一种有序状态。

2）建立数据库。首先是对电子文件进行分类编号，即按照分类编号方案的规定对电子文件进行划分，并给每份电子文件一个固定、惟一的号码；其次对电子文件进行登记。

（四）电子文件的归档

电子文件的归档是将应归档的经过整理的电子文件，确定档案属性后，从计算机或网络的存储器上复制或刻录到可移动的磁、光介质上以便长期保存的工作过程。不同环境条件下产生的电子文件的归档方法也有所不同，如果是网络，则可按要求转到档案数据库或在文件上记有归档的标识；如果是以载体传递归档，则应做档案数据库或做文件归档的标识，还要做一些辅助和认证工作，要与纸质文件结合归档。归档工作要求确定以下内容：

1）归档范围。归档范围应按照国家和组织的有关规定进行。

2）归档要求。首先要遵从归档各阶段的规定、标准；其次是准确说明配套的软、硬件环境；第三是归档的电子文件格式应尽可能地通用和标准。

3）归档方法。一是将最终版本的应归档的电子文件存入磁、光介质上；二是采用数据压缩工具对网络上应归档的电子文件进行压缩，然后刻入磁、光介质上；三是将确定要归档的电子文件进行备份，然后将其存放在磁、光介质上。

4）归档时间。一般在年度或任务完成后，或一个阶段之后的一段时间内进行归档（称阶段归档）。因涉及电子文件的技术环境条件，存储介质的质量、寿命等问题，归档时间一般不超过2～3个月。

5）归档份数。归档份数一般应复制两套，保存一套，借阅一套。即使在网络上进行，也要保存一套。必要时应保存两套，其中一套异地保存，以提高信息的安全性和可行性。

知识链接

异地备份

电子文件异地备份是指电子文件在保存过程中不只是保存在一个地方，而是在多个存储位置对文件进行备份，最好能做到不同介质的备份。如计算机硬盘保存一份，U盘保存一份，在电子邮件里再保存一份。这样可以避免文件在被攻击、感染时所带来的信息损失。如2005年初，央行决定在上海建立电子数据备份中心。上海数据备份中心的电子数据和北京总部的完全一样，平时只备不用。只有当遇到特殊事件或紧急情况，北京的系统无法正常运行时，上海的数据备份中心才激活。

（五）电子档案的鉴定

电子档案的归档鉴定工作，是指鉴别档案的价值，确定其保管期限，并据此删除已收集积累但无保存价值的电子文件，并予以销毁。首先应确定归档电子文件的原始性、准确性、完整性，然后确定电子文件的价值和保管期限。

鉴别电子文件的价值，也应对其记录的载体进行检查、检测，对所需的软硬件环境做出说明，并根据电子文件的内容价值划分保管期限，提出在保管期限内配套的技术环境要求。

（六）电子档案的保存与维护

保存、维护电子档案，使之安全、可靠并永久处于可准确提供利用的状态，从而使其在社会生活中发挥更大的作用，这是一项极其重要而复杂的工作。文档管理部门应充分考虑环境、设备、技术、人员及电子档案特点等综合条件，来制定技术方案和工作模式。

1. 保证电子档案载体物理上的安全

电子档案主要是以脱机方式存储在磁、光介质上，因而要建立一个适合磁、光介质保存的环境，诸如对温湿度的控制，存放载体的柜、架及库房应达到的有关标准，并满足避光、防尘、防变形的要求，还要远离强磁场和有害气体，载体应直立排放等。

2. 保证电子档案内容逻辑上的准确

电子档案来自各个方面，在不同的电子计算机系统上形成，内容格式编排上也不尽一致，再加上电子档案在形成时所依赖的技术有些可能已经过时。因此，除对电子档案本身进行保存外，还需对其所依赖的技术、数据结构和相关定义参数等加以保存，或采用其他方法、技术加以转换。

3. 保证电子档案的原始性

对一些较为特殊的电子档案，必须以原始形成的格式进行还原显示。一般可采用3种方法：一是保存电子档案相关的支持软件，并与电子档案存储在一起，使之按本来的面目进行显示；二是保存原始档案的电子图像；三是保存电子档案的打印输出件或制成缩微品，这是最为稳妥的永久保存方法。

4. 保证电子档案的可理解性

为了使人们能够完全理解一份电子档案，就需要保存与档案内容相关的信息。这些信息应包括：元数据；物理结构与逻辑结构的关系；相关的电子档案名称、存储位置及相互关系；与电子档案内容相关的背景信息等。

5. 对电子档案载体进行有效的检测与维护

文档管理人员对保存的电子档案载体，必须进行定期检测和复制，以确保电子档案信息的可靠性。首先应进行外观检查，确认载体表面是否有物理损坏或变形，外表涂层是否清洁及有无霉斑出现等。然后进行逻辑检测，采用专用或自行编制的检测软件对载体上的信息进行读写校验。应每4年复制一次，且原载体继续保留的时间不少于4年。

文档管理部门必须建立相应的维护管理档案，对电子档案的检测、维护、复制等操作过程进行记录，避免发生人为的误操作或不必要的重复劳动。

知识链接

保证电子文件真实性、原始性的技术措施

电子文件是高科技产物，信息安全技术对于维护电子文件的原始性、真实性至关重要。目前这方面的技术主要有：

1）签署技术，即对电子文件进行数字化签署的技术。采用该技术可以用来证实某份文件是否出自某位作者，其内容有没有被他人改动过。电子文件的签署技术一般包括证书式数字签名和手写式数字签名。

2）加密技术，即对电子文件采用密码控制技术。采用该技术可以确保电子文件内容的非公开性。电子文件的加密方法有很多种，在其生成过程中可以采用普通加密控制，在其传输过程中通常采用"双密钥码"进行加密。

3）身份验证。为防止无关人员进入系统对文件或数据访问，有些系统需要对用户进行身份验证，如银行系统使用用户密码验证，文件管理系统使用管理员代码验证等。

最常用的方法是给每个合法用户一个由数字、字母或特定符号组成的"通行字"（password），代表该用户的身份。

4）权限控制。这是一种访问控制技术，即计算机系统对不同身份的人设置不同的访问和处理权限，相关人员只能在自己的工作权限内处理和传递信息，超出自己工作权限的行为将被禁止。如在文件处理的电子流程中，每个人对文件修改的权限是不同的，领导可以对文件的任何部分进行修改，而最后的加印人员只能在加盖印章的位置进行处理。

5）防火墙。这也是一种访问控制技术。它是在某个机构的网络和外部网络之间设置障碍，以阻止对本机构信息资源的非法访问，也可以阻止机要信息、专利信息从该机构的网络上非法输出。

6）防写措施。目前，在许多软件中可以将文件设置为"只读"状态，在这种状态下，用户只能从计算机上读取信息，而不能对其作任何修改。

（七）电子档案的利用与管理

对档案部门来说，电子档案的提供利用一般有 3 种方法：

1）提供复制。档案部门在向利用者提供载体复制时，应将文件转换成通用标准的文档存储格式，由利用者自行解决恢复和显示的软硬件平台，也可以向这些用户提供打印件或缩微品。

2）通信传输。通信传输即用网络传输电子档案。这一方法比较适合国际之间的互相交流及向相对固定的查档单位提供档案资料，可以通过数字通信和互联网络来实现。

3）直接利用。直接利用是利用档案部门或另一检索机构的计算机，在档案部门的网络上直接查询的一种方法。

文档管理部门加强对电子档案的利用管理，应特别注意以下几点：

① 使用权限的审核。首先应根据各种人员级别、层次进行使用权限的认定，并以此向利用系统注册登录。在利用中，由系统自动判定当前使用者身份的合法性及其使用功能的范围，并由系统自动对其使用各种功能操作的路径进行跟踪与记录。对涉及使用未经授权的功能，应能拒绝响应并给予警告提示。其次在存储载体的使用上，要根据电子档案内容的密级和开放程度来确定其使用程度，并依据利用者背景情况和利用目的来决定对他的授权。

② 复制的提供与回收。应依据利用者的需求和确认使用权限后再进行复制制作。尽量避免对电子档案信息全部复制，并通过技术手段防止所提供复制件的再复制。除经过编辑公开发行的电子出版物外，对那些提供利用的复制件必须进行回收。要有完善的利用手续，提供者和利用者应对其内容进行确认，并对使用载体的类型、数量、使用时间、最后回收期限及双方责任人等情况进行登记。对回收来的复制件，应作信息内容的消除处理。

③ 利用中的安全措施。电子档案在利用中的保密与安全是十分重要的，应特别注意以下几点：一是采用的利用方式，应视利用者的情况而定，不宜向利用者提供全部

利用方式；二是依据电子档案内容的密级层次，进行有效的管理；三是在采用通信传输或直接利用等方式时，有密级的信息内容要进行加密处理，并对所使用的密钥进行定期或不定期的更换；四是系统应对利用的全过程进行有效的跟踪监控，并自动进行相关记录，作为对利用工作查证的依据；五是利用的系统应有较强的容错纠错能力，避免由于误操作而带来不可挽回的损失。

知识链接

"9·11" 事件的教训

"9·11" 事件造成了大量人员伤亡，引起了全世界的震惊，但其还有另外一种损失，同样引起了文书工作人员的普遍重视，这就是文件方面的损失。在世贸中心及其旁边的配楼上有大量从事贸易、金融、法律以及其他服务行业的跨国性或地区公司，在这里，保存了相当多的文件档案资料，随着恐怖事件的发生，这些文件档案资料几乎全部被毁灭，以致给这些公司造成了巨大的损失。如美国移民公平就业仲裁委员会位于世贸中心的配楼里，当时正在审理的案件有数百件，恐怖事件造成了资料和证据的损失，造成绝大多数案件无法进行下去。事件发生后，使人们认识到文件数据，特别是电子文件异地备份的重要性。

【案例及点评】

近几年，电子信息技术取得飞速发展。办公自动化、网络化渐趋完善，许多日常工作可以直接在计算机和网络上办结，文件从产生到处理结案几乎可以不使用纸和笔，从而产生了大量的电子文件。东方集团公司也随着业务的不断扩大，大量的电子文件也随之产生，原来的档案管理员因年龄比较大，虽然纸质档案做得很好，但对计算机很陌生，对电子档案更是一筹莫展。东方集团公司为了电子文档的收集工作，将毕业于×××大学秘书专业的王建调到办公室，王建除做好办公室事务外，还要协助档案室做好电子档案的有关工作。过了一段时间，王建为收集电子档案，他首先把计算机中所有的文件都刻制成光盘，然后交给档案管理员，档案管理员就随意地放在档案柜的抽屉里。

点评：并不是所有的电子文件都能成为电子档案，只有具有档案保存价值的电子文件归档后才形成电子档案。因此，王建首先把所有的电子文件都归档是不妥当的。文书部门对草稿文件一般情况下可以不保留，但从保留电子文件的重要修改过程考虑，则应收集。对于起辅助作用或正式作用的电子文件，则应及时收集积累，并与其相应的纸质文件建立标识关系。对"无纸化"系统生成的电子文件，应在收集积累过程中制成硬备份或制成缩微品，以免系统在发生意外情况时文件丢失。其次，档案管理员在接受电子档案时不是做到及时收进，而是要对照以下要求决定是否允许电子文件归档：一是要对文件的载体介质进行检查（指介质移交，如果是网络移交就没有此类问题），看附有归档文件的介质（光盘、U 盘、移动硬盘）是否完好、可读；二是要对文件进行防病毒检查，要保证所移交的文件是无病毒感染的，防止移交的文件将档案部门保管的其他文件感染；三是准确说明配套的软、硬件环境；四是归档电子文件格式应尽可能通用（文档文件宜采用 TXT 格式或 DOC 格式，数据文件宜采用 DBF 文件，图像文件宜采用 JPG 格式）和标准。电子档案对保存也有很严格的要求，它主要是以脱机方式存储在磁、光介质上，因而要建立一个适合磁、光介质保存的环境，诸如对温湿度的控制（环境温度为 17℃至 20℃；相对湿度为 35％～45％）及库房应达到的有关标准，并满足避光、防尘、防变形的要求，远离强磁场和有害气体，载体应直立排放等，因此，档案管理员把电子档案随意地放在抽屉里的做法也是不妥当的。

 思考实训

1. 电子档案的提供利用一般有几种方法？

2. 实训情景：计算机档案不保险，美国 50 万份军人资料被盗。

岁末年初，美国爆出一大新闻，50 多万份军人医疗保健档案在凤凰城神秘被盗。一时间，美联社、路透社、CNN 以及各大报纸纷纷报道了这一消息。凤凰城位于美国西部，是亚利桑那州首府。案件就发生在总部设于此地的"三西健康保健公司"。一伙窃贼躲过保安系统，进入了这家公司的一座大楼，偷走了数台笔记本计算机和一些台式计算机的硬盘，以及一些文字资料，然后逃之夭夭。

据公司透露，窃贼盗走的计算机和硬盘中储存有部分是军人及其家属的个人医疗资料。这家公司和国防部签有合同，负责为美国西部 16 个州包括布什老家得克萨斯州在内的军事人员提供保健服务。被盗资料包括 50 多万军人的姓名、出生日期、家庭住址、电话号码、社会安全号、病历和其他个人资料，其中一些档案内还包括军人的信用卡账号。这次失窃资料中至关重要的是军人的社会安全号和信用卡账号。美国公民的社会安全号，如同中国的居民身份证号码，每人一个终生不变。如果不法之徒拿到一个公民的姓名、出生日期和社会安全号等资料，就能够很容易地办理各种证件，甚至冒名领取驾驶执照或者护照。如果再掌握了信用卡账号，就可通过电话、电视或网上随意购物，任意挥霍受害者的钱财。所以，一旦这些资料落入恐怖分子或者其他不法分子手中，不仅将对被盗人精神和财产方面造成巨大的危害，而且对美国的社会和国土安全也将构成威胁。

五角大楼负责医疗保健的一位官员说："这起盗窃案发生的实在不是时候，6 万美军士兵已驻守海湾，更多的人可能开赴前线。但愿档案失窃事件不要影响部队的情绪。"

实训要求：针对上述现象，讨论电子档案如何做好保密工作？

第五章　会议管理工作

会议是一种以研究和解决问题为目的的有组织并集中的社会活动。每一个单位每年都要召开很多大大小小、形形色色的会议，用以商讨问题、沟通协调、交流信息、进行决策以及部署和检查工作。组织好会议、做好会务工作，是秘书工作中一项经常性的重要工作。

第一节　会前管理

学习目标

1. 熟悉会前筹备的内容。
2. 掌握会议筹备工作的基本程序和方法。
3. 制作会议筹备方案。
4. 编制会议议程表和日程表。
5. 掌握会场布置的要点。

情景导入

××公司将于 2006 年 2 月 8 日至 11 日在北京召开本公司的中国地区年会，参加者为全国各地分公司的代表，共计 200 人。公司行政部负责此次会议的后勤筹备。行政部经理分派了任务：经理助理王先生负责与会者的食宿，行政部秘书李小姐负责交通事宜，秘书张女士负责准备会议文具、礼品。王助理经过反复咨询斟酌，推荐了 3 家符合档次要求并在 8 日至 11 日期间有空房的饭店供经理定夺。王助理报总经理批准后，最终选定××鲁班山庄为开会地址。王助理预定了 2 月 8 日至 11 日在此山庄的100 套标准客房，3 套商务套房，并落实了 200 人在山庄内 4 天的餐饮、娱乐等事宜。李小姐经过咨询，选定了一家汽车出租公司，并预定了会议期间的用车，包括接站、送站和参观之日所用车辆。张女士经过对几家商场和批发市场的考察，综合价格因素及质量，选定了会议所需的每人一套文具和一份礼品。

知识精讲

会议筹备工作的步骤如图 5-1 所示。

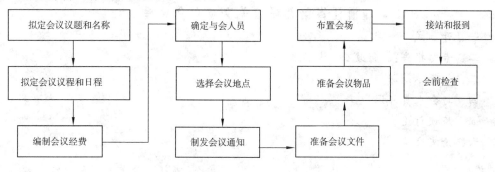

图 5-1　会议筹备工作示意

（一）拟定会议议题和名称

1. 拟定会议议题

会议议题是指会议讨论研究的问题，是召开会议的核心。它主要明确会议的范围、目的、内容、主题和任务，是保证会议质量的重要因素之一。

2. 确定会议名称

会议名称也就是会议的题目。秘书人员要用精炼的文字高度概括出会议的主题。会议名称的组成由会议主办单位的名称、会议的主题、会议的类型等三部分组成，如"××集团公司商品交易洽谈会"。另外，有的会议名称还可以包括时间和范围等内容，如"××市 2005 年先进工作者表彰大会"。

（二）拟定会议议程和日程

1. 会议议程

会议议程是对会议议题的顺序安排，一般而言，其由会议主办单位的领导机构来确定，法定性会议的议程必须提交会议主席团或预备会议并经其表决通过，其他重要会议则按照议事原则的具体规定办理。

会议议程的制作格式包括标题、题注、正文、落款和日期 4 个方面。

1）标题。标题由会议全称加上"议程"二字组成。如"××集团公司商品交易洽谈会议程"。

2）题注。法定性会议议程应当在标题下方说明该议程通过的日期、会议名称，如"2004 年××月××日第×届全国人民代表大会第××次会议预备会议通过"。一般性会议议程应注明会议的起讫日期，如"2004 年 5 月 5 日～5 月 10 日"。

3）正文。正文简要概括地说明会议每项议题和活动的顺序，并冠以序号将其清晰地表达出来，句末一般不用标点。

4）落款和日期。

浙江省第九届公关文秘年会议程

一、开幕式

二、专题报告：《行政公文格式》

三、教师示范课

四、与会人员评课

五、座谈讨论

六、论文交流

浙江省公关文秘年会秘书处

2005 年 10 月 25 日

2. 会议日程

会议日程是指会议议程在时间上的具体安排，它不仅细化围绕会议主题的全部活动，还包括会议过程中的其他辅助活动，如聚餐、娱乐、参观、考察等。会议日程的安排要贯彻精简、高效、科学、合理的原则，要做到松弛有度、劳逸结合、符合人体的生理和心理规律，以提高会议的质量。

会议日程多采用表格形式来表达。会议日程表一般将会议议程安排在会议上午、下午、晚上 3 个单元，以便与会者一目了然地看清整个会议期间的安排，做好自己的准备，按规定时间统一参加会议活动。会议日程必须包括时间、内容和地点三大要素，有的还要写明活动的主持人（或负责人）等，如表 5-1 所示。

表 5-1　2006 年浙江省中等职业学校

第十届公关文秘专业教研大组年会日程表

时间			内容	地点	参加人	负责人
1 月 20 日	下午		来校教师报到	浙江余姚钱塘宾馆		赵××
	晚上	5：30	晚餐	浙江余姚钱塘宾馆 2 楼	全体	张××
		7：30	召开大组理事会议	浙江余姚钱塘宾馆 306 室	理事	徐××
1 月 21 日	上午	7：30	早餐	浙江余姚钱塘宾馆 2 楼	全体	张××
		8：00	乘车到××学校	浙江余姚钱塘大宾馆厅等候	全体	李××
		8：30～10：00	开幕式	余姚市职成教中心学校校微格教室（2 号实训楼 3 楼 302 室）	全体	王××
		10：00～10：20	拍照	学校音乐喷泉广场	全体	李××
		10：40～11：25	公开课 开课人：×× 开课人：××	学校 12-B 教室 学校 15-B 教室	全体	朱××

续表

时间			内容	地点	参加人	负责人
1月21日	上午	11:30	中餐	学校3号食堂	全体	张××
		12:30	参观	校园	全体	李××
	下午	1:00～5:00	(1) 公文文秘专业教学公开课评课 (2) 课程改革研讨 (3) 2006年高职考试分析 (4) 2007年高职考试大纲修订 (5) 2007年公关文秘专业教研大组活动计划讨论	学校微格教室 (2号实训楼3楼302室)	全体	王××
	晚上	5:30	晚餐	浙江余姚钱塘宾馆2楼	全体	张××
		7:30	联欢	浙江余姚钱塘宾馆8楼	全体	张××
1月22日	上午	7:30	早餐	浙江余姚钱塘宾馆2楼	全体	张××
		8:00～10:30	参观	8:00在钱塘宾馆大厅等车，参观余姚河姆渡遗址	全体	李××
		11:00	中餐	浙江余姚钱塘宾馆2楼	全体	张××
返回						

（三）编制会议经费

在会议召开之前，秘书人员应对与会议相关的经费进行预算。通常而言，会议经费预算包括以下几个方面：

1）交通费用：包括出发地至会务地的交通费用；会议期间的交通费用；欢送交通及返程交通费用等。

2）会议室费用：包括会议场地租金、会议设施租赁费用、会场布置费用和其他支持费用等。

3）餐饮费用：包括早餐、中餐及晚餐、酒水及服务费、会场茶点、联谊酒会、舞会等。

4）住宿费用：此部分费用除与酒店星级标准、房型等因素有关外，还与客房内提供的服务项目有关。

5）视听设备费用：包括设备本身的租赁费用，通常按天计算；设备的运输、安装调试及控制技术人员的支持费用等。

6）演员及节目费用：此部分费用通常可以选定节目后按场次计算，预算金额通常与节目表演难度及参与人数成正比。

7）其他费用：是指一些临时性安排而产生的费用，包括打印、临时运输及装卸、纪念品等费用。

（四）确定与会人员

合理确定与会人员应根据会议的性质、议题、任务，确定出席与会人员的范围、资格、条件等。与会人员一般包括主持人、记录员、来宾、与会代表、列席代表、听众等。

（五）选择会议地点

会议地点的选择一般应结合与会人员人数、范围、会议时间、分布地区等因素，应本着精简节约、方便工作的原则，选择大小适中、交通方便、环境良好、设施齐全的地方进行开会。

（六）制发会议通知

会议内容、时间、地点和与会人员确定后，就要制发会议通知，以便与会单位和人员提前做好准备。

会议通知的拟写格式包括标题、通知对象、正文、落款和日期等 4 个部分。有的会议通知还需附上回执的报名表，报名表一般制成表格，请出席对象填写姓名、性别、年龄、职务、职称、预订回程票的具体要求等项目，然后寄回，以便统计参加会议的人数和安排会议的接待工作。重要的会议通知发出后，应用电话及时与对方联系，询问对方是否收到和是否赴会。

（七）准备会议文件

会议文件是指会议的主要文件。会前秘书人员做好有关文件的准备工作，可以使会议议题比较集中，保证会议基本目标得以实现。会议文件的种类有以下几项。

1）指导性文件：包括领导讲话稿、上级或上司指示和会议起因文件。

2）主题内容文件：包括开幕词、主题报告、专题报告、大会正式决议、闭幕词、会议须知和会议活动注意事项等。

3）进程文件：包括会议议程表、日程表、作息时间表、分组名单、会议记录、会议简报等。

4）参考文件：包括调查报告、典型材料。

5）会议成果文件：包括会议工作报告、选举结果、会议纪要、传达文件和执行计划等。

6）会议管理文件：包括主席台及会场座次表、会议登记表、会议签到表、会议通知、证件、保密制度和管理规定等。

（八）准备会议物品

这里所说的会议物品包括会议文件以外的所有会议所需的用品和设备。会议用品和设备分为必备用品设备和特殊用品设备两大类。

1）必备用品设备是指各种类型会议都需要的用品和设备，如桌、茶、照明设备、扩音设备等。

2）特殊用品设备是指不同类型的会议，由于内容要求不同，对用品设备的要求与使用也不同。此外还应该根据会议的内容和要求，准备好会议的横幅、宣传标语、花卉、姓名台签等。

（九）布置会场

布置会场的基本要求是庄重、美观、舒适，体现出会议的主题和气氛，同时还要考虑会议的性质、规格、规模等因素。

1. 会场的整体布局

会场的布置要根据会议的性质、规模和实际需要来定。不同的会场布局，体现出不同的气氛、意义和效果，适用于不同的会议目的。会场布置有以下几种：

大中型会议要保证一个绝对中心，因此，多采用大小方形、半圆形的形式，以突出主持人和发言人，如图 5-2、图 5-3 所示。

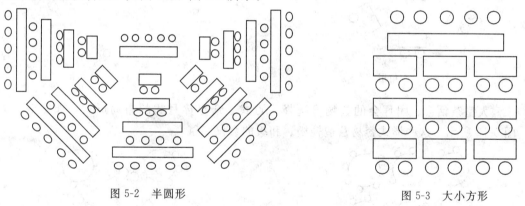

图 5-2　半圆形　　　　　　　　　　　　　　　　图 5-3　大小方形

中小型会场可采用方拱形、椭圆形、T 字形、回字形和马蹄形等形式，如图 5-4～图 5-8 所示，这几种形式可使与会人员坐得比较紧凑，便于讨论和发言。

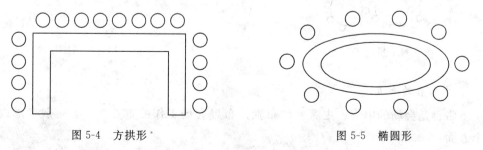

图 5-4　方拱形　　　　　　　　　　　　　　　图 5-5　椭圆形

座谈会或是小型茶话会、联欢会等多选择六角形、八角形的布局形式，如图 5-9、图 5-10 所示。这些形式容易营造和谐、亲切的会议气氛。

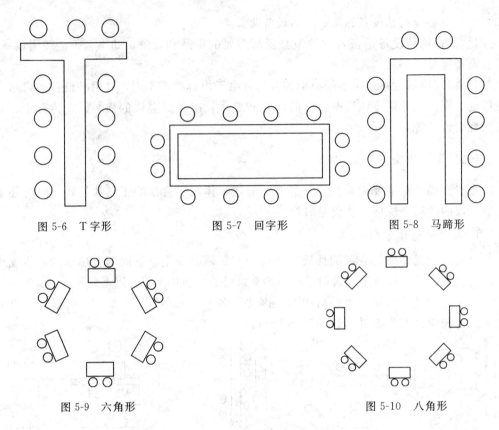

图 5-6　Ｔ字形　　　　　图 5-7　回字形　　　　　图 5-8　马蹄形

图 5-9　六角形　　　　　　　　　图 5-10　八角形

大型茶话会、团拜会的会场可选择星点式、众星捧月式的布局形式，如图 5-11，图 5-12 所示。这些形式容易营造轻松、和缓的会议气氛。

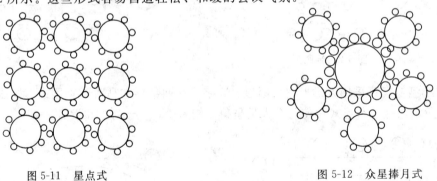

图 5-11　星点式　　　　　　　　图 5-12　众星捧月式

2. 主席台的布置

主席台是会场的中心，主席台的布置是布置会场工作的重点之一。一般考虑以下两个方面：

1）主席台座位。主席台的座位一般采取横式，长短和排数根据人数多少而定，一般有通栏行和分栏行两种，除前排必须是通栏外，后排有时也可以分成两栏，中间留出通道。主席台的每排座位之间、横向座位之间要空有适当的距离，以方便领导人入席与退席。

2）主席台的讲台。主席台上的讲台是视情况而设的。一般情况下，会议主持人和会议发言人在主席台本人的座位上讲话，但如果会议要组织代表上台发言，则应设置讲台。讲台应位于主席台第一排前面正中或右侧（以主席台的朝向为准）。

3. 会场气氛营造

会场气氛对与会者的情绪和心理状态起着很大的影响，对会议效果有着重要作用，会场气氛的营造主要有以下手段：

1）会标。将会议的全称以醒目的标语悬挂于主席台前幕的上端或天幕上，即为会标。正式、隆重的会议都应当悬挂会标。

2）会徽。会徽即体现或象征会议精神的图案性标志，一般悬挂于主席台的天幕中央，形成会场的视觉中心，具有较强的感染力。

3）旗帜。重要的会议应当在会场内外插一些旗帜，以增加会议的庄重气氛。

4）标语。会场内外适当的标语可以烘托会议的主题，渲染会议的气氛，振奋与会者的精神。会议标语的制作应当做到简洁，具有鼓动性和号召力。

5）花卉。适当布置花卉，点缀会场，能给人一种清新、活泼的感觉，并能减轻与会者长时间开会的疲劳。

6）灯光。灯光的强弱、明暗及颜色，会给会场带来不同的视觉效果。一般性会议宜使用白炽灯和日光灯作为照明光源，但要注意掌握好主席台与台下代表席亮度的比例。

4. 安排座次

为保证会议和活动有条不紊地进行，必须按照一定的惯例科学地安排与会者的座位，以便与会者对号入座。安排座次包括安排主席台座次和代表席座次。

（1）主席台座次

主席台座次的安排，实际上就是按照参加会议的领导人的次序进行安排，这既是一项技术性工作，也是一个严肃的政治问题，秘书人员必须极其认真地对待。国内会议主席台座次安排的通常做法是：身份最高的领导人（有时是声望最高的来宾）就座于主席台前排中央，其他领导人则按先左后右（以主席台的朝向为准）、一左一右的顺序排列，即名单上第二位领导人坐在第一位领导人（居中）的左侧，第三位领导人则坐在右侧，依次类推，如图 5-13 所示。如果主席台上就座的人数为偶数，则第一位领导人坐在第二位领导人的左侧，第三位领导人坐在第一位领导人的左侧。如图 5-14 所示。

图 5-13　主席台领导人为单数时的座次安排　　图 5-14　主席台领导人为双数时的座次

（2）代表席座次

有些会议不需要排列会场内其他人员的座次，但有的会议需要或必须排列，如代表会议或中型以上比较严肃的工作会议、报告会议等。排列座次有多种方法，可以根据需要选择其中的一种方法。

1）横排法。这种排列方法的要领是，按照参加会议人员的名单以其姓氏笔画为序，从左至右横向依次排列座次。在选择这种方法时，应注意先排出会议的正式代表或成员，后排出列席代表或成员。这种座次排列的方法常用于中央、省级党委员会和代表大会主席团参加的会议。

2）竖排法。这种排列方法的要领是，按照各代表团或各单位成员的既定次序或姓氏笔画从前至后纵向依次排列座次。选择这种方法时也应注意将正式代表或成员排在前，职务高者排在前，列席成员、职务低者排在后。大型代表采取这种方法比较好，党的代表大会的座次排列一般都采用这种方法。

3）左右排列法。这种排列方法的要领是，按照参加会议人员的姓氏笔画或单位名称笔画为序，以会场主席台中心为基点，向左右两边交错扩展排列座次。选择这种方法时应注意人数。如果一个代表团或一个单位的成员人数是单数，那么排在第一位的成员应居中；如果一个代表团或一个单位的成员人数是双数，那么排在第一、二位的成员应居中，以保持两边人数的均衡。领导同志要在主席台接见、照相时，采取这种排列方法比较好。

知识链接

座位排列方法

1）一般性会议的座位排列原则是：中间为尊、面门为尊、左为尊（国际上通行是以右为尊）。

2）大型会议参加人员的座位排列规则是：按照正式委员（代表）、候补委员（代表）、列席人员的顺序进行排列；按照代表团的既定顺序进行排列；按照地区、行业、单位等类型进行分区排列；按照选举得票多少的顺序排列；以姓氏笔画为顺序排列，姓的笔画少的排在前面，笔画多的排在后面，笔画相同的则按照汉字的笔顺，从左到右、从上到下，按照点、横、竖、撇、捺、横折钩、竖弯钩的先后顺序排列。如果是同姓，字数少的应该排在字数多的前面；姓名前两个字相同的，以第三个字的笔画多少决定来排列先后顺序。

（十）接站和报到工作

1. 接站

在举办大型会议时，由于与会人员来自各个地方，可能不熟悉会议的地点与路线，所以秘书人员要做好接站工作。

（1）接站的工作要领

1）在规定报到日期前，秘书人员应首先核实与会人员到达目的地所乘的交通工具与到达的准确时间和地点，准备好"会议接站表"，安排相关人员接站。

2）对于需要领导接站的秘书人员要提前提醒领导，并合理调配车辆、按时接站。

（2）接站中问题的处理

1）秘书人员要妥善安排提前报到的与会人员的食宿。

2）无论与会人员有多少，接站的负责人都应亲自接站，不可让人有被怠慢的感觉。

3）如果对方职务较高，而领导不能亲自接站，秘书人员要代替领导接站，并向对方表示歉意。

2．报到

报到是指与会者在到达会议所在地时所办理的登记注册手续。秘书人员应做的工作包括：

（1）查验有效证件

查验会议通知、介绍信、身份证等有效证件。

（2）在登记表上登录与会者的个人信息

需登记的信息如姓名、性别、年龄、单位、职务（称）、通讯地址（方式）等。会议报到登记表可用于统计与会者人数，也便于做好各项会议服务工作，又可据此编制通讯录。

（3）接收和发放材料

由会议接待人员统一接收与会者携带的需要在会议上分发的材料，并经审查后再统一分发。在会前对要分发的文件也应提前装订、分装好，在与会者报到时一并发给他们。保密文件和需要清退的文件必须履行签收手续，并发给清退目录，告知与会者妥善保管，会后退回。

（4）预收费用和安排住宿

需要收取会务费、食宿费、材料费的会议，应在报到现场安排有关人员收取费用，并开具收据。接待人员还应根据与会者的身份和要求安排住宿，并在会议登记表上标明相应的房间号码，以便于会议期间的联系。

（5）报告情况

会议报到结束时，秘书人员应向会议的负责人报告有关情况，包括应到人数、实到人数、缺席人数以及原因。

（十一）会前检查

在会议正式开始前，应对会议的所有准备工作进行检查。其主要包括检查会议文件的准备情况和检查会场的准备情况。

【案例及点评】

材料1：

一次不成功的会议

公司经理在星期一早上告诉秘书小刘，将于星期四上午9：00到11：00召开销售员会议，要求小刘通知有关人员。小刘刚到公司不久，不太清楚公司有多少销售员，她到几个业务部门转了转，发现大多数人外出了，也没有遇到销售员。接下来小刘忙于其他的事情，几乎把通知的事忘了。

一直到星期三下午，经理问她会议通知了没有，她才匆忙在公司的布告栏里写了如下的通知："兹定于星期四上午在会议室召开销售员会议，会议重要，请务必出席。"

星期四上午 8：30 左右，有两个销售员到了会议室，但会议室里没有人招呼，以为会议不开了，坐了一会就走了。9：00 左右有 6 个销售员来了，什么资料也没带，其中两位说，他们已经约好客户在 10：00 见面。到了 10 点，只剩下 4 位销售员，也谈不出什么东西，会议草草结束，经理很不高兴。公司一共有 12 位销售员，事后去问另外 4 位，他们说，根本没有看到通知。经理对小刘非常不满。

点评：经理对小刘的不满主要是因为小刘在开会之前没有作充分的准备。任何一次会议，无论规模大小，它的成功举行都离不开会前的充分准备。当经理确定开会时间和会议内容后，作为秘书应列出销售人员名单、确定开会地点，并及时在公司的公告栏上拟写通知，并明确告诉与会人员开会的时间、地点、对象及内容等事宜，同时，着手布置会议室，而该案例中秘书小刘忘记开会时间的通知，以使部分销售人员没有看到通知，而且在拟写通知时时间范围太大，这样销售人员对开会时间把握不准，来开会的人到会议室的时间不一致，以使部分成员来得早，有些销售人员没有安排好工作，缺少了开会的严肃性。另外，任何一次会议都应确定会议主题及议题，这样，与会人员在会前会有思考的余地，才能使他们在会上能畅所欲言，不使会议冷场。综上所述，会议要开得成功，就必须在会前进行充分的准备。

材料 2：

远东时装公司 2006 年业务洽谈会会议方案

张副总经理：

公司拟于 2006 年 6 月中旬召开为期两天的业务洽谈会。现将会议方案报告如下：

1. 会议目的：为促进公司业务的拓展，与新老客户沟通信息、联络感情。

2. 会议议程：公司董事长致欢迎辞；总经理介绍我公司相关情况和业务范围；老客户代表发言；分组讨论我公司目前业务拓展中存在的问题；回答客户提问；引导客户参观等。

3. 日程：待定。

4. 地点：莲花渡假村。

5. 会务准备：成立会务组和后勤组；会务组负责会议的组织和文件资料的准备；后勤组负责与相关单位联系，安排食宿、交通，保障会议顺利召开。具体成员为会务组有张小鹏副总经理、行政部门全体成员，后勤组有郑为副总经理、公司商务部门全体成员。

6. 会议经费预算：会议经费总体上不超过 7 万元。其中场地租金 8000 元、食宿费

2.7万元、会务用品费1万元、交通费1万元、纪念品花费1万元。

7. 后勤保障：会议按不超过100人的规模安排后勤事务，其中新老客户约80人。具体名单待定。

行政部门

2006年5月10日

点评： 这是一份比较完整的会议方案。会议方案一般包含召开会议的原因或目的、会议的议题和名称、会议时间、会议地点及会期、会议规模及规格、会议筹备班子名单和分工、会议的议程和日程、经费预算等。

 思考实训

1. 会前筹备工作一般包含几个环节？

2. 实训情景：

情景1：

中迅显示器有限公司是我国主要的计算机显示器生产基地之一，其去年实现销售额8亿元人民币，产品有30%出口海外，并不断保持产量连年递增的势头，质量管理也达到了同行业的先进水平。为适应生产规模的进一步扩大，去年底，该公司又扩建了1万 m^2 厂房，增加了3条国际先进的生产流水线，使显示器年生产能力达到了100万台。产量增加了，销售必须跟进。目前，中迅显示器有限公司在全国设有300多个代理商，为了让代理商更多地了解公司的发展，同时展示其即将推向市场的新产品的优势及性能，及研究如何扩大产品销售等问题，公司领导决定于8月8日~10日在上海市召开一次全国代理商会议，由公司总经理介绍企业的基本概况及发展远景；由研发部经理介绍、演示新产品的性能、核心技术及测试结果；由生产部总监介绍目前企业的生产能力及生产情况；由销售部总监介绍公司产品的销售情况；由公司主管副总经理就下一步销售策略、销售政策及开展销售竞赛评比等事项作专题发言。同时，选择东北、华北、华南三位销售代表介绍各自的经验，最后表彰50家优秀代理商。会议期间，还要组织与会代表参观企业，利用一个晚上的时间举办一场联欢晚会，安排代表游览上海市内的几个景点。

为保证会议的成功举办，公司还决定会议地点安排在上海国际会议中心，食宿也在上海国际会议中心。同时从各部门抽调共10人组成大会筹备处，由张副经理负责，具体工作包括准备会议所需文件、材料，寄发会议通知，接待、安排食宿，布置会场，联系上海国际会议中心及旅游景点，预订返程车、船、机票，邀请新闻媒体，组织联欢晚会，购置礼品等。总经理还特别强调，要在保证会议隆重、热烈、节俭的前提下，尽量让代表们吃好、住好、玩好。

根据公司领导的意见，张副经理立即从各部门抽调了10位同志并成立了大会筹备处，还开了会务工作会议，对会议准备工作进行了部署和分工。

实训要求：

(1) 为中迅显示器有限公司代理商会议的拟定一份会议方案。

(2) 以筹备处的名义提交一份本次会议的经费预算方案报总经理审批。

(3) 根据会议的内容制作一份会议日程表。

情景 2：

司达尔公司将举行销售会议，研究销售工作下一季度的目标以及人员招聘、选拔等事宜。企业行政主管张明先请总经理、销售总监等有关上司提出议题，再询问各位主管是否有在会上讨论的事情，并提请主管上司定夺，然后将要讲座的问题排出了顺序，草拟了会议议程表。原表如下。

司达尔公司销售会议议程表：

公司会议将于 2 月 13 日星期三下午两点在公司总部第三会议室举行。

① 销售二部的人选（经理）。

② 销售一部关于内部沟通问题的发言。

③ 上次会议记录。

④ 下季度销售目标。

⑤ 公司销售人员的招聘和重组。

⑥ 东部地区销售工作总结。

实训要求：修改会议议程表。

情景 3：

冠达管理咨询有限公司成立于 1997 年 8 月，多年来，公司已为 5000 多家企业提供了财务、税务、工商等咨询服务和常年的代理记账服务。公司本着"诚信、专业、优质、高效"的宗旨为客户提供服务，发展势头迅猛。该公司计划于 2007 年 7 月 14 日至 15 日，举行主题为"快速成长性民营企业的成长与突围"的研讨会，邀请中国民营企业负责人参加，出席大会的重要嘉宾有中国民营企业协会会长、国内某知名大学民营企业研究所所长、广东省民营企业家联合会会长等。研讨会分为全体大会与分组讨论两种形式，讨论分为两组，与会人数有 100 人，会议举办地点设在广州市某五星级宾馆。

会场必备条件如下：

全体大会需要 1 个能容纳 120 人的大会场，主席台应不少于 5 个座席，必备设备为计算机、投影仪、投影屏幕、麦克风、音响等。

小会场需要两个，均应能容纳 60 人，不设主席台，应为圆桌形式，必备设备为计算机、投影仪、投影屏幕、麦克风、音响等。

全体大会会场座位安排要求如下：

① 主席台就座的有中国民营企业协会会长、国内某知名大学民营企业研究所所长、广东省民营企业家联合会会长、冠达管理咨询公司董事长、主持人。

② 与会人员按地区分行就座。

③ 大会发言者到发言席发言。

实训要求：

（1）设计大会会场布局和分会会场布局，包括会场装饰、会场设备的摆放。

（2）设计会标的标题和样式。

第二节　会　中　管　理

 学习目标

1. 做好与会人员的签到工作。

2. 做好会间的服务与协调工作。

3. 根据会议做好会议记录。

4. 能编写会议简报。

情景导入

经过紧张的筹备，远东时装公司 2005 年业务洽谈会终于如期在莲花渡假村举行。根据会议议程安排，今天下午客户将分组讨论。夏萌和刚到公司实习的大学生郝亮被安排作会议记录。

下午的讨论会于 2：00 开始，夏萌提前 20 分钟到会场，先准备好纸笔，调试好录音笔，了解与会人员的座位图，以便于识别会议上的发言者。讨论会开始后，夏萌在利用录音笔录音的同时进行手工记录，并准备了一些会议的相关资料和文件以便随时核对。整个记录过程夏萌进行得非常顺利。

郝亮自从被分配作会议记录后，就觉得自己堂堂大学生，大材小用了。于是在会议上，郝亮并没有认真听取与会者发言，思想总是开小差，一会儿回忆着昨晚的精彩球赛，一会儿又想着会后约女友到哪里吃饭、逛街。这样一来，与会者发言、会上的决议，郝亮听得零零碎碎，不成系统，会议记录也记得乱七八糟、错漏百出。

 知识精讲

会中管理工作主要包含签到、入场、会议服务、会议记录、信息沟通、会议保卫和保密、会议协调等方面工作。

一、签到

参加会议人员在进入会场时一般要签到，其目的是及时、准确地统计到会人数，为以后的考查提供历史凭证。而且有些会议只有达到一定人数才能召开，否则会议通过的决议无效。因此秘书人员应做好会议签到工作，以保证会议各项工作的顺利进行。

会议签到一般有以下 5 种方法：

1. 簿式签到

簿式签到即与会人员在会议秘书人员预先备好的签到簿上按要求签署自己的姓名，以示到会。

2. 证卡签到

证卡签到即秘书人员在会议召开之前，将事先制作的签证卡发给每个与会人员，在开会入场时，与会人员将签有名字的签证卡交给秘书人员，以示到会。

3. 秘书人员代为签到

秘书人员代为签到即秘书人员事先制定好参加本次会议的与会人员名册，在与会人员的姓名前用特定的符号标示，以示到会。

4. 座次表签到

座次表签到即秘书人员根据会议的模型，制定好座次表，要求与会人员在座次表上填写其姓名和座位号码，以示到会。

5. 计算机签到

计算机签到即与会人员进入会场时只要把事先特制的卡片放到签到机内，签到机就将与会人员的姓名、号码传到中心。

二、入场

为方便与会人员尽快就座以及保持会场秩序，一般会议都需要秘书人员以适当的方式引导座次。无论是采取对号入座还是随便入座或是划区域入座，都可设立指示坐标或由秘书人员直接引导与会人员入场就座。

三、做好会议服务工作

在会议召开期间，秘书人员应当做好各项会议服务工作，因为会议服务工作是保证会议顺利进行并取得圆满成功的重要环节。秘书人员的会议服务工作一般包括以下几个方面：

1. 接待与会人员

秘书人员应该热情问候到场的与会人员，提供茶水等服务，并与其积极主动地交谈。在等待与会人员时，秘书人员可以介绍在场的各位与会人员相互认识，融洽会议气氛。

2. 分发会议文件和材料

对于会议中所需要的文件材料，秘书人员应及时、准确地分发到每位与会人员手中。分发会议文件和材料有会前分发文件和材料、会中分发文件和材料两种形式。

3. 内外联系、传递信息

会议过程并不是一个封闭的过程，同样也需要与外界接触，因此需要秘书人员进行内外联系、传递信息。如有关部门的紧急情况要转达与会人员，传递信件、电报和接电话等。秘书人员要注意为会议内容保密。

4. 协助做好会议记录或录音

在会议期间，秘书人员应针对各种情况，做好会议记录或者录音工作，主要为会议期间及时进行信息交流、会后研究以及调整谋略等做好服务工作。

5. 协助满足重要与会人员的特别需要

在会议期间，当重要与会人员提出特别需要时，秘书人员应尽力、及时地给予满足，以保证会议的顺利进行和促进会议决议的形成。

6. 维持会场秩序

会议进行中如果发生混乱，秘书人员要及时调停，特别是重要的密级较高的会议，更应防止在混乱中发生意外情况。如协助保安制止与会议无关的人员进入会场，保证会议地点安全以及协助保安做好会议期间的值班工作等。

7. 处理临时交办事项

在会议进程中，可能会发生一些意想不到的临时变动，秘书人员应及时向领导请示，并按照指示采取应急措施，妥善处理。

8. 其他服务工作

秘书人员应准备好会议期间所需的物品，准备茶水，保证会场光线，保持会场清洁卫生，协助与会人员拍照或摄影留念等。

四、做好会议记录工作

会议记录是会议客观进程原始真实的反映。

会议记录应包括如下事项：会议名称；会议记录人的姓名；时间（开始时间、结束时间）；会议地点；议题；主持人；出席者、列席人名单；会议的经过情形及结论；相关的资料；下次会议预定日期。会议记录如表 5-2 所示。

表 5-2　会议记录

时间			地点		
主持人		记录人		审核人	
出席者					
列席人					
缺席人					
会议记录内容					

会议的速录工作

近两年来社会上兴起了一项新的职业培训——速录员。速录员通常采用专用速录机，使用专门的速录软件，经过专业培训，每分钟的打字速度可以达到150～250字。现在很多会议都会聘请速录员作现场记录，速录员几乎可以将每个人的发言完整地记录下来，既快又准。

五、信息沟通

会议期间的信息沟通主要有收集会议信息、编写会议简报和搞好对外宣传。

1. 收集会议信息

1）本着"准确、及时、全面、适用"的原则，通过会议的正式报告、研讨会上的讨论发言、与会者的议案以及会下的广泛交谈，随时获取有价值的信息。

2）及时了解会议动态，掌握会议的进展情况，对与会者的建议、意见和要求，对出现的苗头和倾向，都要尽快了解、及时搜集。

3）注意信息的加工提炼，让领导、与会者、新闻媒体都能方便使用。

4）注意时效，反应敏捷，重视反馈信息的收集。

2. 编写会议简报

1）编写会议简报要"快"、"新"、"实"、"短"。"快"即编写要及时，印发要快速；"新"就是要提出新情况、新问题和新经验；"实"即反映的情况和问题要真实，数据要准确；"短"就是简短，文字要简明扼要。

2）要严格按会议简报的规定格式编印。

3）发放范围可视内容而定，有的发给全体与会者，有的发给各组负责人，有的则只送给会议领导者。

3. 搞好对外宣传

1）根据会议的内容和性质，在会议召开期间，应邀请新闻媒体派记者驻会随访，发布消息。

2）由秘书撰写的新闻报道稿件，经领导审阅后，向媒体发送。

3）妥善处理好与新闻媒体的关系，注意内外有别，严守单位秘密。

4）在传递的方式和内容选择上应从对象、效果、费用等综合方面考虑。

5）在会议结束时，如果需召开记者招待会，就必须为领导提供信息资源，以使会议领导更好地向新闻媒体介绍会议情况，回答记者提问。

六、会议保卫、保密工作

1. 会议保卫工作

为保证会议顺利进行，并尽快达成会议决议，秘书人员应协助保安做好会议的值班、保卫工作。秘书人员要带领保安坚守值班岗位，阻止与会议无关人员随便出入会场，保证会议顺利召开，并随时应对各种突发事件。秘书人员要做好会场和驻地、会议重要文件、与会人员的人身安全和各种设备物品及私人贵重物品的保卫工作。

2. 会议保密工作

会议的保密工作贯穿于秘书人员会议工作的全过程，秘书人员的会中保密工作显得尤为重要。

1）如果召开比较大型的或秘密性较强的会议，秘书部门要与保卫、保密部门取得联系，共同制定会议保密措施，尤其是加强会中的保密工作。

2）秘书人员要对与会人员进行保密教育，宣布保密纪律，规定与会人员不得以任何形式对外散布会议秘密。

3）会议期间，秘书人员对发放的文件、资料要统一登记，领取文件要办手续，并指定专人负责管理文件。

4）在重要涉密会议期间，一般不准录音，经批准录音的，录音资料要按会议文件的保密要求进行管理。

5）重要会议的与会人员要凭证件入场，严禁与会议无关人员随意进出。

6）对会上发给的秘密文件，秘书人员在传递时要通过机要通信部门递送，不要让与会人员携带。

7）在会议期间，秘书人员要时常对会议驻地、房间、会议室进行保密检查。

8）在会议决议事项形成期间，秘书人员对需在一定范围之内知悉的会议讨论情况也要保密，要做好会议讨论情况的保密工作。

9）会议期间，在进行会议宣传报道时，秘书人员要认真审查把关，防止会议秘密事项通过宣传渠道泄露出去。

七、协调工作

会议期间的各项活动需要统筹兼顾、综合协调，秘书应掌握好会议期间协调工作的方法，并能协助领导引导会议进程。

（一）会务协调

1）需要对会议的议题、时间、会期、日程、与会人员、会议使用设备、场地等方面进行细致的协调工作，保证会议能够圆满成功。

2）要对会议组织的各个分工部门、会议筹备部门加强协调，使其分工明确、互相配合，将每项工作落实到人。

3）会务工作的总体协调往往头绪较多，必要时可以将任务分工情况列表，如表5-3所示，保证人手一份，以备检查和落实，及时协调解决问题。

表 5-3　会务分工情况表

阶段	检查项目	负责人	完成情况（√）
会前	会议方案	×××	
	会议时间	×××	
	会议地点	×××	
	发送会议通知	×××	
	会议证件	×××	
	会议文件资料	××××××	
	会场布置	×××	
	食宿安排	×××	
	接站报到	×××	
	经费预算	×××	
会中	签到	×××	
	入场	×××	
	会议记录	×××	
	会议设备操作	×××	
会后	清理会场文件	×××	
	会议纪要和总结	×××	

（二）引导会议进程

1）在会议召开之前，须认真研读有关文件材料，了解会议议题和进程，了解与会者的构成情况及基本意见倾向。

2）明确会议开始和结束的时间，准时开会和散会。

3）当会议较长时，应建议安排短暂的休息并掌握好时机，不要安排在发言高潮或是某一问题的讨论尚未结束时。

4）在参与组织讨论时，应建议规定讨论与不讨论的界限，给每位与会者以平等的发言机会和权利。

5）当时机成熟时，应建议适时终止讨论或辩论，及时确认结论形成决议，一个议题结束后应立即转换议题，以免延误时间或节外生枝。

6）多议题会议的议题安排次序应科学合理。一般情况下，需要大家开动脑筋，集中献计献策的议题应建议放在会议前半部分进行。

【案例及点评】

石桐秘书的会务协调工作

远望公司的新产品发布会即将开始，总经理秘书石桐正站在会议大厅的入口处，她一边做着最后的检查，一边在等着嘉宾的到来。她发现主席台上放置的名签有问题，一位董事因故不能前来，名签却没有撤掉；而另一位嘉宾刚刚来电话说要来，名签还未准备好。这时她的手机响了，原来是接电视台记者的汽车在路上抛锚了，重新派车已经来不及了；同时，会议秘书组的人员来报，宣传材料不够。此时嘉宾已陆续到来。石秘书在会议中做哪些协调工作，才能解决这些问题？

点评：此案例中，秘书石桐作为会议总体协调的牵头人能够提前到岗进行检查，做到了准备工作细致、周到。主席台名签该撤的未撤，该准备的未准备，这说明会议的有些筹备部门工作还有疏漏，缺乏预见性。石秘书应立即责成负责会场布置的人员撤掉未到嘉宾的名签，放上新增嘉宾的名签，同时要再检查一下主席台座次，不要顾此失彼；另外要通知大会秘书组，要将来宾名单根据变化加以更改，避免会上领导在介绍时出现错误。作为负责大会的总体协调人员，石秘书要强调统一领导，分工明确，责任到人，及时沟通信息，无论内部协调还是外部协调都要事先把困难、问题考虑周全，要有备用方案，以应付突发问题。因此石秘书可通过电话告知接记者车上的秘书，先打出租车去电视台接记者和摄像设备；并派一辆车去救援坏了的车，或让坏车原地等待救援，同时调整大会的车辆安排计划。对于大会宣传资料不够，可向与会者解释其他宣传资料正在送来的途中，然后可让秘书组的工作人员立即送原稿回公司加印或在会议地点附近找一处复印服务点加印。石秘书自己要忙而不乱、从容镇定、坚守大厅，准备迎接嘉宾的到来。

 思考实训

1. 会议签到一般有几种形式？
2. 实训情景：

情景 1：

MB 公司的新任总经理吴女士明天将在本公司与 Y 公司的合作签约仪式上第一次和公司主要的几个大客户以及当地的新闻媒体见面，她为了使这次亮相能够顺利和精彩，事先特别要求她的助理为她提供一张此次会议的议程表和受邀请的嘉宾以及媒体的名单，但是她的助理陈小姐认为吴总经理是过于谨慎，多此一举。她推说议程表和嘉宾、媒体的名单还未能打印出来，没有请吴总经理过目。

第二天，已坐在主席台上准备介绍来宾的吴总经理突然发现，给她的嘉宾名单与坐在台上的嘉宾根本对不上号，而且，有一些到场的媒体也是她不愿见到的，她十分恼火。情急之下，她只能以自己刚刚到任，情况还不熟悉为由，请公司的行政总监替她介绍到场嘉宾。可是，麻烦并没有到此结束，在之后的新闻发布会上，有几家媒体向她提出了几个很棘手的问题，令吴总经理很是难堪。会后，她又发现，公司提供给媒体的新闻稿中有关她履历背景的一段内容有多处错误。她实在不知道公司给她分配的助理陈小姐都在忙些什么，一气之下，她辞退了陈小姐。

实训要求：试分析为什么新任总经理吴女士辞退了陈小姐。

情景 2： 备忘录

　　　　　发自　行政总监 Mai

　　　　　发给　行政主管 Ji

日期：2005 年 2 月 19 日

内容：

昨天的经理协调会上决定责成小张、小李、小赵负责 2 月 21~23 日在国际饭店举行的全国大型客户座谈会的接待工作，为保证工作不出漏洞，每天需要至少两人从上午 9 点到下午 17 点在接待现场。但是小李在 21 日上午需处理本部门的一些事务，小赵在 22 日下午要参加一个重要谈判。

实训要求：

(1) 制定一份会议接待人员值班表；

(2) 制定一份此次会议的签到表。

第三节 会 后 管 理

 学习目标

1. 合理做好与会人员的返程工作。

2. 做好会议总结工作。

3. 掌握会议材料立卷归档等工作。

4. 掌握会议评估要素。

情景导入

远东时装公司 2006 年业务洽谈会终于圆满结束了，张副总经理对这次会议的组织表示满意。在安排好与会人员离会后，赵霞马上将此次会议所产生的文件收集起来，包括会议方案、议程表、日程表、邀请函、受邀请客户名单、开幕词、会议记录、会议发言等文件，并将其分门别类地整理好，形成一个主题为"2006 年业务洽谈会文件"的卷宗。

 知识精讲

一、会议善后的工作步骤

会议善后的工作步骤见图 5-15。

图 5-15 会议善后的工作步骤

二、会后管理的有关工作

(一) 安排与会人员返程

会议结束后秘书人员应根据会议时间的长短、外地与会人员的多少等情况，提早安排外地与会人员的返程事宜。秘书人员安排与会人员返程工作的具体做法如下：

1) 做好与会人员车、船、飞机票的登记预售工作。

2) 帮助与会人员提前做好返程准备。

(二) 清退、整理会议文件

1. 会议文件的清退

(1) 小型内部会议文件的清退方法

1) 会议主持人在宣布会议结束的同时，请与会人员将文件放在桌上，由秘书人员统一收集。

2) 在会议结束的同时，由秘书人员在会议室门口收集。

3) 由秘书人员向个别已领取文件而未到会的人员收集。

(2) 大中型会议文件的清退方法

1) 秘书人员应提前发出会议文件清退目录，先由与会人员个人清理，再统一交给大会秘书处。

2) 秘书人员为与会人员下发清退目录，限时交退。

(3) 会议文件清退的注意事项

1) 秘书人员应统一制发清退文件的目录。

2) 秘书人员应分清清退文件和不清退文件的范围。

3) 秘书人员应尽力避免只要求部分与会人员退回文件而造成不必要的误会。

2. 会议文件的整理

会议文件的整理工作包括会议文件的收集和立卷归档。

(1) 会议文件的收集

确定会议文件的收集范围；选择收集会议文件的渠道；运用收集文件的不同方法。

(2) 会议文件的立卷归档

分类立卷归档会议过程中的一整套材料。

1) 秘书人员将会议纪要归入卷内，并按会议讨论议题顺序进行整理。

2) 卷内文件的排列顺序一般为会议通知、会议纪要、会议议题及有关文件，有的文件可能多次修改，几易其稿，立卷时应将原稿放在前面，然后将一稿、二稿依次排列其后。

3) 对于大型会议完整的会议案卷，应包括以下一些内容：会议正式文件，如决定、决议、计划、报告等；会议参阅文件；会议安排的发言稿；会议上的讲话记录；其他有关材料。

(三) 清理会场

1) 会议结束后，秘书人员应与相关人员一起收拾整理放置在会场中的茶杯、桌椅、烟灰缸和其他用品。

2) 秘书人员负责清理所有剩余的与会议有关的文件，并做好保密工作。

3) 秘书人员要及时将临时摆放在会议室的各种视听设备放回原处或办理归还手续，并将会议室设备恢复到备用状态。

4) 在清理会场时，秘书人员要注意检查与会人员有无遗失文件、物品。

(四) 结算会议经费

1. 收款的时机

根据会议的规定，主办方需要向与会人员收取必要的费用，如资料费、培训费、住宿费和餐饮费等。秘书人员应掌握好收款的时机，一般情况下，秘书人员应提前通知与会人员，或在预订表格中详细注明收款的时间。

2. 收款的方法

1) 在会议通知或预订表格中，秘书人员应详细写清收款的标准和方法，并应注明与会人员可采用的支付方式，如现金、支票和信用卡等。

2) 如果有与会人员用信用卡支付，秘书人员应问清与会人员的姓名、信用卡卡号和有效期等。

3) 在开具发票时，秘书人员要事先与财务部门确定正确的收费开票程序，不能出任何差错。

4) 对于无法开具正式发票的项目，秘书人员要和与会人员协商，开具收据或证明。

(五) 印发会议纪要

一些会议结束后，秘书要根据会议记录尽快草拟并印发会议纪要。

会议纪要是经负责人签发的会议正式文件。这种文件，应当简明扼要，观点鲜明，确切说明事项，不必发表议论和交代情况。会议纪要一般有办公会议纪要、工作会议纪要、协调会议纪要和研讨会议纪要等。会议纪要一般包括标题、开头、主体、结尾等四部分。

1) 标题。标题一般由会议全称加上"纪要"二字构成，如"第四届家庭问题学术研讨会会议纪要"；也可由会议主要事项加上"纪要"二字构成，如"广东省与广西壮族自治区关于进一步加强经济技术协作的商谈纪要"。

2) 开头。会议纪要的开头一般要介绍会议概况，包括召开会议的根据、目的、时间、地点、人员、主要活动和收获等。

3) 主体。主体集中表述会议的主要情况和议定事项。可按问题写，先主后次，或按事物内部的逻辑顺序，主次分明；也可以按议定事项写，事项的排列可以按议程的先后顺序；也可以按事项的成熟程度分条列项，逐一写来。

4）结尾。结尾有的提出贯彻执行的意见和要求；有的提出希望；有的意尽则止，不另写结尾。

秘书人员将会议纪要写好核定后，就要发给有关方面执行。如果会议决定的事项涉及到有关部门，则可以将会议纪要发给他们，也可以从会议纪要上摘录出有关内容后通知有关部门。

例文 1

全国城市经济体制改革试点工作座谈会纪要

（××××年×月×日）

××××年×月×日至×日，国家体改委在××省××市召开了全国城市经济体制改革试点工作座谈会。31个省、自治区、直辖市体改委（办）的负责同志，58个试点城市的负责同志，以及中央、国务院有关部门的负责同志共两百多人参加了会议。会上传达、学习了中央领导同志最近的重要讲话，交流了试点城市改革的情况和经验，研究了在新形势下要积极推进城市经济体制改革进一步开展的工作。

一、统一认识，明确今年改革的方针和主要任务（略）。

二、进一步精简政权，政企分开，搞活企业（略）。

三、充分发挥社会主义市场经济的优越性，理顺经济关系（略）。

四、精心指导，保证改革健康发展（略）。

与会同志一致表示，当前改革已进入攻坚阶段，我们要坚定地贯彻党中央和国务院的部署，精心组织、精心指导，搞好调查研究，把城市经济体制改革引向深入，为建设有中国特色的社会主义市场经济做出新的贡献。

（六）做好会议总结工作

1. 会议总结的基本要求

1）事实为据，准确可靠。秘书人员在做会议总结时，必须把过去一段时间内所做工作的材料全面收集起来，包括面上的材料与点上的材料、正面的材料与反面的材料、事件材料与数字材料以及背景资料等，事件材料必须真实可信，数字要准确可靠。

2）分析事实，找出规律。经验与教训是一篇会议总结的重点。秘书人员要从自己掌握的事实与材料中提炼出规律性的理论认识，这样的会议总结才有意义。

3）点面结合，重点突出。秘书人员应当认真总结会议工作特点，抓精华、找典型，这样的会议总结才不会千篇一律，才具有指导意义。

2. 会议总结的方式

1）由会议领导组织有关人员总结。

2）由秘书人员召集会务工作人员总结。

3. 会议总结的撰写格式

秘书人员应按以下格式撰写会议总结。

（1）会议简介

会议简介包括会议名称、召开地点、主办单位、参与人员、会议议题、会程安排、召开的背景和会议预期效果等。

（2）会议工作要点

1）会务组成员名单。

2）会议工作安排。

3）本次会议主要抓的几项工作。

4）本次会议的关键要素（要针对本次会议的特点进行分析和安排）。

5）本次会议与其他会议工作的不同之处。

6）本人负责部分工作总结。

（3）会议满意度调查情况

即会务满意度调查反馈情况、各要素得分统计、评价最好与最差的问题集中点等。

（4）问题分析

秘书人员参考会务满意度调查结果分析整个会议过程，归纳本次会议存在的问题、会务组工作的不足之处、从此次会议中得到的教训和相关改进意见等。

（5）经验总结

1）本次会议工作的成功之处。

2）可以推广或可供他人借鉴的地方。

例文 2

科技委秘书处关于六届二次会议会务工作的总结

受总局科技委委托，科技委秘书处承担了科技委六届二次会议的会务工作和部分文件的起草任务，工作量大，头绪繁杂，时间要求紧，质量要求高。在总局和科技委的领导下，在与会代表的理解配合、有关直属单位的支持协助下，会务工作和文秘工作赢得了总局领导和与会代表的赞扬。

2000 年 12 月 11 日，科技委秘书处组织召开了会务工作总结会，参与会务工作的有广播科学研究院有关职能处、室、研究所的主要负责人和会务组成员。会议由科技委秘书长、广播科学研究院副院长周志强主持，秘书处田捷处长从文秘工作和会务工作两个方面回顾和小结了科技委六届二次会议筹备期间和会议期间的主要工作和成绩。周志强同志将会务工作概括为"四好"：计划安排好；精神面貌好；服务态度好；团结合作好，并对有关人员提出了表扬。总局科技委副主任、广播科学研究院院长杜百川指出了会议取得成功的原因：首先是各级领导重视，身体力行；其次是分工明确，责任到人；第三是充分发挥了每个工作人员的主观能动性。他要求把这几条作为经验来推广，贯彻到广科院的其他各项工作中去。

（七）评估会议效果

为提高会议质量，秘书人员不仅要做好会前筹备和会中管理工作，而且还要做好会后的效果评估工作。在会议结束后，秘书人员可以通过定性和定量两种方法，评估会议质量，消除影响会议质量的不利因素。

1. 定性评估

对会议活动效果进行质的评价。秘书人员可以从以下 4 个方面进行评估：

1）与会人员的发言、提问、讨论、留言的主要观点和倾向。

2）与会人员的知名度和代表性、会场气氛、新闻媒介报告的侧重面。

3）会议进行期间是否出现了预想不到的问题，或有没做好的工作等方面的情况。

4）会议决议的落实情况。

2. 定量评估

通过客观量化的因素来评估会议效果，从而不断总结经验。通常秘书人员应按以下程序进行评估。定量评估程序如下：

1）明确会议评估的对象。会议定量评估主要是秘书人员对会议整体管理工作、对会议主持人以及对会议工作人员的评估。

2）确定会议评估因素。

① 确定对会议管理工作的总体评估因素。会议管理工作的总体评估因素应该覆盖会议工作的各个方面，包括会议方案、会场、时间、与会人员范围、接待安排、会议经费和各项其他活动内容。秘书人员根据会议的性质决定所调查问题的内容。

② 确定主持人的评估因素。主要侧重于对主持人的主持能力、修养、业务水平、工作作风、会议进程的控制能力和引导会议决议形成能力的评估。秘书人员可请与会人员和观察员记录填写。

③ 确定会议工作人员的评估因素。主要侧重于工作人员的行为表现、工作态度、业务水平和工作效果的评估。

3）设计评估表格，收集评估数据。

① 表格的长度。过长表格很难完成，过短表格提供的数据可能不够充足。

② 填写的难易程度。简单的表格会增加完成的可能性。

③ 所问的问题。问题决定设计表格的目的和要收集的信息，在提问之前应该去除无关的问题。

④ 提问的方式。根据会议评估的目的和形式，秘书人员可以使用开放式或封闭式的问题。

⑤ 分析数据方式。如果会议上有许多与会人员，可使用计算机分析数据，封闭的问题更适合于计算机分析。

4）分析数据，得出结论。

① 秘书人员应该根据会议的类型和分析的目的获得分析数据并得出结论。

② 秘书人员应以适当的格式整理和展示会议评估表所获得的数据，以便进一步分析会议效果。例如柱型图、饼型图和散点图等，这样数据更容易显现，并能用于活动的最终报告中。

5）总结汇报。

① 在编制会议总结报告时，秘书人员应将分析内容总结到报告中，并将统计数据和分析结果作为附录附加在后面。

② 所有反馈数据的分析报告形成后，秘书人员应递交给领导。经领导审核后，秘书人员可以总结为非正式会议上的口头汇报或备忘录。

（八）催办和反馈

会议决定或决议的事项，如果是需要通知有关部门办理或知晓的，秘书部门应负责催办，同时应将在实际贯彻执行中所得到的结果、引起的反应以及造成的影响等情况，反馈给主管领导者。会后催办可以用书面或口头催询的方式，必要时还可以派人直接深入到有关单位或部门进行实地检查与催询。会后的催办与反馈工作是会议善后工作的一项重要内容，也是整个会务工作的一个重要组成部分。这项工作虽然是在会议结束之后才进行的，但对整个会议来说这是非常重要的也是十分必要的，因为它能直接反映出会议效果的好坏，以及会议的主旨精神是否能够落到实处。

知识链接

常见会议的类型

1）工作会议：是指组织、系统、地区或机关、单位召开的以讨论、决定、布置工作为主的会议。通常有两种工作会议：一种是组织、系统或地区召开的层次较高或涉及基层单位较多，以讨论、决定重要工作为主的会议，如工作计划、人事调动、结构调整会议等，定期或不定期召开，会议间隔时间较长（一个月以上、半年或一年不等），可进行常规性决策，具有一定的权威性；另一种是机关或企事业单位召开的讨论日常工作的会议，以执行性为主，如局长会、院务会、董事会、经理会等，常常定期召开（半月或一个月一次），又称"办公会"、"例会"。

2）代表会议：是指由各级各类组织的广大成员推选产生的代表所召开的会议，规模较大、层次较高的则称"代表大会"，如人民代表大会、党的代表大会、职工代表大会、股东大会等。

3）联席会议：由不同系统、不同地区、不相隶属的组织、单位为了同一目标而举行的会议。其目的或是为了交流信息、建立友好关系，或是为了谋求合作和支持，或是为了协调关系、解决矛盾，如党政联席会议、城市新区建设协作会议、高校与企业联合开发新科技项目会议等。

4）学术会议：是指由高等院校、科研机关、学术团体召开的，以专家、教授为主要成员，以探讨课题、发表研究成果为目标的会议。

5）记者招待会：是指为实现一定的宣传目的，邀请报刊、电台、电视台等新闻媒介单位记者召开的会议，也可称为"新闻发布会"，但二者略有区别。

6）报告会：是指为了宣传、教育目的而举办的，邀请劳模、英雄、先进人物或专家、学者、党政领导干部所作的专题报告会，如先进事迹报告会、形势报告会、学术报告会等。

7）座谈会：指为收集信息、征求意见、调查研究而邀请有关人员召开的小型会议，包括各种"座谈会"、"恳谈会"、"见面会"、"茶话会"等。

8）国际会议：是指由来自两个以上政府、政党或社会组织、民间团体就共同关心的问题而召开的会议。内容无所不包，如世界妇女会议、东南亚经济发展研讨会、欧洲七国首脑会议等。

9）签约会议：联席会议、国际会议达成协议后往往往定立条约或协议书，作为正式确定的依据，签约有一定的仪式。

10）电话、电视会议：即利用电话、电视召开的会议。适用于重大、紧急情况之下，或干部之间商量紧急措施、布置重要工作，或向公众直接宣布重大决定、阐述方针政策、进行动员等，如地方政府的紧急抗洪救灾会议、国家领导人的重要电视讲话等。

11）电脑会议：计算机和数字传输设备在网络支持下可实现非常灵活的网上多方对话，这种网络上多方对话同时也是计算机网络技术支持下的会议组织和管理的新形式。

【案例及点评】

秘书如何预订返程票？

某公司邀请全国的客户到昆明参加该公司新开发的产品洽谈会。秘书王欣负责安排与会人员的返程工作，王欣想先解决容易预定的近处与会人员的车票，再慢慢解决北京等远地难以解决的车票预定，而且她认为只要为客户尽可能地预定火车硬卧票就行了。结果，部分客户因不能及时拿到返程的车票、机票，而对该公司十分不满，使得洽谈会的工作效果大打折扣。

点评：该案例中王欣所犯的错误是在为与会人员预定返程票时，先解决容易预定的近处与会人员的车票，而后解决北京等远地难以解决的车票，而且认为只要为客户尽可能地预定火车硬卧票就行了。对王欣所犯的错误应进行如下纠正，在为与会人员预定返程票时，应先对北京等远地难以解决的车票预定进行安排，而后再安排容易预定的近处与会人员的车票，并且应事先和与会人员进行商量，了解与会人员关于时间安排、交通工具的要求。

思考实训

1. 一次，某公司召开部门经理会议，讨论下一季度的产品营销策略。大家都希望能够借此会议商议出有效的产品营销策略，争取比竞争对手抢先一步赢得市场。

会议进行得很顺利，大家集思广益，商议出了一些绝妙的策略。会后大家对下一季度的产品销量显得胜券在握，信心十足。

但奇怪的是，下一季度到来了。他们公司的产品销量并没有直线上升，顶多可以说是与竞争对手打个平手，而有心人不难发现，竞争对手与他们公司采取的几乎是雷同的产品营销策略，显然竞争对手窃取了他们公司的商业秘密，可竞争对手是通过什么办法窃取他们公司商业秘密的呢？参加会议的几位经理却百思不得其解。

经过调查得知，问题出在那天的会议上。会议结束后，负责会务工作的周秘书没有将会议相关的文件收回，以至于文件不小心流失到竞争对手的手上。这样就让竞争对手"窃取"了公司的绝妙销售策略，几位经理的一番心思也就付诸东流。

试说明秘书人员应如何清理会场？

2. 实训情景：

远东时装公司董事会例会记录

（2005 年 7 月 14 日上午 9：00~11：50）

2005 年 7 月 14 日上午 9 点远东时装公司经理例会在公司办公大楼二层会议室召开。主持人为谢宁总经理，参加会议的有：谢宁（总经理）、张小鹏（副总经理）、郑为（副总经理）、李民（副总经理）、孙亚舟（商务部门经理）、李晓勤（人事部门经理）、周星（技术部门经理）、王新安（财务部门经理）、夏萌（秘书），代理投票人有王文龙副经理、赵非副经理、孙西副经理，达到了法定人数。

1. 秘书夏萌宣读了 2005 年 7 月 2 日的会议记录，并在宣读后获得通过。

2. 财务部门经理王新安提出的一份财务报告显示，2005 年 6 月 20 日公司的流动资金余额为 858.30 万元。财务部门的报告在宣读后获得通过。

3. 主管公司企划事务的副总经理李民报告，公司企划活动的下一个项目是为北京护城河河道清淤项目捐款 16 万元，这项公益活动将有助于提高企业知名度。计划在"十一"向北京市有关部门捐款，期间还要举行捐款仪式。此事的具体安排材料将于 7 月 9 日寄发给所有成员。

4. 人事部门经理李晓勤建议任命孙西副经理负责公司时装节（将于 10 月初举行），此建议得到郑为副总经理的附议并获得一致通过。在会上同时确定时装节的主题为"冬的魅力"。

秘书（签名）   总经理（签名）

日期：

实训要求：试根据上述的会议记录，拟写一份会议纪要。

· 第六章 接待工作 ·

接待工作，是指组织在对内、对外的联络交往中所进行的接洽招待工作。接待工作既是组织整个联络工作中的一个重要组成部分，也是秘书工作的一个重要内容。接待工作的好坏，不但直接体现了秘书个人的素质、能力，更能反映出一个组织的工作作风和外在形象，正如所谓的"见其礼而知其政"。涉外组织的接待工作有时甚至影响着一个国家的形象。因此，秘书必须重视和切实做好接待工作。

第一节　日常接待工作的程序和方法

学习目标
1. 熟悉并掌握日常接待工作的程序和方法。
2. 灵活处理日常接待工作。

情景导入

有来访客人到公司见总经理，经总经理同意，秘书小张引导来访者去总经理办公室。小张的办公室在一楼，总经理办公室在 8 楼，小张与来访者并排行走，且一路无话，在进电梯时，小张自己先进了有电梯工操作的电梯，在到达楼层后又等客人出电梯后自己才下来，把客人送到总经理办公室门口示意客人自己进去，而小张自己则回身走向电梯。

知识精讲
日常接待是秘书每天都必须面对的工作。处理日常接待工作，无须制定具体的接待计划，只需有礼有序地接待便可。一般来说，日常接待又可分为有约接待和无约接待。

一、有约接待

秘书接待依约而来的来宾，称之为有约接待。在有约接待工作中，秘书的工作流程如图 6-1 所示。

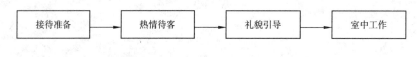

图 6-1 有约接待的工作流程

1. 接待准备

一般来说，对预先约好的客人，在约见前夕便要做好以下相应的准备工作：适时提醒领导；做好接待室的卫生和布置；跟对方予以确认约见的时间；做好相关的其他准备工作。

2. 热情待客

对依约前来的客人，秘书应做的工作是：

1）停下手头上的工作，礼貌而热情地起身招呼客人，如"×先生，您好！我们经理正在等您呢"。

2）秘书应及时用适当的方式把来宾来访的信息通知领导或直接将客人引到事先安排好的会谈地点。

3. 礼貌引导

迎接来宾后，应妥善地把来宾引导到事先安排好的领导办公室、接待室或其他接待场所。在引导中秘书应礼貌引导，具体表现在：

1）在离开办公室时，秘书别忘了把桌面上的文件、资料等收起放好。

2）在引导来宾途中，秘书应配合来宾的步调，在来宾左前方稍前处引导，并可与来宾进行适当的寒暄、交淡。在转弯或上楼时要伸出右手向来宾示意走向，并提示"请这边走"。乘电梯前，须向客人说明"在×楼"。进出电梯应礼让来宾先行，并主动操作按键。

3）到达接待场所后，应向来宾说明"就在这里"，或先敲门，或直接为来宾推拉门，面对来宾，请来宾先入内。

4. 室中工作

1）为宾主介绍。进入接待场所后，秘书应为初次来访的来宾和领导作介绍，首先把领导介绍给来宾，介绍时要注意说清楚双方的姓名和职务。在介绍的过程中双方会握手致意或递送名片。

2）请客人就座。秘书将来宾引领入座，座次的安排，一般是采用"面门定位"法，即以面对大门为参照物，座次的高低是"先远后近"；如果与门等距离，按照国际惯例是"以右为尊"，若来宾是内宾，有时也可以按照我国"以左为尊"的传统来排列座位。即主人把来宾安排在其右侧，如图 6-2 所示。

3）敬上茶水。在领导和来宾入座后，秘书要端上茶水、饮料。

4）适时告退。退出接待室关门时不要背对来宾，应以正面倒走方式退出。退出时用目光扫视一下接待室里所有的人，看看他们是否还有事要办。

5）添加茶水。在领导和来宾会谈时，秘书应在适当时候添加茶水、饮料，如果接待室的门关着，秘书在进去时别忘了敲门，并诚恳地说声"对不起，打扰了"之类的礼貌用语。

图 6-2　接待室座次

二、无约接待

来访宾客事先没有约定而临时来访，这种接待称为无约接待。

对于未预约的来访者，秘书应有礼貌地询问客人的来意，然后根据具体情况，凭借自己以往的接待经验，采取适当的接待应对方法，具体接待程序和方法如图 6-3 所示。

图 6-3　无约接待工作流程

1. 热情接待

面带微笑，主动问候，当了解到来访者未预约时，仍要以欢迎的态度礼貌友好地接待，为其服务。

2. 了解情况

通过与来访者交谈分析判断来访者的身份和意图，了解来访者要访问的部门或人员，努力为来访者安排尽可能早的预约时间。

3. 合理分流

秘书在了解了来宾的身份和意图后，应及时对来宾进行恰当的分流处理。一般有以下几种情况：

1）确实应该由领导亲自接待的重要来宾（如领导熟识的上级、客户、亲属、朋友等）或有重要、紧急事务者，秘书对他们作了初步接待后，应尽快安排他们的会面时间，或立即通知领导，按领导的指示处理。

2）应该由领导接待，但事情不是非常紧急，领导目前又没有时间接待的，秘书可以诚恳地与来宾协商另外的会见时间。

3）对于不需要领导出面就能解决问题的来宾，秘书应热情地把他们介绍到其他有关部门。

4）领导虽有空，但秘书也不能贸然把来宾直接带到领导办公室，而应先问清来宾意图，请示领导后再按领导的意愿处理。

5）对于上门的推销员，秘书可介绍其与采购部门联系，或者让其留下名片和产品说明书，告诉他会转告领导，需要的话会与其联系。

6）对于不受欢迎的来宾，如胡搅蛮缠者、多次前来索取赞助者等，秘书也要以礼相待，以显示出自己的涵养和礼貌。秘书可委婉而坚决地打发他们离去，也可根据来宾的意图，请有关部门作必要的解释。对于个别无理取闹的蛮横者，必要时，在得到领导同意的情况下，秘书可与有关部门取得联系，争取他们的帮助，以防止无理取闹者破坏性行为的发生或事态的扩大。

4. 礼貌相送

尽管来宾是不速之客，但秘书同样也应该以礼相送，即使来宾仍有不服甚至余怒，也应如此，因为这样既可以平息他们的情绪，也显示了自己的风度，同时对组织良好形象的树立也有很大帮助。

知识链接

接待工作的基本要素

1）来访者。来访者是接待活动的对象。来访者总是直接或间接地代表一定的社会组织，其身份、地位、年龄、性别及与本单位的相互关系等将对接待活动产生直接的影响。秘书人员在作接待工作时，首先要掌握来访者的基本情况，以确定接待规格、接待内容等事宜。

2）来访意图。来访意图是来访者希望通过来访而达到的目的。不同的来访者有不同的来访意图，如订购产品的客户希望通过来访和公司达成购买协议，而同行兄弟单位的来访则希望学习公司的先进经验。对于来访意图不同，接待方针、接待规格、接待活动安排自然也不同。

3）接待者。接待者是接待活动的主体。接待者代表组织出面接待来访者。接待者因接待规格和来访对象的不同而有所差别，可以是单位领导人、专职接待人员、业务部门的人员或秘书人员。在不设公关部门和外事部门的单位，秘书人员往往担当第一接待者的角色。秘书人员是接待活动的积极谋划者、组织协调者和具体执行者。因此，接待工作是秘书人员的一项重要职责。

4）接待任务。接待任务是根据来访者及其来访意图和本单位领导者的接待批示而确定的接待方针、接待内容和接待责任。它是接待工作的重要依据。重要对象或大型团体来访的接待工作应先拟定接待计划或方案，报领导审批后执行。

5）接待方式。接待方式是根据接待任务而确定的接待规格、程序和形式。它是为接待任务服务的，接待任务不同，接待方式也不同。例如一般性的个人来访只需做日程安排和茶水接待即可，而重要客人来访则需规划接待程序、气氛布置等内容。

【案例及点评】

接待工作中遇到的"不速之客"

有一个不速之客称自己与公司的李总经理有约，黄秘书凭直觉认为对方只是个广告推销员，接过名片一看知其是某家杂志社广告业务部的钱经理来到公司，黄秘书便热情地让坐、端茶，然后问道："您是否和李总约定在上午会面？"钱经理说："如果您方便，我希望马上见到李总。"黄秘书明白了，这肯定没有预约。如果是李总亲自约定的，会有具体准确的时间。"您看，很不凑巧，今天上午李总刚好有个临时会谈。我马上设法和他取得联系，告诉他您在等候，或者另约时间，可以吗？"钱经理马上表示可以。黄秘书接着说："您看我怎么向李总汇报您的情况？"黄秘书弄清楚了来访者是为杂志社编撰本市最新工商业名录做广告、拉客户的。这类事已不是第一次遇到，黄秘书深知接待不可草率生硬，来访者中不乏"无冕之王"，还是"恭敬送神"为好。从李总那儿得到的答复只有两个字："不见。"黄秘书当然不能对钱经理"直言相告"。"钱先生，真对不起，李总的会谈是和一家客户讨论合同，我不方便进去打断。您看已近中午，怕要耽误您太多的时间了。您看是这样，我公司是华德公司的一家子公司，虽在本市，但多数业务往来还是在与外省和外商之间，全国工商名录上我公司已在册，本市工商名录上再登当然对本公司也有益，具体事项等我请示李总后，用电话与您联系。您看，我可以打名片上您的联络电话吧？""好，好。"嘴上说好，钱先生已显不悦。

"另外，刚才您送来的资料，我想起我的同行孙小姐曾和我谈起过她供职的公司正要做公关形象广告和业务宣传，您看我是否可以介绍他们公司与您合作？……噢，她的联系电话是这个，这是我的名片，您可以直接跟孙小姐联系。"

"好！好！"钱先生说这个"好"时和上次不一样。

"钱先生，这资料是否可以多留一份给我：尽管我公司业务范围不太合适，但周末的同行联谊会上，我可以帮您向其他合适的公司宣传、介绍，恐怕更方便些，您看是否可以？"

钱先生在告退时的微笑是真诚的谢意，很大成分是因为他受到了热情的接待。黄秘书热情地送他到电梯间。

回到办公桌前，黄秘书第一件事就是给孙小姐打个电话。

点评：黄秘书接待的是一位不受欢迎的广告推销员——钱经理。钱经理的请求虽然没有得到满足，但在告退时依然带着"微笑"并表示了"真诚的谢意"。黄秘书之所以能取得如此好的接待效果，是因为她做到了以下几点：

第一，礼貌待客。这主要体现在3个方面：一是对客人热情地让座、端茶、问事；二是言必称"您"；三是尽量为对方着想。当钱经理希望尽快见到李总时，黄秘书立即做出了"我马上设法和他（李总）取得联系"的表态；当"不便"打扰李总时，他又向对方表示"我一定请示李总，并用电话与您联系"；当对方眼看要无功而返之时，他又主动把自己的同行孙小姐推荐给对方。这里，黄秘书没有简单地打发对方，而是以真心、诚心、耐心善待对方，从而赢得了对方的理解、体谅、信任和感激。

第二，弄清对方的身份和来访的目的。秘书在请示领导是否接待来访者之前，首先要做的一件事就是弄清对方的身份和来访目的。黄秘书先是凭自己的直觉判断出了对方的身份，后来又根据对方递过来的名片印证了他判断的准确性；接着，他通过巧妙的询问弄明白了对方事先并没有和李总预约；最后，他又以"您看我怎么向李总汇报您的情况？"的问话摸清了对方来访的目的。这样，他再请示李总就不会出现一问三不知的情况了，也为李总最终决定是否会见提供了依据。

第三，请示领导。一般情况下，秘书在弄清来访者的身份和目的后，不能直接告诉对方领导在还是不在、眼下工作繁忙还是有闲暇时间，而应该以"我去看一下他是否在"为由乘机去请示领导。如果领导愿意会见则安排会见，如果领导不愿意会见则要委婉地答复对方："对不起，他现在不在。"这样，就不会给客人留下缺乏诚意的印象。在这则案例中，黄秘书没有擅作主张，而是按程序请示了李总。

第四，传达领导意图。秘书在传达领导意图时既要忠于领导意图，确保原汁原味，又要讲究技巧，让对方乐于接受。这里，黄秘书就做得特别好。一是他没有把李总"不见"的答复"直言相告"，避免了使对方难堪、尴尬甚至愤怒。二是告诉对方，李总正在和一家客户讨论合同，不便打断，如果要等的话时间已近中午也不太方便。三是实事求是地分析本公司的业务范围，委婉地暗示对方本公司上本市的工商名录已无必要。四是为了让对方"死心"，又郑重承诺随后一定请示李总并与对方电话联系。五是在本可以适可而止的情况下主动推荐自己的同行给对方，让对方又燃起了新的希望。六是真诚地表示将在周末的同行联谊会上向其他合适的公司宣传、介绍对方的业务。在接待不速之客时，能如此热情、真诚，没有良好的涵养是绝对做不到的。

第五，热情送客。黄秘书恰到好处地将钱经理送到了电梯间，他已完全尽到了地主之谊。

 思考实训

1. 简要说说有约接待的工作程序。

2. 实训情景：

秘书张艳丽正在公司前台接电话，电话是一个客户打来的，事情较为复杂。这时候进来两位客人，一位是已经预约的，一位还没有预约。作为秘书必须使电话里的客户和来访的客人都满意。

实训要求：

（1）同学们讨论后替张艳丽出主意，她该怎样做？写出工作步骤。

（2）4位同学分别扮演打电话的客户、两位来访者和秘书张艳丽，演示如何处理以上场景。

第二节　团体接待的程序和方法

学习目标

1. 能正确按照接待的基本程序进行团体接待。
2. 掌握接待中接待方案的制定。

情景导入

上海某公司经有关部门牵线，与沙特阿拉伯商人达成初步意向，欲共同投资某个项目、合作经营。公司决定邀请沙特阿拉伯某公司的两位经理来沪进行具体的洽谈工作。公司总经理将接待任务交给了已有4年秘书工作经历的刘莉负责。刘莉接到任务后，立即对接待任务作了如下具体安排：

第一天，飞机于上午10时到达，由刘莉和小车司机两人前去机场迎接。安排在市中心五星级酒店入住。中午举行盛大欢迎宴会，安排在豪华的鱼翅海鲜酒店，公司主要领导人均参加。酒足饭饱后，下午2时，在公司举行业务洽谈。晚餐然后宴后休息。

第二天，全天安排公司项目洽谈，中餐和晚餐均供应工作餐。

第三天，继续洽谈，直至达成基本协议。

第四天，由刘莉陪同两位客人去杭州游玩，宿杭州。

第五天，刘莉送两位客人直接由杭州机场回国。临行时赠送两位客人的礼品为中国名酒茅台酒。

秘书刘莉的接待工作做得怎样？如果你是秘书，你会作怎样的安排？

知识精讲

团体来访一般来宾比较多，规格比较高，事情比较重要，访期也长一些，如果来宾是外宾，接待工作更是影响着我国在国际交往中的声誉。因此，团体接待比日常接待工作要复杂得多，对组织形象的影响也更大，因而，团体接待，尤其是重要的团体接待，往往需要多个部门的协作与配合，或是由有关的主管领导协同有关人员组成一个接待机构来完成，而秘书、秘书部门特别是接待机构中的秘书或秘书部门则发挥着重要作用。团体接待工作的程序如图6-4所示。

图6-4　团体接待工作程序

一、收集来宾资料

充分收集来宾资料，是秘书人员做好来宾接待工作的前提。秘书人员收集来宾资料一般包括以下几个方面的内容：

（一）来宾的基本情况

1）来宾的国别或地区，所代表的机构或组织。

2）来宾的人数、姓名、性别、年龄、身份、职务、民族、宗教信仰和生活习俗等。

（二）来宾来访的目的和意图

了解和掌握来宾来访的目的和意图，是秘书人员确定接待方针和接待任务的前提。

（三）来宾抵达和离开的具体时间及日程安排

及时掌握对方抵达和离开的具体时间、来宾乘坐的交通工具、来宾的行程路线和来宾的日程安排。

二、制定接待方案

重要的接待活动应当事先制定接待方案，这样有助于接待工作按部就班地进行。接待方案的内容主要包括接待方针、接待规格、接待形式、接待日程安排、接待经费开支、生活安排。

（一）接待方案的内容

1. 接待方针

接待方针即接待的指导思想。秘书人员在接待身份不同的来宾时，其着重点应各有侧重。例如，接待中央首长应强调安全保卫；接待少数民族客户，应强调尊重其特有的风俗习惯；接待外宾，则应强调遵守国际礼仪规范等。

2. 接待规格

接待规格是指接待工作的具体标准。接待规格一般分为高规格接待、对等接待和低规格接待3种形式。

1）高规格接待，是指陪客比来宾职务高而采取的一种接待方式。高规格接待表明对被接待一方的重视和友好。

2）对等接待，是指陪客与来宾的职务、级别大体相同而采取的一种接待形式。对等接待是最常用的接待规格。

3）低规格接待，是指陪客比来宾职务低而采用的一种接待形式。低规格接待常用于基层单位。

3. 接待形式

接待活动的形式包括迎送、宴请、会见、交谈、文艺招待、参观游览等仪式和活动。每项仪式和活动又有具体的形式。

4.编制接待日程

接待日程，即接待期间各项工作和活动的时间安排，包括接待的日期和具体时间、接待活动的具体内容、各项接待工作实施的地点、陪同人员的各项工作安排等内容。

5.安排接待人员

接待人员主要包括陪同人员和组织工作人员，其中陪同人员包括主要陪同领导、相关的职能部门领导和有关的技术人员或其他人员，组织工作人员包括秘书人员和后勤保障人员。

6.预算接待经费

接待方案中应当对接待经费的来源和接待经费的列支项目做出具体说明。

1）接待经费的来源有3种形式：即由接待方提供、来宾自理、双方共同承担。

2）接待经费的列支项目有食宿费、劳务费、工作经费、交通费、纪念品费用、宣传和公关费用，以及参观、旅游和娱乐的费用、其他费用。

（二）接待方案的格式与写法

接待方案一般由标题、正文、提交方案的单位和提交方案的时间四部分组成。

1.标题

标题内容为接待事项＋方案，如关于接待教育部安全检查团的方案。

2.正文

正文包括如下内容：

1）来访的起因和背景。是应我方邀请来访，还是对方主动要求来访；过去来访的情况和双方合作的历史等。

2）来访者的基本情况和来访的目的、意图。

3）接待的方针、规格、活动安排和接待人员安排。

4）接待的经费问题。

3.提交方案的单位

在正文后应署提交方案的单位。

4.提交方案的时间

拟好接待方案后，要呈报领导者审阅批准。

××市首届招商投资洽谈会接待方案

一、指导思想

本次招商投资洽谈会是我市建市10年来首次举行的大型涉外投资招商活动，届时，预计有500多个国内外企业和政府组织前来参加，接待人数预计达2000多人，接待工作任务相当重。为确保洽谈会的成功，接待工作一定要高标准、严要求，要以热情、友善、真诚、周到的服务，使国内外来宾感到满意，从而赢得来宾的信任，树立我市文明城市的形象，体现我市良好的投资环境。

二、接站

在机场、火车站设立接待站，张贴大幅欢迎标语，由专人负责接待。当重要来宾抵达时，拟安排市领导迎接。

三、食宿安排

××宾馆、××饭店、××饭店等10家星级饭店负责安排来宾的食宿。

四、招待活动

×月×日开幕式当天，举行欢迎晚宴，由市长主持，市委书记致欢迎词。

×月×日和×月×日分别由市政府和市对外友好协会出面举行招待酒会。

×月×日在××大舞台为来宾举行专场文艺招待演出。

×月×日下午闭幕式后，举行欢送宴会，由常务副市长主持，市长致欢送词。

五、安全与交通

市公安局负责大会期间的场馆安全保卫工作，确保场馆附近交通畅通。市公用事业管理局负责大会期间的接待用车。

六、翻译服务

为满足大会期间的翻译需要，由市外办负责抽调50名英、日、法3个语种的翻译人员。

七、经费

以上接待工作所需接待经费××万元，详细预算见附件。

附件：××市首届招商投资洽谈会接待经费预算

××市首届招商投资洽谈会组委会

××××年×月×日

三、做好接待准备

接待方案拟定并经主管领导批准后，就开始做接待准备工作。

(一) 预定住房

秘书人员要根据来宾的人数、性别、身份以及来宾的要求预定房间，如果对方是代表团，也可将住房平面图交给对方，由其自行安排；如果对方是短期来访，并且费用自理，则要根据对方的要求预定房间。

(二) 饮食安排

如果接待活动有宴请，则要根据接待规格和人数，事先预定宴席的地点、席数和标准。秘书人员在具体安排来宾饮食时，应注意三点：一是遵守有关规定；二是尊重来宾习俗；三是尽量满足来宾需求。

（三）交通工具安排

出于方便来宾的考虑，对其往来、停留期间所使用的交通工具，秘书人员也须予以必要的协助。当来宾需要联络交通工具时，秘书人员应尽力而为；当来宾需要提供交通工具时，秘书人员应努力满足；当来宾自备交通工具时，秘书人员应尽可能提供一切便利。

（四）保卫宣传安排

在接待重要来宾时，秘书人员还应该将安全保卫与宣传报道工作列入计划之内。

1）就安全保卫工作而言，秘书人员一定要"谨小慎微"，不但需要制定预案，在思想上高度重视，而且还要注重细节、从严要求。

2）就宣传报道而言，秘书人员应注意统一口径，掌握分寸，并报上级有关部门批准。有关的图文报道资料，秘书人员一般应向接待对象提供，并自己存档备案。

（五）布置接待环境

秘书人员应尽量将接待室布置得整洁、雅致，这样才能使来宾产生舒适、温馨的感觉。布置接待环境的具体做法如下：

1）电源及照明设施。秘书人员要仔细检查接待室和接待地点的电源是否接通，照明设施是否齐全完好，电源插座是否安全可用以及照明效果是否良好等。如果有问题，秘书人员应及时安排维修。

2）空调。如果需使用空调，秘书人员应检查空调是否完好，电源是否接通，遥控器是否可用，提前试用空调并将其调试到最佳状态。

3）音响和视频设备。如果在接待中需使用音响、视频设备，秘书人员应提前接通电源，并将音箱、投影设备调试到最佳状态，准备话筒、投影仪、计算机和幕布等设备。

4）桌椅。秘书人员应针对所接待的来宾人数，结合陪同人员，计划桌椅数量，保证人人都有座位。秘书人员同时要检查桌椅的质量，如果有坏的桌椅应及时更换。

5）座签。秘书人员应根据需要，提前将人员名字制作成座签，放置于座位正前方的桌面上。

6）清洁卫生。秘书人员应及时打扫接待室，做到每次接待前半小时完成各项清洁工作，确保房间内或接待地点干净整洁。

（六）准备接待用品

1. 茶、水、饮料

1）秘书人员应将茶杯整齐摆放于每个座位右前侧的适当位置，茶叶应放在茶叶盒内摆放于固定位置。

2）对于需使用饮水机的会议，秘书人员应提前半小时将饮水机打开，如果使用暖瓶则应在接待前半小时将开水灌满并整齐摆放。

3）对于接待中需放置饮料的，秘书人员应将饮料整齐摆放于每个座位右前侧的桌面上。

2. 文件资料

接待中如果需准备相关文件资料，秘书人员应提前备好，最好是装袋放置于座位正前方、座签外侧的桌面上。文件封面向上，文件下部对向座位。资料的准备要注意内外有别，根据不同的对象进行准备。对上级的汇报材料要真实、简洁；企业的宣传资料要求印刷精美，图文并茂；涉外宣传资料和礼仪类资料，要根据有关方面的要求，做到口径统一，注意保密。接待所需的相关资料一般包括汇报介绍类资料、技术类资料、礼仪类资料等。

3. 水果、水果刀

1）接待时如果需要准备水果，秘书人员应提前把水果洗净，摆放整齐，放置于桌面中央不影响翻阅文件和记录的位置。

2）如果是长方形桌子，秘书人员应将各类水果混合摆放，如果是茶几等分散桌子，则应将水果分为小盘，每桌放置。

3）秘书人员应在水果盘内放置水果刀，刀把对向座位。

4. 烟、火、烟灰缸

在接待人数较多时，秘书人员可将香烟拆开，将烟置于盘内并摆放整齐，放置于水果盘附近，盘内放置打火机、火柴等点烟器材，烟灰缸可视桌子大小摆放整齐。

5. 单位有关资料

秘书人员在接待室内应随时准备一些报刊杂志或介绍本单位历史、宗旨及服务范围方面的资料，供来宾等待时阅读。杂志最好是最近出版的，不要摆放破旧且过时的报刊。

（七）准备礼品

根据来访者的重要程度和接待规格，单位可能要为客人准备一些小的纪念品，秘书要根据情况提前准备。

知识链接

选择和赠送礼品的禁忌

在选择和赠送礼品时，要了解对方的收礼禁忌。在商务活动中赠送礼品，应该注意的禁忌有：

1）违法、违规的礼品。在商务活动中，应避免赠送违法、违规的礼品。如在同政府官员的公务接触中，不宜赠送贵重礼品。西方国家对商务活动中贵重礼品的收受有严格规定，如一些国家规定一次接受的礼品价值不能超过200美元。

2）违背风俗的礼品。在挑选礼品时，一定要考虑对方民族、宗教和文化等方面的因素，不能赠送违背风俗的礼品。例如，在我国很多地方，不宜给老年人送钟，不宜给年轻夫妇送伞；不宜给西方朋友送珍稀动物或宠物制品（如象牙制品）；不宜给阿拉伯人送酒；不宜给印度人送牛皮制品等。

3）私忌礼品。由于这样或那样的原因，很多人都会有自己的忌讳。例如，不宜向高血压患者赠送高胆醇的食品；不宜向糖尿病患者赠送含糖量高的食品；不宜向肥胖者赠送高脂肪的食品；不宜向患呼吸道疾病的人赠送有刺激性气味的鲜花。如果送私忌礼品给人，对方会认为你不尊重他。

4）有害的礼品。有一些东西（如香烟、烈酒、赌具以及庸俗低级的书刊、音像制品等）会对人们工作、学习、生活以及身体健康、家庭幸福产生不利影响，送礼时要慎重，不要轻易赠送这些东西。

5）广告礼品。不要轻易把带有广告标志或广告标语的物品（如台历、挂历、促销用的体T恤衫等）赠送给别人。不然，会让对方产生替你免费宣传之嫌。

6）现金和代金券。在商务活动中，赠送现金和代金券有商业贿赂的嫌疑，尤其是数量较大的现金和代金券会给对方带来麻烦。

7）容易引起异性误会的礼品。在商业活动中，不宜赠送戒指、首饰、内衣等容易引起异性误会的礼品。

（八）通知迎接、陪同人员

1）根据来宾的活动内容，秘书人员应事先拟定出各个项目陪同人员的名单，报请领导批准后，立即通知有关人员不要外出，并做好准备。

2）秘书人员应根据来宾的身份和抵达的日期、地点，通知及安排有关领导或迎接人员到车站、机场和码头迎接。

3）在合适的时机秘书人员要按照大体对等的礼仪原则，安排有关领导看望来宾，需事先通知、安排好地点和陪同人员。

4）根据来宾的要求，秘书人员要安排体育活动，通知体育场馆做好场地、器材等准备，并通知和安排陪同人员。

5）在来宾离开时，秘书人员要通知和安排有关领导或工作人员到住地或车站、码头、机场为其送行。

四、迎接来宾

在做好迎接前的准备工作之后，就进入了迎接工作的实施阶段，秘书人员实施迎接工作的程序如下：

（一）确定迎接规格

迎接规格主要是指接待方派出的迎接人员的级别，重要的迎接活动应组织欢迎队伍迎接客人。迎接规格的确定应考虑来宾的身份、地位和对方的来访意图。

（二）做好接站、接机工作

对于外国或外地的来宾，秘书人员应当妥善安排接机、接站工作，要给来宾留下良好的第一印象。

（三）与来宾见面

在客人到达时，迎接人员应主动上前问候来宾、作自我介绍，并主动同客人握手以示欢迎，欢迎重要的来宾可安排献花。如果领导人亲自去迎接重要的客人，且双方是初次见面，则可由秘书或翻译人员进行介绍。

（四）做好来宾陪同工作

1）秘书人员应引导来宾乘坐事先准备好的车。秘书应主动为领导或来宾打开车门，并用手挡住车门上框，同时提醒领导或来宾小心，等其坐好后再关门，然后自己上车。车到目的地后，秘书应首先下车，为领导或来宾打开车门，并以手挡住车门上框，协助领导或来宾下车。

2）秘书人员应陪同来宾乘车前往住处或举行欢迎仪式的现场。

3）秘书人员应帮客人办理好一切住宿手续并将来宾领进房间，同时向来宾介绍住处的服务和设施，将活动的计划、日程安排告知来宾，并把准备好的地图或旅游图、名胜古迹等介绍材料送给来宾。

4）将来宾送到住地后，秘书人员不要立即离去，而是应陪来宾稍作停留、与其热情交谈，谈话内容要让来宾感到满意，例如来宾参与活动的背景材料、当地的风土人情、有特点的自然景观、人文景观、特产等。

5）秘书人员把来宾送到住地并与来宾交谈片刻后，应考虑到客人一路旅途劳累，请来宾早些休息。离开时秘书人员应将下次联系的时间、地点和方式等告诉来宾。

五、安排宴请

宴请是为了表示对来宾的欢迎、答谢和祝贺，增进双方的了解，融合双方的感情而进行的餐饮招待。宴请是接待工作中最常见的接待形式之一。在排席位之前，要先落实主、宾及有关方面出席的名单。然后分别按礼宾次序排列。

六、按来访目的安排活动

1. 会见、会谈

会见是指在接待活动中，接待方领导与来宾进行礼节性会面。

会谈是双方或多方就某些正式或重大的经济、技术或其他共同关心的问题或事宜，交流情况、交换意见或洽谈业务、商务谈判等。

2. 文艺、体育招待

在接待活动中邀请来访者观看文艺演出或体育比赛的行为，称作文艺、体育招待。文艺、体育招待主要体现对来宾的尊重和友好。

3. 参观游览

参观游览主要是组织来访者对本地的名胜古迹、纪念遗址等进行参观、游览。

七、送别工作

"出迎三步，身送七步"是迎送来宾最基本的礼节，因此，在来宾的公务活动结束后，秘书人员要安排好送行，做到善始善终。

（一）送别的程序

1）了解来宾离开的准确时间。秘书人员应事先了解来宾离开的准确时间，并提前到达其住宿的宾馆，陪同其一同前往机场、车站或码头；也可直接在机场、车站、码头等候来宾，与其道别。在来宾离开之前，秘书人员应安排送行人员按一定顺序同来宾一一握手话别。

2）组织人员在大门口列队欢送。对于重要会议和友好访问，秘书人员应在大门口安排列队欢送，欢送队伍要整齐，工作人员姿态要端庄，态度要和蔼，气氛要热烈。

（二）送别的注意事项

1）来宾提出告辞，秘书人员要等来宾起身后再站起来相送。

2）来宾提出告辞，秘书人员仍端坐在办公桌前，嘴里说再见，而手中还忙着自己的事，甚至连眼神也没有转到来宾身上，这更是不礼貌的行为。

3）通常当来宾起身告辞时，秘书人员应马上站起来，主动为来宾取下衣帽，帮他穿上，与来宾握手告别，同时选择最合适的言语送别，如"希望下次再来"等礼貌用语。

4）如果来宾带有较多或较重的物品，秘书人员在送客时应帮来宾提重物。

5）在与来宾在门口、电梯口或汽车旁告别时，秘书人员要与来宾握手，目送来宾上车或离开，要以恭敬真诚的态度，笑容可掬地送客，不要急于返回，应鞠躬挥手致意，待来宾移出视线后，才可结束告别仪式。

6）在送别来宾的过程中，秘书人员应目视来宾，不要东张西望。

7）秘书人员要根据接待规格和以往惯例确定欢送客人的规格。

8）如果是远方的客人，秘书人员应为来宾预定返程票，并安排交通工具，陪同其前往机场或车站、码头。

【案例及点评】

老王接待工作经验之谈

老王可算是畅想公司的元老了。自打公司成立以来，他就一直从事办公室工作。对于如何做好接待工作，他更是经验丰富。根据多年的实践，他总结出高格接待的一套工作程序。

首先要搞清领导意图，然后根据领导意图，拟定接待方案，最后将方案交给领导审阅。制定方案时至少要考虑以下内容：

（1）来访客商姓名及其公司名称。

（2）合同项目概况。

（3）客商的目的、要求、人数、性别、身份、生活习惯、到达日期。

（4）工作日程安排及会见、宴会、娱乐活动等的规格、次数、时间、地点。

（5）由哪位相应身份的高级管理人员负责这次接待。

（6）由谁担任专职陪同人员。

（7）由谁担任对口工程技术（或业务）的主谈判，其他谈判人员名单，翻译、后勤服务人员名单。

点评：接待方案是秘书完成接待任务的依据。制定接待方案既要考虑现行规定、领导意图，又要考虑来访者的相关情况及各种主客观条件，因此，必须从实际出发尽量使方案内容周详。案例中老王的经验值得借鉴。

思考实训

1. 简要说出团体接待的工作程序。

2. 实训情景：

根据中等职业学校培养目标和学生职业技能的训练要求，××省教育厅非常重视中等职业教育实训基地建设。基地建设注重以下工作：加强校内实训场所；形成学校相关专业群；增强学校的办学能力；满足职业学校教学和训练的要求；提高学生技能训练水平；满足企业对技能型人才的要求。经过一段时间的实施，省教育厅领导决定派检查组到各学校检查实训基地建设情况。通过走访，省教育厅将根据具体情况，在 2007 年准备专款资助一些重要的实训基地建设，率先在一些全国重点中等职业学校建立样板基地，及时推广实训的先进经验。省教育厅领导通知××市职教中心学校，他们将于 2006 年 9 月 3 日～4 日对贵校实训基地进行考察，考察人员为省教育厅副厅长×××、省财务处处长×××、省职教处处长×××、两位重点大学的专家。

实训要求：根据以上情景内容，设计一份接待方案。

第三节 宴 请

学习目标

1. 掌握宴请接待的程序。

2. 懂得宴请接待的艺术。

情景导入

盛达公司经理就下一步合作事宜宴请合作伙伴君友公司的领导一行6人，整个宴请由秘书安排，共11人。可是由于秘书的疏忽，接待名单中漏掉了君友公司的李副总经理，导致李副总经理在宴席上找不到自己的席位，这时秘书该怎么办？从中可以吸取什么教训？

知识精讲

宴请活动是现代社会必不可少的交际手段，是构建和谐人际关系的润滑剂，是加强沟通和协调的重要手段和桥梁。

一、宴请的准备

（一）确定宴请的相关要素

1）宴请的名义，即由谁出面宴请。一般以单位或领导个人的名义举行宴会。

2）确定宴请范围。宴请的范围是指主客双方参加宴会人员的范围。在确定邀请范围时，秘书人员要考虑宴请的性质、主宾的身份、国际惯例、双方的关系以及政治环境等因素，在国内宴请时除必要的陪同人员外，应尽量减少主方人员。

3）确定宴请形式。秘书人员应根据实际需要确定宴请形式。

4）确定宴请时间。宴请时间应当列入接待日程，在具体安排宴请时间时，秘书人员应考虑来宾的禁忌，事先与来宾协商。

5）确定宴请地点。正式宴请活动可安排在宾馆内，对于一般的宴请秘书人员可根据实际需要选定地点，如冷餐会、酒会等也可在露天举行。

6）确定主持人和致辞人。宴会主持人由主办方安排有一定身份的人士担任。致辞人的安排比较灵活，如大型活动举行的宴会，由主办方的领导人致辞；双边活动中举行的宴会，主人和主宾都要致辞。

（二）发出邀请

1）正式宴请一般都发请柬，用书面邀请的形式以示重视。

2）国内交往中的宴请，可以用电话邀请或当面邀请，也可以发书面请柬。

3）对所有被邀请者要一视同仁，邀请形式要一致。

（三）拟定菜单

在组织宴会厅时，菜单的选择至关重要。秘书在确定菜单时，应根据接待的规格、预算的经费和宴请的形式来安排。重要宴请须提前安排好菜单，并请领导审阅。宴会订菜应该注意以下几点：

1. 订菜

1) 客人的忌好。订菜前要了解客人（主要客人）的喜好与禁忌。

2) 有地方特色。宴请活动在某种意义上也是对饮食文化的一种宣传。以地方菜系为主，是宣传饮食文化的最好方法。在尊重客人忌好、照顾客人饮食习惯的前提下，应尽可能安排具有地方特色的菜系，从而能使宴会活动办得更加成功。

3) 道数与份量。确定道数与份量要注意三点：一是坚持适中原则，过多会造成浪费，就会造成不良印象，过少则不够礼貌；二是看每桌宴席的人数，对于人数多的，道数与份量应相应增加；三是平衡道数与份量，如果道数少则每道菜的份量要丰满一些，反之，当菜肴道数多时，每道菜肴的份量可适当少些。

4) 品种多样。品种多样包括烹调方法要多样，从而使菜肴品种丰富多彩；原料选用要广泛，注意营养的平衡和色彩的变化；味道要多种，不能单一化；造型要美观，使每道菜肴都能做到色、香、味、形俱佳。

2. 订酒

涉外宴会用酒大致有三类：一类是餐前开胃酒，常用的有雪利、葡萄酒、马丁尼、金酒加汽水和冰块、威士忌加冰块等，一般只在进餐前喝一小杯；一类是席间佐餐用酒，如红、白葡萄酒，也可用其他软饮料代替；再一类是餐后用酒，可上烈性酒，供客人选用。一般的冷餐会和酒会，不分餐前、餐间和餐后，可供应各种酒类和饮料供客人选用。

知识链接

中国八大菜系

1) 粤菜：是以广州、潮州、东江三地的菜为代表而形成的，以广州风味为代表。其特点是原料较广、花色繁多、形态新颖、善于变化，讲究鲜、嫩、爽、滑，一般夏秋力求清淡，冬春偏重浓醇；善于五滋（香、松、臭、肥、浓）和六味（酸、甜、苦、辣、咸、鲜）调味，菜肴色彩浓重，滑而不腻。

2) 闽菜：是以福州、泉州、厦门等地的菜肴为代表发展起来的。其特点是色调美观、滋味清鲜，多以海鲜为原料烹制各式菜肴。

3) 苏菜：是以苏州、扬州、南京、镇江四大菜为代表而构成的。苏菜用料严谨、注重配色、讲究造型、四季有别，其特点是浓中带淡、鲜香酥烂、原汁原汤、浓而不腻、口味平和。

4) 浙菜：是以杭州、宁波、绍兴、温州等地区的菜肴为代表发展而成的。其特点是清、香、脆、嫩、爽、鲜。

5) 湘菜：是以湘江流域、洞庭湖区和湘西的菜肴为代表发展而成的。其特点是用料广泛、油重色浓，多以辣椒、熏辣为原料，口味注重香鲜、酸辣、软嫩。

6) 徽菜：是以沿江、沿淮、徽州三地区的地方菜为代表构成的。其特点是选料朴实、讲究火功、重油重色、味道醇厚、保持菜式的原汁原味。

7) 川菜：是以成都、重庆两地的菜肴为代表。川菜重视选料、讲究规格、分色配菜主次分明、鲜艳协调。注重调味，离不开三椒（即辣椒、胡椒、花椒）和鲜姜，以辣、酸、麻脍炙人口。注重综合用味，汁较浓，在咸、甜、麻、辣、酸五味基础上，加上各种调料，相互配合，形成各种复合味。

8）鲁菜：以济南和胶东两地的地方菜为代表。其特点是清香、鲜嫩、味纯，十分讲究清汤和奶汤的调制，清汤色清而鲜，奶汤色白而醇。

（四）布置宴会场所

1）气氛。正式宴请活动应体现严肃、庄重、大方的气氛。茶话会、致辞、酒会等则可以轻松活泼一些。

2）音响。大型宴会如果有讲话、致辞，秘书人员应提前放置扩音设备。

3）桌次的安排。中餐宴会常用圆桌，西餐宴会也可摆成长桌、方桌、马蹄形桌或"T"字形桌等。当桌数较多时，秘书人员应将桌子与桌子之间空出一定的距离，以便主方人员向各桌来宾敬酒。排桌一般遵循"中心为上，远门为上，近主为上，以右为上"的原则，即数桌围成众星捧月形时，以中间一桌为主桌；离门越远，桌次越高；越靠近主桌，桌次越高；与主桌等距离，以面向正门的方向为准，右侧桌次相对于左侧高，如图 6-5～图 6-8 所示。

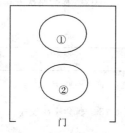

图 6-5 宴会桌次安排一

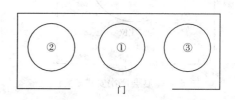

图 6-6 宴会桌次安排二

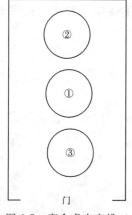

图 6-7 宴会桌次安排三

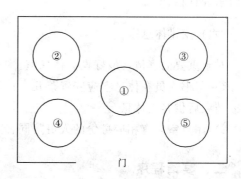

图 6-8 宴会桌次安排四

（4）席位的安排。席位即同一桌的座次高低。安排席位的主要依据是礼宾次序，如图 6-9～图 6-13 所示。

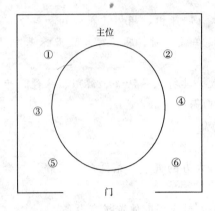

图 6-9 宴会座次安排一

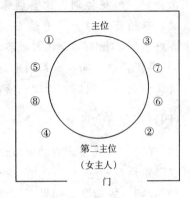

图 6-10 宴会座次安排二

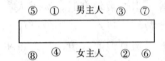

图 6-12 宴会座次安排四

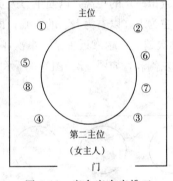

图 6-11 宴会座次安排三

图 6-13 宴会座次安排五

（五）安排乐队

在宴请期间，秘书人员还应安排乐队演奏席间乐，但不要同就餐桌靠得太近，演奏时乐音宜轻。

（六）安排休息室

对于重要的宴请，最好设有休息室。

1）秘书人员在休息室应安置茶几、沙发，备茶点、水果，以便在宴会正式开始之前或结束后供客人休息。

2）休息室应有相应身份的人员陪同客人。

二、宴请程序

非正式的宴请无须讲究过多的程序和礼节，但正式的宴请则必须是讲究规则的。正式宴请分为迎宾、入场、宣布宴会开始、介绍主要来宾、致辞、祝酒、就餐与交流、散宴和送别等程序，如图 6-14 所示。

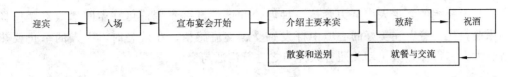

图 6-14　宴会程序

（一）迎宾

宴请重要客人，主人一般应在门口迎接客人，单位的其他领导和秘书应陪同主人共同迎接来宾。如果主人在宴会厅里与客人寒暄，秘书则应代主人在门口迎接并引领客人进入宴会厅。

（二）入场

小型宴会在客人到齐后，由主人陪同客人从休息室进入宴会厅，主人和主宾应走在前面，其他人按身份高低的次序依次进入。参加大型宴会的普通客人应提前进入宴会厅。当主要客人到齐后，由主人陪同按礼宾次序排列先后进入宴会厅。这时全场起立，鼓掌表示欢迎。主人与主宾入席后，其他人方能坐下，宴会即开始。

（三）宣布宴会开始

举行大型招待会一般先由主持人宣布："×××××××宴会（或酒会、冷餐会）开始。"

（四）介绍主要来宾

宴会开始后，由主持人介绍主人、主宾和其他主要来宾。如果相互熟识，可免去此项。

（五）致辞

我国举行的宴会，致辞一般都放在宴会一开始，先致辞、后用餐。国外举行的宴会，致辞一般是在热菜之后、甜食之前。冷餐会和酒会的讲话时间则比较灵活。致辞前，主持人应先介绍致辞人的身份。欢迎或欢送宴会宾主双方都要致辞，顺序为先主后宾。这里所讲的主是举行宴会的主人，而不是东道主。如中方举行欢迎宴会，中方为主人，外方为客人；而外方在中国举行答谢宴会，则外方为主人，中方为客人。讲稿可事先交换，由主方先提供。

（六）祝酒

宴会中宾主双方要相互祝酒（又称敬酒），以表达美好的祝愿。宴会祝酒有以下方式：一种是致辞人宣读事先准备好的祝酒词，然后提议共同干杯；二是在一些便宴中，经主持人同意，参加宾客可即兴致辞，然后提议共同干杯；三是主人与客人、客人与客人之间相互碰杯，相互祝愿。

（七）就餐与交流

宴请作为一种社交方式，其目的不单纯是为了请人吃饭。因此，静食不语、闷头喝酒是不礼貌的，主人应努力营造一种融洽和谐的友好氛围。可在席间播放舒缓悠扬的乐曲，让就餐者在美好的心境中抒发感受、交流感情。在就餐时，主人的举止要热情、大方、得体，应主动关照客人并与之进行沟通与交流。

（八）散宴和送别

对于小型宴会，吃完水果，宴会就自然结束。主要客人起身告辞，主人送至门口或车前。对于大型宴会，可以由主持人在发表一番热情洋溢的祝词之后，宣布宴会结束。先请主要客人和领导退席，然后其他客人相互告别离去。

【案例及点评】

袁科长应该怎么办

一次，某市召开拥军座谈会，到会人数为28人。为方便工作，密切地方与部队的关系，领导决定，会议结束后共进晚餐。负责这次接待工作的袁科长，根据领导指示和宴会惯例安排桌次座位，设3桌（圆桌），餐厅正面靠墙为主桌，编1号，靠入口处为2、3号桌，摆成三角形，突出主桌。地方和部队的主要领导在主桌，面向门口，背靠墙的为上座，上座正中间位置为第一主人座位，正对面为第二主人座位。第一主人和第二主人的左右两边分别为第一、二、三、四客人座位。为方便服务，地方主管接待的领导人安排在第一客人的右边就坐，其余主人客人按级别适当安排。2、3号桌也按此程序做好安排，桌上都摆好了入席人员的座位名签。安排好后，请主管领导检查，领导人看后很满意。但没有想到，这次座谈会时间紧，与会人员名单确定得晚，在拟宴席座位方案送领导人审批时，又做了两次调整修改，秘书在抄写中漏掉了应编在主桌的部队王副师长。入席时，站在旁边的袁科长突然看见王副师长在找座位，在场的同志也都紧张起来。

点评：桌位的高低次序，袁科长先确定主桌，并且主桌安排主人和主宾就座，2、3号桌也按此程序做好安排，桌上都摆好入席人员的座位名签，这些都很好。但秘书人员在抄写中漏掉了应编在主桌的部队王副师长，从而使王副师长在就餐时找不到自己的座位，从这点上来说，袁科长和秘书是有责任的，他们没有认真、细致地做好宴请的有关准备工作，因此，在以后的工作中袁科长和秘书在宴请时不但要安排好桌次和座位，也应该认真核对开会与就餐人员，只有这样，才能圆满完成宴请任务。

思考实训

1. 正式宴会包含哪些环节？

2. 某企业设宴宴请一外宾。此外宾对该企业的某个项目很感兴趣，有投资意向。为争取外资，企业的主要领导都出席了宴会，宴会的菜肴极其丰盛，最后剩下很多。按当地习惯，他们没有把剩菜打包带走。可是这次奢华的宴请并没有达到目的，外宾反而取消了投资的打算。试对此案例加以分析。

3. 实训情景：天鹅出租汽车营运公司张总经理亲自到中国××汽车集团公司来看样车、签合同。经过磋商，双方成功签订了第一批合同，天鹅出租汽车营运公司订购"××"轿车1000辆。当晚，为庆祝这一大宗合同的签订，为了两家公司的进一步合作，××汽车集团公司李董事长设宴招待张总经理一行。

实训要求：

（1）在宴会厅门口演示迎接客人、引导客人入场就座的过程。

（2）演示李董事长、张总经理分别致辞、敬酒的场面。

（3）演示席间谈话交流的情景。

（4）演示秘书小刘不小心打翻了酒水，正确处理的过程。

（5）演示送客的过程。

第四节　接待工作中的礼仪

学习目标

能够正确运用接待的各种礼仪进行接待。

情景导入

8月，远东时装公司（广州）拟对供应链管理服务业务进行改革。厂商、分销商、代理商、零售商在以客户为中心的前提下，进行重新的价值定位、增值服务业务。为使全体员工理解企业理念，公司决定邀请中山大学魏斯理教授讲授企业文化知识。8月13日，行政部门委派秘书赵霞到中山大学接请魏斯理教授。

初次见面，赵霞寒暄并自我介绍："早上好！我是远东时装公司的赵霞。"

魏教授："您好！我是魏斯理。"

赵霞："见到您很高兴！"同时双手递上名片说："久闻魏教授大名，认识您很荣幸！这是我的名片，请您多多指教。"

魏教授双手接过名片，并认真地看了一下说："远东时装公司，赵霞秘书，辛苦啦！"说完将名片放在公文包里。并从公文包里拿出自己的名片，双手递过去说："请多联系！"

赵霞："谢谢魏教授！"她认真地看了名片，将名片放入随身的包里并说："今天真要辛苦教授了！Anly经理今天要亲自来接您的，但总经理安排她代表公司去洽谈业务了。"

魏教授："你是她的助手，一样代表公司。我们现在可以启程了。"

赵霞："好的！"

赵霞为魏教授开车门，请他在小车的后排就座，自己绕过车坐在副驾驶的座位。她在车上向魏教授简单地介绍了时间安排。到公司后，赵霞带魏教授乘电梯到20楼会议室，向魏教授介绍张副总经理、郑为副总经理。

知识精讲

从事接待工作的秘书人员是展示组织形象的第一个窗口。礼仪作为人们在长期生活实践中形成的约定俗成的一种行为规范，是社会文明的标志，也是人际交往的准则。因此，礼仪就是秘书人员与众人交往场合中的"通行证"，更是其业务素质和自身修养的一种标志。要想做好接待工作，良好的礼仪风范是最基本的。秘书人员在接待中必须掌握介绍、握手、交换名片、引导、陪车、奉茶、陪同和送客等礼仪知识。

一、介绍

介绍是使不相识的双方相识的一种手段，其分为自我介绍和为别人介绍两种。

自我介绍一般包括自己的姓名、身份和所在单位等。自我介绍应谦虚、简明。

为他人介绍是指在初次见面时由第三者为双方介绍的形式。这种介绍的礼仪主要有以下几项：

1）要注意介绍者的身份。在社交活动里，介绍者通常应当是主人。在多方参与的正式活动中，可由各方负责人将己方人员一一介绍给其他各方人士。

2）介绍的方法。一般情况下，介绍人和被介绍人（除年迈者和身体原因外）都应站起来，以示礼貌和尊重；等介绍人介绍完毕后，被介绍的双方应微笑点头示意或握手致意；说出对方的名字是最亲切也是较有礼貌的反应。

3）介绍的顺序。按地位高低，先介绍低的，再介绍高的；若双方地位相同，则按年龄，先介绍年轻的，再介绍年长的；或按性别，先介绍男性，再介绍女性。在介绍时要礼貌地用手示意，不能用手指点。

二、握手

握手致意是迎来送往的基本礼节。

1）握手的准确方式是：注视对方，微笑致意，距离受礼者约一步，上身稍向前倾，两足立正，伸出右手，四指并拢，用手掌或手指用一点力握住对方的手掌，微微抖动3～4次，然后松开，通常以3秒钟左右为宜。

2）握手的顺序是：男女之间，女士先伸出手；长辈与晚辈之间，长辈先伸出手；上下级之间，上级先伸出手，下级才能与上级相握；宾主之间，主人先伸出手，客人再相迎握手。

三、交换名片

随着社会的发展，名片已经成为社会交际中不可缺少的工具之一。名片主要用于自我介绍和建立联系之用，也可作为简单的礼节性通信往来，用来表示祝贺、感谢、辞行、慰问等。

名片的递送，要讲究礼仪。通常是在自我介绍或被别人介绍后出示的。

1）递送名片的方法：在向对方递名片时，应起立，上身向对方前倾，面带微笑，注视对方，将名片正面对着对方，用双手的拇指和食指分别持握名片上端的两角送给对方。递送时说诸如"这是我的名片，请笑纳"、"我的名片，请多多关照"的客套话。

2）递送名片的顺序：地位低的人先向地位高的人递名片；男性先向女性递名片；当面对许多人时，应先将名片递给职务较高或年龄较大者，如果是在分不清职务高低和年龄大小时，可由近及远，依次进行。

3）接受名片的方法：在接受他人递过来的名片时，应尽快起身，面带微笑，用双手拇指和食指接住名片下方的两角，并说"谢谢"，随后有一个微笑阅读名片的过程，阅读时可将对方的姓名职衔念出声来，并抬头看看对方的脸，使对方产生一种受重视的满足感。然后，回敬一张本人的名片，如果身上未带名片，则应向对方表示歉意。

四、引导

当与来宾同行时，通常应走在来宾的左前方约一步远，为便于与来宾交谈，还应将身体稍向右侧转。行进过程中应随机找一些话题与来宾攀谈，以免一路过于沉寂、尴尬。当走到路口或走廊拐角时，要伸出右手向来宾示意走向，并提示"请这边走"。乘电梯前，须向客人说明"在×楼"。进出电梯应礼让来宾先行，并主动操作按键。在进入接待室或办公室时，应主动开门，请领导或客人先进去。进入室内后，客人如果有外套、帽子、雨伞等物，应取来放至衣帽架或明显处，并向客人说明："×先生，您的外套挂在这里。"同时，将来宾引至上座（室内离门口最远的座位）入座。如果秘书是随从人员，则应走在来宾和主陪人员的后面。

五、陪车

秘书人员应引导来宾乘坐事先准备好的车。秘书应主动为领导或来宾打开车门，并以手挡住车门上框，同时提醒领导或来宾小心，等其坐好后再关门，然后自己上车。当车到目的地后，秘书应首先下车，为领导或来宾打开车门，并以手挡住车门上框，协助领导或来宾下车。

按照国际惯例，五座小轿车座位的礼宾次序在有专职司机时，通常是"前低后高，右高左低"，来宾和主人坐在后排，且让来宾坐在主人的右侧，秘书或翻译坐在前排；如果单位领导兼任司机，则第一主宾安排在前排司机副座上，如图6-15所示。

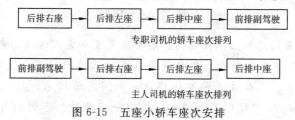

图6-15　五座小轿车座次安排

六、奉茶

客人落座后，接待人员要立即送上茶水或饮料。一般客人可使用一次性纸杯，重要客人要使用专用的茶具。泡茶要用开水，杯内的茶水倒至八分满。敬茶可按顺序由右往左逐个奉上，也可按主要的宾客或年长者、其他客人、上级领导、其他同事的顺序。递杯子时要以右手为主，左手随上。

七、陪同礼仪

对于有些外地来的贵宾，主方安排参观、游览，需要秘书陪同，秘书需充当"导游"的角色。秘书应该提前到贵宾下榻的宾馆等候，在陪同过程中，秘书要处处照顾好贵宾的安全，要对参观的交通路线、用餐、休息处等做好事先联络安排，要随时对参观的内容和游览景点作适当介绍，这就要求秘书熟悉游览地的建设概况、历史演变、人文和自然景观乃至风土人情等。

八、送客礼仪

1）主动帮助宾客确认、拿取所携带的行李物品，并帮助宾客小心提送到车上。

2）根据客人身份的尊贵程度，将客人送至电梯间、公司大门口或直至将客人送上车。

3）送客人到电梯时，要为客人按电梯按钮，在电梯门关上前道别。

4）如果要陪同客人乘坐电梯，通常是客人先进电梯，主人后进；主人先出电梯，客人后出。

5）当秘书人员和领导一起送客时，秘书要比领导稍后一步。

6）安放好行李后，应向宾客作一下交代。

7）要施礼感谢光临和致告别语，如"祝您旅途愉快，欢迎下次再来!"、"祝您一路平安，同时希望我们合作愉快!"等。

8）在帮助宾客关车门时，时间要恰到好处，不能太重、也不能太轻。

9）车门关好后，不能马上转身就走，而应等宾客的车辆启动时，面带微笑，挥手告别，目送车子离开后才能离开。

【案例及点评】

周恩来送客

1962 年，周恩来同志到西郊机场为西哈努克亲王和夫人送行。亲王的飞机刚起飞，我国参加欢送的人群便自行散开，各自找车准备返回，而周恩来这时却依然笔直地站在原地未动，并要求工作人员立即把那些找车的同志请回来。这次周总理严厉起来，发了脾气，狠狠地批评："你们怎么搞的，没有一点礼貌! 各国的外交使节还在那里，飞机还没有飞远，客人还没有走，你们倒先走了。大国这样对小国客人不是在搞大国主义吗？"当天下午，周总理就把外交部礼宾司和国务院机关事务管理局的负责同志找去，要他们立即在《礼宾工作条例》上加上一条，即今后到机场为贵宾送行，须等到飞机起飞、绕场一周、双翼摆动3次表示谢意后，送行者方可离开。

点评： 这个案例，体现了周恩来同志是一个真正的外交家。他在送国外友人时，表现了一个大国的礼貌。

思考实训

1. 秘书小李在总经理办公室遇见了原工作单位的老领导一行人，他便迎上前去热情地握住她的手，边握手边寒暄。然后，掏出自己的名片，发给每一个来访者。小李的行为举止对吗？为什么？

2. 实训情景：

有两位外宾来你公司访问，领导决定由你负责接待和陪同。

实训要求：

请模拟演示下列情景。

（1）在门口迎接客人（进行介绍、握手、交换名片）。

（2）引导客人前往接待室。

（3）为客人奉茶。

（4）与两位外宾及你的领导乘车到风景点游览（座次安排及上下车姿势）。

第七章 信息管理

　　秘书的办公室是机关、公司的信息集散地，秘书是领导、上司与各职能部门，上级与下级之间的桥梁和媒介。秘书为领导和整个机关、公司起着信息的提供、反馈、传递等枢纽作用。无论是为领导服务，还是为各部门服务，都要求秘书要做好上情下达、下情上传的工作。秘书和秘书部门应掌握信息、综合利用信息、注意开发信息，才能更好地出谋划策，为领导的科学决策打下良好基础。信息工作的程序包括收集、整理、传递、存储、利用、开发和反馈。

第一节　信息收集

学习目标

1. 了解信息收集的范围。
2. 掌握信息收集的方法和途径。
3. 能运用多种方法收集信息。

情景导入

沙里淘金

　　小张是刚从大学毕业分配来的某厂办公室秘书，虽然他早就听人说过信息是资源、是财富，但究竟它的价值有多大，对领导决策能起多大作用，小张总感到说不清。在一次领导办公会上，办公室卢主任让小张作记录，他才对信息工作有了切身的理解。

　　会上，管设备的副厂长提出技术改造方案，以提高企业的竞争力，要求把刚刚收回的一大笔资金，重点投放到购买机械设备上。管财务、管生产的副厂长都表示支持。当厂长正要拍板决断时，卢主任说他想向各位领导汇报一个新情况，供领导们参考。领导们的目光一起转向他。

　　"我先说几条信息请领导们参考：一是我国粮食在进入市场后，粮价上调的趋势十分明显；二是国际上几个主要粮食进口量大的国家今年均遭受自然灾害，国际性粮食歉收趋势已定；三是供应我厂工业粮食的原料产量区今年都遭到严重的水灾；第四，今年又是乡镇企业发展很快的一年，这些乡镇企业不少是利用其资源优势从事投资少见效快的食品和酿酒业，都将以粮食为原料。根据以上情况，我预计，近期粮价必将上涨，而且上涨幅度较大，可能每千克上涨 0.2 至 0.5 元之间。我厂每年工业原料用粮 10 万吨，按每千克原料用粮上涨 0.3 元计算，每吨将上涨 300 元，10 吨就是 3000 元，全年就是 3 千万！因此，我建议当务之急是在粮食涨价前购进原料，这样可以降低成本，提高竞争力，获得可观的经济效益。然后再把获得的盈利投入技术改造。由于经济实力增强了，我们进行技术改造的起点就可以更高些，最好能达到国际先进水平。这样，就为我们的产品参与国际市场竞争打下坚实基础。"

卢主任的发言结束后，会场一片寂静。领导们有的拿出计算器仔细地算着；有的掏出钢笔，在本子上写着；还有的托着脸腮在沉思……

过了一会儿，厂长的发言打破了寂静："卢主任提出了一个值得我们深思的问题。我同意他对粮食价格变化所作的分析和预测。现在摆在我们面前的问题，是先搞基本建设和技术改造，还是先购进即将涨价的原料，取得经济效益后再以更大的投入进行高起点的技术改造。请大家对这两个方案再议一议。"

大家七嘴八舌地讨论起来，会议气氛十分活跃。经过反复比较、分析、论证，厂领导最后一致同意采纳卢主任的建议，即先购进粮食原料，再进行技术改造。

后来的事实证明：卢主任的预测是完全正确的，他的方案使企业获得了巨大的利润，整整多赚了一个亿！

小张敬佩地对卢主任说："看来信息是金钱的说法一点不假！您是怎样获得这些信息的呢？"

卢主任说："信息变化极快，信息工作无止境。这次我们虽然从大量信息中淘出了一些金沙，但不知道还有多少金矿等待我们去开掘、去淘洗、去利用。稍一马虎，它就会从你眼皮底下溜走。"

淘金，把小张引入了对信息工作的深层思索……

 知识精讲

信息的收集是秘书人员根据一定的目的，通过不同的方式收集、获取信息的过程。信息的收集是信息工作的基础和前提，没有信息，就不可能有信息工作。

一、收集信息的范围

秘书部门是综合办公部门，收集信息是为领导决策和各项管理工作服务的，其收集信息的范围十分广泛，既有综合性的，也有技术业务性的。秘书人员收集信息的内容随服务领域与目的的不同而有差异，一般应包括如下几项。

1）政策法规信息：是直接指导本级领导机关工作的准则，是决策的主要依据。

2）社会动态信息：是指反映社会发展动态的各种环境信息，是领导决策的环境依据。

3）组织内部信息：是各级领导机关所管辖系统内的各种信息，是领导决策的实践基础。

4）国际信息：主要内容有世界各国政治、经济、军事、科技、教育、文化、管理等方面的信息。

5）同级相关信息：是指平行单位之间的有关信息，包括来往的文书材料，相互交换的信息资料，相互之间交流的经验及批评、建议、要求，也是领导决策的依据。

二、收集信息的渠道

1）会议。秘书人员在组织展览会、订货会和专业技术交流会等过程中获取有效有价值的信息。

2）网络。网络是秘书人员收集、传递和加工信息不可缺少的渠道，是信息源和信息需求者之间的媒介。

3）大众传播媒介。秘书人员可通过广播、电视、报纸等大众传播媒介来获取单位所需要的信息。

4）文书。文书是秘书人员接收上级、同级和下级信息的重要渠道。秘书在办文过程中，可以从文书中获取有价值的信息。

5）调查。秘书人员可以通过调查研究获取既有分析又有建议的高级信息。

6）图书馆。图书馆是信息的宝库，其能提供借阅、阅览及访问计算机媒体等服务。

7）业务。秘书人员可以在业务往来中获取信息。

8）档案。档案是历史的真实记录，包含大量的有用信息，秘书人员可以利用档案资源获取有用信息。

三、收集信息的方法

1）观察法。观察法就是指秘书人员直接用感官或借助其他工具客观获取信息，是收集、获取信息的最基本方法。

2）询问法。询问法就是通过提问、请对方回答来获取信息的方法。秘书人员在询问时，可采用人员询问、电话询问和书面询问3种形式。

3）问卷法。问卷法就是秘书人员向被收集对象提供精心设计的表格及问卷，通过其回答问卷中的问题来收集信息的方法。

4）阅读法。阅读法就是秘书人员通过阅读文字资料、报纸、书刊等来收集信息的方法。

5）交换法。交换法就是秘书人员用自己收集和加工整理的信息资料，同有关地区、部门或单位进行交换、互通情况、互惠互利的一种收集方法。

6）索取法。索取法就是秘书人员采取发函、写信、打电话、发传真等方式向有关单位无偿索取信息的一种收集方法。

7）购置法。购置法就是秘书人员向信息服务单位或个人有偿索取信息的一种方法。

8）网络法。网络法就是秘书人员利用计算机通信网络收集所需信息的一种方法。

知识链接

企业经营的关键在于信息

日本政府和企业对信息工作非常重视，有人形容日本人在收集信息方面像梭子鱼一样什么都不放过。的确如此，日本一些大的公司和企业在世界各地都有自己的外派机构，这些机构既是营业点，又是信息收集点。日本最大的企业之一——日本三菱公司就十分重视信息的收集与研究，雇佣了许多人包括外国人在国内外专门从事商业信息的收集。该公司的信条是：企业的成败在于经营，而经营的关键在于信息和预测。日本索尼公司在20世纪50年代还是一个不起眼的小企业，1953年，该公司总经理盛田昭夫在美国考察时获得了晶体管问世的信息，就立即从美国引进该项技术用于收音机和电视机，从而使企业获得了飞速发展，并跨入了日本公司的前列。日本三井物产株式会社也是日本的大企业之一，它蓬勃发展的一个重要因素也是信息。它建立了一个覆盖全球的信息网，每天获取的信息量达5万件以上，世界各地发生的重大政治、经济和贸易信息，三井总部都能了如指掌。

【案例及点评】

小赵的信息收集工作

阳光职业教育集团为了培养学生的动手能力，使学生毕业后能直接上岗，就想与一些当地著名企业进行校企合作，在学校引进企业流水线。为了真正实现这一目标，校长安排办公室主任小赵负责收集哪些企业可以跟学校合作？小赵接到任务后，把平时在报纸上收集到的宣传著名企业的介绍拿了出来，同时，根据材料在网上详细了解每一个企业的经营范围和理念，并向有关教师及内行人员进行咨询，最后，小赵认为有3家企业比较合适。为了更进一步了解被挑选的3家企业，小赵又通过电话向各企业问询，发现有两家企业有合作的意向，小赵把这一情况及时向校长汇报，又建议校长向企业进行实地考察，校长听了办公室主任小赵的汇报，非常满意，就马上通知负责教学的副校长来办公室商量具体事宜。经过努力，最后，有一家企业与学校达成了协议，决定把生产流水线引到学校，达到学校、企业、学生三赢的目的。

点评：办公室主任小赵的信息收集工作为学校引进企业生产流水线起了很重要的作用。小赵平时注意信息的收集工作，通过阅读法收集报纸、书刊上的文字资料，及时掌握有用信息。在现代社会中，网络是一个大千世界，网络资源可以说应有尽有，小赵也充分利用网络资源，详细了解每一个企业的经营范围和理念，为他的工作带来了不少便利，节约了时间。小赵也利用信息收集的知识，通过询问来了解当地重要的企业及企业与学校的合作意向，为学校领导进行决策提供了很大帮助，同时，又建议校长到企业进行实地考察，以上都是办公室主任小赵收集信息所采取的方法，正因为他掌握了收集信息的方法，才使得校企合作达成协议，实现了学校、企业、学生三赢的目的。

思考实训

1. 天地公司想开拓新产品市场，需掌握大量的商务信息。秘书小李怎样做，才能收集到不同特点、层次和内容的信息。

2. 实训情景：

情景1：

威博电器有限公司为了开拓新市场，根据节省能源、科学利用自然资源的指导思想，拟开发民用太阳能热水器生产项目。公司为此专门召开办公会议，讨论开发民用太阳能热水器的优势及可行性。从节省能源和环保的角度看，太阳能热水器是很有优势的，但产品应用的可行性和市场前景如何，还须根据有效的市场信息进行综合分析和科学预测，才能做出正确决策。

实训要求：

试以威博电器有限公司秘书的身份，围绕太阳能热水器开发的可行性收集有关信息。

（1）在网上收集有关太阳能热水器发展前景的信息，并标出信息来源网址。

（2）设计一份调查问卷，向消费者收集各种家用热水器的使用意见，并进行统计分析。

（3）向有关能源部门了解各类热水器（电热水器、管道煤气热水器、瓶装煤气热水器）的使用成本；同时向本公司技术开发部了解太阳能热水器的使用成本。

（4）到商场收集各类热水器的销售价格，向商家了解各类热水器的销量和消费群体，并说明信息来源。

（5）向城建管理部门、太阳能开发应用技术部门了解民用太阳能热水器的可行性。

情景2：

公司吴经理将要带程副总、业务部周部长和一名技术骨干去印度考察。请秘书小王拟出办理出国手续的主要工作，并通过网络了解出国的相关信息。

实训要求：试帮助小王做这些工作。

第二节　信息整理

学习目标

1. 掌握信息整理的步骤、要点和方法。

2. 能科学地进行信息分类、筛选和校核。

3. 能对原始信息进行加工，编制出有用的信息。

小李到办公室担任秘书后，工作非常认真，凡是工作活动中产生、形成的信息材料都收集起来，存放在抽屉里。日积月累信息材料已经充满了小李的好几个抽屉。一天，领导要查阅一份市场调查报告，小李望着好几抽屉的信息真有些不知所措，翻来翻去怎么也找不到，急得满头大汗。看到这一情景，领导对小李说："信息要收集，但也要妥善处理，不然你很快会被'文山'所淹没。"小李点点头，从此，小李十分重视信息的整理工作。

知识精讲

信息的整理是对收集到的原始信息在数量上加以浓缩，在质量上加以提高，在形式上加以变化，使之便于存储和传递的过程，即"去粗存精、去伪存真，由此及彼、由表及里"的过程。信息整理是整个信息工作的核心。秘书人员的信息整理步骤如图7-1所示。

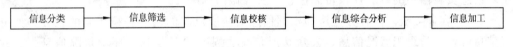

图 7-1　信息整理步骤

一、信息分类

信息分类就是根据信息反映的内容性质和其他特征的异同，对它们进行分门别类的组织的一种科学方法，是为了对已掌握的呈现无序状态的信息材料进行梳理分析，以便于区分不同情况以找出最需要的内容，便于对某一问题进行系统反映。

1. 信息分类的步骤

1）辨类。辨类是对信息资料进行类别分辨，即对信息资料进行主题分析，分辨其所属类别的过程。

2）归类。归类是对所收集的信息按照特定的原则和方法，根据信息内容的某种特性和管理利用的具体要求，将其分门别类地组织起来的过程。

2. 信息分类的环节

首先依据信息资料的特征对各种信息按一定的标准进行类别划分，特征相同的信息资料归为一类，称为母类。其次再对母类进行分析，划分不同的类别，称为子类。子类再根据具体情况细分，分为若干小类，这样一来就形成了有秩序、有层次的分类体系，如图7-2所示。

$$信息资料 \begin{cases} 母类 \\ 母类 \end{cases} \begin{cases} 子类 \\ 子类 \end{cases} \begin{cases} 小类 \\ 小类 \end{cases}$$

图 7-2　信息分类层次

3. 信息分类的方法

1）对象分类法。这种方法常用于对书信等往来文件的分类。文件的名称就是对象的姓名，取出文件一看，过去的书信往来一目了然，查阅也十分方便。

2）主题分类法。这是一种根据信息资料所反映的主题进行分类的方法。在大型单位里，由于事物繁多、情况复杂，各种主题的活动都可能开展，各种主题的信息资料都可能被大量搜集，因此，按主题分类有利于集中地为相应主题的活动提供所需的信息资料保证。

3）形式分类法。这种方法是将单据、合同、广告稿、新闻稿、报告书、建议书、信函、文件、调查记录、报刊文章等按形式区分，相同形式的信息资料再按时间细分，形成一种按形式汇集的文档。这种分类有利于及时查找到同种形式的多件信息资料。

4）来源分类法。来源分类法即将信息资料根据其来源做出分类，把相同来源的信息资料归在一类。如来自上级主管部门的信息、来自某一信息中心的信息、来自咨询机构的信息、来自组织内某一部门的信息、来自消费者方面的信息等。这种方法有利于对信息资料内容的权威性、可靠性、真实性做出判断。

5）内容分类法。内容分类法即根据信息资料所反映的内容进行相应的区分。如可将信息资料分为组织状况信息、公众状况信息、媒介状况信息、环境状况信息、公共关系案例等类。在各大类之下，再依据其内容情况区分为若干小类。

6）通用分类表分类法。通用分类表分类法即根据信息资料的情况，借助于"图书资料分类法"或"档案分类法"进行分类。一般地说，对于综合性强、涉及面广、拥有信息资料数量较多的单位，可以考虑采用此法。

4. 信息分类的原则

1）适用性原则。信息资料的分类要本着以用为重的原则来进行，必须遵循适用性原则。

2）综合性原则。分类的目的不在于对信息资料进行详尽的区分，而是要进行分类综合化，即能使相应的信息资料得以集中。

3）渐进性原则。分类不能从细微之处开始，它应按照下列顺序进行：上位概念（大分类）——中位概念（中分类）——下位概念（小分类）。只有这样，才能保证分类工作的正常进行。

4）相斥性原则。相斥性原则即经过分类而形成的类别都应有着明确的定义，类别间不能有概念的重复和欠缺。

5）并置性原则。并置性原则即经过分类而形成的类别是相似概念或有关联的概念，在分类体系中应排列在相近的位置，而关联性较小的应排列在较远的位置。

二、信息筛选

信息筛选是指秘书对收集到的大量信息进行甄别，经过初步分析与研究，从中剔除虚假、无效或已失效的信息，挑选出信息的核心内容或对本单位工作有实际价值的内容。

1. 信息筛选的步骤

信息筛选的步骤为：审查核对——→比较鉴别——→分析判断——→认真选择。

2. 信息筛选的方法

1）查重法。查重法即秘书人员通过审查核对，剔除内容重复的信息，选留有用的信息，以减少其他信息工作环节的无效劳动。

2）时序法。时序法即秘书人员按时间顺序对信息资料进行取舍，在同一内容的情况下，选择时间较近的新的信息资料，剔除时间较远的陈旧的信息资料。

3）比较法。比较法即秘书人员将同类型的信息进行比较，测定其信息含量，选择信息含量大的信息，剔除信息量较小的信息。

4）测评法。测评法即秘书人员对某些专业性强、技术性强的信息，请有关专家或专业人员进行测评，根据其评估结果，结合单位当前与长远的需要综合考虑选留和剔除的问题。

3. 信息筛选的要求

信息筛选是信息整理的一项基础性工作。对提高信息的利用率起着至关重要的作用。信息筛选要做到以下几方面：

1）准确。准确就是要真实、全面地反映客观事物的本质特征。秘书在信息筛选时，应重点审核信息的内容是否是实际工作的反映；内容有无虚构，有无夸大或缩小，甚至弄虚作假；人名、地名、单位及有关数据是否准确等内容。

2）及时。这是由信息时效性的特征决定的。秘书在信息筛选时，一是在思想上要高度重视，不要延误；二是要注意反映事态发展在时间上的连续性。

3）完整。一篇完整的信息材料，对所涉及的问题或事件的性质、处理方案、发展趋势等都要交代清楚。

4）新颖。新颖指信息中所反映的问题或提出的观点有新意。如本单位在建设和改革过程中出现的新情况、新问题，不同阶层人士中的新思想、新观点，知名人士和各界群众提出的有价值的新建议。

三、信息校核

信息校核是对初步甄别的信息作进一步的校验核实。

1. 信息校核的范围

信息校核的范围是：信息中需用的事实、观点、数据、图表、符号，以及时间、地点、人物等；有关部门政策、法规、重要计划、主要数据、典型事例的信息中的出处、地名、人名、时间、事实和数据等。

2. 信息校核的方法

1）溯源法。对收集到的信息所涉及的有关问题进行审核查对，首先要溯本源。如尽量找到具有第一手资料的现场和掌握第一手资料的人；核对有关原书、原件等原始资料，并查对其主要参考文献；按信息内容所叙述的方法、步骤，自己重复一次试验或演算。这样可以从根本上保证信息的真实、避免错误。

2）比较法。比较法就是对照事物、比较材料。有些信息由于主观条件所限是难以溯源的，这时可采用比较的方法，即比较各种人的材料、各种时间的材料、各个方面的材料，在某一事实上，说法、结论是否一致，如果一致，则基本上可以得到证实。

3）核对法。核对法即依据直接的最新的权威性材料，进行对照分析，发现并纠正信息中的某些差错。例如用《中国统计年鉴》来对照某一部门的年终统计资料。

4）逻辑法。逻辑法即对信息中所表达的事实和叙述方法进行逻辑分析，发现问题和疑点，从而辨别真伪。例如，同一材料前后矛盾，依据逻辑学中的"矛盾律"，就可以断定其中一个错了，或者两个都错了。通过分析，就容易发现其中不真实的因素。

5）调查法。调查法即对信息中所表达事物的运动变化情况，通过现场调查来验证它的真实性和准确性。应对要素不全、揭示事物本质不透彻的信息进行追踪调查、补充完善、深度挖掘，从而加工成具有一定深度的信息。

四、信息综合分析

信息综合分析是秘书人员对信息深加工的理性过程，从整体上分析研究、系统归纳获取的信息，使之更加条理化、系统化。

五、信息加工

信息加工就是秘书人员在信息分类、信息筛选、信息校核、信息综合分析的基础上，对信息进行重新编选，编制出新的信息产品。常用的信息加工方法有以下几种：

1）充实内容。秘书人员可在经过整理的信息基础上，采用纵深法进一步充实信息的内容，挖掘信息的潜在价值。在信息加工过程中，秘书人员既需要充分利用经过加工的信息资料，也需要利用各种最新的信息资料，进行对比分析，揭示信息的最大价值。

2）综合分析。秘书人员可采用归纳法对经过整理的信息加以系统地综合和归纳，进一步综合分析信息的利用价值。综合分析的信息加工过程要求分类合理、综合准确，因而要求秘书人员要有较强的逻辑思维能力和文字表达能力，以防止信息在归纳中产生歧义。

3）提出意见。秘书人员可以对经过整理的一些重要信息资料提出相应的处理意见，供领导参考。秘书人员在信息加工过程中，要有的放矢地提出参考性建议、办法、观点和方案，才能有效发挥参谋助手的作用。

4）修饰润色。秘书人员对经过整理的信息材料的语言文字、篇章结构等方面要认真推敲、反复修改，使之趋于完善。

知识链接

信息管理手段

按照信息管理的自动化程度，各单位的信息管理手段可以分为手工管理、半自动化管理及信息化管理3种方式。

1）手工管理：手工管理是指由工作人员进行手工操作管理占主要成分的方式。在不具备办公自动化条件的单位，大量的信息收集和整理工作，如信息的分类、编目、检索等一直是由手工完成的。这种管理方式在一些信息的形成和使用量较小的单位仍然存在。

2）半自动化管理：半自动化管理是指部分借助于计算机进行辅助管理的信息管理方式。目前很多单位都已借助于计算机实现了部分信息的自动化管理，但往往只限于单机或局部管理，充分高效的信息利用效果还未实现。

3）信息化管理：信息化管理是指一个单位的信息管理在现代信息技术的支持下、在网络范围内实现全程自动化的管理，信息的利用规模和效果空前提高。通过信息化手段的使用，使得信息传递反馈在组织内部畅通无阻，组织内部员工之间，员工与领导之间，团队之间的纵向、横向、交叉沟通皆成为可能，所有人之间的沟通达到了前所未有的充分和高效，也为科学的决策工作提供了保证。

【案例及点评】

我 们 也 应 当 做 到 这 样

某大型国有企业集团总公司因没有及时掌握信息，给总公司的工作带来了不利的影响，就更谈不上决策科学化、领导科学化。总经理曾深有体会地说："现在总公司的信息实在不灵通。例如，由于公司不仅在国内有众多分公司，在国外也有不少分公司和办事处，今年发生的几起重大事件，经过层层上报，总公司在几天甚至几十天之后才知道，这叫我们怎么能及时处理呢？还有，政府的重大决策、总公司的工作部署下达以后，下面落实贯彻得怎样，也不能及时反馈上来，就是有问题，总公司要进行纠正和指导，也已经是'马后炮'了。从这里不难看出，没有灵敏反映公司全局变化的信息，总公司就不可能实施有效的现代化领导和决策。"总经理认为美国总统在每天上班的时候，办公桌上总是放着几份文字简洁的报告，他只需要短短几分钟，就可以了解到美国各大洲和全世界发生的大事和重要动向，从而能很快做出各种决策，总经理坚决地说"我们也应当做到这样。"

于是，总公司召开有关筹建信息反馈系统的专门会议，成立了信息反馈系统。信息反馈系统由纵向、横向和扩散3个网络组成。纵向网络由各地分公司和子公司组成，这些单位的办公室均为系统信息反馈网络的联络点。横向网络由各部、办组成。扩散网络除了将驻北京、上海、天津、广州的4个办事处纳入信息网络外，还通过交换情报资料和收集分析全国报纸，来取得中央和外省地以至国外的信息。与此同时，各分公司和子公司、各部办公室也都建立起了本地区、本单位的纵横交错的信息反馈系统。全公司专职、兼职的信息人员已达几百人，触角深入到各基层的单位及部门。

全公司的信息反馈系统大致是通过层层上报，分头进行收集、筛选、校核，然后再将信息送给各级领导和各个部门。各地、各单位通过电话、电报、传真、电子邮件等手段，在每天下午4：00至晚上9：00，将当天的情况及时报送到总公司办公室的值班室，然后由值班室进行整理变成快报，连夜打印出来，于第二天早上7：50送给总公司的领导。

因此，总公司的领导在每天早上8：00走进各自办公室的时候，首先看到的就是桌上摆着两份各有千字左右的文件，他们在不到10分钟的时间内，就知道了总公司包括各地分公司在昨天24小时之内发生的大事、总公司和分公司领导的主要活动和言论。就这样，他们在阅读信息的过程中开始了新一天的工作。

这两份在领导们上班前就放在案头上的文件，是总公司办公室分别通过庞大的信息反馈系统收集、分类、筛选、分析、加工、编发的《信息快报》。由于它信息广、反馈快、事实准、文字短，所以公司领导通过它能对集团公司新近发生的大事一目了然，因而受到欢迎和重视。

点评： 总公司领导通过秘书部门信息的收集、整理工作，能及时了解总公司及分公司所发生的情况，能够及时处理各种信息，为实施领导科学化和决策科学化做出了重要的贡献。

 思考实训

1. 公司经理要求你整理刚刚收集到的几份反映同一问题的信息，在决定信息取舍时，你将采用哪些方法？

2. 某公司办公室主任让秘书小赵将一堆没有整理的资料根据信息分类的要求进行整理，这些资料有书信、单据、合同、广告稿、新闻稿、建议书、信函、文件、调查记录、报刊文章等，小赵在进行分类时，分成以主题不同而区分的两大类，你认为是否还有更好的分类方法？

3. 实训情景：

晓凤在景泰玩具有限公司当办公室秘书，平时她很重视国内外玩具市场信息的收集，并将收集到的信息整理好，及时传递给公司总经理。根据这些市场信息，该玩具公司不断调整生产经营策略，根据市场需要生产适销对路的玩具，并及时对产品进行改进创新，使公司生产的产品在国内外的市场不断扩大。以下是晓凤这两天收集到的信息。

鼠年临近，卡通米老鼠走俏国内市场

鼠年还未到，关于鼠的产品已经悄然上市，并走俏市场。其中，最受欢迎的当属那一对黑白米老鼠了，它们到哪里都形影不离，在街头小店中都能寻到它们的身影。

"好可爱的米老鼠呀，圆滚滚，精灵灵，一看就想买。"在一家小店里，23岁的阿

彬突然在一个货架边停了下来说，货架上挂着各式各样黑白色米老鼠的饰品。她还说："我属鼠的，明年就是本命年了，想买些鼠的挂件带在身上。"除了是为了本命年作准备，还有不少女孩子是被米老鼠精灵可爱的样子吸引了。刘小姐说："我最喜欢收集米老鼠的东西，大到玩具，小到不干胶贴。"刘小姐在一家传媒公司上班两年了，但仍像个孩子一样。她说，现在市面上的这种黑白米老鼠，其实是中国偶像创作旗舰公司"新意"继旺狗系列后，推出的又一款经典作品"咪咪米老鼠"系列。这种米老鼠造型设计十分简单，色彩除了黑色、白色以外，还有灰色的、红色的，共4种颜色。

据了解，这种米老鼠系列的产品多达50多种，包括手机感应器、化妆镜、手表、手机挂件、不干胶贴纸、相框等，单价从5元到55元不等。"喜欢它的以女孩子为主，年龄在十几岁到三十几岁之间。自今年下半年引进以来，我们已经卖出上千件产品了。"这家小店的店员说。

（信息来源：市场调查．据2007-10-15）

鬼节未到商家先"闹鬼"

10月31日是西方国家的"万圣节"（又称鬼节），距现在还有10多天，厦门一些商家就抢抓商机，开始"闹鬼"。厦门某广场已开始招募市民参加活动，活动的广告牌挂了不少，提前制造"鬼"气。而相关的商品也陆续上柜。某商家早在10月8日就已经把各种各样的鬼节玩具如鬼面具"请"了出来。不过，对西洋的鬼玩具感兴趣的只是少数追求时尚的年轻人。

（信息来源：新快报．2007-10-16）

"好男儿"限量版手机上市　Q版玩具颇受欢迎

"加油好男儿"比赛结束后，好男儿的后续衍生产品就一直受到社会关注。10月11日，好男儿限量版定制手机正式上市。这款手机由SMG和UT斯达康合作推出，作为国内第一款为明星定制的手机。手机外壳上带有好男儿标志，并且内置了好男儿选手的手机壁纸、开关机动画、精选视频等。

据了解，好男儿衍生产品还推出了好男儿写真集、Q版玩具等，颇受大众欢迎，销量不错。

（信息来源：市场调查．2007-10-18）

澳门首家北京奥运特许专卖店销售良好

澳门地区第一家北京奥运特许专卖店开业之后销售情况良好，澳门特区政府和澳门奥委会计划月内在澳门地区著名旅游景点大三巴牌坊和新马路再开两家新店。

澳门地区首家北京奥运特许专卖店于10月8日在澳门地区旅游景点渔人码头开业。据在专卖店服务的葡语系运动会志愿者和专卖店销售人员介绍，开业之后的三四天里，光顾专卖店的人不少，其中既有澳门地区本地人，也有内地和外国游客。国外游客对北京奥运会的纪念品尤其感兴趣，印有福娃的T恤衫、帽子、徽章、纪念币、水杯等特许专卖商品销售情况都不错。

在渔人码头这家北京奥运特许专卖店内，还设有正在举办的第一届葡语系运动会纪念品专柜，购买者也络绎不绝。在购买者中，既有澳门地区本地人，也有内地游客，但买得最多的还是来参加第一届葡语系运动会的官员、运动员和代表团的其他成员。不少运动员一买就是好几个，准备带回去送给亲友作纪念。

据专卖店工作人员预测，随着北京 2008 年奥运会的日益临近，澳门地区北京奥运特许专卖店的销售额还会进一步增加。

（信息来源：信息时报．2007-10-20）

美国对玩具产品进口的新规定（节录）

根据《消费品安全法》，所有玩具产品必须符合统一的安全标准。虽然美国消费品安全委员会没有规定进口的玩具产品须附有特定的出口文件或办妥特别的进口手续，但某些种类的玩具受到广泛限制。美国海关会不时检验进口的玩具产品，确证其符合规定的安全标准。就玩具产品实施的规则及测试要求，视产品的性质及其顾客对象的年龄组别而异。……现行的玩具标签规定对于标签的种类、大小、形式、所贴位置均有明确指引，并规定幼儿玩具上必须附有"慎防误吞，梗塞咽喉"的警告标签。

进口规定包括以下内容。

（1）贸易文件。

（2）商业发票。

（3）提单/空运提单。

（4）产地来源证。

（5）装箱单。

（6）进口证。

（7）配额：无。

（8）标签：需要。

（9）产地来源标志：必须附有。

（10）标准及安全规定：ASTM F963。

（11）税项：进口税＋2％至10％的销售税（视不同城市、不同州而异）。

（12）临时免税进口证：接受采用。

（信息来源：经济导报．2007-10-21）

立陶宛对中国产两种玩具提出快速预警通报

立陶宛本周在欧盟的快速预警通报系统中通报了中国产的小狗玩具。

这种玩具具有 4 个轮子，有拉绳。通报原因为有窒息的危险，轮子可能会脱落、撞碎并产生小碎片，这些小碎片易被儿童吞食。产品不符合玩具指令和相关欧洲标准，禁止在市场上销售。

（信息来源：信息时报．2007-10-24）

圣诞礼品"西方不亮东方亮"

本报讯:海关最新数据显示,尽管国内市场对圣诞礼品的需求依然高涨,但今年中国圣诞礼品的出口却大幅下降。"中国制造"圣诞礼品销售"西方不亮东方亮"。

中国是全球重要的圣诞礼品生产基地,"中国制造"已经成为世界圣诞节礼品的主要来源之一,世界上80%的人造圣诞树产品都来自中国深圳。

但由于原材料上涨、外商压价、行业竞争激烈等原因,今年的圣诞用品特别是玩具的出口大受影响。来自海关的最新统计数据显示,我国圣诞礼品的主要出口省份广东省在今年1~10月共出口圣诞用品6.2亿美元,同比下降了19.6%。

虽然圣诞礼品销往国外受阻,但中国本地市场对圣诞礼品的需求却快速增加。在各大小商品批发市场,圣诞礼品的销售均比较活跃。

陈老板在北京天意新商城市场经营着一家最大的圣诞装饰品批发店。据其介绍,从11月中旬开始,订购商就络绎不绝。他说:"现在与圣诞有关的装饰品都卖得很好,这一个多月来都快忙死了"。

一位姓郑的老板表示,他的店一般每天有四五千元的销售额,最高的时候可以达到三四万元,光是销售圣诞礼品的利润大概占其整年利润的1/3。但他还是说:"我的店卖得还并不算好,主要是竞争太激烈了。"

据天意新商城市场办公室主任胡荣福介绍,目前在天意经营圣诞礼品的商家有90多家。

(信息来源:市场快报.2007-10-28)

实训要求:

(1)将上述收集到的信息进行筛选,从中选出对本公司业务具有借鉴价值和参考作用的信息。

(2)对上述信息进行分类,使信息条理化,以方便查找利用。

(3)选择一条有疑问或者较重要的信息,对信息进行校核。

(4)选择一条有价值的信息,并整理成一篇500字的信息稿。

第三节 信息的传递、存储和利用

学习目标

1. 掌握信息传递的途径、方法和基本要求,并能准确、快速地传递信息。
2. 能用各种信息存储的方法存储信息。
3. 掌握信息利用服务的方法并做好信息利用工作。

情景导入

有一次,小尹接待了一位有业务往来的客户。在交谈中,客人提到:他刚从国外回来，该国的商店里摆放着不少中国陶瓷，当地人很喜欢，而且对中国文化非常感兴趣。小尹敏锐地感到，这是很有用的信息，于是向对方详细了解了有关的具体情况。送走客人后，小尹立即将此信息汇报给领导，并建议企业生产反映中国民俗的陶瓷，到国外去开辟市场。事实证明，小尹的建议是正确的。

 知识精讲

一、信息的传递

信息的传递是指秘书人员把整理加工后的信息转发成一定形式的信号，通过一定的介质和渠道输送给信息接受者的过程。

（一）信息传递的基本方式

1）按照信息流向的不同，可以有单向传递、双向传递和反馈传递 3 种信息传递方式。

① 单向传递是信息传递者到信息接收者的单方向传递，如广播、新闻发布会、上报各种报表等。

② 双向传递是指在信息传递过程中，信息传递者和信息接收者互相传递信息，传递者和接收者都具有双重身份，既是传递者又是接收者，如各种讨论会、经验交流会、资料交换活动以及上下级之间的请示和批复等。

③ 反馈传递，即信息资料的发出者根据接收者提出的要求，有针对性地选择信息内容进行传递。如下级根据上级的要求上报的各种数据报表、反映情况、汇报工作等。

2）按信息传递时信息量的集中程度不同，信息传递有集中和连续两种方式。

① 集中式是时间集中、信息量大的传递，如年终总结、季度情况反映等。

② 连续式是不间断的、持续的传递方式，如按日、按周、按季度上报的报表。

3）按信息传递范围的不同，信息传递可有内部传递和外部传递两种方式。

4）按载体形式信息传递还可分为口头传递、书面传递和图像传递 3 种传递方式。

5）信息传递按技术手段可分为电信传递、邮政传递和专人传递。

6）信息传递按保密要求可分为公开传递、半公开传递和秘密传递。

（二）信息传递的途径

1）电信传递，即通过电话、电报、传真、电子邮件等方式传递信息。

2）新闻传递，即通过报刊、广播、新闻发布会等方式传递信息。

3）邮路传递，即由邮政部门采取邮件形式传递信息。

4）面授或直接送达，如派专人送达、召开各类讨论会和交流会等。

（三）信息传递的基本要求

信息传递的基本要求是"多"、"快"、"好"、"省"。

1)"多"是指秘书人员在一定条件下传递的信息资料数量应尽可能多，或者说在一定渠道中通过的信息要尽可能多。

2)"快"是指信息资料在传递过程中秘书人员要特别注意时限，要在最短的时间内，使信息到达指定目标。

3)"好"是指信息资料的传递要准确可靠，防止失真。

4)"省"是指在信息资料的传递过程中秘书人员要讲究经济效益，以最少的费用传递尽可能多的信息。

二、信息的存储

信息的存储是信息工作过程中的一个重要环节。信息存储是用科学的管理方法，将有保存价值的信息系统化保存，以便日后利用。信息存储能够不断丰富信息资源，有利于集中管理信息资料，从而使信息查帐方便，减少信息的无序存放和丢失，实现信息资源共享。

（一）信息存储的步骤

信息存储的步骤如图 7-3 所示。

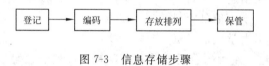

图 7-3　信息存储步骤

1. 登记

信息工作人员在获得各种信息资料后，首先要登记，建立信息的完整记录，系统地反映存储情况，以便于日后查找和利用。

秘书人员在信息登记时，一般采取总括登记和个别登记两种信息登记方法。

1) 总括登记法是指秘书人员对需要存储的信息按批进行分类登记，一般只登记存入册数、种类及总量。

2) 个别登记法是指秘书人员按信息存储的顺序逐件登记，是对每一类、每一份、每一册信息资料的详细记录。

2. 编码

为便于信息资料的管理和利用，特别是为了适应计算机处理信息的要求，对信息资料要进行统一编码。

（1）编码的构成

信息资料的编码结构一般由字符（可以是字母，如 26 个英文字母；也可以是数字，如 0～9 的阿拉伯数字）组成基本数码，再由基本数码结合成为组合数据，它应表现出信息资料的组成方式及其相互关系。

（2）编码的原则

1) 选择最小值的代码。能用一位解决的就不用两位，因为随着代码值的增加，工作人员的工作量也就随之增加，势必会导致差错率上升，给工作造成困难。

2）尽可能地使用现有的编码与通用符号，以便容易与其他方面衔接。

3）编码要考虑到发展远景，以便适应社会生活的变化，以至在进一步充实信息时不至于发生紊乱，能保持编码的系列性。

4）本质相同的信息给同一个码。

5）代码与信息条之间一一对应。

（3）编码的步骤

编码的步骤为：分析预编码的信息资料——→选择最佳的编码方法——→确定数码的位数——→实施编码。

（4）编码的方法

1）顺序编码法：即按信息发生的先后顺序规定一个统一的标准编码，常用数字编码法，其方便于计算机存储和检索。

2）分类编码法：是利用十进位阿拉伯数字，按后续数字来分别信息的大、小类，进行单独编码。例如：

① 1000——学生信息资料。

② 1100——大学生信息资料。

③ 1110——文科大学生信息资料。

④ 1111——文科男大学生信息资料。

采用这种编码方法，左边的数码表示大类，向右排列的数码依次表示更细的小类。左面第一个"1"表示的信息是学生，第二个"1"表示的信息是大学生，第三个"1"表示的信息是文科大学生，第四个"1"表示的信息是文科男大学生。

3. 存放排列

科学地存放排列信息资料，是为了便于查找利用。这对于信息资料丰富、服务对象又多的单位来说，尤为重要。信息存放排列的方法有时序排列法、来源排列法、内容排列法、资料形式排列法和字顺排列法。

4. 保管

保管是对信息的保护和管理，关系到信息的安全、完整和使用寿命。信息保管的工作内容包括：一是防损坏，如防火、防潮、防高温、防虫害等；二是防失密、泄密、盗窃等；三是定期或不定期地清点，发现存储中的问题，提高管理水平；四是及时更新，不断扩充新的信息。

（二）信息存储的方法

1. 手工储存

手工储存是指秘书把信息资料用手工方式保存在办公室的文件夹或文件柜中。手工储存包括信息原件储存和目录、索引储存。

2. 计算机储存

计算机储存是指秘书人员将信息资料制成软件，储存在软盘、光盘或其他电子介质中。

3. 电子化储存

电子化储存是指秘书人员将所有文档储存在计算机或是 CD-ROM 盘上，保存的信息能由计算机系统索引，并能以各种方式查找。

4. 缩微胶片储存

缩微胶片储存是指秘书人员用照相方法记录保存信息资料。每片缩微胶片的尺寸很小，占用很少的空间，缩微胶片需要使用阅读机显示。

三、信息的利用

信息利用是将获取、处理的信息应用于实际工作，使信息的价值得以实现的过程。利用信息的步骤如下：

1）了解信息的内容和成分。

2）熟悉各种检索工具的使用方法。

3）分析和预测信息的需求特点及规律。

4）开展信息咨询服务。

5）向使用者介绍相关的信息线索。

6）向信息的使用者提供所需的信息和信息加工品。

知识链接

信息检索

信息检索就是从信息库或信息资料档案整体中找出所需要的信息资料。检索分手工检索和电子计算机检索两种。

（1）手工信息检索

1）目录。目录即根据信息的题名编制的检索工具，它的基本作用是用来识别或代替阅读原文。

2）文摘。文摘即信息资料的扼要说明，用来识别或代替阅读原文。文摘有两大类：一类是指示性文摘，又称简介；另一类是报道性文摘，内容较为详细。

3）索引。索引分为两种：一种是编目索引，用来指明信息资料的出处；另一种是内容索引，即将信息资料中的事件、人名、地名一一摘录出来，并指明它们的出处。

4）信息资料指南。这是一种新的检索工具，目前正在陆续出现，它是对所储存的信息资料进行再加工的一种产品。如"手表行业指南"这种小册子，既有历史资料，又有近期资料，人们看到它，就可以对手表的历史与现状有所了解。它的形式有书本式、期刊式、卡片式和计算机式等。

（2）电子计算机检索

1）定题检索。定题检索就是以明确的内容范围为前提，编制出逻辑提问式进行检索。

2）追溯性检索。追溯性检索主要是根据时间要求进行上推性的专题追溯查找。追溯的时间越长，检索的范围也就越大。

3）脱机检索。脱机检索是指不直接使用计算机，而是提出口头或书面的咨询，再由有关人员分析检索需求的内容，采用一定的程序进行检索处理。

4）联机检索。联机检索即利用计算机的终端设备，采用问答方式与计算机检索系统"对话"，以获得检索结果。

【案例及点评】

"神算子"

某公司孙秘书从媒体上获知我国数处发生森林大火的信息，他便预测我国木材、纸张将大幅涨价。孙秘书便建议公司大批购进纸张库存起来，不久公司就赢利10余万元。其后，他了解到在一次全国订货会上，传出机电产品从过去供不应求转到了供过于求的市场信息，于是他建议公司加速销售库存机电产品，并对该类商品实行限购方针。此举使公司加速了资金周转，提高了经济效益。孙秘书也被员工们称为"神算子"。

点评：孙秘书充分认识到信息对一个企业的重要性，他通过媒体预测木材涨价的信息，并及时建议公司购买纸张库存起来。又在全国订货会上，传出机电产品从过去供不应求转到了供过于求的市场信息，他就又建议公司加速销售库存机电产品，从这两件事中可以看出，孙秘书不仅具有强烈的信息意识，而且善于捕捉信息、分析和预测信息，并能及时向使用者介绍相关信息。因此，作为秘书，要有强烈的信息意识，即要有获取信息、选择信息、预测信息、处理信息、运用信息的能力，还要有善于利用信息指导自己各项日常工作的能力，在为领导服务的同时，也能全面提高自己的能力。

思考实训

1. 某单位新来的秘书小王在整理一些资料时看到每一份资料上都有许多数字编码，不解其意，遂向办公室张主任请教。如果你是张主任，你应该怎样解答？

2. 你是正大公司的行政秘书，公司因业务发展需要，刚刚招聘来一位办公室秘书，拟安排其负责信息的收集、整理和传递工作。请你拟出信息传递方式、途径和要求，并于今天下午在小会议室向新来的秘书进行介绍。

3. 实训情景：

远东家电有限公司是一家生产家用电器的工厂，产品远销国内外市场，而钢材是该公司的主要生产原料。有一次，秘书小李收到驻海外机构发来的一批最新信息，她认真地查阅这批信息后，并将重要信息及时传递给公司总经理及有关负责人。公司领导立即召开会议讨论应对策略，做出果断决策，使公司避免了几百万美元的经济损失。

以下是小李获得的信息：

钢铁涨价之风再度强劲，全球原材料供应严重不足

——宝钢、攀钢昨日提价，新日铁与 CVRD 敲定铁矿石价格

三大国际巨头欲把持全球铁矿石供应，招致铁矿石价格大涨 70% 的消息，在上周末引起全球钢铁市场大震动。国内钢铁市场更是"涨"声一片，恐慌情绪扩散开来。中国铁矿石价格谈判前景不容乐观，钢铁市场加速重新洗牌的步伐。

那么，面对全球原材料供应严重不足、钢铁涨价之风再度强劲的情况，中国钢铁巨头该如何处理呢？

中国的进口企业正积极谋求形成合力，以提升自身在未来谈判中的地位。中国最大的钢铁企业宝钢集团于 28 日下午在其网站上正式发布消息，其与世界上最主要的两家铁矿石生产商已就年度铁矿石价达成了最后协议，价格涨幅为 71.5%。这一涨幅与此前日本新日铁与矿业巨头率先"锁定"的价格涨幅完全一致。

这两天，海内外钢铁市场一派热闹纷呈之态，各路调价信息一时集体登台亮相。宝钢、攀钢新钢矾纷纷上调产品价格，冷热薄板与优钢再度成为涨价焦点，新日铁与 CVRD 敲定铁矿石价格，自今年 4 月 1 日起的铁矿石合约价格涨幅最终确定为 71.5%。

一方面是钢铁企业生产成本巨幅增长的前奏响起，另一方面是国内企业钢铁产品价格的进一步整体上扬，钢铁产业链一时"涨"声一片，引发多方关注。

上述情况的直接影响也立刻在钢材市场得以反映。昨日，记者在上海香山钢材市场上就发现，经销商纷纷看好日后的市场行情，普遍在积极备货，现在市场上的库存明显增加。市场上出现了资源偏紧现象，尤其是一些热销品种，甚至呈现有价无货、供不应求之态。

日本钢厂历史上最大的涨幅

每年一度的铁矿石价格谈判确定的亚太地区价格，一般跟随日本谈判后确定的价格而定。上周，日本最大的钢铁商新日铁与全球最大的铁矿石商巴西淡水河谷公司达成协议，从 4 月 1 日起铁矿石价格大涨 71.5%。这是日本钢厂历史上铁矿石价格最大的涨幅。

而这一旦成为亚太地区的最后定价，那么无数钢铁厂的生意将因此受挫。铁矿石是钢铁业最主要的原料，去年中国 50% 的铁矿石依靠进口。

宝钢、攀钢再度提价

昨天，宝钢、攀钢分别公布了今年第二季度钢铁产品价格上调明细。调价产品涉及 13 个大类近百个品种。而据业内人士透露，武钢也将在下周公布该公司的第二季度提价通知。

钢材价格一直处于涨势，而此时钢铁产品结构最优的几大公司纷纷抛出调价杀手铜，无疑又再度让钢炉沸腾起来。

从提价细则上可以发现，此次宝钢二季度价格再次大幅上涨，普遍每吨上涨 400～500 元，个别品种在这个基础上再加价 100～350 元。实际上，自去年年底至今年年初

开始，钢铁公司的提价部分就已经将铁矿石大涨 7 成所增加的成本消化掉了。而攀钢新钢矾板材价格上调虽然幅度不及宝钢，但冷板、彩涂等多项产品每吨都上涨了 200 元。同时可以发现，两大公司调价表中的建筑钢材平稳波动，冷热薄板继续上扬，并且涨价热点集中在普冷与优钢两大类。究其原因，主要是我国自给的冷热薄板产品规格少、产量低、进口多，一直保持持续提价之态。而应用于钢帘、弹簧、汽车用钢的优钢系列产品，此次上调幅度分别是每吨 500 元、300 元、250 元不等，对下游产业带来的"蝴蝶效应"不言而喻。

（以上相关信息来自上海证券报、珠江时报、国际在线．财经观察等）

实训要求：

（1）模拟演示用语言传递的方式将信息传递给公司总经理。

（2）将上述信息加工整理成一则信息报告，用文字传递的方式传递给公司总经理。

（3）演示将信息稿通过公司局域网发给公司各部门。

第四节　信息的开发与反馈

 学习目标

1. 能运用各种信息技术手段开发信息。

2. 能及时、准确地反馈信息。

情景导入

小兰到办公室做秘书后，工作非常认真，将工作活动中形成的信息材料都收集起来，存放在抽屉里。日积月累，信息材料已经充满了小兰的好几个抽屉。一天，公司经理要一份市场调查报告，小兰面对几抽屉的信息材料真有些不知所措，翻来翻去怎么也找不到，急得满头大汗。

 知识精讲

一、信息开发

信息开发是指秘书人员全面挖掘、综合分析和概括提炼信息，以获得事物发生、发展和变化的高层次信息。

1. 信息开发的类型

按照对信息资源加工的层次，信息开发可分为一次信息开发、二次信息开发和三次信息开发。

1）一次信息开发，就是秘书人员对原始信息进行初级加工的过程。一次信息包括一些原始调查资料、统计报表、产品目录、会议文件、企业技术文献、备忘录、内部报告和信件等。

2）二次信息开发，就是秘书人员加工整理一次信息而形成的新的文献信息的过程。二次信息是对一次信息加工整理的结果，专门提供信息线索，供信息使用者查阅信息来源。其主要形式是目录、索引、文摘和简介等。

3）三次信息开发，就是在一次、二次信息的基础上，经过秘书人员的分析研究和综合概括，进而形成更深层次信息产品的过程。三次信息就是从纷繁复杂的信息中概括出来的具有规律性的书面材料。其主要形式有简讯、综述、述评和调查报告等。

2. 信息开发的形式

秘书人员可采用的信息开发形式有剪报、索引、目录、文摘、简讯、调查报告和信息资料册等。

1）剪报。剪报属于一次信息开发，开发成本相对较低，可获得的信息量较多，但信息零散，有的信息缺乏时效性。

2）索引。索引是查找信息题名、出处等有关事项的检索工具，由一系列按字顺排列的款目组成，属于二次信息开发。

3）目录。目录根据信息的题名编制而成，有专题目录、分类目录、产品目录等，属于二次信息开发。

4）文摘。文摘篇幅短小，不加评论和补充解释，对信息简明扼要地摘录其内容，属于二次信息开发。

5）信息资料册。信息资料册包括历史资料和近期资料，便于人们了解相关行业、产品的历史与现状。

6）简讯。简讯用简明扼要的语言报道最新动态信息，属于三次信息开发。

7）调查报告。调查报告在实地调查获得第一手材料的基础上，通过分析得出反映事实本质特性的信息，属于三次信息开发。

3. 信息开发的方法

1）信息汇总法：指围绕一个主题，将原始信息资料汇集在一起，形成信息产品。

2）归纳总结法：指将原始信息按照一定标准，围绕一个主题，将原始信息资料集中在一起加以系统地综合归纳和分析，完整明晰地说明某一方面的工作动态。

3）纵深开发法：指把若干个具有内在联系，有一定共同点的信息，或几个不同时期的有关信息资料，进行纵向比较分析，以形成一个新的信息资料。

4）横向比较法：指把若干个不同来源的原始信息资料以横向连接起来，做出比较分析，形成一个新的信息资料。

5）图表转换法：指将原始信息中的若干数据，按照一定规律，转换成容易理解、简单直观的图表。

6）浓缩法：指浓缩信息资料的文字篇幅，能达到突出主题、简洁行文的目的。

二、信息反馈

信息反馈是秘书把输出信息的作用结果返送回来，并对信息的再输出发生影响，主要起控制和调节的作用。信息反馈是秘书信息工作的重要环节。

1．信息反馈的主要内容

在各项工作中，秘书要及时了解组织各方面的反应，通过不断的信息反馈，将信息使用过程中产生的效应及活动中不断产生的大量信息进行再收集、再处理、再传递。信息反馈的主要内容有：党和国家有关方针、政策和重大工作部署执行情况的信息；本地领导机关的决策及重大工作部署实施情况的信息；工作中出现的新事物、新思路、新做法和有推广意义的经验型信息；工作中存在的带有普遍性的矛盾和问题；对全局工作有影响的带倾向性、苗头性的信息；有关群众的意见、建议、呼声的信息；反映重大事件、突发事件的信息。

2．信息反馈的形式

1）正反馈。在一个反馈系统中，凡是反馈"回输"信息与原输入信息起相同作用，使整个系统运动加剧的，就是正反馈。譬如某项决策方案实施后的效果，反馈回决策中心的信息表明，这项决策基本正确，经总结经验，可使决策得到更全面、更完善、更深入的贯彻。

2）负反馈。在一个反馈系统中，凡是反馈"回输"信息与原输入信息起相反作用，使整个系统的运动受到抑制的，就是负反馈。如某项决策方案实施后出现问题或造成不良后果，反馈给决策中心，经重新研究，对其中的不妥之处进行修正，及时做出追踪决策，使决策的贯彻更加稳妥、可行。

3）前馈。前馈是反馈的发展，与反馈是互相补充的，是指在反馈之前，对一个系统将会发生的偏差进行预测的过程。前馈在偏差出现之前，反馈在偏差出现之后。两者都是使决策得到更好的实施。前馈要求秘书具有敏锐的观察力和正确的判断力，要将预测性的、倾向性的、有苗头性的信息返送给决策中心。

3．信息反馈的方法

1）口头反馈是指信息的接收者用口头语言将反馈信息传达给信息的发出者。这种反馈方法多用于传递距离较小的信息反馈。他们把在信息传递中了解的情况，受到的影响、取得的效果，通过口头语言反馈给信息的发出者。

2）书面反馈是指信息的接收者以书面形式向信息发出者传递反馈信息。这种反馈方法更正规，能为日后的查考提供依据。

3）通讯反馈也称为电信反馈，它是信息接收者利用通信手段向信息的发出者传递反馈信息。通讯反馈迅速及时，便于信息发出者随时掌握信息接收的利用情况，可以远距离传递反馈信息。主要形式有电话反馈、电报反馈、电传反馈、传真反馈及邮件反馈。

4）网络反馈是运用计算机的网络反馈信息。

【案例及点评】

案例：

秘书王琴的会议信息工作

名山公司要召开 2003 年度总结大会，作为大会工作人员的王琴主要负责会议的文件材料工作。会前王琴进行会议筹备有关信息的搜集，以便为会议议题的确定及大会会议材料的形成做好准备。年度总结大会的工作报告非常重要，它包含一段时期的工作总结、体会或者经验，是目前情况的分析和下一步工作的思路、要求及具体措施等内容。为此，王琴有针对性地广泛搜集一段时间以来公司在各方面工作的进展情况，例如有哪些成绩、经验，出现了哪些问题，哪些问题有相当的普遍性，哪些问题亟须研究解决？通过广泛、深入、细致的了解，她获得了大量的可靠信息，并从中选择出有价值的信息为报告的准备提供参考。会议期间王琴认真做好会议记录，力求会议记录准确、完整，忠实于发言人的原意，并进行会议发言录音和录像。为了使会议信息尽快传递给与会者，她及时编写会议简报，确保与会者掌握会议情况和主要信息，使会议达到了良好效果。会后王琴认真编写会议纪要，作为与会代表贯彻执行的依据，推动会议精神的贯彻落实。她还搜集会议期间的所有文件材料，及时整理有关的会议文件，为会议文件的归档打下了基础。王琴在大会期间的表现赢得了大家的一致好评。

点评： 秘书经常会接触各种各样的会议。会议的规模大小不一，内容也相差甚远，但是任何性质或内容的会议，实际上都是通过信息沟通和交流，达成共识、解决问题、得出结论。因此，会议的信息工作至关重要。王琴在会议活动中积极、主动地做好会前信息的搜集、会中信息的综合处理以及会后信息的整理等工作，体现了良好的信息意识和信息工作能力。

会议信息的流动和处理是否科学、务实、有效，将直接影响会议的质量和效率，影响会议的实际效果。王琴的会议信息工作实际上是确保会议信息有效流动，实现会议目的的工作。由此可见，办理一切会议事务，都必须以全面、准确、有效的信息为依据。提供会务服务，就是要为会议交流、处理信息提供服务，为会议开发和利用信息服务。因此必须把会议信息工作作为贯穿于会务工作各个环节的主体性工作，认真做好会议信息的搜集、加工、传递、利用，使其在交流会议信息、实现信息共享中发挥重要作用。

思考实训

1. 信息反馈的方法有哪几种？

2. 实训情景：

正大贸易有限公司是一家从事进出口贸易的企业，经营范围为除国家专营专控商品外的一切商品。公司总经理助理肖玲，平时就很重视有关信息的开发，经常从各种渠道获取信息，翻阅各种国内外经济报刊，从报刊上收集市场信息进行剪贴，汇集成册，供自己和公司使用。通过对剪报内容的分析，她掌握了国内外市场消费者需求的变化情况和发展趋势，为公司领导把握市场行情，进行市场开拓决策提供了有力的依据。

实训要求：

结合该公司的业务及经营特点，对国内外市场上需求量较大的商品信息进行一次信息开发、二次信息开发、三次信息开发。

实训步骤：

第1步确定主题。根据上述任务，确定信息开发的主题是国内外市场上需求量较大的几类商品的信息。

第2步围绕主题进行一次信息开发。运用剪报、文摘等形式，从各种渠道获取国内外市场上需求量较大的商品的信息。

第3步对获取的信息材料进行分析、梳理，并决定取舍。

第4步根据获取的信息进行二次信息开发。对选取的信息按一定的标准汇集在一起，编写信息目录。

第5步对内容新颖的信息，摘录其重要内容，形成文摘。

第6步在二次信息开发的基础上进行三次信息开发。对信息进行综合分析、概括提炼，用简明扼要的语言写成简讯，报道最新动态信息。

第7步根据报纸、杂志所提供的信息，通过市场实地调查来验证其准确性，写出能反映市场行情本质特征的调研报告。

第八章 办公室管理

办公室管理是秘书工作的一个重要范畴，是秘书工作辅助职能的一个主要体现，有效的办公室管理，可以促使组织整体功能得到更大程度的发挥。

办公室管理主要包含办公环境管理、办公资源管理和办公效率管理。

第一节 办公环境管理

 学习目标

1. 了解办公室的布局形式。
2. 掌握办公室布置的要点和方法。
3. 熟练摆放办公桌面的物品。
4. 能够正确处理办公环境的紧急事件。

情景导入

阳光时装公司（广州）行政部门秘书赵燕的办公桌每天都保持清洁、整齐、美观，笔、纸、回形针、订书机、电话机、计算机等摆放有序，她不用起身就能拿到常用的物品，文件夹整齐地放在直立的文件架上，每一个文件夹都贴有分类标签，工作起来井井有条、效率高，受到领导和客人的一致好评。

同一部门的秘书张靓的办公桌每天都堆满各种文件、资料、书籍，有时还有饼干罐、卫生纸、雨伞、饭盒等，每次要伏案写字时，她都要收拾一番才能腾出一块"小空地"。这天，经理让她找出上周起草的合同再作修改，她在文件夹里找不到，翻遍了大小抽屉也找不到，她嘀咕着："肯定是有人拿了这份合同。"折腾了近一小时，她才在赵燕的帮助下，从一本杂志中找出了这份合同。张靓的工作看起来特别忙，但给同事和客人的印象却不太好。

赵燕除了管好自己的办公桌外，每当看到复印纸抽拿零乱、传真纸用完、公用电话簿扔在窗台、报纸没人夹、废纸篓装满等现象，她都主动整理。每天下班前，她还为经理收拾办公室，清理茶具、杂务，给计算机、打字机、复印机盖好防尘罩，使部门的办公环境长期保持清洁、整齐、美观。

赵燕对办公室的安全隐患非常注意，如发现废纸篓靠近电源插座、下班忘关计算机、电线磨损裸露等现象，她要么及时纠正，要么告诉当事人正确的处理方法。

知识精讲

一、办公环境管理的内涵

办公环境，或称办公室环境，从广义上说，它是指一定组织机构的所有成员所处的大环境；从狭义上说，办公环境是指一定组织机构的秘书部门工作所处的环境，它包括人文环境和自然环境。人文环境包括文化、教育、人际关系等因素。自然环境包括办公室所在地、建筑设计、室内空气、光线、颜色、办公设备和办公室的布局、布置等因素。

秘书进行的办公环境管理，主要是指整理和布置领导及秘书人员的办公室、接待室和会议室。

二、办公环境管理的工作步骤

办公环境管理的工作步骤如图 8-1 所示。

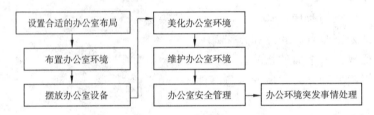

图 8-1　办公环境管理的工作步骤

（一）设置合适的办公室布局

一个完整统一而美观的办公室形象，能增加客人对单位的信任感，同时也能给员工心理上的满足。秘书人员对办公环境进行合理设置包括以下内容。

1. 明确设置办公布局的目标

办公室布局的最大目标是要为办公人员创造一个方便、舒适整洁、安全、和谐统一的工作环境，最大限度地提高办公室人员的工作效率。

2. 选择合理的办公布局

办公室布局合理与否，对工作人员的精神状态及工作效率有着很大的影响。合理设计好办公室布局，是优化办公环境的重要内容，对于创造最佳的工作环境至关重要。办公室布局一般可分为封闭式办公布局、开放式办公布局和混合式办公布局。

（1）开放式办公布局

开放式布局就是将一个大工作空间"切分"成多个相对独立的工作单元，把组织内部各职能部门的所有工作人员按照工作程序安排在各工作单元中展开工作。每一个工作单元通常包括该员工的办公桌、文件和文具的存放空间、椅子、电话、计算机等设备，如图8-2所示。

图 8-2　开放式办公室布局

目前，在我国的外商独资单位及一些"三资"单位大都采用这种布局模式。

开放式布局的优点如下：

1）有利于沟通。把所有员工集中于一处，且彼此没有墙壁阻隔，也没有明显的等级标志，所以，部门与部门、管理者与员工、员工与员工之间交流的心理障碍得以消除或减小，工作的合作和协调更为灵便，工作效率也得以提高。同时，单位领导也有更多的机会接触员工、观察员工工作，有利于掌握并控制工作进度。

2）有利于办公空间和经费的节省。有关数据显示，开放式布局设计要求使用的地面面积比传统的固定墙壁的办公室面积可减少20%～30%；同时，它的灵活性也很大，如果需要对办公室的布局进行调整或重新布局，也无须再对其进行大量的资金投入；另外，由于办公室没有了墙壁，所以能源的消耗率减低；还有，办公的集中化，也使办公设备的共享性得以提高，这些都是节约办公经费的有效途径。

开放式布局的缺点如下。

开放式布局也存在着一定的弊端，如在这种工作环境中，难以进行带有秘密性的工作；干扰较大，"此起彼伏"的谈话声、机器设备声、电话铃声等，使人难以集中注意力开展工作；缺乏单独办公的机会，有人可能会产生处于被监控之下的感觉。

（2）封闭式布局

封闭式布局是一种较为传统的办公室布局，是把组织内部各职能部门独立安排在一个个小房间内，组成一个个小办公室，如图8-3所示。

图 8-3　封闭式办公室布局

我国的政府机关和企事业单位大多采用这种布局模式。

1）封闭式布局的优点如下：

封闭式布局可以使工作环境显得相对安全，有利于保密；同时，可以使员工拥有相对独立的私人空间，可以有效地保护个人隐私；而相对安静的工作环境，也易于使人集中注意力来进行更为细致和专业的工作。

2）封闭式布局的缺点如下：

在封闭式布局中，各职能部门之间的信息较难得到及时有效的沟通，工作协调也不够快捷灵便，工作效率受到一定程度的影响；并且非办公空间的占用率较大，这无形中提高了行政费用。

3）混合式布局。

混合式布局是指在开放式布局的大办公室内，把组织内部的各职能部门用组合式办公用具或其他材料分隔开来，组成若干个工作区域，如图8-4所示。

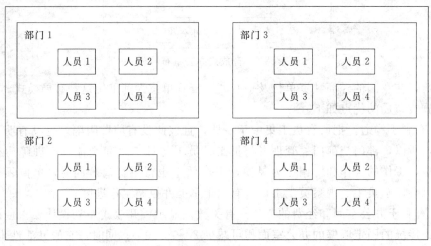

图8-4　混合式办公室布局

这种布局模式把开放式和封闭式结合起来，"扬长避短"，使各部门既相对集中，又在一定程度上避免了相互干扰，是目前较为科学合理的布局模式。因此，尽管它需要相当量的资金投入，但还是被许多单位所采用。

知识链接

办公室空间概念新主张

有的专家指出，办公室依据其开放程度可以分为4种类型：

第一种是蜂巢型（hive），属于典型的开放式办公空间，配置一律制式化，个人性极低，适合例行性工作，及彼此互动较少、工作人员的自主性也较低的工作，譬如电话行销、资料输入和一般行政作业。

第二种是密室型（cell），是封闭式工作空间的典型，工作属性为高度自主，而且不需要和同事进行太多互动，例如大部分的会计师、律师等专业人士。

第三种是鸡窝型（den），一个团队在开放式空间共同工作，互动性高，但不见得属于高度自主性工作，例如设计师、保险处理和一些媒体工作。

第四种是俱乐部型（club），这类办公室适合于必须独立工作，但也需要和同事频繁互动的工作。同事间是以共用办公桌的方式分享空间，没有一致的上下班时间，办公地点可能在顾客的办公室、可能在家里、也可能在出差的地点。广告公司、媒体、资讯公司和一部分管理顾问公司都已经使用这种办公方式。

（二）布置办公室环境

办公室的环境要素，如光线、空气、颜色、声音和音乐之间存在着密切的关系，秘书人员应协助相关人员根据这 5 个要素之间的关系，对办公室的位置、摆设和设备等加以适当的设计。秘书人员在布置办公室环境时应注意这五要素之间的互相协调。

1. 光线

充足的光线是办公室环境的重要因素之一。只有光线充足、舒适，才能够使办公人员减少疲劳、降低错误、保持充沛的精力。

1）选择办公室光线来源。办公室光线来源包括自然光、日光灯及白炽灯。秘书人员应选择日光灯，因为日光灯能提供大量的照明，最适宜办公室的光线布置。

2）设计办公室光线系统。办公室光线系统的基本设计共有 5 种：直接光、半直接光、间接光、半间接光和直接间接光。秘书人员在设计办公室光线系统时，应采用较为优良的间接光或直接间接光。

2. 空气

空气调节，即控制办公室中空气的温度、流通、湿度与清洁 4 个基本因素。

1）调节温度。如果办公室的温度太高，办公人员就会有不舒适与头昏的感觉。因此，秘书人员可于冷暖机上装设调节器，以调节温度。办公室的适宜温度是 $22 \sim 26 ℃$。

2）保持流通。空气如果缺乏适当的通风，则会令人感到昏昏沉沉与极度疲劳，正常的通风标准是每个人每小时约需 $2000 m^3$ 的空气。

3）调节湿度。适宜的湿度使人感觉清爽、心情舒畅。特别潮湿的空气，会引起人的呼吸器官不舒适并引起沉闷、疲倦感觉。同样，特别干燥的空气会经常引起焦虑与精神急躁。办公室理想的相对湿度是 $40 \% \sim 60 \%$。

4）保持清洁。一个干净整洁的工作环境，能使人在工作时保持一种舒适愉快的心情，从而大大提高工作效率。因此，秘书人员应该做好办公室的清洁工作，创造一个良好、高效的工作环境。

3. 颜色

目前办公室的颜色布置趋向于单色化，即调和地板、墙与窗帘的颜色，然后再加上一种较鲜亮的颜色。

4. 声音

秘书人员在布置办公室时，应注意声音的调节，应防止噪音，力求办公室的安静。

1）减少或尽可能消除噪音的来源。

2）设办公室于安静之处。

3）把办公室与声源隔离。

4）办公室的地板、天花板与墙壁，可采用防音板或吸音的物质。

5）窗户宜用两层玻璃，当外面声音太嘈杂时，可将窗户关闭。

6）秘书人员应按照工作流程布置座位，以减少往返走动的声音。

5. 音乐

在工作中，如果秘书人员播放适当的音乐，则可以改善工作条件、减轻心理与视觉疲劳、减少精神紧张。早晨宜选用轻松愉快的音乐，最大刺激的音乐可于中午前及下午播放。办公室的音乐，应以轻快的古典音乐与节奏欢快的音乐为主。

（三）摆放办公室设备

办公室设备的摆放主要包括办公桌、椅子、计算机、复印机、文件柜、书架、文具、书刊等各种办公设备。在放置这些设备时，要考虑本人的工作习惯、效率以及方便同事的使用和走动。布置与摆设办公室设备的具体做法如下：

1. 办公桌

（1）办公桌的摆放

办公桌大小要适中，理想的办公桌是多平面转角计算机办公桌，一般右下方是抽屉组合，左上方转角放置计算机以适合使用计算机和读写等多种要求。办公桌的摆放要注意以下几点。

第一，按照工作程序的顺序，依据直线对称的原则，朝同一方向摆放，不宜对面排列，这样可避免使人产生被监控的感觉，也可避免相互干扰和闲谈。

第二，各座位间通道大小要适宜，其技术参数是通道 1.5m，桌与桌距离为 1m左右。

第三，应使光线来自左方，以便顺光写字办公。

（2）办公桌的布置

办公桌面的布置，可以参照下面的做法，坐在桌子旁，面对桌子上的东西，伸直双臂，再双手合拢，然后在大约高于桌面 15cm 的位置画个弧形，注意手臂在运行中能覆盖的桌子面积，然后在这个范围内，可以摆放与工作有关的一切物品。下面是秘书人员在布置办公桌桌面的具体做法：

1）电话。秘书人员应把电话放在办公桌上便于使用的地方，例如习惯使用左手的人，应将电话安放在办公桌的左边。

2）参考书。参考书应该放在办公桌上面或者伸手可以拿得到的抽屉里，秘书人员还可以购买或者制作一种能够转动的桌面，以便于在很小的空间里摆放各种各样的书。

3）文具用品盒。秘书人员还可以在办公桌的右上角放置一个多层的文具用品盒。这个用品盒可以用来存放文具、纸张、笔等东西。此外，还可以准备一个文件袋用来存放资料，例如需要翻译的速记资料、等待经理签署的文件、已经阅读的文件、处理完毕的计划或者其他材料等。

4）办公桌表面。有些秘书人员喜欢在办公桌表面盖上玻璃板或者蒙上一块塑料布，但为了眼睛的健康，办公桌表面最好没有反射光。此外，秘书人员在离开座位之前，应把放在办公桌上的文件收拾好，并放到抽屉里，从而使办公桌的桌面时刻保持干净整洁。

5）文件。必须将各类文件归类，并存放在不同颜色或标明标签的文件夹中。如有待整理的文档或悬而未决的工作资料放在带有红色标签或红色文件夹里；拟请领导签字的项目文件放在蓝色标签或蓝色文件夹里；未完成的方案可以放在带黄色标签或黄色文件夹里；已阅读过的材料以及其他材料可选择放在带黑色标签或黑色文件夹里等。

要经常对文件夹进行检查、分检，将文件按需要程度分类，然后相应存档，如图 8-5 所示。

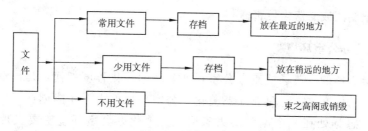

图 8-5　文件分检

6）办公桌的抽屉。办公桌的抽屉里，可以排列有序地放信封、公文纸、订书机、复写纸、胶水和涂改液等。办公桌抽屉内物品的摆放也值得引起秘书人员的注意，例如胶带纸或其他胶质材料能把抽屉内的物件粘在一起，应妥善放置；印泥盒应该倒置放好，从而使印泥上层浸透墨水等。秘书人员还要经常收拾抽屉，及时清除没有价值的东西，使抽屉内部井井有条。

2. 办公椅的放置

秘书人员最好选用旋转椅，既可以调节方位，方便工作，又可以缓解疲劳。秘书人员在选择办公椅的放置地点时，应注意以下事项。

1）不能把办公椅放在直冲大门的地方。

2）办公椅后面最好靠墙或柜，不能背对着门或过道。

3）不能把办公椅放在复印机后边。

4）不能把办公椅放在洗手台、水龙头、大垃圾桶或杂物旁边。

5）不能把办公椅放在光线不足或没有窗户的地方。

6）不能把办公椅放在正对着饮水机或水龙头的地方。

3. 照明的分布

办公时，合适的光线很重要，亮度不足容易引起眼睛疲劳、头疼、困乏甚至出错。自然采光最为理想。写字时，亮光应来自左方；打字时，光线应来自两边。办公室的照明应当均匀分布，避免强烈的阳光和阴影。

4. 自动化办公设备的摆设

以计算机为代表的自动化办公设备一般应有独立的存放空间，与设备有关的资料和参考书等也都应放置好。因为办公室的其他人员也需要使用这些设备，所以秘书人员在放置这些设备时，既要方便他人使用，又不能妨碍自己工作。

5. 电插座的安装

秘书人员还应在办公室安装充分的电插座，供办公室设备使用。但是在安装电插座时，一定要考虑到使用时的安全性，最好安装于比较隐蔽的角落里。

6. 档案柜的放置

档案柜应背对背放置，秘书人员最好将档案柜放置于墙角。还有档案柜应放置于与墙面保持 80cm 以上的距离，并远离日晒或有渗水迹象的墙面。此外，柜顶应设置盖板，以免档案受潮或受落尘侵害。

（四）美化办公室环境

秘书人员工作的主要场所是办公室，办公室的美化程度如何，是衡量一个文秘人员能力与素质的标准之一。只有注意美化办公室环境的人，才能创造一种和谐舒适的气氛，使员工感觉处在一个温馨的大家庭里。美化办公室环境主要表现在以下几个方面：

1. 办公室的绿化

在办公室美化中，绿化是不可忽视的，因为绿化不但可以美化环境，还可以改变办公室周围的小气候，还会使人产生良好的视觉效应，因为绿色象征和平和生机，它能使人产生一种微妙的安全感，催人奋发向上。对于一些比较封闭的办公室来说，室内绿化更被誉为"无声音乐"，在室内放置几盆小花草，可使人心旷神怡，从而提高工作效率。但要注意不宜放置太多，避免出现植物跟人"争氧"的情况，因为绿色植物在没有光照的情况下，吸入的是氧气，吐出的是二氧化碳，这样，久而久之就会降低空气中氧的浓度而提高二氧化碳的浓度，就会影响室内空气的清洁度。

2. 办公室的装饰

办公室里不宜有过多的装饰品，但适当悬挂或放置一些有品位的油画及工艺品，能改变办公室单调的气氛。但要注意，过于鲜艳的廉价作品，如低劣的绘画、明星印烫画等，只会使办公室显得浮躁和不雅。在进行办公室装饰时还要注意，应结合组织的性质，既力戒奢侈浪费，又要突出本组织的特色，避免俗气。如政府机关办公室应以庄重、简洁为好；商业单位办公室则可以相对华丽些；科技单位办公室可以适当地把技术糅合进装饰里，以显示自己的技术实力。

3. 色彩搭配

颜色对人的心理及生理上都有影响，因而色彩是决定环境的重要因素之一。色彩的搭配，是以颜色的效果营造一种舒服和愉快的气氛。如室顶、墙壁、地板、家具色彩宜用自然柔和的搭配，暖色或冷色或中间色，基调应统一，反差不要太大。暖色指红、火黄、棕色；冷色有白、黑、青、绿等；米色、淡紫则为中间色。一般天花板用白色，墙壁用淡色，地板可以深些。这样可减少眼睛疲劳和心情紧张，提高工作效率。

（五）维护办公室环境

秘书人员维护办公室环境主要包括个人工作区域、公用区域、领导办公区域3个部分。

1. 个人工作区域的环境管理

个人工作区域是指秘书人员自己的办公室以及直接用于个人办公的设备和用品。

1）保持台面、地面、计算机、办公设备、家具、窗帘以及门窗墙壁等处的清洁。

2）经常保持办公桌面的清洁、整齐、美观，不乱放零散物品，不放置个人的生活用品。

3）电话按键和听筒、计算机键盘要经常用酒精棉消毒。

4）来访者用过的茶具应及时清洁干净，并重新摆好，用过的一次性口杯应及时清理。

5）保持计算机、电话等办公自动化设备的线路整齐，经常检查线路是否有破损情况，检查电源插头是否有松动等不安全情况。

6）报纸、杂志、资料、文件等要及时进行清理，摆放到文件柜等固定地点存放。

7）每天下班前，要认真检查一下计算机、电灯、空调等是否关闭，抽屉、柜门等是否上好锁。

2. 领导办公区域的环境管理

1）应经常整理领导办公室和办公桌，将文件和物品摆放整齐，文件柜、书架、博古架和各种陈设要保持清洁。

2）每天要定时开窗通风，保持空气的自然清新，并定时测温、测湿，保持适合领导习惯的温度和湿度。

3）经领导授权后，应定期对领导的文件柜进行清理，将文件资料归类保管存放，将一些无用的文件及时清退或销毁。

4）对领导办公室的花卉、盆景，要及时浇水、施肥、剪接，保持其美观和生机；对领导办公室内的金鱼，要及时喂食、清排鱼缸内的浊物，保持水质清洁。

5）在领导接待客人后，要及时对烟缸、茶具等进行清洗和整理。

6）经常对安全、卫生等状况进行检查，发现问题应及时通知有关人员进行修理，时刻保持良好状态。

3. 公用区域的环境管理

1）要保持领导会客室和会议室的清洁，在来访客人离开及会议结束后要及时通知保洁员进行打扫和清理。

2）正确使用并注意维护复印机、传真机等办公自动化设备，保持周边的整洁，如果发现问题应及时自己动手或及时找人维修。

3）对文件柜、档案柜、书架、物品柜等公用资源，要注意经常清理，对报刊、文件及公用的办公物品，用后要及时放归原处，保持整洁有序。

4）注意发现在办公设备、室内光线、温度、通风、噪音、通道等方面存在的有碍健康和安全的隐患，并及时提出建议或通知有关人员进行整改。

（六）办公室安全管理

办公室安全管理是秘书人员进行办公环境管理的重要内容，应从保证办公室的人、零用现金、办公设备和信息的安全4个方面进行管理。

1. 人的安全管理

（1）隐患

复印机、打印机和计算机等办公设备会产生很大的臭氧和电磁辐射，如果通风不好，办公环境内的臭氧浓度就会增高，就很容易使人出现头晕、头痛、恶心和视力下降等问题。

如果地毯达不到卫生要求，里面会有螨虫、细菌和灰尘，这会导致疾病的传播。另外，天花板、壁纸等装修材料也可能含有甲醛、苯等气体，这都可能对人的健康造成伤害。

大多数的办公环境里人员集中，而且还有人在办公室内吸烟，由于办公室内空调的使用环境大多是密闭的，这就使室内存在空气质量差、氧气相对不足等问题。

在电器设备使用很多的办公环境里，蟑螂是比较常见的害虫，很容易传播疾病。

（2）防治措施

1）秘书人员应时常打开窗户通风，保证办公环境内的新空气，稀释有害气体。

2）秘书人员应及时清扫办公室的杂物和垃圾，保持办公环境内的清洁卫生，若发现蟑螂，要定期在办公室里用药物灭蟑。

3）秘书人员可在办公室放置加湿器，使室内保持一定的湿度，也可适当地在办公室内放些绿色植物，从而起到净化空气的作用。

4）激光打印机应该放在通风处，办公人员不要在打印机旁等待打印结果，不然会吸入臭氧。

5）秘书人员可在带有复印机的办公室中安装排气扇或排气管道，从而使室内的臭氧和氮氧化物及时排出室外。此外，复印机应放置在通风的地方，并避免强光直射。

6）除了日常吸尘外，秘书人员最好还要定期清洁地毯，要使用杀菌剂、消毒剂等。

7）秘书人员要建议办公室选用环保材料进行简约装修。

2. 零用现金的安全管理

秘书人员对办公室财产的安全管理，主要是针对零用现金的保管。秘书人员保管零用现金的具体做法如下：

1）超过库存限额以外的零用现金应在下班前送存银行。

2）办公需要的小量备用金可放在出纳的抽屉内，其余则应放入专用的保险柜内，不得随意存放。

3）限额内的库存零用金应在当日核对清楚后，一律放在保险柜内，不得放在办公桌内过夜。

3. 办公设备的安全管理

秘书人员对办公设备的安全管理的内容主要包括办公设备的安全使用。办公设备的安全使用方法如下：

1）办公设备的安装、操作要符合要求，要明晰展示操作指南和注意事项。

2）在办公设备用电时，交流电与直流电不能短接或混接，否则会造成严重干扰。

3）在办公设备用电时，电压要相对稳定，因为电压波动将影响计算机的可靠运行。

4）办公设备在使用过程中，应避免突然断电。

5）各个办公设备应有专用的电源插座，不要与其他设备共用电源插座。

6）若没有 UPS 不间断电源而突然断电，则应立即关闭电源，等电源稳定后方能开机。

4. 信息的安全管理

（1）计算机信息的安全管理

计算机是储存单位内部信息的工具。为提防重要信息泄露给外人，秘书人员应对计算机信息采取如下的安全保护措施。

1）请领导设定特定电子档案的打开权限。

2）为特定信息设置密码，没有密码的人将无法检索文件。

3）设置锁住计算机的密码，这样其他任何人都打不开计算机。

4）将装有软盘的盒子或箱子锁上。

5）最好多备份文件，且选择磁带机等设备来保存备份文件而不是硬盘。

6）如果使用了别人的计算机或者软盘在别的计算机上使用过，在把它们拿到计算机上使用之前，一定要先查毒、杀毒。

7）给计算机装上防毒软件，并注意及时更新，因为病毒更新换代的速度也是十分迅速的。

（2）档案信息的安全管理

1）档案柜一般都要上锁，当秘书人员不在时，要锁住档案柜以保护纸质档案文件。

2）秘书人员要将存放有缩微品档案的柜子上锁，以防丢失或外人随便使用。

3）秘书人员不能将缩微品档案原件外借，以防损坏或丢失。

4）秘书人员对缩微品档案的存取借用要和纸质档案一样有相应的记录。

5）当一些同事因工作需要借用秘书的电子档案时，秘书人员要把原件留在自己身边，复制一个副本给他们。

6）办公室档案的借阅、查找，须经秘书人员批准，并作详细记录，标明类别、数量、借阅及归还日期和双方经办人。

（七）办公环境突发事件处理

办公区域内可能发生一些紧急情况，如火灾、人员受伤、人员突然发病、暴力攻击、炸弹威胁等。

1. 紧急情况发生前的预防措施

一旦出现紧急情况，秘书人员应尽量减少其带来的危险，使损失降到最小化。通常，秘书人员要做好以下几方面的预防措施：

1）以书面形式确定紧急情况的处理程序。

2）用上述紧急情况处理程序培训所有工作人员。

3）张贴有关的紧急程序，在可利用的地方显示相应的布告，让所有人员了解有情况发生时如何疏散和急救员的姓名。

4）定期进行紧急情况模拟演练，其目的是测试编写的程序是否合适，并指导员工的应对行动。

5）明确各级管理人员在紧急情况下所肩负的任务和职责，一旦有情况，由他们负责处理。

6）保证配备相关的设备和资源以随时处理紧急情况。

7）保证定期检查和更新设备。

2. 紧急情况发生时的应对措施

（1）火灾

1）如果发生火灾应该立即拉响警报铃，秘书人员应明确区分火灾警报铃和炸弹恐怖活动警报铃。

2）秘书人员要立即使用疏散程序，保证人员安全。

3）秘书人员在组织人员疏散时，所有窗户、门以及防火门都应该关闭，以减少火势蔓延。

4）工作人员应该迅速疏散，保证人身安全。

5）办公人员在疏散时不应该使用电梯。

6）办公人员要根据火情选择相应的消防设备灭火。

（2）人员伤害或疾病

1）如果发生人员伤害或疾病，秘书人员应立即呼叫急救员或急救中心。

2）秘书人员要向有关负责人报告并进行力所能及的救助。

3）秘书人员应保护现场等待有关人员处理。

3. 紧急情况发生后的记录常识

1）所有事故、火灾和其他紧急情况都要报告和记录。

2）事故应该立即报告给上级或者安全主管，具体要求填写《事故情况记录表》和《工伤情况报告表》，证人和事故涉及的人员有可能也需要完成证人记录。

3）《事故情况报告表》应记录事故日期、事故地点、事故涉及人员、事故的证人、事故过程的概述和填写事故记录表的人员签名。

4）如果事故中有人受伤，涉及的每个人都要填写一份《工伤情况报告表》，主要包括完成表格人员的姓名、身份，事故涉及人员姓名、出生日期、住址和职务，发生事故的日期、地点，事故的细节以及对事故的看法等，还有进行的急救行动和医疗处理情况，必要时还要记录事故证人的姓名和职务，填写表格的人员签名和日期。

【案例及点评】

材料1：

设计成全开放式的办公室是否可行？

某公司准备在上海开办一所销售分公司，租用了某写字楼一层的大厅。其中，大门左边是产品展厅，大门右边作为销售分公司的办公区，包括正副经理办公区、接待区、销售部、财务部。该销售分公司的负责人将整个一层大厅全部设计为当今流行的全开放式办公室，没有门，所有人的工作都能清楚可见。

点评： 该公司在上海开办的销售分公司，产品展厅用开放式办公室是可行的。但是销售分公司办公区中的各个部门全部采用全开放式办公室就不合适了，因为销售使得财务部门的工作量很大，现金、支票的交易和保管极为重要，应该在安全、保密的封闭式办公室中操作。

材料2：

零乱不堪的办公环境

王丽是某工程建筑公司新聘用的办公室秘书。由于该公司急需用人，王丽参加完最后一轮面试后，公司领导立马就决定聘用她了，而且要求她即刻上班。就这样，王丽急匆匆地来到了她的办公室，一打开门，王丽吓了一跳，只见文件柜开着，办公桌上堆满了各种文件、报表、单位档案、书报杂志、白纸等，加上电话机和台历、茶杯、烟灰缸摆放不整齐，一张办公桌乱成一团。再仔细看看，不仅窗台上布满灰尘，连计算机键盘、显示器、复印机面板也都污迹斑斑，边上的废纸篓也是满满的。由于办公设备较多，电话线、计算机连接线、网线、传真机线、复印机线、打印机线等都交织在一起，害得王丽差点绊了一跤。

点评： 根据办公环境管理要求，王丽首先应该对办公室环境进行清洁，因此应该对办公室的地面、桌面、窗台、计算机键盘、显示器、复印机面板进行打扫，并倒掉废纸篓中的垃圾；其次，王丽应对办公室进行布置，对办公桌上的文件、报表、单位档案、书报杂志、白纸等加以整理，并放置到相应的位置上；最后，要消除办公室的隐患，如电话线、计算机连接线、网线、传真机线、复印机线、打印机线等都交织在一起，应该及时请人把办公室设备的线路整理，做到办公室设备的安装、操作符合要求，避免引起人身伤害。

 思考实训

1. 某公司秘书小李在一次董事会后用碎纸机粉碎废弃的选票时，在操作过程中，不小心将胸前的长丝巾卷入碎纸机中，虽然电源被立即切断，但丝巾还是被毁掉了。试结合上述案例谈谈秘书人员办公室安全管理的内容。

2. 秘书小梅上班总是匆匆忙忙的，办公室的窗台布满灰尘，办公桌上堆得满满当当，计算机键盘污迹斑斑，领导要的文件总是东查西翻，每日常用的"访客接待本"也总是找不到。自己的办公桌都没有管理清楚，更无暇顾及他处。试说明秘书小梅应如何布置办公桌面？

3. 实训情景：

××市职业学校新校舍落成，办公室秘书赵燕着手布置新的办公环境。

一张办公桌、一个文件柜（上半部为玻璃门，下半部为铁门或木门）；电话机一台、计算机一台、桌面多层文件架一个、电话簿一本、邮证编码簿一本、《现代汉语词典》一本、文件盒5个、信纸5沓、机密文件两份、普通文件4份、卫生纸一卷、折叠雨伞一把、点钞机一台、打孔机一台、修正液12支、复印纸5沓、圆珠笔20支、回形针12盒、标签纸10张。

实训要求：试帮赵燕把办公室物品进行规范、合理的布置（可画成平面图）。

第二节　办公资源管理

 学习目标

1. 了解办公物品的采购程序。
2. 掌握办公物品的保管方法。
3. 熟练发放办公物品工作。
4. 掌握办公物品库存的保管要求。

情景导入

小王是某单位办公室秘书，接到一份领导的采购任务书，要求小王提供一份本单位一年内的办公物品采购预算和采购方案。小王为了完成领导的任务，在拟定办公物品的采购预算和采购方案时，小王对供应商提供办公物品的质量和交货、供应商的服务和位置及产品的安全可靠性进行了全面评估，最后顺利地完成了采购任务。

 知识精讲

办公物品是指秘书办公所需要的各种物品。它包括办公物品、办公设备、日常办公所需的小额现金，以及办公家具、办公用房等。在现代信息社会里，秘书所用的办公物品越来越先进，价格也越来越昂贵，使用和维护越来越讲究，办公成本也显著提高。因此，对这些办公物品进行科学、有效的管理，最大限度地提高办公物品的使用效率，是现代秘书工作必须重视的方面。本节主要阐述办公物品的管理。办公设备将在本书第十二章有所阐述。

办公物品的管理步骤一般遵循以下步骤，如图 8-6 所示。

图 8-6　办公物品的管理步骤

（一）办公物品采购

采购办公物品一般包括申购办公物品、选择办公物品供应商、订购办公物品、接收办公物品等步骤。

1. 申购办公物品

1）在申购办公物品前，秘书人员应根据办公物品的库存量及消耗情况作相应的记录。

2）在满足单位办公需要的基础上，秘书人员要分析各类办公物品的用途，决定哪些办公物品为真正需要的。

3）秘书人员要根据办公室的特殊需要，如果无常备库存，则由秘书人员填报《办公物品申购单》，要按申购单上的内容逐一填写，经领导审核后，再协助相关部门集中采购。

2. 选择办公物品供应商

秘书人员在选择办公物品供应商时应从商品的质量和交货、供应商的服务和位置、供应商经营信誉等方面考虑。

（1）商品的质量和交货

1）在选购办公物品前，秘书人员要了解各类办公物品的基本使用方法及产品功能，最好选择一家固定的、信誉度较高的供应商长期合作。

2）秘书人员在购买办公物品时要仔细检查比较货品的质量，保证购买后能够满足单位需求，最好选择那些可以更换不合格物品的供货商。在购买时秘书人员还要比较供应商的交货时间，能否在需要时快速交货并按约定准时交货。

3）秘书人员要选择自己拥有制造单位的供应商。如果供应商有自己的工厂则有利于保证产品的工期，有利于补货和小批量生产等。

（2）供应商的服务和位置

1）秘书人员在购买办公物品时要比较供货商所提供的服务是否方便，如哪些可以满足单位所需要全部办公物品的供应；哪些能电话或传真订购；哪些在订货后能最快交货；哪些不用每次付费而定期结算；哪些能退货等。秘书人员最好选择在本地有服务机构的供应商，这样，有利于售前和售后服务，尤其是开展售后服务。

2）供货商的所在地也很重要，这将方便单位与其联络和交货。

（3）供应商经营信誉

秘书人员在购买办公物品时要比较供货商在整个送货过程中能否保证货品安全包装、存放、运输和交货，要仔细比较供货商的交易手续及相关发票、单据是否齐全，还应了解商家规模和经商信誉。

3．订购办公物品

1）当一种物品的库存余额达到需要重新订购的水平时，秘书人员要采取行动补充物品。

2）在小型组织中，秘书人员将订购单直接发送给供应商。

3）在较大的组织中，所有订购都将由采购部门负责，库存人员填写采购申请单，详细说明需订购的货物，并发送给采购部门，由他们统一订购货物。

4．接收办公物品

1）秘书人员先用订货单和通知单核对对方交付货物时出具的交货单及货物。

2）一旦发现数量不对，秘书人员应立即通知采购部门联系供应商。

3）秘书人员如果发现接收数量有出入也应及时通知采购部门，应按真实数量支付货款。

4）秘书人员接收的每一类货物的详情，都应输入到办公物品库存卡的接收项中。

5）秘书人员接收货物后，要及时更新库存余额。

6）秘书人员要将接收的货物按照办公物品存储规定妥善存放。

知识链接

办公物品的分类

办公物品的具体分类有：一是纸簿类消耗品，有A4、B5等办公复印纸、信纸、信封、笔记本、直线纸、复写纸、卷宗、标签纸等；二是笔尺类消耗品，有铅笔、刀片、签字笔、橡皮擦、夹子、胶水、胶带、钢笔、打码机、姓名章、日期章、日期戳等；三是装订类消耗品，有大头针、图钉、荧光笔、修正液、电池、剪刀、美工刀、订书机、打孔机等；四是办公设备耗材，有打印机墨盒、色带、计算机磁盘、空白光盘等。

（二）办公物品的保管与发放

办公物品进库后，秘书人员必须将其保存在安全的地方并有序摆放，以防物品损坏、浪费或失窃，还要消除事故和火灾隐患，但还要保证当需要时又很容易找到。

1．办公物品的保管

1）原则上库房应有专人专管，否则会造成管理混乱，责任不清。

2）每一种物品都要有一张库存卡。

3）储藏间或物品柜要上锁，从而保证安全、减少丢失。

4）物品要清楚地贴上标签，表明类别和存放地，以便能迅速找到物品。

5）新物品置于旧物品的下面或后面，先来的物品先发出去，以保证物品不会因为过期而不得不销毁。

6）体积大、分量重的物品应放置在最下面，以减少和避免从架子上取物时发生事故危险。

7）小的物品、常用的物品，如订书钉盒，应放在较大物品的前面，以便于见到和领取。

8）库房要有良好的通风，房间要保持干燥。

9）储藏办公物品处应有良好的照明，以便容易找到物品。

2．办公物品的发放

1）在发放办公物品时，如果是公司有规定的，则按公司规定的种类、数量、时间等发放，如果是无具体规定的，则必须履行相应的审批手续后才能发放，审批手续指的是经过有关负责人（如办公室主任、经理、总经理）的签字同意。

2）在提取物品时，由秘书单独进入库房，领用人员不得随同进入，秘书把物品提出库房外交给领用人员。

3）先购的物品先发放出去。

4）填写出货单，如表8-1所示。

5）填写库存卡，更新库存余额，核对库存余额是否到了再订货量。

6）进行安全检查，如关电源、锁门。

表8-1　办公物品出货单

部门：　　　　　　　　　　　　　　　　　　　　　　　　　　　年　月　日

品名	规格	单位	数量	主管	申领人	备注

（三）办公物品的库存管理

单位在运营中，所需要的办公物品应当满足，但又不能占用大面积的库房和积压大量的存货，因此需要建立库存记录。库存记录可以用手工记录在一连串的库存记录卡片上，或者在计算机中使用库存控制软件包、电子表格或数据库。无论使用什么系统，都是记录同样的信息。

1．库存控制卡的内容

1）项目。应准确描述库存项目，包括大小、颜色和数量，例如A4白文件纸。

2）单位。单位指货物订购、存储和发放的单位，例如令、盒、包等。

3）库存参考号。库存参考号即给每一库存项编号，经常与存放位置相联系，例如C4，柜子编号是C，架板编号是4。

4）最大库存量。最大库存量是指一种物品应该存储的最大数量，这个数量要考虑到费用、存储空间和保存期限。

5）再订货量。再订货量指当库存余额达到这个水平时，必须订购新的货物来使余额达到最大库存量，通过考虑需要多少物品能保证业务的运行、平均使用量、物品交货的时间长短来确定这个数字。

6）最小库存量。最小库存量是指当库存余额达到这个水平时，必须采取紧急行动，检查是否已经订货，并与供应商联系，确定可以接受的交货时间。紧急时有必要向供应商紧急订购，以保证货物在很短的时间内就能交货。

7）日期。必须记录所有行动的日期。

8）接收。记录所有接收信息，包括发票号和供应商的名字。在一些记录卡片上，供应商的名字记录在卡片的前头——在这些情况下，物品的库存参考号可能是供应商的目录号。

9）发放。记录清楚发放物品的数量，所发放物品的申请号和物品发给的个人（部门）。

10）余额。在每一次处理后计算物品的库存余额。当接收物品时在余额上加上接收的数量，物品的发放将从余额中减去发放的数量。余额应该代表库存物品的实际数量，并用于执行库存检查。如果发现差异要通知和报告给管理人员。

库存的每一项应该记录在库存控制卡片上。秘书在每次物品发放或接收时应填写库存控制卡，并记录该项库存的余额。

2. 库存的管理要求

1）秘书在收到物品后，应立即办理物品的进货登记，保证物品准确无误地入库、登记、检验、核对。

2）在物品出货时，秘书应及时地办好出货手续，对发放什么物品、发放给谁了、哪些物品还存储在库里等做好记录。

3）物品的库存管理要求保持进货卡、出货卡和库存卡的三卡一致，保证物品库存的有效管理。

4）对决定报废的办公物品要做好登记，应在报废处理册上写清物品名称、价格、数量及报废处理的其他有关事项。

【案例及点评】

办 公 物 品 的 管 理

星晨时装公司行政部门秘书赵燕在今天上班后，接待了前来送办公物品的文仪办公物品公司的业务员。赵燕拿出订货单与对方的交货单进行核对，两者相符。她接着清点交来的实物，并与订货单核对，结果发现少了一包A4复印纸，赵燕当即告诉文仪办公物品公司的业务员，要求把缺货补齐，并推迟付款，同时告知公司财务部门，因货物不齐，暂不付款。下午，对方业务员补送一包A4复印纸，收货后，赵燕通知财务部门与对方结账。

赵燕按照收到货物的详情，填写了进货卡和库存卡，更新了库存余额。赵燕把收到的货物全部搬进库房，按类别堆放，这次收到的货物中有一些原来没有的类别，如灭火器、计算机软盘等，她找出位置，贴上灭火器、计算机软盘等新标签，再把货物堆放好。在堆放每一类货物时，她都采用新物品置于旧物品下面或后面、体积大和重的物品置于下面、体积小和常用的物品置于上面的方法，一切摆放妥当后，才锁好库房门离开。

第二天，赵燕按经过经理批准的各位员工需领用办公物品的种类、数量发放办公物品。发放的顺序是：填好出货卡，发放实物，领用人签收，填库存卡，更新库存余额。在核对库存余额时，发现部分物品已低于再订货量，于是，她又开始作下一次订购办公物品的计划。由于她工作有条有理，精打细算，同事们都戏称她为"管家婆"。

点评： 秘书赵燕在办公物品进货、保管和发放、库存管理等工作中按部就班，均符合办公资源管理要求，做得非常好，为此，她也获得了"管家婆"的称号。

思考实训

1. 怎样做好办公物品的发放工作？

2. 根据单位实际，试设计办公物品的进货卡、出货卡和库存卡。

3. 实训情景：

星晨时装公司办公室秘书赵燕向文仪办公用品公司订购了一批办公用品，约定于2006年1月22日交货。这天，文仪办公用品公司业务员带着货按时来到了远东时装公司。这批办公物品包括饮水机两台、电风扇两台、点钞机5台、打孔机5台、修正液50支、信封10沓、信纸10沓、复印纸（A4）10沓、圆珠笔50支、铅笔50支、图钉3盒、回形针10盒。

实训要求：试演示办公室秘书赵燕接收这批货的过程。

第三节 办公效率管理

学习目标

1. 掌握时间管理的有关知识。

2. 掌握时间管理的技巧与方法。

3. 掌握周计划表的编制步骤。

4. 熟练编写工作日志。

情景导入

曾经有一位哲人看见一位农夫在砍树，每一斧都只能砍下一小块树皮——斧头太钝了。

于是，哲人问农夫："你为什么不把斧头磨快了再砍？"

农夫回答说："我没有时间磨斧头。"

这个寓言告诉我们一个浅显的道理：磨刀不误砍柴工。秘书工作也是这样，每天拿出一点点时间，对要做的工作进行规划和计划，不仅不会耽搁时间，而且还会大大提高工作效率。

秘书工作的一切活动都要耗费时间，然而，一个人可利用的时间又是有限的。因此秘书人员如何加强时间管理、提高办公效率，便成为一个重要的课题。

 知识精讲

一个单位就是一个系统。其中各个部门的工作人员既要各负其责，又要相互配合，各项工作之间的程序要紧密联系、相互呼应，整体的功能才能得以发挥。而秘书作为这个系统的协调者以及单位领导人的辅助者，就必须保证该系统运转的高效率。这一点集中体现在秘书对办公时间的安排和管理上。

一、时间管理的概念

时间管理，是指在同样时间耗费的情况下，为提高时间的利用率和有效性而进行的一系列控制。这种控制是应用现代科学技术的管理方法，对时间消耗进行计划、实施、检查、总结评价和反馈等程序，以达到预期目标。

二、秘书时间的管理方法

1. 时间"四象限"法

根据时间管理理论，秘书人员应有重点地把精力和时间集中放在处理那些重要但不紧急的工作上，这样可以做到未雨绸缪，防患于未然。时间"四象限"法是把工作按照重要和紧急两个不同的程度进行划分，形成一个矩阵，在这个矩阵中纵轴表示事情的重要程度，横轴表示事情的紧急程度。

1）既紧急又重要。对这种事情秘书人员应马上处理，防止危机进一步扩散。如即将到期的任务、财务危机或者客户打来的投诉电话等。

2）重要但不紧急。这类事情虽然不紧急，但需要秘书人员花很多时间。如建立人际关系、人员培训和制定防范措施等。

3）紧急但不重要。这类事情虽然不是很重要，但是无法避免的，所以秘书人员要尽量减少这类事情的发生。如不速之客、行政检查和主管部门会议等。

4）既不紧急也不重要。如闲谈、无聊信件和个人爱好等。

由上述的四类事情可看出，秘书人员把主要的精力有重点地放在重要但不紧急的事情上是必要的。这就需要秘书人员很好地安排时间，其中，一个好的方法就是建立预约。建立了预约，自己的时间才不会被别人占据，从而可以有效地开展工作。

2. ABC 时间管理分类法

（1）ABC 时间管理分类法（或称重点分类法）的基本原理

一般来说，事物 80% 的价值集中在 20% 的组成部分中，即表现为"关键的少数，次要的多数"的规律。自觉运用这一规律，把 80% 的时间用在 20% 的工作上，往往能用一两分努力，获得八九分成果。具体做法是：先依据系统原理，把自己的工作组成一个有机整体，然后分析每项工作在系统中的作用。在分析时给自己提 3 个问题：一是能不能取消这项工作？二是能不能与别的工作合并？三是能不能用简便的东西代替？经过这 3 个能不能"处理"后，再根据每项工作在系统中作用的大小，将其分成 A、B、C 三类，这是时间管理的最基本方法。

（2）ABC 时间管理分类法多采用列表分析（见表 8-2）

表 8-2　ABC 时间管理分类

分类	比例	特征	管理要点	时间分配
A 类	占总工作数量的 20%～30% 每天 1～3 件	（1）最重要：具有本质上的重要性 （2）最迫切：具有时间上的迫切性 （3）有后果	重点管理 （1）必须做好 （2）现在必须做好 （3）亲自去做好	占总工作时间的 60%～80%
B 类	占总工作数量的 30%～40% 每天 5 件以内	（1）重要 （2）一般迫切 （3）无大的后果	一般管理最好自己去做，也可授权别人去办理	占总工作时间的 20%～40%
C 类	占总工作数量的 40%～50%	（1）无关紧要 （2）不迫切 （3）影响小或无后果	不管理可以忘掉	0

（3）ABC 时间管理分类法的步骤

ABC 时间管理分类一般要由秘书自己做。为节省时间，可先进行筛选、分类，并分为 6 个步骤，如图 8-7 所示。

独处──归类──分析──填表──实施──总结

图 8-7　ABC 时间管理分类法流程

1）独处。每天上班前或下班后，秘书需用 10～20 分钟进行这项工作。先排除外界一切干扰，把应做的工作列入清单。

2）归类。秘书把清单上的工作分为特殊工作和日常工作。

3）分析。秘书静下心来仔细思考各项工作的特征，找出关键，确定 ABC 类，决定顺序。

4）填表。秘书确定 ABC 类工作及其顺序后，将其写在 ABC 分类卡或台历等工具上。

5）实施。秘书全力以赴投入 A 类工作，做到专心致志，直到完成或取得预计效果后再转入 B 类工作。C 类工作可以忘掉，如果有人追问，秘书可将其纳入 B 类。这样大胆地减少或有意推托次要的工作，能免除许多不必要的和无助于成果的工作量。

6）总结。每天坚持如上步骤，两周后总结评价整个循环。

知识链接

时间管理理论经历的 4 个阶段

第一阶段是采用记录和列写清单的方法，提醒自己完成必须要做的工作，即随时用笔和纸记下自己要做的事情。这一阶段的理论主要强调不要完全相信自己的记忆能力，在大量干扰和工作繁忙的情况下，秘书人员很可能会遗忘重要的事情，所以要学会依赖记录而不是依赖记忆工作。

第二阶段是运用日程表和预约册，将要做的事情分配到某一具体时间内。这一阶段强调事先对要做的事情做出具体的时间安排，然后按照事先计划好的时间表工作，以保证能够按时完成。从这一阶段开始，秘书人员将为上司安排工作日程作为一项重要工作。

第三阶段要求根据任务的轻重缓急程度来决定做事的顺序。秘书人员每天要做的工作很多，但各项工作的重要程度和紧急程度是不一样的，不能简单地按时间顺序做。所以，这一阶段强调先做重要的和紧急的事情，同时，要根据事情的轻重缓急设立相应的短期、中期和长期目标，然后将其落实到日常的工作计划中，逐步实现。

第四阶段强调有弹性的时间管理，即不仅要考虑工作任务的轻重缓急，还要考虑人的工作状态和精力情况。如有的人在上午 10 点时精神状态最好，而在上午 8 点时精神状态反而不好，在安排工作内容时，就要将消耗精力的工作（如起草文件）安排到 10 点而不是 8 点。同时将帕累托定律（又称 2/8 定律）引入时间管理领域，即在分配工作时间时要注意工作任务的重要程度，要将大部分工作时间分配到重要的工作目标上，而不是琐碎的事情上。

3. 时间表编制法

（1）时间表编制的含义

时间表是管理时间的一种手段，它是将某一时间段中已经明确的工作任务清晰地记载和标明的表格，是提醒使用人和相关人按照时间表的进程行动，从而有效地管理时间，达到完成工作任务的简单方法。

（2）时间表的编制步骤

重大的商务活动，一般都在一年计划表或一季计划表中及时地作妥善安排，由高级管理人员商讨研究后，定下重大活动项目，交由秘书制作成文。所以说秘书在日程安排方面的经常性工作就是日志、一周计划和一月计划表。一周计划表编制步骤如下。

第一，于本周的前几天，将工作预定表分给每个高级管理人员，请他们将自己下一周内的预定事项写清楚。

第二，周末，要将每位高级管理人员的预定表收集上来加以整理。如果有的高级管理人员无暇填表，就要直接以口头询问的方式请示，得到回答后，帮他填表。

第三，仔细阅读每位高级管理人员的预定表，并与月计划、备忘录进行核查，若发现有矛盾，应立即向其本人询问，以便及时调整。

第四，将预定表编制成下周计划表，复印成副本，将正本送给每位高级管理人员本人。

月计划表和周计划表制作步骤相同。下一个月的计划表一定要在本月内制作完成。一天的日程安排，按时间先后记载，要有敏锐的分清主次的判断力，应将重要工作安排在一天中最佳的时间内（关于日志的内容将在下面详细介绍）。

（3）时间表的分类

1）年度时间表。该表是将企业、单位或组织在一年中例行的会议、重要经营活动、已经确定的商务出访、公共关系活动等做出妥善安排。秘书可参照上一年度的时间表和新一年的工作部署来编制，力求内容简明概括，一目了然，见表8-3。

表 8-3　××公司年度领导工作计划表

月份	日期（周次）	工作内容	工作地点
1	上旬	新年工作动员大会	上海
1	1 月 15 日	新产品发布会	北京
1	下旬	经销商年会	上海
2	上旬	员工座谈会	上海
2	2 月 27 日	深圳××交易会	深圳
3	中旬	驻欧洲办事处成立	巴黎
—	—	—	—
5	中旬	××分厂破土仪式	西安
7	中旬	上半年工作总结表彰会	待定
—	—	—	—
12	下旬	领导检查分厂情况	各分厂

2）季度时间表。该表是将企业、单位或组织在一季度中例行的会议、重要经营活动、已经确定的商务出访、公共关系活动等做出妥善安排，如表8-4所示。

表 8-4　第三季度会议时间表（2005 年 7～9 月）

周次/月份	七月	八月	九月
第一周	上海会议	周一上午：面试 3 位营销员（公司小会议室）	休假
第二周	上海会议	香港会议	休假
第三周	周二：销售会议，传达上海会议精神（大会议室）	周三：公司办公会议（公司大会议室）	周五上午：部门会议
第四周	周五上午：部门会议	周五上午：部门会议	

3）月时间安排表。其信息由主管领导负责，请其他领导提出下月计划，再结合集体议定的事项，由秘书制表，经主要领导审定后下发实施。也有的组织是在月底请各位领导将下月的安排或活动口头或书面交给秘书综合整理，有矛盾冲突的就加以沟通调整，然后将编制的月时间安排表交主要领导审定后下发实施，如表 8-5 所示。

表 8-5　××公司 2005 年 2 月份工作计划

日期	工作内容	备注	日期	工作内容	备注
1 日	理事会议	地点在××饭店	17 日	参加××产品交易会	参展筹备基本就绪
2 日			18 日		
3 日			19 日		
4 日	同××公司张总会面	在公司 1 号会议室	20 日	公司月度会议	
5 日			21 日		
6 日	新春茶话会	在公司 3 号多功能厅	22 日		
7 日	公司领导走访退休同志		23 日	赴日参加行业论坛	注意×总的出国手续
8 日			24 日		
9 日			25 日		
10 日			26 日		
11 日			27 日		
12 日			28 日	去机场接法国访问团一行	接待方案正在拟定中
13 日					
14 日					
15 日					
16 日	参加政府的企业领导座谈会	发言材料由××准备			

4）周计划表。该表是在月计划的基础上制定的，表中内容常在周五下班前或周一上午由主要领导碰头协商活动安排，加上平时收集的信息，由秘书填写在固定的按周一至周五并分上下午时间的表格中，经领导过目审定后印发给相关人员，如表 8-6 所示。

5）每日行动管理表。每日行动管理表用于记录秘书的工作活动和行动方案，如表 8-7 和表 8-8 所示。

表 8-6 周工作表（3 月 5 日～3 月 11 日）

日期	星期	具体时间	工作内容	工作地点	注意事项
3.5	周一	9：00～10：00	公司例会	公司小会议室	
		10：30～11：30	A 公司张总来访	总经理办公室	A 公司基本材料已报送李总
		12：00～14：00	A 公司张总吃饭	在××海鲜楼 9 号包间	公司李总、陆总和办公室曲主任陪同
		14：30～16：30	李总去 B 公司		车辆落实
3.6	周二	10：20	李总出差去上海	航班 A340	出差资料周一报送
		11：50	王总到达上海虹桥机场	上海办事处小吴接	上海办事处电话：××××××××
3.7	周三	——			
3.8	周四	——			
3.9	周五	——			
3.10	周六	——			
3.11	周日	——			

表 8-7 每日行动管理表

年 月 日

早上最先做的事	
上班时最先做的事	
中午前应处理的事	
下午最先处理的事	
下班前应先做完的事	
明天的准备工作	

表 8-8 当天最重要的事宜

今天最重要的业务	
今天最严重的问题	
今天最应注意的地方	
今天最好的构思	
今天最该反省的事	
今天最重要的指示命令	
明天最重要的课题	
今天备忘重点	

4. 编写工作日志

（1）工作日志的含义

秘书人员的一项重要责任就是节省领导时间，保证领导高效率工作。工作日志就是秘书为了协助领导工作，通过与各方协商，对自己和领导的一天活动做出合理安排，并予以实施的辅助工具。秘书人员除了要为自己编写工作日志之外，还要为领导编写工作日志。

（2）工作日志的分类

工作日志分为手工填写的日志和电子日志两类。

1）手工填写的工作日志。手工填写的工作日志通常要准备两本，一本为领导使用，一本为自己使用。使用时的工作方法如下：

① 提前了解领导的工作和活动信息，分别在两份日志上填入，并于当日一早再修定和补充。

② 提前在自己的日志上清楚标出自己当日应完成的工作。

③ 输入或填写的信息要清楚、方便阅读，要保持日志整洁，最好先用铅笔填写，经确认后，再用水笔正式标明，还可以使用不同色彩的笔填写。

④ 输入或填写的信息要完整，要标明各项活动的时间、地点、姓名、联络等必要信息。

⑤ 输入或填写的信息要准确，如果当日出现情况变化，应立即更新日志，并告知领导。

⑥ 在领导日志变化的同时，应更改自己的日志，并做好变更的善后工作。

⑦ 在自己的日志上要清楚标出为领导的有关活动所做的准备，并逐项予以落实。

⑧ 协助或提醒领导执行日志计划，在需要时能帮助领导排除干扰。

手工填写的工作日志，如表 8-9 所示。

表 8-9　2005 年 4 月 10 日工作时间表

时间	事项	地点	备注
8：30	接待××展览会办公室李先生，商量公司本年度的参展和布展事项	会客室	（1）样品和产品介绍 （2）摊位费价格 （3）布展期限
10：00	向钱总汇报本年度参展及布展的计划	总经理室	
10：30	电话落实下午中层干部会议的出席情况		
11：00	检查下午干部会议会场布置和文件准备情况		重点：计财部和人力资源部下半年工作打算
11：30	电话预定晚上杏花楼包房		
13：00	列席中层干部会并作记录	公司第一会议室	

时间	事项	地点	备注
14：30	起草中层干部会议纪要		11 日印发
16：45	接××公司总经理	××机场	宝马车
18：00	陪同钱总宴请××公司总经理	杏花楼	记录、结账

2）电子工作日志。现在的计算机程序可以提供日历、日志和计划的功能，并可应用于联网的计算机中。因此，在现代办公室中，可以使用计算机电子日志来管理时间，通过计算机程序中的 Microsoft Outlook 可以打开个人文件夹，上面有今天的时间、本月和下月的日历，只要输入工作任务即可。输入的方法和内容与手工输入的相同。电子工作日志比手工填写的日志运用起来更加方便，可以迅速修改和更改日志内容，且不留痕迹。

（3）工作日志编写的信息内容

无论手工填写日志还是电子工作日志，填写的信息内容应相同。

1）领导工作日志编写的信息通常包括以下内容：

第一，领导在单位内部参加的会议、活动情况，要记录清楚时间、地点、内容。

第二，领导在单位内部接待的来访者，要记录清楚来访者的姓名、单位详情、约会时间。

第三，领导在单位外部参加的会议、活动、约会等情况，要清楚记录时间、地点内容，对方联络方法等。

第四，领导个人的安排，如去医院看病等，秘书在这段时间不安排活动。

第五，领导私人的信息，如亲属的生日，以提醒领导购买生日卡或礼物等。

2）秘书工作日志编写的信息除了包含领导的日志内容外，还需要包括以下内容。

第一，领导的各项活动需要秘书人员协助准备的事宜，例如为领导会议准备发言稿、会议议程、订机票；为领导会谈草拟合同和订餐等。

第二，领导交代自己的工作，例如为签字仪式联系地点、媒体等准备工作。

第三，自己职责中应做的工作、活动，例如撰写半年工作总结，参加值班等。

（4）工作日志编写的方法

1）秘书人员在编写工作日志时，可以采用以时间为线索的方法，即从上班开始到下班为止，整个过程中什么时间应做什么事，应按照时间顺序排列，以必做事情为主线。

2）秘书人员在编写工作日志时，还可以采用以事务为线索的方法，即按事务安排，每一项事务都应该设定需要处理的时间。

（5）处理工作日志的变化与调整

有时会因预想不到的事或对方的原因而必须改变日程安排，如果是我方原因变更安排，则会造成一些有形无形的影响，甚至会影响单位的信誉和双方的信赖关系。因此，应尽量想办法将日程安排的变更限制在最小范围。一般的变更包括以下内容：

1）原定结束时间延长超时。

2）追加紧急的或新添的项目。

3）项目的时间调整、变更。

4）项目终止或取消。

调整时要注意以下问题：

1）安排的活动之间要留有 10 分钟左右的间隔或适当的空隙，以备活动时间的拖延或新添临时的、紧急的情况。

2）进行项目的时间调整、变更，仍然要遵循轻重缓急的原则，并将变更情况报告领导，慎重处理。

3）确定变更后，应立即做好有关善后工作，例如通知对方，说明理由，防止误解等。

4）再次检查工作日志是否已经将变更后的信息记录上，防止漏记、错记。

此外，秘书还应注意以下内容：

1）秘书应确保领导日志信息的保密，只给领导授权的人查阅。

2）要保持两本工作日志信息一致和准确，若领导有了新安排，应立即补充，并且每天要进行检查和更新。

3）秘书应熟悉领导工作的习惯和约会时间的长短，每天最早和最晚可安排约会的时间，以便安排的约会符合要求。

4）秘书应熟悉领导的用餐和休息时间，以便安排约会避开领导的休息时间。

（6）编写工作日志应该注意的问题

1）秘书人员最好用钢笔写工作日志，尚未联系妥当的约会可以先用铅笔记载，待确定之后再用钢笔描一遍。

2）秘书人员在记载时间、联系人姓名、地点以及其他有关内容时，要尽可能简单而全面。

3）秘书人员在记载社交活动时，要注意招待会或酒会的时间以及穿着方面应特别注意的情况。

4）在每天工作开始时，秘书人员要先为当天的所有活动做好必要的准备工作，如为会议和约会准备文件和档案材料。

5）在每天工作结束时，秘书人员要仔细检查每个工作日志，看所有项目是否都已经处理，所有约会是否都已赴约。

6）秘书人员在记录秘书工作日志和领导工作日志时，要互相协调配合。例如领导与秘书人员都要去参加的活动要记录在相同的时间内；秘书人员单独的活动，只能安排在领导的空余时间或者单独活动的时间内。

【案例及点评】

总经理一天的日程安排

日期：2006 年 4 月 12 日。

8 点到 9 点：公司高层会议；地点为总经理办公室。

9 点到 9 点半：参加公司 7 周年庆祝活动；地点为本公司礼堂。

10 点到 10 点半：接待前来考察合作项目的美国公司代表；地点为总经理办公室、厂区。

11 点到 12 点：宴请美国公司代表；地点为皇冠大酒店，公司派车。

12 点半到 1 点：视察下属工厂，公司派车。

1 点到 1 点半：出席合作项目剪彩仪式。

2 点到 2 点半：出席职工子弟学校落成典礼。

3 点半到 5 点半：约见客户；地点为海鲜酒楼。

点评：这份日程安排违背了效率原则，首先，总经理工作内容过于繁多。从中可以看到，总经理从 8 点钟上班开始，就一直是马不停蹄，休息时间很少。秘书人员须知人的精力都是有限的，适当的休息时间非常必要。其次，工作内容的安排主次不分。有些次要的活动，如庆祝活动、剪彩活动等，可以有选择性地参加，没有必要全部安排。

 思考实训

1. 什么是时间管理？

2. 作为一个秘书，你认为应如何编写好自己和领导的日志？

3. 下面是某单位张秘书为厂长安排的一天日程表：

时间	内容	备注
8：00	厂部中层会议	地点：厂长办公室
8：30		
9：00	主持新产品新闻发布会	地点：本厂礼堂，所有车间主任参加
9：30		
10：00		
10：30	接待有合作意向的法国公司高层代表团参观考察	地点：本厂接待室，所有车间主任作陪
11：00		
11：30		
12：00	宴请法国公司代表团	地点：贵都宾馆，厂部派车，主要车间主任作陪
12：30		
13：00		
13：30	视察联营厂	联营厂地址：金山，车间主任同行，厂部派车
14：00		
14：30		
15：00		
15：30		
16：00	出席合作项目的剪彩仪式	地点：浦东新区，厂部派车
16：30		
17：00		

续表

时间	内容	备注
17：30		
18：00	出席职工集体婚礼	地点：和平饭店
18：30		
19：00		
19：30		
20：00	约法律顾问谈话	地点：厂长办公室
20：30		

(1) 问这个日程表制作得是否合理？为什么？

(2) 如果领导每天的日程安排都如此，会出现什么问题？

(3) 如果你是秘书，你会如何修改这个日程表？

4. 实训背景：

你的领导是某家股份有限公司主管销售业务的经理，而你则是经理秘书。

实训材料：

上午举行董事会议，所有的经理都参加；上午给参加员工培训课的新员工讲话；中午与 A 公司的董事长马××及其夫人共进午餐；下午前往 B 公司拜会该公司市场开发部的经理高××；下午会见 C 公司的销售部经理张××。

实训要求：要求你根据上述内容将与下星期一的活动安排有关的内容填写在工作日志上。

第九章 办公室日常事务管理

办公室日常事务是秘书实务的一部分，它头绪多、内容杂，大事小事、难事易事、内事外事、公事私事（指领导人因工作原因发生的私事），涉及方方面面，主要包括接打电话、日常接待工作、值班和保密工作、印信管理、邮件处理、编写大事记、完成领导交办的临时事项等。办公室日常事务工作的内容决定了一个单位的办公室实际上是一个单位的窗口。单位的领导通过这一窗口与群众、社会进行沟通与联系，而群众和社会也正是通过这一窗口了解党政机关和企事业单位的责任意识、服务态度、工作效率和诚心度。因此，办公室日常事务工作的好坏，关系到党政机关或企事业单位的形象。因此，要求秘书应严格按照办公室日常事务的规范性进行操作。

第一节 接打电话

学习目标

1. 掌握接听、拨打电话的步骤及方法。
2. 熟练处理各种电话。

情景导入

在阳光公司实习的秘书小李第一天上班，被安排在接电话的岗位，由于心情十分激动，第一次遇到外来电话，铃声刚响，他抓起话筒就问："喂，你找谁？"在第二次接电话时，是对方拨错了电话，小李一听便告诉对方"你打错了"。在第三次接电话时，对方没有说明来意就直接要找总领导，小李一听非常兴奋，就高声回答道："总领导在，我去给你叫。"

知识精讲

接打电话是秘书人员进行公务活动的主要手段之一，秘书人员在处理日常事务中，要经常大量地运用电话沟通信息、联系工作、请示汇报、通知会议等。秘书人员日常的电话事务主要有两个方面，即接听电话和拨打电话。

一、接听电话

接听电话的步骤如图 9-1 所示。

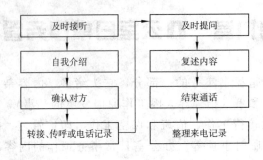

图 9-1　接听电话步骤

（一）及时接听

秘书一般应在第二声铃响之后迅速摘机，如果电话铃声响 3 次以上才拿起话筒，在拿起电话后要先向来电者真诚地表示歉意："对不起，让您久等了"。

（二）自我介绍

电话接通后，秘书人员首先要自报家门，要向对方介绍自己的单位、部门和姓名。在通报时要注意区别对待以下情况。

1）如果是内线电话，可以只通报部门和姓名，如"您好，办公室，×××"。很多公司有内线电话，或者内线电话与外线电话的铃声有区别，这可以帮助秘书区别是内线电话还是外线电话。

2）如果是外线电话，应该通报单位、部门和姓名，如"您好，×××公司行政部，×××"。

3）如果是高级管理人员的专职秘书，则应向对方准确表明身份，如"您好，这里是×××公司×××先生办公室，我是秘书×××"。

4）如果对方拨错了号码，应该有礼貌地说："我想你是否拨错了号码。"

（三）确认对方

如果对方在秘书自我介绍后也作自我介绍，则可正式通话。

如果对方不作介绍，秘书应有礼貌地了解对方身份："请问你是……"、"请问您的尊姓大名？有什么需要我帮忙的吗？"、"我怎么向领导通报你呢？"切忌单刀直入地问："你是谁？"、"你找谁？"或"你要干什么？"之类的话。

如果一接电话马上能辨认出对方，便可直接称呼对方，"啊，您好！某××（职务或尊称）"，这会给对方留下特别亲切的印象。

（四）转接、传呼或电话记录

当辨明对方身份时，电话在接听的过程中会出现两种情况：一是对方要求把电话转给领导或者其他同事；二是不需要把电话转接或传呼。因此，在这两种情况出现时，秘书所做的工作也不一样。

1. 要求电话转接

（1）要求电话转接给领导时的处理办法

当需要把电话转给领导时，秘书人员事先要向领导说明是何单位、何人打来的电话，同时把从对方获得的消息简要地传给领导，以便领导对所谈事项有思想准备。

如果来电要找的领导不在或不能来接电话，秘书一般采取以下方法。

1）如果知道领导何时回来，则可以告诉对方到时再打来。如"很抱歉，金明先生正巧不在，您过一会儿再打来好吗？估计他下午 4 点钟回来。"

2）可请对方留下姓名和电话号码，等领导回来后再同他（她）联系。如"请您留下电话号码好吗？这样李领导回来后可以给您回电话。"

3）可询问对方是否愿意与其他人通话，但要告诉对方你要转给人员的部门，并征求对方同意。如"关于合同一事，您想同其他人谈一谈吗？我们销售部的马领导正在办公室，要不要我把您的电话转过去？"

（2）电话转接、传呼给同事时的处理办法

秘书在工作期间，往往还会接到打给同事的电话。秘书处理打给同事的电话与处理打给领导的电话应有所不同，主要体现在以下几个方面：

1）不用给同事过滤电话。一般情况下，打给同事的电话，秘书可照直转接，除非同事有明确要求，如特意提醒在某段时间内不接电话或不接某个人的电话。

2）不必主动询问对方的身份和意图。秘书在处理电话时，除非同事事先提出要求或同事不在，一般情况下，不宜询问对方的身份和意图，以免有打听隐私之嫌。

3）要表示愿意帮忙。当对方要找的同事不在时，要表示出愿意帮忙的态度，如可以问"有什么需要帮忙的？"或"需要留话吗？"这样可帮助同事了解对方的身份和意图。

4）做好电话记录。当同事不在而对方需要留言时，就要做好电话记录，以便更有效、更准确地传递电话信息。非正式的电话记录可以用便笺，记录完毕后可放在同事的办公桌上，方便同事回来后处理。

2. 不需要把电话转接或传呼，就做好电话记录

电话记录的内容应包括所有需要的细节。这里借用西方的 5 个 W 和两个 H 的要素方法，来使自己的记录尽量齐全：What（电话涉及什么事，需要什么）、When（电话中提到事情是什么时间）、Where（电话中的事情需到哪儿去或在哪儿发生）、Who（涉及到的人或单位名称）、Why（电话中提及事情的原因）、How（怎样完成或处置）、How much（需要花费的时间或费用、要使用的物品或设备）。电话记录单如表 9-1 所示。

表 9-1　电话记录单

编号：

来电单位		来电人姓名	
来电时间	年　月　日　时　分	来电号码	
来电内容			
领导批示			
处理意见		记录人	

（五）及时提问

秘书人员在接听电话过程中，等了解对方的意图后，对不清楚、不明白的内容，要请对方重复或解释。

（六）复述内容

做好记录后，秘书人员要复述一遍来电的内容，以便对方检查是否记录准确、完整以及理解的是否一致，并告诉对方"一定转告，请放心"。

（七）结束通话

当双方要讲的话说完后，就应该考虑挂线了。通话结束一般应让主叫方先放下电话，如果对方是长辈或领导，更应如此。如果对方也在礼貌地等待，则可以客气地说："还有事吗？我可以放下电话了吗?"，以示对对方的尊重。

（八）整理来电记录

通话结束后，秘书人员应及时整理来电记录，较为重要的、复杂的电话内容应誊写在专用电话记录上，这样便于领导批示，也便于查考和立卷存档。

二、拨打电话

拨打电话的步骤如图 9-2 所示。

图 9-2　拨打电话步骤

1. 通话准备

秘书应该养成打电话事先准备的好习惯，需要准备的内容主要包括：准备好打电话的情绪，在拿起话筒时，要保持愉快的心情，以确保声音甜美、柔和；记下准确的电话号码，确切了解对方的姓名、职务或身份，事先准备好电话中要用到的文件、资料或数据。如果电话比较复杂，则要事先准备在记事本上逐一列出电话中将要谈的事情。秘书还可以利用电话的各种功能提高拨号速度。

2. 准确拨号

接通对方电话后，如果没人接，不要马上挂断或许受话人就在邻近房间，需要听到铃声后从其他地方赶过来。在听到占线的忙音后，应暂时挂断电话，过一段时间后可以按"重拨"键重新拨叫。

3. 自我介绍

在听到对方回应后，秘书人员应主动通报自己的单位、部门和姓名，然后再确定对方的身份。

4. 清楚陈述

在确认对方是受话人时，秘书人员要以清晰的声音，将通话的内容准确、清楚、完整、简洁地告诉对方。

5. 解答疑问

如果对方听不清或对某些方面提出疑问，秘书人员要耐心地给予解答。

6. 礼貌告别

秘书人员应先提出结束通话的请求，在征求对方同意的前提下结束通话，并礼貌地告别。

7. 整理记录

秘书人员对打出的电话都要记录在案，并根据通话内容的变动补充整理，以备后查。

知识链接

注意打电话的时间

秘书在打电话之前，首先要考虑对方时间是否方便。一般来讲，应选择对方方便的时候打电话。要特别注意如果在下列时段打电话，可能会给对方带来不便。

1）周一早上上班之初。经过两天的休息，每个单位都有许多问题需要处理，同时很多单位也会在这个时间开例会，总结上周的工作，布置本周的任务。因此，秘书在电话联络时要尽量避开这个时段，除非事情特别紧急。同样的道理，在节假日休息结束后的第一天也应如此。

2）周五临近下班之际。这个时间很多员工开始着手规划周末的安排，在这个时段打电话，通常对方已心不在焉，也很难保证相关工作的落实效果。

3）午间休息时间。很多员工有中午小憩的习惯，在午饭或中午休息时间（从中午11：30～下午14：00之前）打电话，沟通效果一般不理想，甚至会出现对方很不耐烦、挂电话的情形。因此，应尽量避开这一时段打电话。

4）非工作时间进行公务联系。一般情况下，公务应在上班期间使用公务电话进行联系，除非紧急或重要的事情，一般情况下不要在非工作时间打私人电话联系公务。当然，现在很多管理人员的手机都属于公务手机范畴，但也应慎打对方手机。

5）打国际长途电话要考虑时差的影响。打国际长途电话要注意对方时间的方便性，在打电话之前，要掌握对方的准确时间，应避免对方"半夜铃声响"的事情发生。

三、电话通话艺术

接打电话并不是一件非常困难的任务，但要用一种合乎商业化和职业性的方式接打电话，这也不是容易办到的。因此，接打电话，还要讲究电话通话的艺术。

（一）接打电话的礼仪

秘书在接打电话时，应遵循基本的礼仪规则。

首先，态度要礼貌、友好。在通话过程中，要让对方感觉到他（她）是受欢迎的人。因此，无论是接听电话还是拨打电话，所讲的第一句话，都应由"问候语＋自我介绍"两项内容构成；还要使用礼貌用语，如"您好"、"请"、"谢谢"等。在电话交谈中，应根据不同的对象使用一定的礼貌用语，如当对方的地位高于自己时，应使用敬语；当对自己的行为动作表示谦虚时，应使用谦语；当需要向对方表达你的尊敬之意时，可使用郑重语。

其次，声音要愉快、悦耳。在接打电话中，声音是向对方传递信息的唯一途径，因此，秘书要格外注意自己的音量、音调、语速语气和轻重音。应努力做到：打电话时要保持微笑，微笑的表情有利于声音的柔和与悦耳；语速要适中，过快的语速会给对方紧张和急迫感，而过慢的语速则容易让对方感到你的懒散和漫不经心；音量要适中，做到既让对方听清，又不干扰对方和同事；合理的重读，可让对方理解通话的重点。

再次，吐字要清晰。注意清晰准确地发出每一个音节，确保你的交谈能使对方准确清晰地接收你的信息。秘书在平时应花一些时间去注意自己的发音，尽量不讲方言，在遇到多音字或多音词时要加以解释或说明。

最后，通话要简洁、高效。在通话过程中，要注意沟通效率。接听公务电话要尽量做到语言简洁、高效，表达准确。

（二）特殊电话的处理技巧

秘书每天都会接到许多电话，或联系业务，或推销产品，或借贷募捐……有来自外界的，也可能是内部打来的；有来自认识人的，也可能是陌生人打来的；有公开的，也可能是匿名的……面对繁多的电话，秘书必须迅速地进行甄别、过滤、分流，做出判断，或马上处理，或延后安排；或由自己答复，或交有关部门或有关人员处理，或请领导出面……而这必须讲究技巧，否则会使工作陷入被动之中。

1）接听上级来电。秘书在接听上级打来的电话时，不管是传达指示，还是布置工作，都应认真地记录，必要时还需对全部或部分受话内容核对一遍，确保准确无误。通话完毕，秘书要及时把有关内容转告领导或通知有关的部门和人员。

2）接听下属来电。接听下属打来的电话时，不管是集体还是个人，大都是请示工作或联系事情的，一般都要领导做出指示。如果领导不在，秘书要说明处理的办法，如"我再马上请示有关的领导"或"大约×天内给以答复"，而不能说"知道了"就挂电话或含糊其辞搪塞对方。

3）接听直接找领导的电话。在接到直接找领导的电话时，切记要先问清楚对方的单位、姓名、身份等，然后根据具体情况再作进一步处理。

4）领导正在开会或会客时接听找领导的电话。

如果领导正在开会或会客时接到找领导的电话，可以诚恳地告诉对方，"×领导正在开会（或会客），预计4点钟结束，请您到时再打电话来，好吗？（到时我们再给您去电话，好吗？）"但是，如果领导是开重要的会议或接待重要的客人，这时一般是不便接电话的，秘书如果照实说："×领导正在开会（或会客），不便接电话。"对方会认为这是怠慢了他。妥善的方法应是使用"善意的谎言"。例如可以谎称"×领导现在不在这儿，方便让我转告他吗？"然后再见机行事。如果对方确有急事或是非常重要的客人，非马上找到领导本人不可，便可以说些富有弹性的话，如"请您稍等一下，我马上去找找看"。这时应把对方的单位、姓名、身份、事由等写在便条上，通过便条向领导请示处理办法。如果领导不接电话，便可恳切地告诉对方："实在对不起，让您久等了，这会儿找不到×领导。见到他以后，我请他马上给您回复电话好吗？"当然，这得是领导有回复意向时才可以这么说，但别忘了记下联系方法。

5）领导不想接的电话。由于某些原因，有时领导会有一些不愿意接听的电话。这时，秘书就应一口回绝："×领导出去办事，今天不回来了。您有什么事找他吗？"如果对方仍固执纠缠下去，也应礼貌地拒绝："对不起，我还有急事要办。我见到他时，会转告他的，好吗？"

6）领导正在通话。领导正在处理一个电话，刚好又一个电话进来，这时，可以说："×先生，真不凑巧，×处长正在接电话，大概还需要×分钟吧，请问您有什么事吗？"如果确实有急事需要向领导请示或汇报，或者另一电话需要领导即刻接听，秘书可把事情写在便条上放在领导面前，而不要直接口述或对领导耳语。

7）领导不在。如果领导不在办公室而刚好有电话找他时，秘书有时可以告诉对方领导不在的原因，例如说："×领导身体不适，去看医生了（×领导出差去了）。您有什么事可以让我到时转告他吗？"但如果未明领导不在的原因或不能直言相告时，千万不能说"×领导还没来上班"或"×领导不在"之类的话，而应说："×领导现在不在办公室，您有什么事吗？方便留言的话，我可以转告他。"

8）电话临时中断。在接听电话的过程中，可能因为一些客观原因，如有人敲门、同事咨询问题、另外一部电话响起，或需要查找相关文件、资料或数据，需要暂时中断电话，在中断电话时应注意以下问题：

① 在中断电话前要向对方打招呼。由于客观原因需要暂时中断电话时，要向通话对方打招呼，请求对方稍等，然后再放下话筒。不能在不打招呼的情况下就离开或径直与其他人讲话。秘书人员应尽量避免一边打电话，一边和同事交流的情形，这样会给对方接听造成混乱。

② 根据手头工作处理的快慢决定中断或终止电话。当需要暂时放下电话时，要根据具体情形决定如何处理电话。如果手头的事情在较短时间内（如 1 分钟之内）能结束，则可让对方稍等；如果不能在短时间内结束，则应征求对方意见，看看是请对方稍后再打过来，还是待事情处理完毕后自己再拨过去，应避免让对方长时间等待。

③ 中断电话时要注意保密。当暂时中断电话时，应将电话的话筒扣在桌面上而不能仰放，这样可避免将其他同事的谈话传入话筒，让对方听到一些单位内部的信息和机密。学会使用"闭音"功能，尽量避免将办公室同事正在进行的谈话传入话机。

9）同时接听两个电话。随着办公环境的改善，许多办公室会配备多部电话。秘书人员常常会遇到这样一种情形：在同一时间，两部或两部以上的电话同时打进来。这时秘书人员要学会恰当处理。一般的处理方式是：

① 请正在通话的一方稍等。在通话过程中，另外的电话铃声响起后，要向对方如实说明情况，告知又有电话打进来，请其稍候。

② 根据情形灵活处理第二个电话。秘书接听第二个电话后要迅速了解其内容，根据轻重缓急程度决定电话处理的优先顺序。如果第二个电话不是特别紧急，则告诉对方已有电话打进来，待处理完毕后再给其回电，将第二个电话挂断，接着处理第一个电话。如果第二个电话非常紧急或重要，不允许耽误，需要优先处理，则先将第一个电话挂断。向被挂断的电话对方致歉。不管哪种情形，都必须先挂断一个电话。待处理完一个电话后再拨打另一个电话，并在接通后首先向对方解释、致歉。

在同时处理两个电话时要注意：不能同时接听两部电话，不能拿起两部电话轮流交替接听，也不能对另一部电话不理不睬；在两部电话都接通期间，要注意保密，不能将与一方通话的重要内容泄露给另一方。

10）接听推销电话。有时，秘书在办公室会接到一些推销商品的电话，而且推销商是三番五次地打来，好像是"不达目的不罢休"似的。对付这种人，秘书的态度一定要明确，说话不要过于婉转，而应"柔中带刚"，礼貌地拒绝对方，例如可说："我正忙着呢，有空再给您回电话吧。"或"谢谢您多次打来电话，只可惜我们已选定了办公用品的供应商，有机会我们再合作。"

11）接听打错的电话。在接到打错的电话时，不能只说"打错了"便"咔嚓"一声挂断电话，而应不失礼貌地说"您打错了，我这里是……"，这也不失为宣传组织的一个好时机。

12）接到投诉电话。投诉电话往往会伴随着比较冲动的感情和激愤的言辞，这时，秘书不能"针尖对麦芒"，而应心平气和、冷静耐心地听，等对方发完火后，再诚恳地向其解释原因或提出建议，如"您购买的产品出现了问题，可以直接找我们的维修中心维修，它的地址是××××，电话号码是××××××××"或"我会把您反映的情况及时向领导汇报，有了结果，我将马上通知您"，或把电话直接转至有关的业务部门等，以此来显示出秘书的教养和风度。

对于企业的秘书来说，这样的电话会更加频繁，更需要有耐心。

13）接听匿名电话。有时，打电话的人既不愿报姓名，也不愿说明打电话的动机，只一个劲要直接找领导，这时，秘书仍应保持彬彬有礼的态度，坚持不报姓名或不说明来意就不打扰领导的原则，可以向对方说："很抱歉，先生，×领导此刻不在办公室。如果您不愿意告诉我您是谁，有什么事，那么请你最好写一封信来，注明'亲启'字样，我会尽快交到×领导手上。"

如果接到的是反映有关情况的匿名电话，则要注意先不要明确表态，也不要到处乱说，而应向有关的负责人反映情况。

14）接听告急电话。

若接到告急电话，或反映情况、或请求帮助、或请示解决的办法……这时，秘书应沉着、冷静、细心、果断、迅速地予以处理，尽快弄清楚发生了什么事、在什么地方、什么人、严重程度等，如果情况紧急又是自己职权范围内的，则要当机立断，马上提出防范措施或初步处理意见；如果不能决定，则应马上请示汇报，并协助有关部门立即处理。

知识链接

常用电话用语

1）对不起，我能耽误一下您的时间吗？

2）不知您现在是否方便？

3）请问您现在有时间谈话吗？

4）不知现在给您打电话是否合适？

5）您能给我1分钟时间，让我简单地给您说一下吗？

6）请您收到传真后斟酌一下，再给我回个电话，好吗？

7）谢谢您打电话来。

8）如果您有什么问题请随时给我来电。

9）我能为您做点什么吗？

10）如果我有什么问题的话，我再给您打电话，可以吗？

11）对不起，我正要去参加一个会议，5分钟之内必须到达，能简短一些吗？

12）我的另一个电话响了，请您稍等片刻。

13）我正在接别人的电话，过一会儿我给您打过去好吗？

14）对不起，我的办公室还有人等着，我会尽量在短时间内解决，然后给您打电话，好吗？

15）对不起，我正在接另一个电话，您能稍等一会儿吗？

16）您给我3秒钟的时间，让我考虑一下好吗？

17）很抱歉，我不得不让您等一会儿。

18）您稍等一会儿，让我帮您查找一下有关的资料好吗？

19）让您久等，真是抱歉。

20）我对这件事十分关心，我会在查实之后给您打电话的。

21）下星期一我会打电话告诉您我的回复。

【案例及点评】

把防汛抗灾指挥部听为防震指挥部

某地发生较大的地震后，我国南方的汛期即到。一日，南方某省领导机关的值班秘书，接到国家防汛抗灾指挥部电话，要检查了解该地区防汛抗灾的准备工作情况，要求尽快作一次汇报，并指明要检查大中型水库坝基的安全可靠程度如何。值班秘书在接电话时，听错为防震指挥部来的电话，当时对地震惊恐的"余波"还影响着人们，秘书认为"防震"也是理所当然的，是可能的，而没有对打来的电话认真核对，便将听错的电话，向领导汇报。当时领导班子的几个主要成员正在同兄弟省区来的领导同志商讨经济协作的事情，被迫中断了商讨，立即召集省直属各有关部门的负责人开会，研究防震工作，并准备按电话的要求向上级汇报。在研讨中，预感到如此紧急的电话，是否是上级防震部门预测到本地区最近可能会发生地震，于是由办公厅主任亲自去电话询问上级防震部门，得到的答复是，没有预测到你们地区最近会发生地震，也没有要你们汇报有关情况。经再次查问，明确了原来是防汛指挥部来的电话。一场虚惊总算放下了，但教训是应该记取的。虽然未直接看到造成经济上有多么大的损失，但牵动了领导一班人的行动，打乱了领导机关的工作部署，影响了领导机关的工作决策，不能不说是个较大的失误。

点评：值班秘书没有按照电话接听的程序进行。秘书在接听到电话后，要做记录，要记明来电话的时间、单位、姓名以及必要的联系电话号码，记下对方讲述的内容。记下对方讲话的内容后，要当即重复口述一遍以进行核对，经对方确认无误后方可进行办理。上述"汛震"之错，就是因为没有记录电话的有关内容，也没有向对方重复口述一遍，这样加上自己的主观猜测，就把电话的内容传错了，打乱了领导机关的工作部署，影响了领导机关的工作决策。

思考实训

1. 简单说说打电话和接电话的正确步骤？

2. 实训情景：

秘书小张正给领导拟写一份紧急文稿。此时电话铃声响起，小张皱了一下眉头，很不耐烦，待铃声响了好几遍，她才拿起电话。

小张："喂，找谁？"

客人："某某先生在吗？"

小张："不在。"

客人："那他什么时间能在？"

小张："不清楚。"

客人："你能告我他的手机号码吗？"

小张："这不太方便，手机是私人电话。"

客人："那……"

小张："你过一会再打过来吧。"

小张说完就把电话挂了。刚挂完电话，又有电话打进来。小张很不耐烦地接起电话。

小张："某某公司。"

王总："我是 A 公司的王领导，你们李总在吗？"

小张："王总，您好。李总不在，他去上海和外商彼得先生洽谈某某业务去了。大约后天回来。"

王总："哦。那曲总在吗？"

小张："曲总正在开会，我去帮你喊。"

小张说完就将电话仰放在计算机桌上，去隔壁会议室喊曲总。曲总会开得很紧张，对小张进来很不满意，便对小张说："我现在不方便，你帮我处理一下。"

小张："啊……"

实训要求：就找出上述电话处理中的错误或不当之处。

3. 实训情景：8 月 7 日，秘书赵霞接到美国波斯贸易公司驻广州办事处业务经理李斯打来的电话。他希望与张副总经理谈谈关于《牛仔和纱卡裤的销售合同》，张副总经理不在，赵霞礼貌地应答，并做好记录。

实训材料：地点是总经理办公室；人物为秘书赵霞、对方经理李斯。

电话："叮叮叮…"铃响第二声，赵霞轻盈地提起电话，并亲切地说："您好，晨星时装公司。"

李斯："您好！我是美国的波斯贸易公司李斯。"

赵霞："李斯先生，您好！我是秘书赵霞，请问我能帮您做什么吗？"

李斯："是这样的，我和张副总经理通过邮件，约定于本星期三签署合同，关于合同的条款，我想跟他再商量一下，现在我能与他谈谈吗？"

赵霞："不好意思，他今天上午外出。这样吧，我将您的来电记录下来，尽快给您答复。"

李斯："好的，谢谢！"

赵霞："请问您的电话？"

李斯："020—8182×××8。"

赵霞："020—8182×××8，好的。请问我还能帮您做什么吗？"

李斯："不用了，谢谢！"

赵霞："好的，请保持联系！"

李斯："好的，再见！"

赵霞："再见！"

李斯听到再见后，挂断电话，赵霞听到挂电话的声音后，才挂电话。

实训要求：试模拟赵霞和李斯打电话的情景。

第二节 印信管理

学习目标

1. 掌握印章和介绍信的管理要求。
2. 掌握印章、介绍信的使用程序和方法。

情景导入

某市晨光职业学校给某市第六中学发来了一封函，要求学校给他们寄去刚转学过去的高二学生张刚同学在校时的档案。某市第六中学经查对，发现十分奇怪，张刚因严重违纪，上个月已经被学校劝退，退学手续都办完了，怎么会转到市晨光职业学校去呢？某市晨光职业学校把转学介绍信传真到市第六中学党政办公室，党政办公室杨主任接收了一张盖有市晨光职业学校公章的专用介绍信的传真。但谁也没有开出学生转学的介绍信。经查，发现办公室赵霞秘书平时将公章、介绍信、学校信笺随手乱放，学校一位老师利用赵秘书没有加强办公用品管理之机，私自为自己的侄儿开了一张转学介绍信。

知识精讲

印信是指印章和介绍信。在任何一个组织中，人们出于工作或其他事务的需要，常常要把一些材料拿到办公室加盖公章，或者开具介绍信。因此，印信管理、使用也是秘书办公室的日常事务之一。

一、印章

（一）印章的保管

一般说来，组织的印章大都交由秘书或秘书部门保管，而且秘书或秘书部门通常要管理的印章有三类：一是本组织的正式印章和钢印；二是本组织领导人的手章；三是办公室本身的印章。

印章应予以严格保管，其主要要求是：

1. 专人负责

秘书通常负责保管单位章、部门章和领导签字章，未经领导批准，秘书不能把印章交给他人管理和使用。

2. 妥善保管

印章一般应放在保险箱或加锁的抽屉里。要养成随用随开锁，用完即上锁的好习惯，以免印章被滥用盗用而造成不良后果。印章必须放在办公室内，管印人不得把印章携带出办公室。

万 次 印

万次印又分为原子印和渗透印。原子印是用特殊材料，采用现代排版技术制作的，是将所需刻制的印章先制成印版，然后将原子油与印版经热压固化成型而成的，属液体压铸。渗透印是将所需刻制的印章采用固体材料热压成型，然后再注入印油而成的，属固体压铸。它们具有字迹清晰美观、不易变形、使用方便、永不褪色、可连续使用 3 万次以上、制作工艺先进、不易仿造和有利于保密等特点。

（二）印章的使用程序和方法

管印人在用印过程中，应严格执行印章使用原则，应严格履行如下用印程序，如图 9-3 所示。

用印申请 → 用印签批 → 用印登记 → 用印规范 → 用印监督

图 9-3　印章的使用程序

1. 用印申请

使用印章的人员应向主管领导提出口头或者书面的用印申请，得到批准后，方可向保管印章的秘书人员提出用印要求。

2. 用印签批

对于常规用印，印管人员可在职责范围内盖章。对于非常规用印，需经主管领导或秘书长、办公室主任批准后方可盖章。若发现有不符合用印原则和手续规定的情况，印管人员应报请主管领导人批准，或暂缓用章，甚至拒绝用章。

3. 用印登记

相关人员在使用印章前，要填写用印登记表，详细填写相关信息，用印登记表见表9-2。

表 9-2　用印登记表

编号	用印时间	用印部门	用印内容	份数	批准人	经办人签名	备注

4. 用印规范

印章的使用一般都由秘书人员负责，在盖章时一般不得交由用印人员。印章的盖章过程如下：

1）确定印模方向。为防止出现倒盖印章的现象，可在印章的握柄上端作一"上"的标记。

2）蘸匀印泥。为使印章的每一个字都能均匀蘸满印泥，印泥应轻蘸数次，按印泥时要轻重得当，用力均匀，从而使印色浓淡合适。

3）端正盖印。秘书人员在盖印时应有橡胶印垫或其他衬垫，也可垫一些纸张或书籍，加盖的印章应清晰、端正，并且在规定位置盖印，盖印应该上不压文，下要骑年盖月。

5．用印监督

印管人员对印章的使用有监督权。用印前，印管人员必须对用印内容予以审阅，协助领导把关，如果发现问题，应在纠正后或报请有关领导同意后再盖章。一般情况下，除非有机关领导人的特别批准外，印管人员不宜在空白凭证上盖印，更不能"以印谋私"，也不能"有求必印"。

知识链接

加盖印章的位置及作用

使用不同的印章，或加盖在不同的位置，其意义、作用是不同的，常见的有以下几种：

1）落款章。落款章加盖于文书作者的落款处，用来表明作者的法定性和文件的有效性。凡是文书均应加盖落款章。加盖落款章的部位应在落款处年、月之间，即"骑年盖月"。

2）更正章。对文书书写中的错字、脱字、冗字、倒字，可以在改正后，用加盖更正章的办法作为法定作者自行更正的凭信。

3）证见章。证见章是对以他人名义出现的文书盖章作证。如签订合同，请双方上级主管机关加印证见；摘抄档案内容要由档案保管部门证见；旁证材料由旁证人所在单位证见；个人邮政汇款，在需要时，也要由收款人所在单位盖章证见。

4）骑缝章。带有存根的公函、介绍信，须加盖在正本和存根连接处的骑缝线上。

5）骑边章。重要案件的调查、旁证，以及座谈记录等材料，很多是由调查人自作笔录，为完备手续，除由当事人盖落款章、所在单位盖证见章外，还必须将同文多页沿边取齐后均匀错开，从前页到尾页，骑各页边加盖一完整的公章，从而可以证明文件的各页确实是同时形成。

6）密封章。在公文和其他重要的文件封套的封口处加盖印章，以确保在传递途中没有私自拆封。

7）封存章。在封条上加盖印章以封存账册、财物，以及文件橱、仓库等，常在节假日前夕或特殊情况下使用。

二、介绍信

（一）介绍信的管理

1）介绍信要指定专人负责管理。一般情况下，由印章管理人员负责管理。

2）介绍信的保管应同印章保管一样，牢固加锁、随用随开、用毕锁好，以防被盗、丢失。

3）介绍信要按编号、按顺序开具。如果是开出后未用的介绍信，管理人员应及时催回，并粘贴在存根上。

4）介绍信持有者如果将介绍信丢失，则应及时报告单位或部门领导，并告之介绍信管理人员，对于涉及重要事项的应及时通知前往办事的单位，以防冒名顶替。

（二）介绍信的使用程序和方法

介绍信在使用过程中，应严格履行如下程序，如图9-4所示。

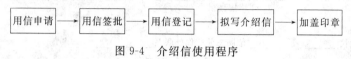

图 9-4　介绍信使用程序

1. 用信申请

使用介绍信的人员应向主管领导提出口头或者书面的用信申请，在得到批准后，方可向保管介绍信的秘书人员提出使用介绍信的要求。

2. 用信签批

任何介绍信在填写或撰写之前，都须经主管领导批准，否则不得填发、撰写。秘书人员不得为他人私开介绍信。

3. 用信登记

发放介绍信要进行登记，领用人要履行签字手续。固定式介绍信可在存根上签字，便函式介绍信应在专用登记表上签字，如表9-3所示。

表 9-3　介绍信发放登记表

序号	发放时间	用途	前往单位	有效期限	使用人	批准人	领取人	备注

4. 拟写介绍信

秘书人员要认真负责，如实写出被派遣人的真实姓名和身份，简明清楚地写出所要联系和办理的事项。开具介绍信要规范、工整。介绍信一般用黑色或蓝色签字笔、钢笔书写，不能用铅笔或红色笔书写。介绍信一般不许涂改，如果有涂改，应在改动的地方加盖公章，以示证明。介绍信的存根内容要与正本内容相符合，并且要妥善保存，以备查考。介绍信从写作格式上来看，主要有普通式（见图9-5）和专用式（见图9-6）两种。

介绍信

　　××公司

　　　　兹介绍我校张××、李××两位同志前来贵公司商谈学生实习事宜，望接洽为盼！

　　此致

敬礼！

　　　　　　　　　　　　　　　　　　　　　　　　　　××市第一职业技术学校（印章）

　　　　　　　　　　　　　　　　　　　　　　　　　　　　　××××年×月×日

（有效期×天）

图 9-5　普通式介绍信

No.××××× 　　　　　　　　　　介绍信存根

　　_____：

　　　　兹介绍我校_____等_____位同志前往你处联系_____事宜。

　　　　经办人：_____　　　　　　　　××××年×月×日

（有效期×天）

....

　　No.×××××

　　　　　　　　　　××市第一职业技术学校介绍信

　　_____：

　　　　兹介绍我校_____等_____位同志前往你处联系_____事宜，请予接洽。

　　此致

敬礼！

　　　　　　　　　　　　　　　　　　　　　　　　　　　　　　　（印章）

　　　　　　　　　　　　　　　　　　　　　　　　　　　××××年×月×日

（有效期×天）

图 9-6　专用式介绍信

5. 加盖印章

　　不管是哪一种介绍信，都必须加盖公章，而固定式介绍信应在虚线处盖骑缝章，且上压存根联的年月日。

知识链接

空白介绍信

　　所谓空白介绍信是指没有接洽单位、接洽人员和接洽事由，而只有介绍信标题和印章的介绍信，这种介绍信极有可能会被相关人员滥用，从而损害组织的利益。秘书人员不能私开空白介绍信。

【案例及点评】

不必要的纷争

某阀门制造公司是一个民营企业，经常与某钢铁厂发生业务往来。2002年6月，阀门公司业务员王某持阀门公司"联系业务"的空白介绍信和盖有阀门公司公章的空白合同到钢铁公司购买钢铁10吨，某钢铁厂遂与王某签订了10吨的购销合同。按照合同约定：钢铁厂应及时将钢铁送到指定地点，阀门公司按约定时间于2002年10月底付齐货款。2002年10月，钢铁厂派员到阀门公司索要货款，并出示了业务员王某与钢铁厂在2002年6月份签订的10吨钢铁供货合同。阀门公司领导称：业务员李某已在2002年5月底被辞退，其业务员所持有的介绍信和空白合同没有被及时收回，况且，阀门公司从未收到过这批钢铁，遂拒付。钢铁厂便起诉到石家庄市某区法院。

点评：本案中，阀门厂业务员王某签订的10吨钢铁购销合同实际上并没有得到阀门厂的授权，但某阀门制造公司没有及时收回本公司的业务介绍信和空白合同，这就造成不知情的第三人相信业务员王某有代理权；钢铁厂见业务员持有公司的介绍信，有理由相信业务员王某有签订购买10吨钢铁合同的代理权限，并且钢铁厂是无过失的。因为王某持有的是钢铁厂出具的加盖有公章和法定代表人印章的空白合同书及"联系业务"的介绍信。根据《中华人民共和国合同法》第四十九条规定："行为人没有代理权、超越代理权或者代理权终止后以被代理人名义订立合同，相对人有理由相信行为人有代理权的，该代理行为有效。"原阀门厂业务员王某就是利用单位介绍信的可行性进行诈骗。因此，秘书应严禁开出空白介绍信，若确有工作需要，则须经主管领导签字批准并办理领用登记手续，对于未使用的空白介绍信应及时交回，并由介绍信管理人及时销毁。如果领用人发现加盖公章的空白介绍信丢失，应立即向部门主管报告，并通知介绍信管理人员及时采取相应措施。

思考实训

1. 试根据印信管理和使用的知识，分析以下案例中胡秘书犯错误的原因。

成立刚满两年的眉州贸易公司一不小心涉足了官司。

事情发生在半年前，眉州贸易公司胡秘书的一位关系甚密、从事经商的老同学小涂，与仁信公司谈好了一笔价值50万元的业务，因小涂已留职停薪，不方便签合同。小涂遂找到胡秘书帮忙，让胡秘书开一张公司的介绍信，并在合同上盖眉州贸易公司的公章，条件是付给胡秘书1万元的报酬。胡秘书觉得这事挺为难，为小涂办吧，明显不妥，因为小涂不是自己公司的员工，业务也不是与公司有关的；不办吧，大家关系一直很好，拉不下面子；如果跟领导打个招呼，又担心这事就办不成了，何况还有1万元的诱惑。思前想后，胡秘书决定帮忙。他心想"仅此一次，下不为例"。

让胡秘书没有想到的是，小涂拿着从眉州贸易公司开出的介绍信和盖有眉州贸易公司公章的合同后，骗取了对方 50 万元的货物，并转卖后携款潜逃。由于对方经济损失巨大，便将眉州贸易公司告上了法庭。

由于仁信公司在签订合同时并不知道小涂是借用眉州贸易公司的介绍信和公章，仁信公司没有过错，所以眉州贸易公司需要承担赔偿责任。根据最高人民法院《关于在审理经济纠纷案件中涉及经济犯罪嫌疑若干问题的规定》，个人借用单位的业务介绍信、合同专用章或盖有公章的空白合同书，以出借单位名义签订经济合同，骗取财物归个人占有、使用、处分或进行其他犯罪活动，并给对方造成经济损失构成犯罪的，除依法追究借用人的刑事责任外，出借业务介绍信、合同专用章或盖有公章的空白合同书的单位，也要依法承担连带赔偿责任。

这一事件，不仅给眉州贸易公司造成经济损失，而且对公司形象造成极大的损害。

2. 试结合下述案例，谈谈秘书人员该如何加强印章管理。

某职业学校校办公室秘书小李，在一日中午将近下班时，遇到同事拿着一份他亲戚参加招聘某市出租车司机的登记表，要求证明该司机是本校毕业的学生。开始小李不同意，但碍于同事，因而小李没有坚持原则，在登记表上鉴署了意见并加盖了该校的印章。几个月后，群众揭发，出租车司机弄虚作假，没有职业高中毕业文凭。经有关部门查实，除对当事人不招聘其为出租车司机外，还对不坚持原则、违纪、随意用印的办公室秘书小李也给予了党纪处分，并取消其当年的"优秀党员"称号。

3. 实训情景：晨星时装公司业务员李燕计划前往北京长城钢铁厂联系业务，她找到了公司行政部门秘书赵霞，要求开具一份介绍信。

实训要求：

(1) 假设该公司使用的是专用介绍信，试为李燕开具这份介绍信。

(2) 假设该公司没有专用介绍信，试为李燕开具一份普通介绍信。

介绍信的有效时间为 5 天。

第三节　邮件处理

学习目标

1. 掌握处理邮件收取的方法和技巧。

2. 掌握邮件寄发的方法和技巧。

情景导入

小王是某外资公司秘书。一次，他不小心误拆了总经理的私人信件。而且这里写的是总经理极其不愿被他人知晓的隐私，这可如何是好呢？

小王当时想，事情既然已经发生了，就要勇于面对，不可藏匿不交，更不可私自拆毁。误拆信件只是工作事故，而藏匿或拆毁则是道德甚至是法律问题了。当务之急是先解决问题，然后再分析原因。于是他紧急采用了如下步骤：

第一，发现误拆，当即停止阅读，并保证不把已看到的内容告诉任何人。

第二，把信纸按原样折叠好，放回信封。

第三，取一张便士贴，上面写上"sorry, opened by mistake"，并签上自己的姓名。然后将这张便士贴粘贴在信封上。

第四，在每天规定的呈送邮件的时间里，把这封错误开拆的信放在其他邮件中间，一并送入总经理室。若办公室无人，则当面向总经理道歉；若办公室有其他人在，则过后道歉。

总经理虽对小王的做法不满意，但最终还是原谅了他。

 知识精讲

邮件是单位开展工作的一个重要手段，当然，邮件处理也是秘书的一项重要日常工作。

单位的邮件主要包括两大类：一类是通过邮政系统传递的邮件，如各类信函、报刊、包裹等；另一类是电子信函，如电传、传真、E-mail等。

秘书办公室的邮件办理工作，一般来说分为收取和寄发两部分，即秘书不但要对通过各种渠道投递而来的邮件进行有效快速的处理，而且还要根据工作的需要，及时寄发各种邮件。

一、邮件的收取

邮件的收取程序，如图9-7所示。

图9-7　邮件收取程序

（一）分拣

秘书部门每天会收到收发人员送来的大量邮件。这些邮件可以分拣成4种类型：电报；信函、通知；印刷品、包裹；报纸、杂志。

（二）拆封

邮件分好后，秘书便应抓紧时间对属于自己处理的邮件予以拆封。

1. 确定拆信的种类

秘书在工作之初就应掌握哪些邮件可以由自己拆封，哪些不允许，应事先与单位领导达成协议或定出规定。一般来说，对于标"机密、秘密"字样的邮件和写有某某人亲收（启）的私人邮件，秘书不应拆封。对于写明单位领导亲启的信件应直接交给单位领导，除非单位领导特别授权，秘书才可拆封后处理。如果秘书无意拆开了私人信件，则在信封上要写上"误拆"，签上自己的名字，并在把信件交给收信人时向他

（她）道歉。

2. 邮件拆封的方法

1）拆封邮件前，要在邮件的底部轻轻敲击几下，使邮件内的邮件落到下面，以防止信笺等物留在信封口的边缘而被剪坏。

2）用开封刀或自动拆封机沿信封的上端边缘开启邮件，小心地取出邮件。

3）取出邮件后要仔细检查信封，以免将某些重要的物件遗漏在信封里。

4）应对邮件上注明的附件，以及来信的页码与原信标明的页码进行核对，如果发现缺少，应在邮件上注明。

（三）阅函

如果得到单位领导授权，秘书应及时对信函进行阅读处理。

如果来信所涉及的内容属于自己的工作范围，秘书便应根据来信人的要求及时予以办理。

（四）登记

秘书在拆启邮件及阅函过程中，还应对与组织有关的重要邮件进行登记，这样既方便秘书对重要邮件的去向、来函办理情况等进行掌握和跟踪，也能保证重要信函的安全归档。登记表可根据实际情况自行设计，如表9-4所示。

表9-4 ××邮件登记表

年　月　日

序号	收件时间	邮件名称	来件人及单位名称	邮件内容或主题	承办人	办理期限	备注

有的组织，如法律部门和一些"三资"企业，除了要做好登记表外，还要求对收到的公务邮件，在邮件上盖上或写明收到的具体时间，一般是标注在信纸的左上角或右上角。

对于一些邮件来往不多的组织，秘书在处理邮件时，拆封、阅信和登记几个环节往往是交叉在一起进行的。

（五）呈送

在对邮件进行拆封登记的过程中，还要求秘书在邮件的右上角加盖或手写收件日期，这是因为有时对于一些信函来说，其成文时间与发出时间可能会有较大的间隔，也方便秘书分辨信函是否已经做过处理。同时，秘书还应按照轻重缓急程度对需呈送的邮件再作细分，从而保证重要信函得到优先处理。细分信函的方法主要有两种。一是可将信函分成需马上处理；需研究或查找相关资料后再作处理；可以交由其他人处理；仅供参阅，不需回复四类，按照顺序，将需先处理的放在最上面。二是可将信件分为急件、要件和普通函件三类，分别归入规格相同但颜色各异的专用文件夹内，然后再呈送各相关部门办理。当然，秘书也可根据工作的特点采用其他的分类方法。

在将邮件呈送给有关部门或有关领导，特别是一份邮件要供多个领导传阅时，秘书也可根据实际情况在呈送的邮件上附上"邮件转送单"（见表 9-5）和"传阅顺序单"（见表 9-6）。

表 9-5　邮件转送单

日期：　　　　年　月　日　时　分	
致：	
发自：	
——供您参阅，阅后请交回给我 ——供您参阅，阅后不必交回 ——供您参阅，阅后请答复这份邮件 ——供您参阅，阅后请安排时间并通知我就此邮件作有关讨论 ——供您参阅，阅后请给我提供答复这份邮件的资料 ——供您参阅，阅后请注明您的意见	
意见：	
备注：	

表 9-6　传阅顺序单

请按数字顺序传阅，阅后请签名、填写阅读日期并连同传阅单直接传给下一个人，最后请交还给秘书赵霞

顺序	阅读人员	签名	简单意见	日期
1	张××			
2	王××			
3	李××			
4	吕××			
备注				

二、邮件的寄发

寄发邮件也是办公室秘书的一项工作，秘书不能忽视。

邮件寄发的程序和方法，如图 9-8 所示。

检查附件 ——→ 签发邮件 ——→ 复印存档 ——→ 打印信封 ——→ 核对名址 ——→ 装封登记

图 9-8　邮件寄发的程序

1. 检查附件

如果邮件有附件，秘书应认真检查，防止遗漏，以确保附件的准确和齐全。

2. 签发邮件

除紧急信件外，秘书应把拟好的需单位领导过目签字的邮件集中在一起，请单位领导签字。

3. 复印存档

对于重要邮件应复印存档。

4. 打印信封

信封的书写格式，中文和英文不同，秘书应根据收件人来确定采用中文还是英文格式，然后再打印信封。

5. 核对名址

在交寄邮件之前，秘书必须认真核对收件人的姓名和地址等，以确保邮件投递准确。

6. 装封登记

邮件装封除了要考虑方便收件人拆阅（故折叠时宜将信纸的上下或左右纸边留出大约 0.5cm 的距离）外，还要注意整齐美观（根据所使用信封的大小，信纸可不折叠，也可采用二折法、三折法或四折法）。对于多页信纸应按顺序折替成一叠，不能单页折叠。若有附件，附件应与信件正文分开，并把附件叠好放在正文的最后一叠中，这样收件人在取信时，附件也会一同取出。

秘书还应对发出的邮件予以登记，以便工作的落实与跟踪，如表 9-7 所示。

表 9-7　邮件发出登记表

序号	邮件名称	寄出时间	收件人及单位名称	邮件内容或主题	回信时间	回信人	备注

知识链接

高度安全的 Via Code 业务

英国皇家邮政新开办了一项高度安全的电子通信业务，该业务可使商家避免网上资金划拨的风险，并可传送高度机密的信息。这项前景看好的新业务就是 Via Code 业务，它是英国邮政在全国范围内提供的第一个商业化的高度安全的信息加密和解密服务。接收者首先必须经过严格的身份检查证明，然后作数字化签名，这样才能接受一个特定的个人化数字信息。在这一业务的帮助下，处在任何地方的计算机用户都有把握保证发出的信息不会被预期接收者之外的任何人收到。而对接收者来讲，这份信息就是一个名副其实的电子邮件。这种安全技术还可用于对网址访问的限制。到目前为止，Via Code 业务是英国邮政第一次提供的没有和传统的信件掺和在一起的、依靠邮政信誉取信于客户并得以完善的电子通信服务。据专家预测，Via Code 业务将成为各行业之间，包括银行、其他金融公司、法律机构、卫生机构及政府部门进行交易的重要手段。当然这个计划也为个人提供该项业务。

三、电子邮件的发送与接收

电子邮件（E-mail），是一种运用计算机终端通过互联网（Internet）进行信息交换的现代通信手段，在现代工作与生活中，其正迅速地取代传统的书信，成为一种快捷、方便、经济和高效的沟通方式。

（一）电子邮件的发送

1. 发送电子邮件的步骤

1）打开计算机中发送电子邮件的窗口。

2）在对应的栏目中填入收件人以及抄送人（发送副本）的电子邮件地址或名称，如果有多人，那么不同的地址或名称之间用"；"隔开。

3）在主题栏中填入邮件的主题。

4）在正文框中输入邮件的正文。

5）将邮件发送给收件人。

2. 发送电子邮件的技巧

1）邮件上的"主题"一栏必须一目了然，以提示收件人打开邮件。

2）邮件正文的第一句话应该是称呼对方的姓名、身份，但方法一定要得当。

3）注意邮件的语气。秘书在给客户写电子邮件时，不能像聊天或给朋友写信一样，而是语气要合乎礼仪规范。应做到：文字简洁明了，使用积极的语气，选择正确的词组，有礼有节。

4）回复来信，可摘录部分来信原文（短文可录全文），以使对方立即通晓来信含义。

5）秘书在收到电子邮件时应立即回信，最迟不能超过 24 小时。

6）最后，一定要签上秘书自己的姓名、身份，或是单位领导的姓名、身份，并附上公司的名称和电子邮件地址。

7）注意保密。秘书可以请人或自己设计一个程序，使电子邮件在发送时被加密，阅读时才被解码。

（二）电子邮件的接收

秘书在接收电子邮件时，应注意以下方面。

1）每天至少检查一次电子邮箱，以免错失重要和紧急的信息。

2）删除垃圾邮件，不要让一些非你所要的信息占据计算机的硬盘空间。

3）下载对工作有用的文件。应建立一个专门的文件夹，单独存放对工作有益的下载信息。

4）防止病毒。应安装病毒监控软件，以保护信息的安全。

【案例及点评】

秘书小刘接收的信函

某总公司秘书小刘某日上班后，从传达室取回当日的各种信函、邮件。有一封标注着总领导亲启字样的信函，有一封反映下属工厂管理混乱、财务管理不清的信函，但内容较长，条理不清，还有一封是举报某部门领导挪用公款的信函。对这3封信应如何处理呢？

点评：秘书不要拆领导的私人信函，应将第一封信直送领导。对内容重要、表达条理不清的信函要实行摘报，因此第二封信应采取摘报。第三封信反映的问题重要，内容又不宜扩散，所以应先呈送主要领导，经审核批示后再转送责任单位或部门。第三封信应采取批转的方法，先交总领导指示，再交有关部门领导查处。

思考实训

1. 秘书邓小姐上班刚一周，单位领导让她负责处理公司的邮件。早上第一批邮件到了，邓小姐正忙着打电话，她就让送信者把信堆放在已有一些信件的办公桌上，一边打电话，一边拿过笔签了字。打完电话后，邓小姐心不在焉地把所有的信都剪开了，其中一封信被剪掉了回信地址的一角，她也没有注意。她抽出所有的信纸，放在一边，而把所有的信封放在了另一边。邓小姐拿起一张信纸看了起来，只见上面写着："亲爱的红：……"，她意识到拆错了信，便匆匆看完了信，立即把信塞回信封，又用胶水粘了起来（但是外表还是有些痕迹）。她又看了几封信，其中有一封急件，觉得应该由单位领导回信，于是，她把几封信混在一起放在单位领导的办公桌上。这时，单位领导拿来写有美国地址的英文名片，让她打印一个寄往美国的信封，邓小姐按照以往写信的习惯，把收件人地址、姓名打印在信封的上面，把本公司的地址打印在右下角。

你认为邓小姐处理邮件的方法是否正确，为什么？正确的处理邮件的做法是怎样的？

2. 秘书小李每天上班都要打开计算机查阅公司电子邮箱的新邮件。这天，她共收到10封邮件，其中70%是垃圾邮件，剩余的3封信件，一封是技能培训的通知；一封是一位硕士毕业生的求职信；还有一封是一位网友对公司网站的批评意见。问：小李应如何处理这些电子邮件？

3. 实训情景：

一天，秘书小王收到一封给总经理的急件，两个研发部的包裹，两封销售部的特快专递和一封同事的国际航空信，3封私人平信。

实训要求：试替小王处理这些邮件。

第四节　值班工作

学习目标

1. 熟悉值班工作的特征及任务。
2. 能制作值班表和值班日志。

情景导入

忙碌了半年，秘书小李老早就开始计划"十一"假期的旅游了。她从9月初就开始关注旅游信息，打算和男朋友一起痛快地玩上一周，彻底放松一下。放假前夕，老板突然召集行政部门开会，宣布"十一"期间公司的一重要项目进入关键时期，要安排专人值班，公司领导和秘书人员都要排班，并安排小李10月5日值班。小李的出游计划彻底破灭了，她很懊丧。值班那天，小李无精打采，上午只有公司王总打来了电话，询问值班情况，并无其他事项。小李估计下午也不会有事，就私自溜号逛街去了。下午5点半，小李返回办公室，惊慌了，她发现有十几个未接电话。刚准备处理，王总来了，而且怒气冲冲地质问小李刚才去哪儿了。公司的项目出了变故，工地需要和公司紧急联络，而值班室又没有人，工地那边费了很大的周折才和公司取得联系。假期过后，小李被公司通报批评。

知识精讲

值班是办公室不可缺少的一项经常性工作，也是秘书的工作内容之一。

一、值班、值班工作、秘书值班工作的概念

1）值班是指一个组织由相关的专门人员（即值班员）或由有关人员轮流交替坚守岗位，负责处理组织一些临时性的综合事务或专项性的特定事务（如安全值班）。

2）值班工作就是组织指定专职值班员或兼职人员，或全天24小时，或在一定时间内（如中午、夜间或法定的节假日）负责值班、处理公务，以保证整个组织连续性运转的一项工作。

3）秘书值班工作。值班和值班工作一般都归口在秘书部门或置于秘书部门之下，这就是说，大多数组织的值班工作和值班安排，是在办公室主任或秘书负责人（如秘书长）的领导下，由秘书负责或由秘书具体安排的。因此，秘书值班工作，既指秘书在本人轮值期间要按值班要求做好具体的值班工作，也包括要做好或协助单位领导做好值班管理工作，如安排值班人员、制定值班表，并事先通知有关部门及人员，让其做好有关准备。

二、制作值班资料

1. 制作值班表

秘书应将确定的值班人员和值班日期等制成表格并印发至有关部门和人员，并放置在值班室内醒目处。值班表的制作一般应包括值班时间（包括期限和具体时间）、地点、值班人、值班任务、注意事项等，如果是多人值班，则应明确负责人，如表 9-8 所示。

表 9-8　××××（单位名称）××（时间）值班表

（××××年××月×日—××月×日）

日期和时间	人员	值班地点和电话	值班组长
××月1日 上午 8：00～下午 5：00	×××；×××； ×××；×××	××楼102室 ×××××××××	×××
××月2日 上午 8：00～下午 5：00	×××；×××； ×××；×××	××楼102室 ×××××××××	×××
××月3日上午 8：00～下午 5：00	×××；×××； ×××；×××	××楼102室 ×××××××××	×××
××月4日 上午 8：00～下午 5：00	×××；×××； ×××；×××	××楼102室 ×××××××××	×××
××月5日 上午 8：00～下午 5：00	×××；×××； ×××；×××	××楼102室 ×××××××××	×××
××月6日 上午 8：00～下午 5：00	×××；×××； ×××；×××	××楼102室 ×××××××××	×××
××月7日 上午 8：00～下午 5：00	×××；×××； ×××；×××	××楼102室 ×××××××××	×××
值班任务	（1）办理领导临时交代的任务 （2）认真处理好来电、来函等工作 （3）处理信息，沟通内外 （4）随时掌握领导的外出活动情况 （5）做好值班记载 （6）协调安全保卫工作 （7）做好来单位人员的接待工作		
值班注意事项	（1）按时值班，人不离岗 （2）做好交接班工作，不留空档 （3）有急事、要事可与×××联系 电话×××××××（宅） 手机：×××××××××× （4）值班调换与办公室联系，不得擅自调换值班时间		
备注			

2. 制作值班日志

秘书除了制作值班表外，还要制作值班日志，以便能及时、准确、清楚、简明地将值班情况记录下来，如表9-9所示。

表 9-9　×××××（单位名称）××（时间）值班日志

值班员		年　月　日	办理情况
值班记事			

三、值班工作的主要任务

1. 及时传递信息

对于一个组织来说，其上级随时都可能下达指示、紧急通知等，下级及职工随时都可能会有新情况、新问题出现，组织与组织之间随时都有可能要及时沟通，而值班制的设立，可以使得组织贯通上下、联系左右的渠道，随时都保持在畅通状态。因此，值班工作的主要任务之一，就是不管是来文来函还是来电均应进行准确记录，并及时传递给有关领导或部门。

2. 做好接待工作

在非正式上班期间，来访者一般先由值班人员负责接待。值班人员应根据来访者的意图，做出合理的安排和答复。

3. 承办临时事项

值班人员除了要处理好日常的值班事务、完成值班任务外，有时还要负责承办单位领导交代和其他部门委托的临时事项，如购买物品、迎送客人、传话找人等，这些工作有着很强的随机性和繁杂性，但无论如何，值班人员都要认真对待、及时处理。

4. 处理突发事件

值班人员有时会遇到一些突发性的紧急情况，如生产事故、交通事故、失火、偷盗、自然灾害等。值班人员要临急不乱、处变不惊，沉着、冷静地对其加以处理，如及时向领导汇报请示，或就近组织人力物力抢险救灾，或向邻近的组织单位、部队求援，或保护好事故现场等。

5. 确保组织的安全

安全保卫工作也是值班任务的一个范畴。尤其是那些无警卫无岗哨的组织，更要注意安全。值班人员对外来人员要严加审核，履行有关手续。如果有异常情况发生，值班人员要及时报告有关部门及人员，并协助有关部门开展工作，以保证组织的安全。

6. 编写值班材料

对于一个组织来说，值班室是一个相对开放的机构，信息量很大，所以值班人员要有较强的信息观念，善于捕捉各类信息，并及时加以汇总、处理和存储，从而为领导阶层的决策提供参考。同时，还要做好值班工作记录，填写好值班日志，以保证整个值班工作的连续性。

知识链接

值班期间处理突发事件要点

1）熟悉单位突发事件的处理程序和规范。许多单位都有突发性或灾害性事件的处理预案和处理程序，有些单位在其值班工作制度中也会列出突发事件的处理方法。

2）准确了解突发事件的信息。秘书人员要认真接收传真，做好电话记录，并详细询问突发事件现场的工作人员，了解事件发生的时间、地点、原因和已经造成的损失、可能的危害等信息。这样，在向上司汇报时可以详细地对事件进行描述和说明，以便上司正确决策。

3）采取临时性的处理措施。秘书人员在获悉相关信息后，要果断采取措施，防止事态的进一步恶化，避免人员伤亡和财产损失的进一步扩大。在必要时甚至可以采取超越职权范围的措施，不必过分拘泥于组织制度和规范，这符合现代管理学的权变原则。如果无法与上司进行联络，则可代替上司做决定，如以上司的名义启动危机预案、以公司的名义对外发布信息等。

4）及时向上司汇报。秘书人员在采取临时性的处理措施后，要及时把突发事件的情况、已经采取的措施向上司做准确的汇报，等待上司的指示和处理意见。

5）做好事件跟踪和信息传递工作。随着上司的介入，突发事件的处理会逐步走上正轨。这时值班人员的主要工作就是做好事件跟踪和信息传递工作。值班室要保持与事故现场的信息畅通，定时了解事故处理的进展程度，也要和上司及其他部门保持密切的联系。

【案例及点评】

一天夜里，南京佳城电子总公司来长途电话，传达总公司董事长要到佳城长春分公司视察，并告知到达的日期、航班、来电人员电话号码和姓名。时值寒冬，值班人员小赖懒得起床填写电话记录，便随手拿了一张纸记下，心想等天亮了再落实。恰巧下半夜又来北京长途电话，小赖照例躺在床上，在那张纸上涂了几笔。第二天，当他要誊写记录时，已搞不清各自的航班和抵达时间了。为了完成接待业务，小赖只好花了大半天时间打电话询问。想不到对方竟说无此人。后来仔细一查，才发现自己把对方的电话号码与接电话的人对调了。经过了这一次的忙碌，小赖终于搞清楚了航班，但已耽误了好多工作。

点评：值班室是一个单位所在地区或系统的信息枢纽中心，起着联络中心点，沟通上下、左右、内外信息的重要作用。对于小赖值班期间的两次重要电话，作为值班人员应该对来电人单位、来电人姓名、来电时间、来电内容、回电号码等内容进行详细而准确地记录，而不能随手拿了一张纸记下或涂上几笔。

思考实训

1. 小王是某县人民政府办公室负责值班工作的秘书。2005 年 9 月 17 日上午 9 时，他在值班时接到该县所属某乡人民政府办公室李主任的电话，李主任报告称，该乡某村二组刘某喂养的 400 只鸭子突然死亡，怀疑是禽流感所致，李主任说乡政府正在采取相应的措施，要求县人民政府紧急支援。问：值班秘书小王在接到李主任关于该乡某村发生的疑似禽流感事件的电话后，应采取哪些具体措施？

2. 实训情景：

情景 1：

某化学品公司值班秘书小王于某年某月某日值班，在夜间 10：30 左右，公司所属化学品仓库打来电话，称仓库发生火灾。

实训要求：

请学生担任秘书角色，开展以下实务训练。

（1）值班秘书之间的交接班过程。

（2）值班秘书的常规工作安排（可设计几个场景模拟开展）。

（3）秘书小王处理火灾的应有程序（重点）。

情景 2：

长春金成集团有限责任公司是生产"金成"牌防盗门的专业集团公司。今天是秘书小李值班。上午 9 点，小李接到南京路专卖店营业员的电话，说一位家住静安区的顾客所需的 N12 型防盗门缺货。小李翻看仓库记录，发现仓库也没有存货，此时只能从淮海分店调货。因此，小李又打电话与淮海分店店长联系，得知有此型号的防盗门，他便赶紧跟淮海分店店长发出请求，请求调货给南京店，再让营业员小张请顾客留下地址、电话和押金，并开出收货凭证，让顾客回家等候，一小时后为其上门服务。

实训要求：

（1）试将此案例进行情景设置，在小组内进行小品演示。

（2）试为小李制作出一份值班表，并把一天的工作填写好。

第十章　调研、信访和危机处理

　　调查研究是秘书的一项经常性的职能，又是基本的工作方法。既是辅助决策、为领导服务的重要手段，又是撰拟文稿、筹办会议、处理信访等工作中不可缺少的重要环节。调查研究可以促使秘书辅助决策更具客观性、针对性和有效性；能实事求是地优化秘书各项业务活动的效果；能更好地下情上达、上情下达，使秘书成为领导、上司与群众、员工之间的纽带和桥梁；也有利于秘书提高自身素质，激发创新精神，增强才干。

　　信访，是人民来信来访的简称。党政机关、企事业单位设置负责信访工作的机构、人员，或由秘书部门、秘书人员对来信来访予以受理和处理。信访工作属于秘书的工作内容之一，受到党和政府的高度重视，已形成了一整套完备的制度和方法。

　　面对日益复杂的内外部环境，秘书在平时就应辅助领导，分析预测可能发生的危机，并制定出有针对性的措施。一旦发生危机事件，秘书应能帮助领导有效处理并根据预定方案有条不紊地化解危机，重新恢复组织信誉和形象。

第一节　调研工作

学习目标

1. 熟悉调查研究工作的基本程序和工作要求。
2. 能正确拟写调查报告。

情景导入

　　肯德基炸鸡在打入中国市场之前，公司曾派一位执行董事来中国进行市场调研。他来到北京街头，看到川流不息的人流，穿着都不怎么讲究，就报告说：炸鸡在中国有消费者，但无大利可图，因为中国的消费水平太低，想吃的多，但掏钱买的少。由于他没有具体进行相关信息的收集整理，仅凭直观感觉、经验做出预测，被总公司以不称职为由降职处分。接着公司又派来另一位执行董事前来考察。这位先生在北京的几个街道上用秒表测出人流量，然后请 500 位不同年龄、职业的人品尝炸鸡的样品，并详细询问他们对炸鸡的味道、价格、店堂设计等方面的意见。不仅如此，他还对北京的鸡源、油、面、盐、菜及北京的鸡饲料行业等进行了详细的调查，并经过总体分析，得出结论：肯德基可以打入北京市场，每份鸡即便是微利，但因消费群巨大，仍能赢大利。果然，北京的第一家肯德基店开张不到 300 天，就赢利高达 250 多万元。

现在，肯德基在中国 200 多个城市已经开了 1000 多家连锁店，年赢利额超过 20 亿。

 知识精讲

一、调研工作概述

（一）调查研究概念

调查研究是秘书人员获取信息的基本手段。所谓调查研究，就是指通过一定的方式方法获取客观信息并对所获取的信息进行归纳、总结和分析，以寻求某种联系与规律的过程。

（二）调查研究的内容

调查研究的内容包括以下几项：

1）围绕领导各个时期的中心工作开展调查研究。

2）为贯彻执行政策或决定而进行调研。

3）为起草文件而进行调研。

4）为解决突发性事件和倾向性问题进行调研。

5）对一些容易被遗漏的问题进行调研。

（三）调研种类和方法

1. 调研种类

调研种类主要包括以下几种。

1）普遍调查，简称普查。它是指对总体对象中的每一个具体单位无例外地进行调查。适用于重大的基本情况调查，如全国人口调查等。

2）典型调查。典型调查是指从总体或不同类型的对象中选择个别有代表性的单位进行调查。其调查结果用来推断、推广到总体或同类对象。如 20 世纪 30 年代的"费孝通农村社区典型调查"，其调查对象是两种不同类型的典型，一类是未受近代工业影响的内地农村典型，另一类是深受近代工业影响的沿江农村典型，并以此为对象研究现代工商业发展过程中农村社区所发生的变化。

3）个案调查。个案调查是指对个别的对象进行调查。此类型调查针对性很强，主要用于社会的反常个体或新生事物，侧重于调查其存在状况和社会背景，如民工生存状况、组织运行效率等。

4）重点调查。重点调查就是对调查对象总体中部分起主要作用的单位进行调查，其结果推及其他一般单位，如调查我国彩电生产情况，可以把"中国彩电之王"长虹集团作为重点调查对象。

5）抽样调查。抽样调查就是从总体中抽取部分样本进行调查，以其结果来推断整体，如对着花名单随机取号调查。

2. 常用的调研方法

常用的调研方法有以下几种。

（1）文献法

文献法即通过查阅书面资料获得信息。查阅文献一般遵循先近后远、先大后小、先具体后抽象、先简单后复杂、先正面后反面的顺序，可以采用作记录、复印、翻拍等方法。

（2）观察法

观察法指通过调查者直接观察而进行的调查。此方法侧重于调查对象的外观、形态或变化特征及过程。

（3）访问法

访问法是通过与对象进行交流讨论而获得较深层次信息的方法。访问法既可以表现为个别访谈，也可以表现为开座谈会的形式。

（4）问卷法

问卷法即将需要了解的问题设计成书面问卷的形式，由被调查者书面回答。其可以表现为开放式问卷，即采用填空、问答的形式，答题者自由回答不受限制；也可以是封闭式答卷，即采用选择、是非题的形式，只能有限选择。

知识链接

秘书调研工作"十要十忌"

一要有客观的观点，忌主观；　　　二要有全面的观点，忌片面；
三要有深入的观点，忌表面；　　　四要有具体的观点，忌抽象；
五要有灵活的观点，忌一刀切；　　六要有比较的观点，忌自以为是；
七要有反复的观点，忌过急；　　　八要有辩证的观点，忌形而上学；
九要有发展的观点，忌一成不变；　十要有群众的观点，忌个人专断。

二、调研工作流程

调研工作流程如图 10-1 所示。

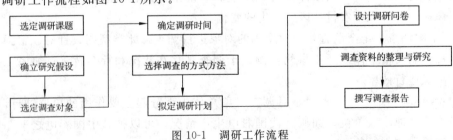

图 10-1　调研工作流程

（一）选定调研课题

调研课题，就是调查研究所要解决的问题。选题是整个调查研究活动的起点，是调研过程中最重要、最关键的第一步。它决定了调查研究的目标和方向、对象和范围，也决定了调查研究的方法和步骤。选题是否准确，决定调查研究的成败。

选定调研课题，可以运用以下几种方法：

1）从原始信息中选定。从原始信息中发现线索，确定调查研究的课题，在调研工作中占有相当大的比重。原始信息资料杂乱无章，不能直接提供给领导，但原始信息中含有重要的信息线索，秘书通过对原始信息进行进一步的分析，有可能挖掘出新的线索，确定出新的调研课题。

2）从领导意图中确定。领导意图指领导者个人、领导班子及领导机关领导社会组织实现其目标所提出的确定性意见。领导意图有的是通过文字明确表达的，有的是口头指示的，还有的则是蕴含在有关的文件或口头指示中的。秘书要善于领会领导意图，并从领导意图中主动确定调研课题，满足领导工作的需要。

3）从中心工作中确定。各个时期的中心工作是关系全局的重要工作，也是领导者十分关注的工作，在开展中心工作的各个阶段，经常会出现一些意想不到的新情况、新问题，这就需要秘书进行调查研究，既要调查工作的进展情况、发展趋势，也要调查工作中出现的新情况、存在的新问题，还要调查工作开展后的经验和教训。通过调研，秘书应及时将信息反馈给领导，保证中心工作的顺利进行。因此，秘书要从中心工作中主动确定调研课题。

4）从群众反映中确定。秘书是联系领导和群众的桥梁和纽带，群众的意见、建议直接反映着基层的实际情况，又由于群众所处的位置和认识问题角度的限制，使他们的意见有时存在着一定的片面性和零散性，这就要求秘书对此进行调查研究，从而将一些具有代表性、倾向性、苗头性的情况，及时向领导提供，协助领导解决存在的问题。因此，调研课题有时从群众反映中确定。

（二）确立研究假设

研究假设是对所选课题的猜测性解释，能起到指导调查研究的作用。研究假设是在调查研究实施之前，依据一定的科学理论事实，对所研究的问题做出推测性的判断和解释。

（三）选定调查对象

调查对象的选定，事关调查研究的结果，会直接影响到调查研究结论的科学性。因此，应先对可能的对象作些了解、比较，然后从中选取既有利调查目的的达成，又具有代表性和典型性，既具有合作的可能性，又较为经济的那一部分作为调查对象。

（四）确定调研时间

确定调研时间在调研工作中也是非常重要的。确定调研时间，一是指确定运用各种方式方法直接调查的具体时间，也就是深入调查单位进行调查的时间；二是指完成调研的期限，也就是要制定调研工作进度表，按照调研工作的整体要求，将时间合理分配在调研工作的各个阶段，并做出详细的日程安排，从而使调研工作有条不紊地进行。

（五）选择调查的方式方法

调查的方式方法，是指在从事调查工作时所选择的类型和采取的具体手段和办法。

（六）拟定调研计划

调查研究是一个系统工程，需要有计划地进行，所以调查之前要先制定周密详细的调研计划。调研计划的内容包含调查研究的目的和要求、调查研究的指导思想、调查的主要内容、调查对象、调查的方式方法、调查的步骤过程、其他有关事项等方面。

（七）设计调研问卷

1. 问卷的类型

问卷按使用方式分可以分成 3 类：访问问卷、邮寄问卷和自填（即填）问卷。

1）访问问卷是调查者在采用访谈法调查时用的，它由调查者自己掌握，即调查者根据被调查对象的回答亲自填写的问卷。

2）邮寄问卷是通过邮递人员的发送，让被调查者填好以后自动寄回的问卷。

3）自填问卷是调查者将问卷分发给调查对象，请他们当场填写，并当场收回的问卷。

2. 调查问卷的内容

1）被调查者的基本情况——主要有姓名、性别、年龄、民族、文化程度、工作单位、职业、住址、家庭人口等。调查这些项目便于对收集到的资料进行分类和具体分析。

2）调查内容——它是调查问卷的核心部分，是所需调查的具体项目。

3）问卷填写说明——是填写问卷的具体要求和方法，包括目的要求、项目含义、调查时间、被调查者填写时应注意事项、调查人员应遵守事项等。

4）编号——有时还必须给问卷编号，以便于分类归档和计算机管理。

3. 设计市场调查问卷的注意事项

在设计市场调查问卷时应注意以下事项：

1）必要性——所提的问题应直接为目的服务，没有价值或无关紧要的问题不应列入。

2）可行性——应尽量避免列出令人难以回答的问题，注意使用适合被调查者身份、水平的词句或用语。

3）准确性——提问要简单明确，切忌模棱两可或难以理解。

4）艺术性——提问要讲究艺术、有趣味，使被调查者乐于回答。

调查问卷示例

汽车市场调查问卷

尊敬的客户：

您好！请您抽出宝贵的时间看一下我们的调查问卷并填写，您的意见对我们非常重要，非常感谢！

性别_____   年龄_____   学历_____   职业_____

1. 您现在是否已有汽车（　　）

    A. 有　　　　　　　　B. 无

2. 如果您买车的话您会选择哪种车（　　）

    A. 轿车　　　　　　　B. 越野车　　　　　C. 商务车　　　　D. 其他

3. 您所能承受的汽车价格在（　　）

    A. 5 万～10 万　　　B. 10 万左右　　　C. 10 万～15 万　　D. 15 万以上

4. 您在购车时关注的车辆信息是（　　）

    A. 安全性　　　　　　B. 经济性　　　　　C. 环保性　　　　D. 舒适性

5. 您已知的国产越野车品牌（　　）

    A. 北京吉普　　　　　B. 长城赛弗　　　　C. 上海万丰　　　　D. 大迪汽车

6. 影响您买车的因素有（　　）

    A. 造型　　　　　　　B. 油耗　　　　　　C. 品牌　　　　　D. 价格

    E. 性能　　　　　　　F. 其他

7. 您买车的用途（　　）

    A. 私人用　　　　　　B. 商用　　　　　　C. 两者都有

8. 您是通过何种途径了解汽车信息的（　　）

    A. 报纸　　　　　　　B. 电视　　　　　　C. 广播广告　　　　D. 展销会

    E. 网络　　　　　　　F. 朋友介绍

9. 如果您出游，您将选择的方式有（　　）

    A. 跟旅行团去　　　　B. 自驾车旅行　　　C. 个人探险

10. 如果您购买越野车，您是否希望厂家为您提供个性化改装服务（　　）

    A. 希望　　　　　　　B. 不希望

11. 如果您购买了越野车，您所能承受的油耗范围在（以行驶 100km 计算）

    （　　）

    A. 5L 左右　　　　　B. 5～10L　　　　　C. 10～15L　　　　D. 15L 以上

以上资料，绝对保密！再次感谢您的参与！答案请发至××××@163.com 或直接回贴。

（八）调查资料的整理与研究

资料的整理，是指调研人员根据调研目的和调研计划的要求，对调查中所取得的大量原始资料进行审核、汇总和分组，使之条理化、系统化。调查资料的分析，是指对整理后的资料运用科学的方法进行数学运算与研究，找出各变量之间的内在联系，从而使它们成为能够反映研究对象总体特征、能够证实或证伪原先研究假设的科学依据。在调查中所取得的资料往往是分散、零乱的，很不系统。这些资料往往只能说明各个总体单位的具体情况，反映事物的表象、某个侧面及外部联系，而不能反映事物的总体特征及其本质。所以，必须对这些零乱的资料进行整理和分析。

（九）撰写调查报告

调查报告是对某些情况、某个事件或问题进行深入调查，并经分析综合后写成的书面报告。调查报告一般由标题、正文、署名和成文日期组成。

1. 标题

标题常见的有两种类型。

（1）公文式标题

公文式标题一般由事由和文种两部分组成。事由写明调查的对象、范围或事项，文种常用"调查报告"、"考察报告"、"调查"等，例如《关于废旧物资回收利用问题的调查报告》。

（2）新闻式标题

新闻式标题有单标题式的标题和正副题式的标题两种。单标题式的与普通文章的标题一样，标明调查的事项或范围，如《"自行车王国"的苦恼和出路》。正副题式的标题也很普遍，正题标明调查报告的主旨，副题标明调查的事项、范围或对象等，如《信息时代的呼唤——邮电通讯现状调查》。

2. 正文

调查报告的正文，一般由导语、主体、结语组成。

（1）导语部分（前言）

导语部分主要介绍调查对象的基本情况，说明调查的目的、范围、经过、方式，可以是交代背景，也可以是概括全文的主要内容，或提示全文的主旨。其目的在于给读者一个概括的印象，引出调查报告的主体。导语的写作要扣紧主旨，简明扼要。根据其种类、目的、用途的不同，通常有以下几种写法：

1）突出成绩法。即以概括的笔法把调查对象的成绩突出地提出来，这种方法多用于总结经验的调查报告。这种写法能使读者对成绩留下一个鲜明而突出的印象，可以引导读者进一步了解具体做法和经验。

2）基本状况交代法。即根据主旨的需要，侧重介绍调查对象的基本状况，如规模、背景、历史或现状、主要成绩或问题以及事件的简要过程等，为正文主体作铺垫。这种写法，为主体部分的内容起引路作用，能使读者对全文形成一个总的印象。

3）有关问题说明法。即将调查的根据、目的、时间、地点以及方式作必要的说明。这种开头，便于抓住全文中心。这种开头方式多用于专题调查报告。

4）主旨陈述法。这种开头开门见山，起笔就把调查的结论或主要内容写出来，多用于总结经验的专题调查报告。

5）成绩、问题对比承转法。此法多用于揭露问题和总结经验的调查报告。开头往往先肯定一下成绩，然后用"但是"转变话锋，再谈主要问题。这种方式对比鲜明，引人注意。

6）点明调查问题引起法。有一些揭露问题的调查报告常常在开头点明想查实什么问题，引出调查报告的正文部分。这种方法，对阅读者有一定吸引力。

（2）主体部分

主体部分是调查报告的核心部分，是导语的引申，结论的根据所在。其内容一般包括事实真相、收获、经验和教训、意见和建议等，这部分要用大量的事实材料对调查对象作具体说明。这部分内容较多，必须精心安排层次、结构，有步骤、有条理地展开述说。采取的结构方式有如下3种。

1）横式结构。从几个不同侧面阐明问题，相互之间是并列关系，每一方面常冠以小标题。横式结构适用于涉及面较广、事件较复杂的大型调查报告。其好处是眉目清楚，重点突出。

2）纵式结构。这种结构方式是按照事件的发展过程安排，或按对问题的了解和认识进行逐步深入阐述（层递式），或按现状、产生原因、对策、建议的逻辑联系来安排（因果式）。这种结构适用于反映新生事物、揭露问题的调查报告。

3）纵横式结构。这种结构方式兼有纵式和横式两种特点。一般在叙述事件发生的过程时用纵式结构，在写收获、认识和经验教训时用横式结构。

（3）结尾部分

结尾部分根据不同内容有总结全文，点明中心；由点到面，做出展望；提出解决办法和建议，提出问题，启迪思想等多种写法。有些调查报告没有结尾，主体部分结束，全文也就自然结束。

3. 署名和成文日期

署名和成文日期即作者和写作时间。有的调查报告将这两项都写在正文右下方的适当位置上，有的是分开写，署名写在标题的正下方，而成文日期写在正文的右下方。

 【案例及点评】

调研得出"惊人数据"　　人大代表业主"讨"法律

在第十届全国人大第一次会议上，罗益锋代表领衔提出了关于尽快制定物业管理法的议案，此议案被作为建议、意见转交有关单位办理。没过多久，国务院就发布实施了《物业管理条例》。罗益锋心生欢喜，"业主的利益终于有保护伞了！"但是，在听取了很多业主和法律界人士的意见后，罗益锋又有了新的担忧："业主和物业公司之间的矛盾并没有平息！"一次，罗益锋应邀出席一个座谈会。参加座谈会的业主代表慷慨激昂地讲述与小区物业的纠纷，法律界人士引用案例说明物业管理存在的问题。作为人大代表，罗益锋意识到物业管理迫切需要进行立法。他认为，要提出相关议案，就必须进行深入调研。在此后的半年多时间里，罗益锋代表用了大量的精力进行调研，他深知自己在物业管理立法方面是外行，所以调研对象中不仅有小区业主、物业管理企业，还特别加强了与法律界人士和专业研究机构的沟通联系。中国人民大学一个课题组提供的调查结果让罗益锋代表吃了一惊。这个调查组对北京 70 个居民小区进行调查后发现，业主与物业公司发生过严重纠纷的小区占到了 80%！产生肢体冲突和暴力冲突的占37%，这些纠纷中的"导火索"是共用财产被严重侵犯的占 60%。这类现象，在上海和广州也极为突出。这组最新的"惊人"的调查数据后来被罗益锋写进了议案中。

点评： 调研工作是有效为领导决策提供依据的前提，要为领导提供准确的信息，就需要进行实事求是的调研工作，在本案例中，罗益锋代表用了大量的精力进行调研，正确选择调研对象，通过直接调研与间接调研相结合，获取了大量数据，提出了有价值的议案。

思考实训

1. 调查问卷的结构由哪几部分组成？

2. 某市学生工作部门，要到某一所大学调查了解大学生的思想政治教育情况，调查组到该单位后，该单位有关领导不在，事先也没安排，又是上课时间，调查组便在校园里随便找了两位同学进行了个别访谈，回去后，就此事写了一份《××大学学生思想政治教育结硕果》的调查报告，并向有关上级作了反馈。

根据以上材料指出某市学生工作部门在调查研究过程中存在哪些不足？

3. 实训情景：

某中等职业学校拟开设"动漫专业"。学校准备向所在市的初中生及家长作调查，了解一下初中生及学生家长对"动漫专业"的认识。本次活动由学校办公室负责。

实训要求：试设计一份调查问卷。

4. 实训情景：

情景 1：

某煤炭公司老总安排秘书小李在近期配合销售部的同志搞一次市场调查，征求客户的意见。小李与销售部的领导进行沟通协调后，很快向老总提交了一份这次市场调查的意见，并得到了老总的批准。

实训要求：如果你是秘书，你将怎样安排这次调查？

情景 2：

辽宁 99 家支柱产业重点企业调查报告

2002 年，我国"入世"已一周年。来自辽宁省的企业调查队对我省 99 家大中型工业重点企业的跟踪监测调查显示："入世"一年，辽宁省重点企业从总体上看亮点频现，分行业看各具特色，从发展看亟需提高企业竞争力。

一、从总体看重点企业亮点频现

（1）重点企业继续拉动全省工业经济稳步发展。近几年，我省老工业基地在改造和调整中，注意利用高新技术改造传统产业，以拓宽产业开放领域，从而使我省石化、冶金、机械等行业重点企业保持较高水平的发展势头。截至 2002 年末，我省 99 家重点企业实现工业总产值达 1621.2 亿元，比上年增长 5.5%，此次调查的 99 家重点企业虽然户数仅占全省规模以上工业的 1.7%，但利税总额却占全省规模以上工业的51.3%，并比上年增长了 11.5%，成为拉动全省工业经济尤其是效益经济稳步发展的主要力量。

（2）大型骨干企业支撑利润天空。2002 年末，我省 99 家重点企业实现产品销售收入达 2250 亿元，比上年增长了 7.6%。其中，有 7 家龙头企业实现产品销售收入超百亿元，它们依次为鞍山钢铁集团公司、本溪钢铁（集团）有限责任公司、抚顺石化分公司、辽河油田分公司、大连石化分公司、大连西太平洋石油化工有限公司、金杯汽车股份有限公司，有 3 家超 50 亿元，超 5 亿元的企业有 56 家。99 家重点企业盈亏相抵后的利润总额为 77.7 亿元，占全省规模以上工业利润总额的 50%，比上年增长18.9%。其中，利润排在前 5 名的企业依次是辽河油田分公司、鞍山钢铁集团、本溪钢铁（集团）有限责任公司、沈阳化工集团、大连西太平洋石油化工有限公司，这几家企业的利润总额占被调查的 99 家重点企业的 90.8%（占全省工业的 45.4%）。

（3）出口量快速增长成为拉动我省经济增长的强劲动力。

（4）新产品的销售收入增势迅猛，企业技术创新能力增强。截至 2002 年末，我省99 家重点企业实现新产品销售收入达 360 亿元，增幅高达 40%。

（5）减员增效，劳动生产率创新高。截至 2002 年底，我省 99 家重点企业的从业人员比上年减少了 5.8 万人，减员幅度为 7.6%，高于全省规模以上工业减员幅度 3.5个百分点。

二、分行业看重点企业各具特色

（1）机械重点企业的主要经济指标全线飘红。2002 年，调查的 46 家机械重点企业的主要经济指标普遍好于上年。

（2）在机械重点企业中，汽车制造业重点企业成为全省经济发展的新亮点。

（3）冶金重点企业规模壮大，发展能力增强。

（4）电子业重点企业健康蓬勃发展，前景广阔。

（5）石化重点企业仍是出口主力，但企业效益有所下滑，"入世"的冲击效应在这些企业中已开始显现。

三、从发展看重点企业亟需提高竞争力

（1）企业整体盈利水平低。从我省 99 家重点企业的盈利情况看，利润主要集中在几家盈利大户，整体盈利水平还有待提高。

（2）企业管理成本过高。

（3）总资产使用率低，获利、偿债能力差。

（4）企业技术改造步伐渐缓。调查显示：有 38.4％的企业认为设备及技术落后是影响企业生产经营的主要因素。

在此次调查中，我们对 2003 年重点企业的生产经营状况作了预测问卷调查，结果显示：有 67.6％的企业认为生产经营状况要好于去年；有 26.3％的企业认为与去年持平；只有 6％的企业认为不如去年。据此并结合上述情况我们判断，2003 年，我省重点行业及重点企业将继续保持稳定的增长态势。其中，尤以冶金业重点企业更为看好。

实训要求：

（1）本则调查报告的结构包括哪些部分？

（2）本则调查报告所揭示的调研课题是什么？采用什么调研方法？结论如何？

第二节　督查工作

学习目标

1. 掌握信访工作的基本程序和要求。
2. 能按要求做好各种类型的信访工作。

情景导入

一位公司的老客户正在秘书小王的办公室里，向他讲述自己权益受到侵害的经过。说到伤心处，竟然泪流满面。这位客户代表的是生产轴承橡胶胶圈的企业，产品质量好、供货及时、价格适中，在公司众多供货商中信誉很高，多年来一直与其保持着良好的合作关系。但是最近一年多，自从总公司的供销公司经理换人后，他的日子却很不好过。这位新来的刘经理，先是在价格和质量上百般挑剔，然后又压着货款不给，今年上半年干脆就终止了他的供货合同，而把这些合同转给了一家新投入生产的小企业。这个小企业产品质量不稳定，可价格却还要高出一些。同样数量的橡胶胶圈，公司要多花 6 万多元。据说，这家小企业的老板是刘经理的亲属。那位老客户一再表示自己说的都是事实，并列举了具体的证据。

秘书小王听了情况介绍后，感到事情很棘手。听说供销公司的刘经理门路很广，与总公司分管供销工作的副总经理关系又很好，搞不好，自己还得弄个里外不是人。但他想到自己的职责和秘书的职业道德，想到公司的利益，还是按照正常程序，填写了"群众来访情况报告单"，上报给了总经理。

总经理很快做出了批示，并责成有关人员进行调查。调查结果证实了信访所反映的情况属实。总经理做出决定，撤销供销公司刘经理的职务，恢复了那个老客户的供货合同，为公司挽回了经济损失，维护了公司的商业信誉。

 **知识精讲**

一、信访工作的含义

一般把党政机关、社会团体和企事业单位对人民群众的来信来访的受理过程称之为信访工作。

知识链接

新《信访条例》的主要思路

2005 年 1 月 10 日，温家宝总理签署了第 431 号国务院令，公布了新修订的《信访条例》，该条例于 2005 年 5 月 1 日起正式施行。新颁布的《信访条例》共 7 章 51 条，主要思路表现在以下几方面。

1. 畅通信访渠道

畅通信访渠道是保障公民的建议权和申诉权、加强党和政府同人民群众的联系、及时了解社情民意并迅速化解社会矛盾的重要措施。新《信访条例》主要做了以下规定。

第一，各级人民政府、县级以上人民政府的工作部门应当畅通信访渠道，为信访人采用书信、电子邮件、传真、电话、走访等形式反映情况，提出建议、意见或者投诉请求，提供便利条件。任何组织和个人不得打击报复信访人。对泄露举报人情况的工作人员以及打击报复举报人的行为要追究法律责任，依法惩处，从而使信访人的合法权益得到保障。

第二，各级人民政府、县级以上人民政府的工作部门应当向社会公布信访工作机构的通信地址、电子邮箱、投诉电话、信访接待的时间和地点、查询信访事项处理进展及结果的方式等相关事项；应当在其信访接待所或者网站公布与信访工作有关的法律、法规、规章、信访事项的处理程序，以及其他为信访人提供便利的相关资料。

第三，社区的市级、县级人民政府及其工作部门，乡镇人民政府应当建立行政机关负责人信访接待日制度，信访人可以在公布的接待日和接待地点向有关行政机关负责人当面反映信访事项。县级以上人民政府及其工作部门负责人或者指定人员，也可就信访人反映的突出问题到信访人居住地与信访人面谈沟通。

第四，建立自上而下、自下而上、互联互通的全国信访信息系统，为信访人在当地提出信访事项、查询信访事项办理情况提供便利，既方便信访群众在当地提出和查问信访事项，也方便上级机关及负责人了解各地信访情况，及时督促和指导，同时也可减少重复受理与办理的现象出现。

2. 创新信访工作机制

为有效保障信访工作的开展，新《信访条例》努力改进和创新信访机制，确保信访工作高效透明、良性运作，同时也便于群众和监督部门监督。为此，新《信访条例》借鉴国外的有益经验，做出以下规定。

第一，社区的市、县级人民政府可以根据信访工作的实际需要，建立政府主导、社会参与、有利于迅速解决纠纷的工作机制。信访工作机构应当组织相关社会团体、法律援助机构、相关专业人员、社会志愿者等共同参与，运用咨询、教育、协商、调解、听证等方法，依法、及时、合理地处理信访人的投诉请求。

第二，对重大、复杂、疑难的信访事项，可以举行听证会，听证会应该公开举行，通过质询、辩论、评议、会议等方式，查明事实、分清责任。

第三，及时督办，提出改进建议。县级以上人民政府的信访工作机构如果有无正当理由未按规定的办理期限办结信访事项的、未按规定程序办理信访事项的、未按规定反馈信访事项办理结果的和办理信访事项推诿、敷衍、拖延、不执行处理意见的要及时严以督办，并限期反馈情况。

第四，确立信访工作新格局，构建统一领导、部门协调、统筹兼顺、标本兼治、各负其责、齐抓共管的信访工作机制。

3. 强化信访工作制度

新《信访条例》在总结信访工作成功经验的基础上，针对信访工作中出现的新情况、新问题，按照"方便信访人原则；属地管理、分级负责，谁主管谁负责的原则；依法、及时、就地解决问题与疏导教育相结合的原则；治标与治本相结合的原则；责任原则"建立、健全了以下制度。

第一，构建领导责任机制，从源头上预防导致信访事项的矛盾和纠纷。

第二，对于本地区、本部门信访工作实行党政"一把手"责任制。

第二，领导批阅重要来信制度和接待重要来访制度。

第四，信访工作汇报制度和实行信访工作目标管理制度。

第五，构建责任追究制度，促进信访工作的落实。

二、信访工作的程序

（一）处理来信的程序

处理来信的程序如图 10-2 所示。

接收 → 阅信 → 登记 → 办理 → 复信 → 存查

图 10-2　处理来信工作流程

1. 接收

接收环节包括收信、分拣、拆封、装订和盖章 5 个步骤。

1）收信。对挂号信和行政专送信，要履行必要的签名交接手续，对写明领导和上司亲收的信，在得到授权的前提下，可以接收和拆阅。

2）分拣。分别按照来信地区、收信者、信件投递方式（航空、挂号、专递）、急件还是平件、保密件还是普通件等，加以归类后按照轻重缓急分别处理。

3）拆封。要做到当日信当日拆，用剪刀拆，保持信封的完整；核查信内物品；要核查信纸页数和附件内容，如有不符，要注明。

4）装订。按照信纸在前、信封在后的顺序将信封、信文一并装订，上级交办或转办的来信，有交办函、转办单的也要一并装订。

5）盖章。装订好后，在右上方空白处盖章，盖章的内容包括收信机关名称、收信日期及收信编号。

2. 阅信

拆封的信应当及时阅读。阅读时要将信封、受理人、正文、落款署名、发信日期、附件等内容看清看全。对正文要仔细阅读，认真思考，全面理解，并加以综合分析判断，以求把握其实质内容。

3. 登记

所有来信都要登记。登记不是一次性完成的，而是从收信的第一步起贯穿于此信办理的全部过程。登记的项目包括：顺序号；收信编号；来信人情况，包括姓名、单位、联系地址、邮政编码、电话号码等；收信时间，以实际收到的时间为准；来信方式，即邮寄、传真、电子邮件等方式；事由；附件，即信内夹带的其他书面材料和所有物品等；转来单位，即转交来信的单位；承办单位和签收人；办理情况。

群众来信登记簿的参考格式如表 10-1 所示。

表 10-1　××××（单位名称）群众来信登记簿
20××年度

顺序号	收信编号	收信日期	来信人	工作单位	联系地址	邮政编码	电话	来信方式	事由	附件	转来单位	承办单位	签收人	办理情况

来信登记后还应填写"来信处理单"。来信处理单可选择填写上述主要登记项目，此外，还应当设有拟办、批示等项目。其中，来信内容、办理情况等几项要具体填写。来信处理单应与来信一起装订、运转、归档。群众来信处理单参考样式如表 10-2 所示。

4. 办理

来信办理是指按照一定的原则，采取一定的方式方法处理人民群众来信的工作。来信办理的步骤如下。

（1）分类

根据来信内容和反映问题的性质进行分类。评建议类、反映情况类、投诉请求类、揭发检举类和咨询政策类等五类。

表 10-2　×××××××××（单位名称）群众来信处理单

收信编号：

来信日期		来信形式	书信　电子邮件　传真　其他		
来信人姓名		来信人数		附件	
来信人单位		转来单位			
通讯地址		邮编			
电话号码		传真号码			
电子邮箱		手机号码			
事由处理单位					
处理要求	（1）调查	（2）处理	（3）办理结果报告	（4）直接答复来信人	
	（5）来信原件退回	（6）本处理单退回	（7）供参考	（8）其他	
	请按上述　　　项办理		限办日期		
领导批示					
拟办意见					
处理情况（由处理单位填写）					

收信经办人：

填写日期：

　　信访部门要根据不同时期来信内容的变化，随时调整分类细目，再按行政区域或业务部门进行归类统计。

　　（2）确定处理来信的方式方法

　　处理来信的方法有以下几种：

　　1）来信转办。根据来信反映问题的性质，按照"属地管理、分级负责，谁主管、谁负责"的原则，转交给有关地区、部门或单位处理。

　　2）立案交办。根据来信人反映问题的性质和职权范围，按照信访工作的原则以及反映问题的具体情况确定是否立案。信访人反映的申诉、求决等问题，除法律、法规另有规定的以外，均要立案交办；重大的、典型的、久拖不决的以及领导人批示的信访问题，也需立案交办。

　　3）要信呈批。要信呈批，就是选择有典型意义的重要来信或紧急信件，直接呈送给领导审阅批示。这是向领导汇报重要信访问题、得到领导批示、提高办信质量、推动解决信访问题的一项重要措施。

　　4）直接承办。对上级机关和同级领导人责成查办的信件以及属于本机关法定职权范围的信访事项，信访部门要按照规定程序直接受理，不得推诿、敷衍、拖延。

　　5）举行听证会。对重大、复杂、疑难的信访事项，要通过举行听证会办理。听证会应当公开举行，通过质询、辩论、评议、合议等方式，查明事实，分清责任。听证范围、主持人、参加人、程序等由各级人民政府规定。

（3）综合分析

在处理来信的过程中，信访工作人员要对来信中所反映的大量信息进行分类、筛选、综合，通过定性、定量、定向和对比等各种分析方法，随时进行分析研究，从而掌握信访动向，对带有政策性、倾向性、苗头性的重要问题和有价值的材料，要进行重点分析研究，并编写《群众反映》，报送有关领导。

5. 复信

复信就是受理人民群众来信的机关或信访部门在收到人民群众的来信后，给来信人回信，宣传政策、做思想工作、告知处理情况、答复处理结果。

6. 存查

存查包括对内容不清、无法转办、精神异常者的信件、已有处理意见的重复来信等应予保存待查；对无保存价值的信件应定期予以销毁。

（二）特殊来信的处理

1. 联名信的处理

联名信，指 5 人或 5 人以上共同签署姓名，反映同一问题的来信，是群众集体反映问题的一种方式。联名信的处理办法如下：

1）针对反映的问题，及时核实情况。对于情况紧急的联名来信，要及时与有关地区和单位联系，询问情况，进行初步核实，有的还应做实地调查或考察，并建议做好工作，防止事态扩大。

2）提出拟办意见。信访工作人员要根据情况，按照信访工作原则，有针对性地提出处理意见。

3）早送领导阅批。对联名来信，一般都要口头或书面向领导报告，说明初步核实的情况，并提出处理意见，请领导阅批。

4）转请有关部门办理。联名来信反映的问题，如果是政策规定明确的，已经做了妥善处理的，可转至有关单位和地区办理，同时要做好思想稳定工作。

2. 重信的处理

重信，就是重复来信，是指群众在来信过程中为反映和要求解决同一问题而反复来信的现象。重信的处理办法如下：

1）属于来信承办单位处理不适当的，可请示领导同意后，要求承办单位复议或重新复查处理。

2）属于来信人要求过高的，要及时复信，做好思想疏导工作，以使来信人转变态度，停止重复来信。

3）尚未结案的重复来信，信访工作部门要进行督办、督促和帮助承办单位尽快办结。

3. 匿名信的处理

匿名信是指不署名或不署真实姓名的群众来信。匿名信的内容一般以揭发、控告领导和机关不正之风问题的居多，属于揭发控告性信件。在处理匿名信时，要做好以下工作：

1）实事求是地分析研究、认真对待、妥善处理。对匿名信，要进行认真分析，分清匿名信和诬告信。对揭发重要问题的匿名信，先要初步核实情况，再请示领导，进行查处；对揭发不实的，要予以澄清，并报送有关领导。

2）要配合有关部门，做好对如实反映情况的来信人的保护工作。匿名信不能层层照转，一般要控制在收信单位，有必要的可报上级有关部门。

3）做好匿名信中的信息反馈工作。

4. 危急信的处理

危急信是指在来信中流露出危险情绪和反映紧急情况的来信。处理危急信的方法如下：

1）立即向领导报告。

2）通知有关地区和单位，提出具体要求，加强信息沟通，做好记录。

3）与公安部门联系，做好安全防范工作。

4）及时与来信人联系，做好来信人的思想疏导工作。

（三）处理来访的程序

处理来访的程序如图 10-3 所示。

图 10-3　处理来访的程序

1. 接待

信访工作部门，对群众来访要热情接待，要做到：来有迎声，问有答声，走有送声。信访工作部门要引导上访人讲明来访的目的和要求。

2. 登记

对来访群众要进行初谈，做好登记，或请来访人填写《群众来访登记表》，如表 10-3 所示。

表 10-3　群众来访登记表

编号：

姓名		性别		年龄		来访时间	
工作单位或住址			身份证号			来访人数	
反映主要问题							

3. 接谈

接谈指接待人员与来访人的直接交谈，要求接待人员听取陈述情况，解答政策，做好来访人的思想工作。这是处理群众来访的一个重要环节。接待人员在接谈时，应集中注意力、思维敏捷、态度谦和，坚持做到一听、二问、三记、四分析。

4. 处理

处理指针对上访人反映的问题，按照有关政策法规和工作原则，分别进行办理的过程。处理来访的方式除有当面答复、电话联系、要访呈批、出具便函以外，还有以下 3 种方式。

1）立案交办（具体内容参照来信处理"立案交办"内容）。

2）领导接待。领导接待是指领导人直接与来访者对话，听取陈述，宣传政策，做思想工作，对来访人提出的问题，亲自或责成有关单位和人员进行处理。

3）直接查办。直接查办是指对来访人反映的问题，属于本单位职责范围的，要直接按照有关政策和原则接洽处理。

5. 回访

回访指受理来访事项的部门到来访人单位或家里访问，征求意见，进一步调查研究、做思想疏导工作。对来访人进行回访，容易沟通感情，便于了解到真实情况，有利于问题的解决。

（四）特殊来访的处理

1. 对集体上访的处理

集体上访指 5 人或 5 人以上为反映同一问题而串联在一起，到上级机关提出信访事项的上访活动。集体上访的处理办法如下。

1）热情接待，稳定情绪，控制局面。要高度重视集体上访，在接待时要做到既不怯场，也不冷场，更不乱场，要向他们宣传信访法规，对于多人反映共同意见、建议和要求的，一般应当采用书信、电话等形式提出，多人采用走访形式提出共同信访事项的，应当推选代表，代表人数不得超过 5 人。同时要及时向领导及有关部门通报信息。如果是属闹事型的，则可与公安部门联系，采取必要的果断行动予以处置。

2）认真分析情况，研究具体措施。接待人员要弄清来访人数、来自哪个单位、牵头人是谁、核心人员有谁、集体上访的原因、反映什么问题、要达到什么目的、还将采取什么方式达到其要求等。对集体上访所反映的问题，要实事求是地分析研究，根据具体情况提出具体的处理办法。他们提出的问题，如果情况清楚，又有明确的相应政策，则可研究答复意见，向领导报告，然后向上访代表说明情况。如果情况不明，适用的政策又不明确，应及时汇报，请有关部门及时研究处理。

3）领导出面协调，亲自办理。对矛盾十分尖锐的集体上访，应采取领导亲自出面协调的方法。缓解他们的过激情绪，协调各方面的关系，共同研究处理意见。

4）区别情况，恰当处理。对集体上访者提出的问题，要区别情况，恰当处理。如果是当时能答复的，应当及时向代表答复；如果是要求不合理的，要做好思想疏通工作。也可将集体上访发生单位的领导召集到一起，共同研究解决问题的方案，解决集体上访问题。

2. 对重访老户的处理

重访老户，就是指为解决同一问题而进行长期、反复上访活动的上访者。对重访老户的处理办法如下：

1）要从维护社会稳定的高度出发做好重访老户的工作。要摸准重访老户的情况，建立重访老户档案，对重访老户要采取"三定三包"（定领导负责、定办案人员、定结案时间，包调查、包处理、包做思想工作）的方法，逐个进行处理，并与有关部门齐抓共管，提高处理重访老户的结案率。

2）耐心做好重访老户的思想转化工作，加强对重访老户的教育管理，要坚持耐心细致地讲道理，防止急躁情绪。对重访老户既要关心体贴，又要坚持原则，要敢于批评，不能无原则迁就。对极个别无理取闹者，要按信访法规严肃处理。

3）加强纵横协调，争取领导支持，这是解决重访老户的关键。可采取集中力量联合办案来解决重访老户问题。重访老户问题往往牵扯方方面面，要注意加强请示报告，搞好各方面的协调，形成合力。信访工作部门应统一认识，统一口径，共同做好重访老户的工作。

4）改进工作作风，依法做好来访处理工作，防止产生新的上访老户。同时要充分发挥基层组织作用，尽力把信访问题解决在基层。

【案例及点评】

材料1：

三封来信

一次，雾都市经贸委办公室刘秘书，陪同一位领导同志去秦巴山区某县出差，就住在县政府招待所里。第二天，刘秘书在首长下榻的房间里发现一封群众来信。按照规定，刘秘书查看了来信内容，是一位供销社干部反映他们部门个别领导人压制给他落实政策的问题，要求上级领导予以解决。经了解，这封信是本所一位服务员在给首长收拾房间时放的，写信人正是服务员的父亲。本来父亲要求当服务员的女儿当面交给首长，因女儿胆小，不敢当面呈递，便悄悄将信放在首长房间。首长在该县一直忙于调查处理其他工作，刘秘书没有机会提到这封信的问题。几天后首长又匆匆离开了该县。刘秘书只好把这封信带回市机关。

谁知，刘秘书回机关不久，便收到从该县寄来的又一封信，是招待所那位服务员写来的。原来，该县有关领导人得知服务员私自将信放在首长房间，以"利用工作之便，违反规章制度"为由，开除了她的公职。服务员经受不住这样的打击，几次跳河寻死，均被家人救起。在家人和邻里的开导下，她终于鼓起勇气，给刘秘书写了这封信，希望刘秘书为她们父女伸张正义。信中言辞恳切，情感动人。秘书的使命责任感使得刘秘书将情况迅速报告了有关领导。在上级领导的指示下，县里有关部门纠正了对父女二人的错误处理，落实了有关政策，恢复了那位女服务员的工作。父女二人的冤案得到平反，他们又一次来信向刘秘书表示深深的谢意。

点评：刘秘书发现并查看了来信的内容后，应该按照来信处理程序做好信访工作。当刘秘书没有及时处理来信时，信访者所反映的问题不但没有得到解决，反而被单位开除公职，造成信访者经受不住打击，几次跳河寻死的结果。当刘秘书将情况迅速报告了有关领导后，在上级领导的指示下，县里有关部门纠正了对父女二人的错误处理，落实了有关政策，恢复了那位女服务员的工作。父女二人的冤案得到平反。由此可见，秘书一定要高度重视群众来信来访者，及时反映和处理问题，不要让群众寒心。

材料2：

<h2 style="text-align:center">信口开河酿大祸</h2>

B市政府信访干部小刘，一日值班接待来访者朱某，据反映，其邻居横行霸道，最近在其屋前砌起一堵围墙，挡住其家人去路，经基层干部调解无法解决，要求市政府处理。小刘听罢，当时激动，竟然忘记了自己是市政府的干部，一本正经地说："他不讲理，你把他的围墙推倒不行吗？怕什么？"朱某听小刘如此说，以为得到了市政府的支持，回去后便组织亲友将邻居的围墙推倒。对方不服，也拉了一班人马，最后双方大动干戈，两败俱伤。基层干部在处理此事时，朱某一再声称："政府叫我推倒的"。小刘方知闯了祸，不得不承认自己答复的不慎，给政府带来了负面影响。

点评：给信访群众答复，是信访工作中一个极为重要的环节。答复是否得当，不仅体现信访干部自身的思想政治和政策水平、文化道德修养以及业务熟练程度，而且还关系到信访工作的实际效果。答复得当，群众情绪得以正确疏导，矛盾易于化解；反之，矛盾极有可能激化，导致群众重复上访。另外，在一般群众的眼中，信访干部是党和政府的代言人。因此，信访干部在接待群众时，必须注意自己的身份和形象，说话须斟词酌句，不能随便许愿，应做到慎之又慎。

 思考实训

1. 在信访工作中，处理来信需要哪几个环节？
2. 在信访工作中，处理来访需要哪几个环节？
3. 如何正确认识和处理匿名信件？
4. 实训情景：

上海某工厂的一名青年，因违章操作被机器削掉了三根手指。该青年在新疆农场工作的哥哥携家小赴上海，去该厂吵闹，提出要厂里将自己一家调回上海，以补偿弟弟削手指的代价，并扬言如果不满足要求，就全家入住厂办公室。等他拍桌子打板凳地发完火后，厂办秘书心平气和地向他进行了解释。当听了厂长秘书的解释后，对方顿时语塞，只得作罢。

实训要求：

（1）试写出厂长秘书对青年的哥哥说的一番话。

（2）进行模拟表演：一个同学扮演青年，一个同学扮演青年的哥哥，一个同学扮演厂长秘书，信访的地点在教室。

5. 实训情景：

秘书小李今天早晨收到了一封署名为"正义老人"的来信，反映公司的噪音问题。信中谈到公司在朝内区的分厂经常在夜间作业，机器声很大，自己因为年岁已大，经常整夜睡不着觉。小区里许多人都有同样的意见。前几天，老人找到厂区，一个负责人接待说："夜间作业是我们这些年一贯的做法，大家都习惯了。再说，如果取消夜班，将给厂里带来巨大损失。希望居民们能够谅解。"老人认为，企业生存不能只顾自己的利益，现在厂区周边新建了这么多居民楼，也该考虑到百姓的利益，适应一下别人的需要。

实训要求：试以小李的身份演示一下受理的过程，并自己制作信访登记表进行登记。

第三节　危机处理

学习目标

1. 掌握危机管理的含义。
2. 熟悉并运用危机管理的处置程序和方法。

情景导入

一家公司的员工在下班回家时遭遇车祸身亡，其家属纠集亲戚朋友冲进公司，硬要拉经理去向死者磕头，经理见势，赶紧回避了。其家属亲朋不罢休，在公司里大吵大闹，弄得公司一片混乱，正常工作无法开展。在这关键时刻秘书小仇挺身而出，冷静地向死者家属说："我们公司的员工，自然是我们的亲人，他的不幸罹难，我们都很悲痛，我是经理秘书，我一定代表经理前来吊唁，并参加治丧。而且与此次交通肇事有关单位的交涉及处理善后工作，我会向经理请示并与有关部门协调，尽快给你们答复。"一席话，说得对方哑口无言，虽然还有人蛮不讲理地坚持要领导出来，但许多人已不再胡搅蛮缠，一场风波基本平息。

知识精讲

一、危机的含义

危机是指由自然或人为因素造成的、突如其来的、对组织造成较大损失和压力的事件或事故。由于导致危机的自然或人为的因素事先难以完全预见和克服，所以任何组织在任何时候都可能面临危机。危机并不可怕，可怕的是临危失措。危机管理是现代领导科学必须正视的重要课题，也是领导人实施管理控制无法回避的重要一环。秘书作为领导的参谋与助手，协助领导处理危机责无旁贷。

二、秘书处置危机的程序和方法

秘书接到危机事件的报告后，应根据不同的事件采取相应的措施。

1. 政治性、群众性危机的临时处置

1）立即用电话了解事件发生的地点、人数、形式（静坐、游行、罢工、冲击、袭击）等详细情况，必要时应亲自到现场调查，务必弄清情况，准确判断事件的性质。

2）立即向领导报告调查情况，并请示处置办法。

3）事先已制定预案的，经领导人同意后通知有关部门紧急启动预案。如果无预案，属于群众性事件的，则通知群众所在单位的领导到现场进行疏导、劝散；个别人有过激行为的，要进行劝阻，必要时可请公安部门依法采取恰当措施予以制止；如果属于恐怖袭击、坏人破坏这类政治事件的，要通知公安、武警等部门采取坚决措施。

4）安排好值班，确保信息畅通。

5）事后要协助公安等有关部门对事件进行深入调查，分析原因，准确定性，对群众的合理要求要及时予以满足，对有过激行为者，应当进行教育，对违法者应依法处理。

2. 灾害性危机的处置

1）立即了解灾害的性质、地点、单位、灾情和大致伤亡情况，并迅速向有关领导报告，听候领导指示。

2）根据领导指示通知有关部门启动相关的应急预案。如通知公安部门出动警力维持秩序，通知消防、卫生部门组织抢险、抢救，通知有关单位组织群众疏散避险等。

3）亲自或安排人员赶赴现场了解第一线的灾情及救灾情况，并向领导人及时反馈。当遇到重大灾害时，应陪同领导人到达现场，为领导的现场视察、指挥、协调、慰问提供服务。

4）布置人员值班，保持信息畅通。

5）协助领导调查事故原因。对于重大事故要成立事故调查组展开调查。在事故调查过程中，秘书要始终做好记录。

3. 事故性危机的处置

1）接到报告时要详细了解事故的类型和性质、涉及的范围、具体地点和目前的损失情况，如果媒体已经报道，则要找到报道的原件，然后立即向领导汇报。

2）根据领导指示，通知有关人员举行紧急会议，商讨应对措施。会议中秘书要做好记录，并根据会议决定迅速起草新闻发布稿、情况通报、会议纪要等文件材料。

3）组织安排新闻发布会，落实会场，向有关媒体发出邀请，或安排领导接受个别记者采访。

4）及时处理公众的来信、来访、来电，并根据领导确定的统一口径一一答复。对来信、来访、来电中反映的重要情况和意见要及时向领导汇报。

5）陪同领导人到危机发生的现场视察、指挥、慰问。出发前，需通知事发当地或单位的领导以及本机关有关部门负责人同时到场。

6）协助领导处理好危机后期的理赔、抚恤、治丧、慰问等相关工作。

4. 侵权、误解性危机处置办法

1）了解情况，收集证据。秘书要迅速、详细地了解侵权、误解性危机发生在什么地点，以什么形式出现，已经造成了哪些损失。对于侵权性危机要了解侵权方的法定名称和住址、采用了哪些侵权的手段、有哪些直接或间接的证据；对于误解性危机要了解产生误解的原因，情况了解后应及时向领导汇报。

2）根据领导指示，邀请有关专家和律师参加情况分析会，共同商讨应对措施。会议中秘书要做好记录，并根据会议决定迅速起草新闻发布稿、声明等文件材料。对于决定采取法律行动维护权益的，还要协助律师做好必要的证据收集、补充和法律文书的起草工作。

3）安排新闻发布会或情况说明会，向有关媒体发出邀请，为领导撰写新闻发布稿，或安排领导接受个别记者采访。

【案例及点评】

危机处理

2000年1月12日22时许，县委值班室电话铃声突然响起，值班秘书小刘迅速拿起电话："您好，县委值班室。"

打来电话的是县中心医院王副院长，"刘秘书，不好了，我院急诊室刚刚收治了两位中毒患者，估计是毒鼠强中毒，患者现已神志不清，正在全力抢救。据说，这两人都是在县电影院附近的得仙酒楼吃夜宵时中毒的，请你们赶快处理。"

"在得仙酒楼吃夜宵的有多少人？"刘秘书问。

"不清楚。"王副院长回答。

刘秘书感到情况紧迫，必须马上处置。"这样吧，王院长，我这里马上向领导汇报，请你们务必做好抢救工作，同时立即组织其他的抢救人员，准备随时有新的中毒患者送来。"刘秘书果断地说。

"好，你放心，我这就去吩咐。"王副院长挂断了电话。

刘秘书立即拨通了分管卫生工作的贾副县长家中的电话，向他报告了这一情况。贾副县长说他马上前往县中心医院，并指示刘秘书立即通知县公安局迅速派人到得仙酒楼保护现场并调查取证，尽快掌握其他吃过夜宵的人员情况，同时通知县卫生防疫站马上派人，兵分两路，一路去县中心医院协助查清中毒原因，另一路赶赴得仙酒楼取样分析。

刘秘书刚按照贾副县长的指示打完电话，电话铃又一阵急响，这次是县中心医院的钟院长亲自来电,他接到王副院长报告后,已经赶到医院亲自指挥抢救。钟院长在电话中说,目前又增加了两名患者,但他们的抢救设备有限,如果再有新的患者,恐怕难以应急。由于县卫生局主要领导正在外地考察,情况紧急,所以他请县里出面统一调度全县的医疗资源,以抢救可能出现的更多的中毒患者。

这时,刘秘书感到问题已经十分严重,于是他立即拨通了县委书记和县长的电话。

县委书记和县长接到刘秘书报告后,很快相互进行了沟通和分工,县委书记负责到得仙酒楼指挥公安部门和卫生防疫部门查清情况,县长和贾副县长负责指挥各医院做好抢救病人的准备,并及时调度和协调。

刘秘书的及时报告,为县领导赢得了处理危机的宝贵时间。不到半小时,中毒病人便上升到8名,但由于各医院已经接到了通知,做好了准备,抢救工作进行得非常及时有序,除两名中毒人员因中毒太深,送治过晚,抢救无效死亡外,其余6名中毒人员通过医护人员的奋力抢救都脱离了生命危险。根据县领导要求,刘秘书连夜用电话和传真向地委办公室报告了情况。

几小时后,县卫生防疫站经过毒物分析,确定此次事件的中毒药源为毒鼠强。公安部门通过紧张的现场取证和调查,终于查明本次中毒事件系蓄意投毒报复所致,犯罪嫌疑人于第二天上午被抓获。

为消除群众的恐惧感,制止一度流行的谣传,县委和县政府在案件告破后,决定立即举行新闻发布会,由贾副县长向全县以及新闻媒体通报本次事件的起因、后果以及县委和县政府处理此次危机的过程。由于刘秘书参与了这次危机处理的全过程,贾副县长把新闻发布稿的拟写任务交给了他。刘秘书一夜未合眼,但接到任务后,他不顾疲劳,迅速拟稿,花了不到20分钟的时间就拟好了发布稿,并很快交到了贾副县长手中。

点评:由于刘秘书在这一危机事件的处理中临危不乱,信息传递及时准确,采取措施果断得当,事后受到了县领导的高度赞扬。

知识链接

强生公司应对中毒事件危机

强生公司生产的泰乐诺胶囊是一种止痛药,1981年的销售额就达43.5亿美元,占强生公司总销售额的7%,占总利润的17%。1982年的一天,一位叫亚当·杰努斯的患者服了一粒药后当天死亡;同一天,另一对服了泰乐诺的夫妇,也在两天后死掉了。消息迅速传遍了美国。强生公司在止痛药市场上的份额一度从35.3%下跌到不足7%。在面临巨大的危机时,强生公司迅速做出反应。

第一步,调查并澄清事实。

1)公司迅速收集了有关受害者的情况、死因、有毒泰乐诺的批号、该药的零售点、药的生产日期、送往分销网的途径等。为此,公司特别请了100名联邦调查局和州的侦探,追查了2000条线索,研究了57份报告。

2)求助媒体,希望他们提供准确及时的消息,以避免恐慌。通过调查,得出报告：有毒的胶囊是有人从药店买了药品后掺入氰化物又退回药店所致，并不是强生公司在生产中所出的问题。强生公司把这个消息传达给客户和媒体，仅电报费就花了50万美元。

第二步，评估并遏制事件的影响。

"泰乐诺中毒事件"使强生公司损失过亿美元，但最主要的是对其商标本身的影响。强生公司通过事后进行的民意调查，发现49％的人回答他们仍会使用这种药。于是，强生公司又把药摆到了货架上。

第三步，使泰乐诺重振雄风。

强生公司为实现这一目标，采取了"稳住常客，渗透新顾客群"的策略，具体步骤如下：

1）请开发此药的麦克奈尔实验室的药学博士托马斯·盖茨在广告中向使用该药的美国人民致谢。

2）鼓励胶囊的使用者去试用泰乐诺药片。

3）公司承诺在"中毒事件"发生后扔掉泰乐诺的客户，只要打一个免费电话，就可得到2.5美元的赠券。

4）公司设计了一种新型防破坏的包装，增强了人们的信任感。

强生公司通过一系列周密的计划和行动，仅用了8个月的时间就使公司重新赢得了35％的市场份额，并一直维持到1986年，为强生公司赢得了巨额利润。

 思考实训

1. 秘书应如何处置事故性危机？

2. 实训背景：

情景1：

一家化学品公司生产的驱虫防蛀片产生了始料不及的对织物的损害，当公众纷纷投诉时，公司的接待秘书不厌其烦地道歉，并向领导建议在大众传播媒介上公开道歉，并承诺在3个月的时间内每天接待投诉并予退赔。结果这家化学品公司虽然经济遭到损失，但保住了牌子。改进后的产品立即在第二年占领了市场。

实训要求：

面对公众纷纷投诉，这家化学品公司的秘书为保住公司牌子，尽心处理这次危机。试把他们处理危机的过程拟写出来。

情景2：

××××年11月16日下午，《××商报》告知××集团河南办事处，将有一篇关于××钙的批评报道于第二日见报。××河南办事处负责人立即前往该报社进行沟通，表示只要不出该报道，一切都可以商量。11月17日，《××商报》以"消费者当心，××钙有毒"为题，披露××公司所销售的××钙含有致癌的工业用双氧水，引起舆论哗然，国内各大媒体和网络纷纷于当日进行了转载，不少药店也将××钙撤下柜台，危机从河南迅速扩散到全国。11月18日，××公司发表声明，承认××钙含有微量双氧水，但不会对人体造成危害。11月19日，××公司在北京召开新闻发布会，强调虽含有微量双氧水，但属于安全范围之内，要求国家权威部门就××钙"有毒无毒"进行评判，同时指出事件缘起于恶意攻击，并将追究《××商报》混淆视听、不实报道之责。11月19日下午，××集团发布致全国媒体和消费者的一封公开信。当晚，《××商报》予以坚决回应，称销售受损是××公司咎由自取。在××集团与《××商报》就××钙安全性进行争辩时，××钙在全国的销售则几乎限于停顿状态。12月3日，卫生部的检测报告称"××钙过氧化氢含量在安全范围内"，××公司立即通过各地媒体通报了卫生部的评判意见及再致消费者公开信。在卫生部检测结果公布后，××集团副总裁认为整个事件是北京某竞争对手策划的，而《××商报》代总编辑则驳斥此种说法纯属造谣。

情景3：

2004年7月26日起，陆续有网友发现在腾讯QQ游戏中，当输入"保钓"、"钓鱼岛"等词就会弹出提示语"请文明用语"，而输入"尖阁列岛"、"尖阁岛"（日本对钓鱼岛的称呼）竟然可以正常显示。随即中华网论坛贴出了《腾讯公司依然顽固挑战13亿中国人的爱国感情！》的文章。一帖激起千层浪，愤怒的网民回帖激增。在sohu社区、麻辣社区等多个论坛上，网民们一致声讨腾讯公司，要求腾讯公司尽快做出解释并给予道歉。大量网络与平面媒体也竞相转载，并对事件进行追踪报道。7月30日，腾讯公司发表《腾讯致网友的信》，对QQ游戏中存在的问题向全国用户道歉，同时开始整改QQ游戏存在的问题，并表示尽快推出专门的"保钓"专题。声明全文：腾讯关于对"保钓"等相关用语使用了不恰当的技术处理和提示语，引起了部分网友的关注和评论一事表示歉意，同时感谢大家的指正和关爱！腾讯在接到相关投诉后，在第一时间进行了修正，并继续全面检查系统。如果网友发现问题，也欢迎及时向我们反馈。腾讯公司是一个本土成长起来的民族企业，始终支持国家的民族事业，充分理解和支持网友的爱国观点和立场。对之前的技术失误，感谢广大网友及时指正，希望得到广大网友的谅解，并继续支持我们的成长！

实训要求：试讨论面对危机，××公司和腾讯公司的处理方法孰优孰劣？

· 第十一章　办公自动化 ·

由于科技的进步和互相联网的渗透，办公自动化程度已经越来越高；办公自动化设备大大提高了工作效率，并将秘书从大量重复性的劳动中解脱出来。如过去没有计算机、打印机和复印机，领导的日程安排只要出现一点变化，秘书就得重新制表，之后再用复写纸写多份分发，这样一来不仅工作量大，而且非常耽误时间；现在有了计算机、打印机和复印机，修改日程表就变得非常容易，而且可以通过在线办公把修改的情况及时通知领导及有关人员。办公自动化设备对秘书来说已经是不可缺少的工具，可以说它们是秘书的笔和笔记本的延伸。如何有效运用办公自动化设备为领导的决策服务，实际上反映了秘书自身工作能力的强弱。

第一节　办公设备常识与技能

 学习目标

1. 掌握常用办公设备的操作方法。
2. 懂得常用办公设备的保养与维护。

情景导入

陈小姐是在 2002 年初进入华大科技有限公司公关部的。她对于自己的办事能力非常有信心，认为自己是文秘专业毕业，对于专业范围内的工作应该不会出现什么太大问题，特别是在华大科技这样的办公设备如此齐全的企业自己可以做得很好。

一天，公关部王经理找到陈小姐，对她说："刚才余经理送过来一份公司开发的新产品销售季度报告和下季度销售宣传画册手稿的光盘，请抓紧时间将其各打印两份交给我。"陈小姐接到任务后，立刻将光盘放入计算机内打开，结果发现销售季度报告是一个已经录入好的文档文件，包含了文字图表等内容，而下季度销售宣传画册则由三张彩色图片组成。陈小姐思索了一下，选择使用针式打印机打印销售季度报告，选择喷墨打印机打印宣传画册。结果，在打印销售季度报告时发现字迹很淡，效果很不理想，她考虑是色带使用过久的原因，为了节约时间和取得更好的打印效果，陈小姐使用办公室里的佳能激光打印机，出色地完成了任务，按时上交了两份报告和两份宣传画册，得到了领导的充分肯定。

知识精讲

秘书离不开办公设备，熟练使用和维护办公设备是秘书的一项基本职业技能。目前办公自动化设备向着高性能、多功能、复合性和系统化发展，办公系统正在朝着数字化、智能化、无纸化和综合化发展，这些都为现代秘书办公提供了丰富的办公资源。本节要讨论的是最经常使用的办公设备，如打印机、复印机、传真机、扫描仪、数码照相机等。

一、打印机

（一）打印机的有关知识

1）打印机是现代办公设备中最常用的外部设备，打印机的功能就是把已存储在计算机内的办公文稿的内容打印输出，形成书面文件。

2）打印机主要有针式打印机、喷墨打印机和激光打印机 3 种。

3）针式打印机主要由印字机构（打印头）、横移机构、走纸机构、色带机构组成，具有耐用、耗材便宜、可打印多种类型的纸张等特点。

4）喷墨打印机主要由喷头和墨盒、清洁单元、小车单元、送纸单元组成，具有价格低、噪声小、可打印彩色图像等特点。

5）激光打印机主要由感光鼓、墨粉、盒组件以及精密机械组成，具有打印效果好、速度快、噪声小、可打印不同类型的纸张和彩色图像等特点。

（二）打印机的操作

1. 连接

1）将打印机与计算机主机的电源均置于关闭状态。

2）将电缆信号线的两端分别连接在打印机和计算机上。

3）将打印机与计算机电源线分别接在插座上。

2. 准备

1）打开打印机电源，再打开计算机电源。

2）如果未安装驱动程序，应将随打印机附带的驱动程序安装软盘或光盘插入计算机中，计算机会自动检测到打印机硬件，并出现安装驱动程序向导，依据提示进行安装。

3）根据打印要求，把相关打印纸装入打印机送纸架上，用纸盒两边的纸导板将打印纸夹紧，以防止打印时打印纸发生偏移。

3. 打印

1）在计算机主机上打开要打印的文件（如 Word 文档），单击菜单"文件"→"打印"，弹出打印窗口。

2）设置打印范围。如果打印全文，则不需要设置，因为默认就是打印全部；如果要打印当前页的内容，则选择打印范围中的"当前页"；如果要打印的内容是跳跃的，可以在"页码范围"中输入要打印的页码，用"-"或","分隔页码范围。

3）单击"打印窗口"中的"确定"按钮，打印机即开始打印。

4）观察打印效果，如果打印效果不理想，应立即暂停取消打印，退出纸张，分析原因；如果打印正常，在结束后取出打印稿。

（三）打印机常用故障及处理

1. 针式打印机

1）不打印：检查打印机是否打开，联机灯亮否，打印机是否与计算机连接正确。如果没有，则相应打开打印机，或按一次联机键，或重新连接打印机与计算机。

2）打印模糊或不均匀：检查色带安装是否正确，不然则取出重新安装；纸厚调节器是否正确，不然则重新调节；打印机头是否损坏，如果损坏需维修或重新购买。

2. 喷墨打印机

1）缺纸：在送纸器上装入打印纸，然后按"进纸/退纸"键，将指示灯关闭，即可恢复打印。

2）夹纸：取出并重新安装打印纸，然后按"进纸/退纸"键，打印机弹出夹住的纸并恢复打印。如果错误仍未清除，打开打印机盖，取出打印纸，然后重新在送纸器中装入打印纸，按下"进纸/退纸"键，即可恢复打印。

3）墨少：预备新墨盒，待墨尽后进行更换。

4）未知打印错误：关闭打印机，几秒钟后再打开它。如果问题还没有清除，则需请专业人员进行维修。

3. 激光打印机

1）未打印自检页：检查打印机是否装有打印纸，打印机指示灯是否正确，依次判断故障并解决。

2）夹纸：如果被夹的纸张大部分都在进纸盒中，可用两手小心地将卡住的纸张向上拉出；如果进纸区看不到夹纸，则需打开机盖，取出硒鼓，向后推绿色的松纸杆，然后将手伸进打印机内，将其小心地向前直接拉出，安装硒鼓并关上打印机盖。

3）计算机发出"打印"命令后，打印机不响应：可能打印机暂停、打印机与计算机之间的电缆连接不正确，或在计算机中选择了另一台打印机。可相应从状态窗口或打印机管理器恢复打印；断开并重新连接打印机和计算机之间的电缆；检查计算机中的打印机选择菜单，选择正确的打印机。

4）错误灯亮：可能缺少打印纸、打印机盖未盖好、硒鼓未装好、打印机内有夹纸。可相应地添加打印纸、将机盖关严、重新安装硒鼓，清除夹纸。

5）错误灯闪烁：可能打印页太复杂，超出打印机的内存容量，或打印机创建图像的速度赶不上打印进程。可按一下前面板按钮来恢复打印。

6）输出质量不佳：硒鼓墨粉不足或布粉不均，此时需更换墨粉，也可能打印机需要清洁。

二、复印机

（一）复印机的有关知识

1）复印机是现代办公自动化中最为常见的信息复制设备，它融合了机械技术、电子技术、电摄影技术和光学技术等 4 个方面的技术。

2）复印机的基本组成包括曝光系统、成像系统、输纸系统、控制系统和机械驱动系统等五大系统。

3）静电复印机其复印过程通常包括充电、曝光、显影、转印和定影 5 个基本工序。

4）复印机属精密设备，需经常性保养与维护，如及时清洁易污染的部件（感光板、电极丝、镜头、输纸辊等），做好机件的全面清洁、润滑、调整，以及更换易损件或失效的零部件，补充墨粉与复印纸。

（二）复印机的操作

1. 预热

1）将复印机电源插头插入专用插座，接通电源。

2）打开复印机电源开关（ON），机器开始预热，大约需要 30 秒。

2. 加纸

1）抽出纸盒，轻轻按压纸盒底部的金属底板到适当位置。

2）将纸张的右上角置于纸盒右上角的金属挡块之下。

3）推动左边挡板，使盒中的纸张固定不动。

4）将纸盒推进去。

3. 放置原稿

1）打开复印机盖。

2）将原稿面朝下（需要复印的部分），沿左下角（按稿台纸张尺寸刻度）放置在复印玻璃上。

3）盖严复印机盖。

4. 选择复印倍率

根据原稿和复印件的尺寸规格，选择适当的复印倍率来放大或缩小复印件，也可选择相同的倍率。

5. 调节复印浓度

根据原稿的纸张、字迹色调深浅来选择复印浓度。如果原稿纸张底色较浓（如图片、报纸等），可将复印浓度调浅些。

6. 设定复印份数

1）试印一份，检查其质量。

2）用数字键输入所需复印的份数，如果输入的数据有误，可按下"清除"键，重新输入。

7. 复印

1）按下"复印"键，复印机开始复印，复印数量将显示在操作面板的显示屏上。

2）在连续复印过程中，如果需暂停，可按下"清除"（或"暂停"）键，这时机器将完成当前一张复印件的全过程后停止运转。

（三）复印机的保养与维护

1. 日常清洁

使用复印机，每周至少要进行一次日常清洁以保证复印品清晰，日常清洁主要清洁以下部位。

1）复印玻璃。用蘸有水或中性清洁剂的干净湿布小心擦拭玻璃表面，然后用柔软的干布将其擦干。如果玻璃沾有灰尘，最好先用橡皮吹气球将灰吹掉然后再擦，以免擦毛玻璃。

2）文件盖。用蘸有水或中性清洁剂的干净湿布擦拭文件盖的白色表面，然后再用干布将其擦干。

3）清洁电晕组件。先关闭电源开关，然后打开前盖，用手握住电晕组件清洁器的把手，将其拉出、推进五六次，这样便能清洁电晕组件。最后将电晕组件清洁器推入并关好前盖，接通电源开关。

2. 定期保养

复印机经过一段时间的使用后，应对感光鼓、显影装置、光学系统、供输纸机构等进行检查、清洁、润滑、调整或更换。定期保养的操作步骤如下：

1）首先切断电源，打开各机门，卸下复印玻璃。

2）分别将清洁器、显影器、电晕装置、消电灯等取出。

3）将定影器及纸盒等相继拉出。

4）取感光鼓。

三、传真机

（一）传真机的有关知识

1）所谓传真通信就是把记录在纸上的文字、图表、相片等静止的图像变换成电信号，经传输线路传递到远处，在接收方获得与发送原稿相同记录图像的通信方式。传真机则是用来实现传真通信的终端设备，是完成传真通信的工具。

2）传真机的基本工作过程可以归纳为 5 个环节，即发送扫描、光电变换、传真信号的调制解调、记录变换、接收扫描。

3）传真机对原稿的要求有：一是纸张厚度若大于 0.15mm 或小于 0.06mm 则不能使用；二是纸上若有大头针等一些硬物时不能使用；三是大于技术规格规定最大幅面的原稿不能使用。

4）在传真机的使用过程中，为延长传真机的使用寿命，保证传真质量，需要对传真机进行日常维护和保养，如保持机器表面的清洁、做好记录头的清洁、不要长时间不开机，以及注意供电电源的稳定。

（二）传真机的操作

1. 发送

1）检查机器是否处于"准备好"（READY）状态。

2）将原稿正面朝下靠右装入传真机引导板。

3）选择扫描线密度和对比度。

4）摘取话机手柄，拨对方号码。如果对方不接电话并设定自动接收方式，则会听到对方的应答信号（长鸣音），此时按下"启动"（START）键，机器即开始发送；如果双方通话，在通话结束后，由收方先按"启动"键，当听到收方的应答信号时，发方按"启动"键，开始发送文件。

5）挂上话机，等待发送结束。

2. 接收

1）使传真机处于"准备好"状态。

2）当电话铃响后，拿起话机与对方通话。

3）按发方要求，按"启动"键，开始接收。

4）挂上话机。

5）若接收出差错或质量不好，可与对方联系，要求重发。

3. 复印

1）接通电源，使传真机处于"准备好"状态。

2）将欲复印的原稿字面朝下放在引导板上。

3）选择扫描线密度的档次（清晰度或对比度）。

4）按下"复印"钮（COPY），开始复印。

（三）传真机常见故障与处理

1）卡纸：使用新的纸张或使用过了的纸张较易产生卡纸。如果发生卡纸现象，只可扳动说明书允许动的部件，而且尽可能一次将整纸取出，注意不要把破碎的纸片留在传真机内。

2）传真或复印时纸张为全白：如果是热感式传真机，可能记录纸正反面安装错误，因热感式传真机所用的记录纸只有一面涂有化学药剂，此时只需将记录纸反面放置即可；如果是喷墨式传真机，则有可能是喷头堵住，需清洁或更换墨盒。

3）在传真或复印时纸张出现黑线：如果是 CCD 传真机一般为反射镜头有脏物；如果是 CIS 传真机则是其透光玻璃上有脏物。出现这种情况用棉球或软布蘸酒精擦清即可。

4）传真或复印时纸张出现白线：说明热敏头（TPH）断线或粘有污脏物。如果是断丝，则应更换相同型号的热敏头；如果有脏物，可用棉球清除。

5）纸张无法正常退出：检查进纸器是否有异物阻塞、原稿位置扫描传感器失效、进纸滚轴间隙过大等，同时应检查发送电机是否转动，如果不转动则需检查与电机有关的电路及电机本身是否损坏。

6）电话无法收发传真：检查电话线是否连接错误，应将电话线插入传真机"LINE"插孔，电话分机插入"TEL"插孔。

7）传真机功能键无效：先检查按键是否被锁定，然后检查电源，并重新开机，让传真机再一次进行复位检测，则清除死循环程序。

8）传真机接通电源后报警声响个不停：通常是主电路板检测到整机有异常情况。先检查纸仓里是否有记录纸，且记录纸是否放置到位；再检查纸仓盖、前盖是否打开或未合到位；然后检查传感器是否完好；最后检查主控电路板是否有短路等异常情况。

四、扫描仪

（一）扫描仪的有关知识

1）扫描仪是一种捕获图像并将之转换为计算机可以显示、编辑、储存和输出的数字化输入设备。这里所说的图像是指照片、文本页面、图画和图例等。

2）使用扫描仪必须有配套的图像处理软件，例如 Windows 98 中的 Imaging，Office 软件中的 Photo Editor 和图像处理软件 Photoshop 等。

3）扫描仪在使用过程中要注意维护，保持清洁，避免将物件放在扫描仪的扫描板玻璃和外盖上，不要拆开扫描仪或给一些部件加润滑剂等。

4）光学文字识别系统就是通过扫描仪对文字稿件进行扫描后，利用计算机识别系统对稿件的图像信息进行识别，并转化成为文字信息的计算机软件。以汉王公司的汉王文本王为例，它就是一款采用了印刷体字符识别技术，集成文本阅读校对开发的一套高效输入、快捷办公的光学文字识别软件系统。

（二）扫描仪操作

1. 图像扫描

1）将扫描仪与计算机连接。

2）接通扫描仪电源，观察指示灯。

3）启动计算机，计算机会自动检测到扫描仪硬件，并出现安装驱动程序向导，此时可依据提示安装随机附带的扫描仪驱动程序。

4）打开扫描仪的机盖，将原稿面朝下，顶部与扫描板前端对齐，并盖上扫描仪机盖。

5）启动配套的图像处理软件（如 Photoshop），在其文件菜单下可找到输入的命令项，在其中即可找到扫描仪相对应的命令项，选择它即可打开扫描仪的驱动程序界面。

6）在窗口中进行分辨率（解析度）调整。

7）调整比例，通常选取 100％。

8）选择扫描模式（彩色、灰阶渐变、黑白线条、文字、半色调）。

9）选择图像品质（快速、正常、精细、高品质）。

10）预览图像，使用选择工具来确定图像的位置与大小。

11）按"扫描"按钮，开始扫描。

2．文字识别

利用光学字符识别（OCR）技术，可通过扫描仪对文字稿件进行扫描，然后在计算机上进行编辑、存储和输出，如"汉王文本王"。其操作步骤如下：

1）将扫描仪与计算机连接。

2）接通扫描仪电源，观察指示灯。

3）启动计算机，计算机会自动检测到扫描仪硬件，并出现安装驱动程序向导，此时可依据提示安装随机附带的扫描仪驱动程序。

4）打开扫描仪的机盖，将原稿面朝下，顶部与扫描板前端对齐，并盖上扫描仪机盖。

5）启动文字识别系统。

6）单击文字识别系统中菜单上的"扫描"按钮，扫描完成后，文稿会自动显示在计算机屏幕上。

7）单击"图像处理"按钮，自动或手工校正扫描后的文稿位置。

8）用选取工具将不识别的部分去除。

9）单击菜单上的"提交识别"选项进行文字识别。对文字进行识别后，系统自动弹出识别后的校对窗口。

10）在文稿校对窗口中，可将系统识别错误的字改过来。将光标插在这些字的前面，系统上方候选字里有许多字供你选择，并且在它的下方有一个放大的原稿图，可看稿选字改正。

11）修改结束后，单击"插入到 WORD"按钮。

（三）扫描仪的保养与维护

1）扫描仪应避免震动和碰撞。

2）不要将物件放在扫描仪稿台和机盖上。

3）在扫描时如果原稿不平整，可轻压机盖，注意用力不可过猛。

4）应保持扫描仪的清洁，稿台上如果有污垢，可用蘸少量清水的软布擦拭。

五、数码相机

(一) 数码相机的有关知识

数码相机，也叫"数字式相机"，是数字技术与照相机原理相结合的产物。数码相机集成了影像信息的转换、存储、传输等部件，采用数字化存取模式，可在计算机上直接处理。

数码相机的最大优点就是不会造成浪费，可以随时观看到刚刚拍摄的照片效果。如果拍摄效果好，可很方便地向计算机传输所拍的照片图像；如果拍摄得不好，可以随时删除。

(二) 数码相机的操作

1）充电或装入适合型号的电池。

2）打开数码相机开关。

3）设定自动（A）或手动（M）。

4）设定分辨率或文件格式。

5）当亮度不足时，可设定使用闪光灯，或使用机器自动调节功能。

6）取景构图，变焦按（选择景别）"T-W 变焦"按钮。

7）按动快门拍摄，此时可听到相机"沙沙"声，大约 2 秒时间，图像可以储备完毕。

8）观察拍摄效果，将拍摄的图像存储到计算机或删除。

(三) 数码相机的保养

如果保养合理，一台数码相机至少可以拍摄 100 000 张照片。在正常的工作环境下，相机和镜头并不需要过于频繁的清洗，因为在清洗过程中很可能会损坏相机和镜头，但一定要定期检查，及时保养。

1. 清洗相机机身

相机外部可以用一块柔软的棉绒布清洗。打开存储仓和电池仓的挡板，用软刷和吹气球清除尘埃。如果有必要，可用酒精来擦洗相机的金属部分。

2. 清洗镜头

只有在非常必要时才清洗镜头。镜头上的微量尘埃并不会影响图像质量，在清洗时，用软刷和吹气球清除尘埃。由于指印对镜头的色料涂层有害，应尽快清除。不用时最好盖上镜头盖，以减少清洗的次数。

在清洗镜头时，先使用软刷和吹气球去除尘埃颗粒，然后使用镜头清洗布，滴一小滴清洗液在拭纸上（注意不要将清洗液直接滴在镜头上），并用专用棉纸反复擦拭镜头表面，然后用干净的棉纱布擦净镜头，直至镜头干爽为止。如果你没有专用的清洗液，那你可以在镜头表面呵口气，虽然效果不如清洗液，但同样能使镜头干净。注意：务必使用棉纸，而且在擦洗时，不要用力挤压，因为镜头表面有较易受损的涂层。

3. 防热

相机不能直接暴露于高温环境下。不要将相机放在被太阳晒得炙热的汽车里。在室内时，不要把相机放在取暖器旁或其他高温或潮湿的地方。

4. 防寒

因为相机在低温下可能会停止工作，所以可将相机藏于口袋，让相机保持适宜的温度。在将相机从寒冷区带入温暖区时，往往会有"倒汗"现象发生。解决"倒汗"现象的方法是用报纸或塑料袋将相机包好，直至相机温度升至与室内温度接近时才使用相机。将相机从高温放到低温的地方，还会使相机出现一些收缩现象，虽然肉眼看不出来，但切勿使相机的温度在骤然间变化。

5. 防水、防雾和防沙

防止相机接触到水、灰尘和沙粒，拍摄结束后，应及时放入相机盒里。在不影响拍摄的情况下，加上一个滤色镜有利于防止雾和压缩情况出现。

6. 旅行防护

随时用镜头盖保护镜头，小器件和配件用软物隔开，避免碰撞。

7. 相机保藏

保藏相机要远离灰尘和潮湿的地方，并在保藏前取出电池。不要将相机直接对准太阳，否则在你取景时，可能会灼伤你的眼睛。

六、数码摄像机

（一）数码摄像机的有关知识

数码摄像机是目前使用比较广泛的一种动态影像记录设备，一般由镜头、机身、录像部分、取景器和辅助部分组成。它在拍摄时，将影像存储在随机携带的录像带中，而且可在摄像机上回放，进行各种剪辑、合成等。数码摄像机大多可以通过线路与计算机进行连接，将影像转换为电子文件在计算机中进行编辑。

（二）数码摄像机的操作

1）将电池装入电池仓。

2）打开镜头盖。

3）调节电子录像器位置。

4）打开整机电源。

5）观察录像器指示，调节日期时间。

6）调节录像器目镜校正器（清晰度）。

7）将磁带装入磁带盒。

8）拨动"摄录像转换"开关至摄像位置。

9）按压"动力变焦"钮或调节变焦杆，选定画幅景别。

10）调整白平衡。

11）启动"录像"钮，开始摄像。

12）拍摄完毕，退出磁带。

13）关闭整机电源开关。

14）盖上镜头盖。

15）将录像器调回原位置。

16）取出电池。

（三）数码摄像机的注意事项

1）拍摄时避免镜头长时间直对阳光，否则可能损伤 CCD 板，造成不可恢复的损伤。

2）拍摄完毕后要取出磁带，卸下电池，否则可能导致电池电压过低，以至于无法使用。

3）避开磁性设备，如电视机、计算机、扬声器和大型电动机等。

4）谨防受潮，尽量避免在雨、雪天拍摄，在海边或沙尘较大的地方使用时，小心勿让沙子或微小尘埃进入摄像机内。

5）回避高温、低温环境，否则可能影响拍摄效果，甚至引起故障。

6）防止凝露，寒冷天气从室外进入室内，应将摄像机罩在密封的塑料袋中，等机器与室内温度一致时再取出。

7）定期清洗磁头（磁带式 DV），一般拍摄 30～50 小时后清洗磁头一次。

8）避免电池的记忆效应，电池使用前一定要充足电。

【案例及点评】

案例：

秘书王莉的扫描工作

七九广告有限公司成立于 1995 年，是一家集市场调研、企业形象策划、独特创意设计、广告制作发布于一体，综合素质较高的大型户外广告公司。

策划新颖、手法巧妙、组织策划大型活动是七九广告有限公司的特色业务。基于对国内市场和中西文化的独特理解，七九广告坚持"以品牌个性统率宣传推广"，跳出就设计做设计，跳出常规求创意，从宏观入手，将品牌原则始终如一地贯穿到每一项具体服务中，以激情和灵性投入自己所热爱的事业，使企业每一阶段的每一分投入都争取到最大的回报。

王莉是 2000 年进入七九广告有限公司的一名普通文员。这天，公司接到了某汽车制造厂委托制作一个大型户外广告的业务。汽车制造厂送来了一大堆的照片、画册和说明书，要求在 15 天内完成制作。为此，公司上下全体动员，公司经理分配给王莉的工作就是完成汽车制造厂送来的所有照片和文档的扫描工作，而且还特别交代这件工作的重要性，它是保证后面工作顺利开展的关键。王莉接到任务后马上整理照片和文字说明书。她先将照片放入扫描仪中，打开扫描仪配套的图像处理软件，选择扫描参数，将所有的照片全部扫描存入计算机中，接着开始画册的扫描。因为画册不同于照片，是已经装订成册的，她必须先将画册小心地拆开，然后进行扫描工作，当然，还要对图片进行加工处理。对于说明书的扫描，她使用的是公司那台文档扫描仪，用了一个晚上的时间，她将所有照片、画册和说明书全部扫描完成。

点评：上述案例说明了秘书离不开办公设备，熟练使用和维护办公设备是秘书的一项基本职业技能，只有掌握常用的办公设备，才能把工作做得更快、更好。

思考实训

1. 怎样用传真机进行复印？
2. 如何用数码相机进行摄影操作？
3. 实训情景：

成立于 1989 年的华钛计算机集团公司为目前东南亚大型的计算机集团，以研究、开发、生产和销售计算机及电子设备并提供广大用户解决方案为主，是科技产业领域内多元化发展的全球化集团公司。2002 年 5 月，华钛计算机集团公司来大陆投资办厂，在东南沿海经济特区设立昆钛厂。工厂占地面积 12 万 m^2，主要生产液晶显示器、PDA 及外销出口业务等。孙红也正是在这一年进入昆钛做秘书的。她一进公司就在人事部副经理王先生的领导下工作，主要从事一些文书类的工作。这天王副经理找到她说："孙小姐，这是一份育青职业学校学生面试合格人员的名单，马上传真到他们学校里去。"孙红接到任务后立即开始发送，王副经理对她的办事效率与办事能力表示满意。

实训要求：

(1) 按王副经理的要求，将名单传真到学校。
(2) 假如你是育青职业学校的工作人员，试接收传真。
(3) 若传真机内的记录纸不足，请补充更换。
(4) 根据需要将原稿在传真机上复印一份。

第二节　互联网知识及技能

学习目标

1. 了解互联网的有关知识。
2. 掌握网络信息搜索技能。

有一天小李读到"石破天惊逗秋雨"这句诗，但不知道这诗的出处，请各位利用互联网帮他查找这句诗的出处。

 知识精讲

互联网就是把分散布置的多台计算机及专用外部设备用通信线路互联，并配备以相应的网络软件所构成的系统。随着互联网的发展，互联网对秘书工作已产生了革命性的影响，如通过互联网收集信息、传输文件、发送电子邮件、即时通讯、电子公告、远程登录、网上购物等。互联网的应用不仅大大提高了工作效率，而且对秘书的素质和能力也提出了新的要求，因此，作为职业秘书必须具备互联网方面的常识。

一、互联网的组成

互联网最主要的目的是提供不同计算机和用户之间的资源共享，其大体上由两部分组成：一是通信子网，二是资源子网。另外还有用于确保网络通信的协议。

1. 通信子网

通信子网在计算机网络中负担全网数据传输和通信处理工作。通信子网中的数据传输介质经过通信接口装置与资源子网中的各种数据处理设备相连。

2. 资源子网

资源子网负责全网数据处理和向网络用户提供资源及网络服务，包括网络的数据处理资源和数据存储资源。资源子网是计算机网络中面向用户的部分，其主体是联入计算机网络内的所有计算机以及这些计算机所拥有的面向用户端的外部设备、软件和共享的数据资源。资源子网中的各种数据处理设备有计算机、智能终端、磁盘存储器、监控设备等。

3. 协议

为使网络内各计算机之间的通信可靠有效，通信双方必须共同遵守一些规则和约定，这些规则和约定称为通信协议。计算机网络与一般计算机互联系统的区别就在于有无通信协议。

大部分协议实际上是由几个协议组合成的一个协议组，共同形成一个单独的系统来操作网络设备。这些协议具有不同的能力，以满足用户应用程序的需要。经过多年演变，目前传输控制协议/网际协议（Transmission Control Protocol/Internet－work Protocol，TCP/IP）已经成为全球互联网所采用的主要协议。TCP/IP 协议的特点主要有两点：一是标准化，几乎任何网络软件或设备都能在该协议上运行；二是可路由性，这使得用户可以将多个局域网联成一个大型互联网络。

二、互联网应用涉及的部分概念

(一) 互联网常用术语

1. WWW

WWW 是 World Wide Web 的缩写，中文为"全球信息网"或"万维网"，简称 Web。它是互联网上提供的一种信息服务，通过 WWW 能访问 Internet，获取各种信息。Web 内凡存储超媒体信息的计算机称为 Web 站点、Web 服务器或 Internet 主机。

2. 主页与页面

万维网中的文件信息被称作页面（page）。每一个 WWW 服务器上都存放着大量的页面文件信息，其中默认的封面文件称为主页（homepage）。

3. 浏览器

浏览器（browser）是用来浏览网上信息的主要工具，目前比较流行的浏览器有 Internet Explorer、Netscape Navigator 等。浏览器取来所需要的页面，并解释它所包含的格式化命令，然后以适当的格式显示在屏幕上。

4. 超链接

超链接（hyperlink）即包含在每一个页面中的、能够连到万维网上其他页面的链接信息。用户可以单击这个链接，跳转到它所指向的页面上。通过这种方法可以浏览相互链接的页面。

5. 下载

将网上的信息包括文本、图像、音乐或软件等，复制到自己计算机上的过程称为下载（download）。

6. BBS

BBS 又称为"电子公告牌"，是网上实时发布信息的系统。用户在这里可以发布并获得各种各样的信息，如二手市场信息、专题研讨等。

7. 搜索引擎

搜索引擎是储存了大量站点信息的数据库，当你要查询某一方面信息时，把一些关键词提交给它，它会从数据库中查出相应信息给你，然后你再根据此信息访问相应的网站，就可以得到你所需要的信息。

8. 防火墙

防火墙是用来增强机构内部网络安全性的一个或一组系统。它决定了哪些内部资料可以被外界访问，外界的哪些人可以访问内部信息，以及哪些外部信息可以被内部人员访问。防火墙只允许授权的数据通过，所有通过互联网的信息都必须经过防火墙的检查。

（二）互联网地址和域名

互联网中的每一台计算机都有自己的地址和域名。该地址可以形象地理解为某某街道某门牌号码，而域名可以理解为住在该处的人的姓名。

1. IP 地址

互联网中的每台计算机都被分配一个唯一的地址，即 IP 地址。该地址由网络号和主机号两部分组成，其中网络号标识一个网络，而主机号标识这个网络中的一台主机。

互联网的每一台主机都有一个 32 位的 IP 地址，通常情况下，这个 32 位的互联网地址都写成 4 个十进制数，并用小数点分开，每个十进制数表示一个 8 位位组的值。如 32 位地址 10100110　01101111　00001000 00110011 便可写成 166.111.8.51。

所有 IP 地址都由互联网的网络信息中心分配，但网络信息中心只分配 IP 地址的网络号，而主机号则由申请单位自己负责规划。

2. 域名

域名是互联网中用于解决地址对应问题的一种方法。要想在网上建立服务器发布信息，必须首先注册自己的域名，只有拥有了自己的域名，别人才能访问到你，因此注册域名是在互联网上建立任何服务的基础。

域名采用具有实际意义的字符串表示，采用圆点将各层次域隔开，分成层次字段。从右到左依次为顶级域名、第二层域名等，最左的一个字段为主机名。

顶级域名分为机构性域名和地理性域名两大类。机构性域名如 com（营利性的商业实体）、edu（教育机构或设施）、gov（非军事性政府或组织）、net（网络资源或组织）、org（非营利性组织机构）、firm（商业或公司）等。地理性域名指明了该域名的源自国家或地区，几乎都是两个字母的国家或地区代码，如 cn 代表中国，jp 代表日本，hk 代表香港等。

要注意的是，域名与 IP 地址并不是一一对应的。注册了域名的主机一定有 IP 地址，但不一定每个 IP 地址都在域名服务器中注册域名。

（三）搜索引擎

1. 何谓搜索引擎

搜索引擎是网络信息搜索最为便捷的工具。有人认为，搜索引擎是一种程序，它接收提问式，然后检索索引，识别并回复与提问相匹配的记录。这一过程包括两个重要步骤。

1）搜索引擎利用检索算法识别相匹配的记录。

2）采用特殊的排序方式对检索出的款目进行排序，显示给用户。

目前较为流行的搜索引擎 Google 的界面，它在接受提问后进行检索，识别和回复与提问相匹配的记录。Google 非常简洁，功能强大，网络知名度很高，使用也极为普遍。只要输入要查找事物的相应关键词，网络上的相关信息就可以搜索到。

搜索引擎本身也是一个 WWW 网站，与众多包含网页信息的普通网站不同的是，搜索引擎网站的主要资源是描述互联网资源的索引数据库和分类目录，为人们提供一种搜索互联网信息资源的途径。搜索引擎的索引数据库以网页资源为主，有的还包括电子邮件地址、新闻论坛文章、FTP、Gopher 等互联网资源。

2. 互联网主要搜索引擎

（1）Google 简介

Google 是互联网著名的搜索引擎，功能非常强大，但它的首页极为简单，支持多种语言的信息搜索，是一种按被链接次数对网页排序的搜索引擎，它将网页按被引用的次数存放在一个极为庞大的数据库中。由于这种排序方法效率高，并且检索界面又很简单，因此受到了人们的广泛使用。

图 11-1 是 Google 的界面，每个数字都连接到其注解，下面分别介绍它们的功能。

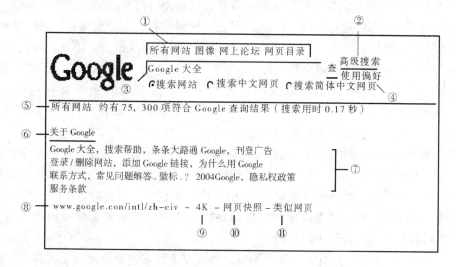

图 11-1　Google 界面

1）常用搜索类别。使用 Google 可以进行不同类别的搜索，如网页搜索、图像搜索或网上论坛搜索。

2）高级搜索。当搜索的网页列表数量太大时，可以用此高级功能控制搜索范围。

3）搜索字段框。根据查询资料的需要，输入几个说明性的关键词到搜索字段框中。按 Enter 键或单击"Google 搜索"按钮，就能很快得到相关资料的列表。

4）个性化使用。用此功能可以设置搜索的个性化，设置搜索网页上的默认搜索结果数节、界面语言以及查询语言。

5）统计行。这是对查询结果及搜索时间的统计结果。

6）网址或网页标题。这一行是查询到的网页标题。有时是网址，这表明 Google 还未将此页编入索引，或此页作者还没给它定标题。之所以查询到该页是因为其他网页和它之间具有链接，而 Google 已为那些网页建立了索引。

7）标题下文本。这是网页的摘要，搜索关键词以粗体显示。单击查询结果之前，可通过这些网页摘要浏览一下关键词在该网页中的上下文含义。

8）网址。这是该网页的网址。

9）文本大小。这是该网页文本部分的大小。未被 Google 编入索引的网站不会有此项资料。

10）网页快照。这是查看 Google 已编入索引的网页内容。如果因为某种原因，通过站点链接无法访问到当前网页，还可以通过检索网页快照来查找用户需要的信息。搜索词在网页快照中会突出显示。

11）类似网页。这是用于搜寻与这一网页相关的网页。

Google 的使用技巧：

1）Google 搜索信息简明直接，使用方便。

① 只需输入查询内容并按回车键或单击"Google 搜索"按钮即可得到相关资料。Google 查询严谨细致，能帮助用户找到最重要、最相关的内容。

② 自动使用 AND 进行查询。Google 只会返回那些符合用户全部查询条件的网页，不需在关键词之间加上"AND"或"＋"。如果用户想缩小搜索范围，只需输入更多的关键词，只要在关键词之间留空格就行了。

③ 忽略词。Google 会忽略最常用的词和字符，这些词和字符被称为忽略词。Google 自动忽略"http"、".com"和"的"等字符以及数字和单字，这类字词不仅不能缩小查询范围，而且会大大降低搜索速度。

④ 简繁转换。Google 运用智能型汉字简繁自动转换系统，为用户找到更多的相关信息。这个系统不是简单的字符变换，而是简体和繁体文本之间的转换。例如，简体的"计算机"会对应于繁体的"电脑"。当用户搜索所有中文网页时，Google 会对搜索项进行简繁转换后，同时检索简体和繁体网页，并将搜索结果的标题和摘要转换成和搜索项相同的文本形式，便于用户阅读。

2）Google 搜索不区分英文字母大小写，能对汉语拼音进行自动中文转换。

① 所有的字母均当做小写处理。例如，搜索"google"、"GOOGLE"或"GoogLe"，得到的结果都一样。

② 拼音汉字转换。Google 运用智能软件系统对拼音关键词能进行自动中文转换并提供相应提示（需用简体中文界面）。例如，搜索"shang wu tong"，Google 能自动提示"您是不是要找：商务通"。如果用户单击"商务通"，Google 将以"商务通"作为关键词进行搜索。对于拼音和中文混合的关键词，系统也能做有效转换。对于拼音"lü"或"lüe'、"nü"或"nüe"，用户可输入"lv"或"lve"、"nv"或"nve"。如果拼音中没有空格，例如"shangwutong"，Google 也会做相应处理，但是在多个拼音中加空格能提高转换准确率和速度。

3）支持模糊拼音搜索，具有容错和改正功能。

由于汉语的多音字和方言众多，常用发音与实际发音常常有出入，更不用说拼音输入中可能出现的错误了。Google 的拼音汉字转换系统能支持模糊拼音搜索，具有容错和改正功能，可为用户提示最适合的中文关键词。例如，搜索"wan luo xing wen"，Google 会提示"您是不是要找：万罗兴文 万络行文 网络新闻"，其中"网（wang）

络新（xin）闻"是系统参考了可能会有的拼音错误后自动转换的。单击其中的任一提示，Google 将以其作为关键词进行搜索。

Google 提高检索速度的主要方法是缩小搜索范围，因为 Google 只搜索包含全部查询内容的网页，所以缩小搜索范围的简单方法就是添加搜索词。添加词语后，查询结果的范围就会比原来的查询结果小得多。具体做法如下：

① 剔除无关资料。如果要避免搜索某个词语，可以在这个词前面加上一个减号，但在减号之前必须留一个空格。

② 英文短语搜索。在 Google 中，可以通过对英文添加双引号来搜索短语。双引号中的词语（例如"like this"）在查询到的文档中将作为一个整体出现。这一方法在查找名言警句或专有名词时显得格外有用。一些字符还可以作为短语连接符。Google 将"—"、"\"、"."、"＝"和"…"等标点符号识别为短语连接符。

③ 指定网域。有些词如果在后面加上冒号，则对 Google 有特殊的含义。如"site："，后面的冒号表示在某个特定的域或站点中进行搜索，可以在 Google 搜索框中输入"site：××××.com"。

④ 按类别搜索。利用 Google 目录可以根据主题来缩小搜索范围。例如，在 Google 目录的 Science＞Astronomy 类别中搜索"Saturn"，可以找到只与 Saturn（土星）有关的信息，而不会找到 Saturn 牌汽车、Saturn 游戏系统，在某个类别的网页中搜索可以快速找到所需网页。

⑤ 高级搜索。通常只需在范围较广的查询中添加词语就可以缩小搜索范围。不过，Google 还提供了很多不同的搜索功能，利用这些功能可以做到如下几点：将搜索范围限制在某个特定的网站中；排除某个特定网站的网页；将搜索限制于某种指定的语言；查找链接到某个指定网页的所有网页；查找与指定网页相关的网页。

图 11-2 是 Google 的高级搜索界面，将相应的搜索要求输入对话框中，就可进行高级搜索，能尽快找到所需的信息资料。

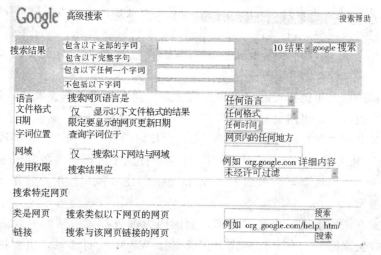

图 11-2　Google 的高级搜索界面

（2）百度简介

百度搜索引擎是目前世界上最大的中文搜索引擎，其中文网页总量超过 3.5 亿页，并且还在保持快速增长。百度搜索引擎具有高准确性、高查全率、更新快以及服务稳定的特点，能够帮助广大网民快速地找到自己所需要的信息，因此深受网民喜爱。百度搜索引擎的流量保持快速增长，领先优势明显。

百度的界面像 Google 的界面一样，非常简洁，功能却非常强大，也极具特色。

百度的特点如下：

1）可以搜索 MP3 歌曲。

2）搜索新闻量大、范围广。

3）搜索贴吧（即用户使用百度时发表的帖子）。

4）搜索图片极为方便。

5）内设"下吧"（即用户搜索并下载电影、软件、游戏等）。

6）搜索网站十分快捷。

7）具有搜索行情分析测评功能。

8）搜索限定地区，缩小搜索范围。

（3）天网搜索简介

天网资源检索系统是中国教育和科研计算机网示范工程应用系统的课题之一，是国家"九五"重点科技攻关项目"中文编码和分布式中英文信息发现"的研究成果，并于 1997 年 10 月 29 日正式在 CERNET 上向广大 Internet 用户提供 Web 信息导航服务。天网系统由北京大学计算机系网络研究室设计开发。目前已收录了超过 1 亿的网页和大量的新闻组文章，更新较快，功能强大；反馈内容完整，包括网页标题、日期、长度和代码；可在反馈结果中进一步检索；支持电子邮件查询。它的一个显著特点是，在语种上支持中英文搜索，而国内大部分搜索引擎都只收录中文网站，无法用来查找英文网站。

除了 WWW 主页检索外，天网还提供 FTP 站点搜索，为高级用户查找特定文件提供方便。同时，天网将 FTP 文件分为电影和动画片、MP3 音乐、程序下载、文档资源共四大类，用户可以像目录导航式搜索引擎那样层层单击、查找自己需要的 FTP 文件。

天网提供的服务还包括天网目录和天网主题。前者利用天网课题组自行开发的中文网页自动分类技术，将网页分类组织成不同的层次结构；后者则包括了几个极具特色的栏目，如北京大学校内搜索、北京化工大学校内搜索、新闻搜索、美国 1000 所大学搜索、Unix 相关搜索。与 Google 类似，天网也提供了可以集成在 Internet Explorer 中的工具栏——天网搜霸，它可放置于 Windows 的任务栏里，用户甚至不用打开 IE 就可以进行搜索。

天网搜索在语种上支持中英文搜索，而国内大部分搜索引擎都只收录中文网站，无法用来查找英文网站。在文件格式上它既支持 WWW 文件传输，也支持 FTP 文件传输。

1）天网搜索方法。

在天网的主页上，用户在文本框中输入想要查询的关键词，并按回车键（或者单击"搜索网页"按钮）即可。查询时无须使用"&"或"＋"，只要空格就可以了，天网会在关键词之间自动添加"&"。天网可以提供符合用户全部查询条件的网页。如果用户想进一步缩小搜索范围，只需输入更多的关键词或者在查询结果中再次输入关键词来进一步查询即可。如果搜索所有包含关键词"北京大学"的网页，只需在搜索框中输入"北京大学"即可。如果搜索所有包含关键词"北京大学"和"校庆"的网页，只需在它的搜索框中输入"北京大学　校庆"即可。

2）天网搜索的特点。

① 支持精确的短语匹配。例如，查询 peer to peer，没有引号的查询结果是会令你失望的。因此，查询短语、查询词应带着引号查询"peer to peer"，单个词的查询不需使用引号。

② 支持忽略词（常用的词和字符）查询。例如，可以进行忽略"的"、"大"等词的查询。

③ 天网搜索不区分英文字母的大小写。所有的字母均当做小写处理。例如，搜索"Unix"或"unix"，得到的结果都一样。

3）天网文件服务的使用说明如下：

① 从首页访问天网 FTP 搜索引擎。在天网首页输入框中输入用户要查询的文件名，可以包含"＊"（通配所有字符）、"？"（通配一个字符）、空格（表示几个查询的词为并列关系）。然后用鼠标单击"搜索 FTP 文件"，即可得到查询的结果。

② 在 FTP 检索页面进行常用功能的 FTP 搜索。在"FTP 检索"页面可完成以下功能：简单搜索；按类别搜索文件；使用快捷方式。

③ FTP 复杂搜索。从 FTP 检索页面里单击"复杂 FTP"选项进入"FTP 复杂搜索"页面。在复杂搜索页面里，用户如果没有填写或者没有选择内容，则表示使用默认值。复杂搜索可实现的功能有文件大小过滤、文件日期过滤、页面显示个数、文件类型、限定搜索站点范围。

知识链接

各有特色的搜索引擎

1）中国健康网：健康网网上药店的商品有上千个品种，包括常用药品、新特药、保健品、妇女儿童药品及医疗器械等八大类，品种齐全。有关药品的详细介绍被制作成网页，放在健康网数据库内，用户可以通过输入药品名称或疾病名称查到所需信息。健康网电子商务平台利用了网络优势，加强了企业间的交流与合作，努力实现无纸贸易。

2）中国医药网：浙江省医药管理局所开设的医药专业搜索引擎。数据库有 3 种检索选项，根据需要可以选择其中的一项，包括按产品查询（可以检索某产品的生产厂家）、按公司查询（可以检索到某公司的电话、传真、E-mail 以及网址）、按原料查询

（可以检索某产品的需求商或厂家）。其中有求购信息、供应信息、国际求购、产品检索等内容。

3）和讯金融搜索：它主要收求股票、债券、期货等金融方面 17 个类别的网站信息，以中文为主，并有部分国际知名金融站。

4）招聘网：招聘网可以使用中文或英文关键字搜索。它有 3 种搜索方式：关键字检索、职位分类目录检索和招聘公司目录检索。

5）图行天下：地图服务专业网站，提供地图搜索服务，还有站内全文检索。它提供了地 114、我的天下、公交换乘、地图留言板、在线地图登记等功能。

6）中国旅游资讯网：网站有一级求索并提供分类索引。关键词查询可选择语言种类，并且收录的站点较丰富，网站还推出网络机票预订、酒店预订、网上旅游用品的选购和旅行代理企业入网等电子商务服务。

7）中国企业产品在线：它提供类目检索和关键词检索两种方式，主要收录中国的各企业产品。此网站目录分类详细，共有两级，其中一级目录有 20 个。

8）中贸网：它采用会员制的电子商务网站，其商业模式新颖、可靠，是中国产品资料查找的重要网站。

9）Excite：它是一个基于概念性的搜索引擎，它在搜索时不只搜索用户输入的关键字，还可"智能性"地通过推断用户要查找的相关内容进行搜索。除美国站点外，还有中国及法国、德国、意大利、英国等多个站点。查询时它支持英、中、日、法、德、意等 11 种文字的关键字。

10）Infoseek：它提供全文检索功能，并有较细的分类目录，还可搜索图像。网页收录极其丰富，以西文为主，支持简体和繁体中文检索，但中文网页收录较少。查询时它能够识别大小写和成语，且支持逻辑条件限制查询。高级检索功能较强，另有字典、事件查询、黄页、股票报价等多种服务。

11）AOL：它提供类目检索、网站检索、白页（人名）查询、黄页查询、工作查询等多种功能。支持布尔操作符，有高级检索功能，并可针对用户要求在相应范围内进行检索。

12）中国搜索联盟：它是由中国搜索联合中国互联网新闻中心，共同发起的一个以搜索引擎应用为核心的开放型联合体。目前，联盟的协议成员已发展到 500 余家，并有 5000 多家网站同时使用中国搜索联盟的搜索引擎技术。中国搜索联盟作为国内最大的跨区域、跨平台、跨行业的搜索联盟正在被越来越多的人所关注。

三、搜索技巧

1. 选择合适的搜索引擎

各种搜索引擎都有各自的特点，如果搜索时没有选择正确的搜索工具，将浪费掉大量时间。如现在比较常用的门户网站的搜索引擎都是综合性的搜索引擎，信息内容涵盖生活的方方面面。这也造成了门户网站的信息内容不可能很细，比如用户想找一个网站下载 MP3，可以用新浪的搜索引擎查找，这样无论用关键词查找还是用目录导航，都可以找到满意的结果。但是如果用户想找一首具体的歌，直接用搜狐的搜索引擎就可能找不到，而用 Google 就可能找到。

一般如果用户需要找特殊的内容或文件，可以使用全文搜索引擎，如 Google 和 Alta Vista。如果用户想比较全面地了解一个主题，那么就可以使用网站分类目录，如 Yahoo 和 ODP（open directory project）。

2. 制定搜索方案分步搜索

有了正确的搜索关键词，就会搜索到有用的搜索结果。在单击任何一条搜索结果之前，需快速地分析一下搜索结果的标题、网址、摘要，这样会有助于选出更准确的结果，并且能节省大量时间。

3. 避免一些常见错误

如果没有搜索引擎，我们就会迷失在辽阔的信息海洋之中。但是，有些时候用户几乎尽了全力来搜索，但是依然没有找到需要的答案，或是找到了上百万个不需要的结果。这时候用户需要认真回顾搜索过程，也许这只是因为一个小差错而导致的。而一个看上去毫无希望的搜索，很可能在做了小小的改动之后便获得成功。下面是搜索时容易犯的几个错误及其解决方法。

1）停用词。一些搜索引擎会忽略这些词，当把它们输入搜索框时，不管网上有多少数量的相关文件，搜索引擎都不会找出来。这些词称为停用词，因为搜索引擎在它的数据库中遇到这些词时是不会搜索的。停用词可能太常见，以至于无法搜索出有意义的结果。语言中的副词、连词，如而且、可是，或者是 be 的变体，如 is、are、were、been 等无意义的词，也是没有搜索结果的，除非它们是一个短语中并且有重要的名词和动词相伴。

怎样辨别停用词呢？300 个最常用的英文词汇基本上都是停用词。当关键词中含有停用词时，Google 会把它忽略的每个停用词通知用户，并且显示在搜索结果页面的最上面。读者可以用一个含 Web 的关键词试一下。如果关键词中必须包含一些停用词，那么需把整个关键词用双引号引起来。

2）小心使用多义词。例如，搜索 Java，用户要找的信息可能是太平洋上的一个岛、一种著名的咖啡或者是一种计算机语言。搜索引擎是不能理解和辨别多义词的。最好的解决方法是，用短语代替多义单词作为关键词。例如用"爪哇印尼"、"爪哇咖啡"、"Java 语言"分别搜索则可以满足不同的需求。搜索引擎也很容易被只有相同拼法而异音异义的词所迷惑，例如 lead，发音不同，含义则不同，有领导的含义，还可以指一种金属元素，因此用户应尽可能使用意义明确的同义词来代替相同拼法而异音异义的词。

3）大写字母的使用。有的搜索引擎是区分大小写的，但也有的搜索引擎是不区分大小写的。使用小写字母可以搜索到包含所搜索关键词的所在网页，不管其中的关键词首字母是大写还是小写。如果在搜索关键词中使用大写字母，那么搜索引擎返回的结果很可能只有一种，其网页中含有大小写跟搜索关键词完全相同的单词。像人名和地名之类的关键词使用大写字母是个好的选择，但是其他对大小写没那么敏感的单词，如果也被使用大写字母，可能会使用户错过很多有用的网页。

4）错别字。经常发生的一种错误是输入的关键词含有错别字。错误的关键词很难搜索到什么有用的资料，所以每当用户觉得某种内容网上应该有，却搜索不到结果时，应该先查一下是否有错别字。

5）关键词太常见。搜索引擎对常见词的搜索存在缺陷，因为这些词的曝光率太高，使得它们事实上不能帮用户找到什么有用内容。例如，搜索"电话"，有无数网站提供跟电话相关的信息，从网上黄页到电话零售商再到个人电话号码都有。所以当搜索结果太多太乱的时候，用户应该尝试使用更多的关键词来搜索。如设计一个类似的"上海市常用电话"这样特殊的搜索关键词，会使用户找到真正有用的结果。

6）不会确定关键词，直接输入需要查找的内容。搜索失败的另一个常见原凶是类似这样的搜索："现代爱情故事歌词"、"铃羊车的各种图案"、"信息早报在济南的发行情况"、"上海到成都的列车时刻表"。其实搜索引擎是很机械的，当用户刷关键词搜索的时候，它只会把含有"现代爱情故事歌词"和"上海到成都的列车时刻表"的网页列出，用户看不到想要的内容。但是真正含有用户想找内容的网页，应该含有的关键词是"现代爱情故事"、"歌词'、"上海"、"成都"、"列车"、"时刻表"。所以，用户应该用这些关键词来搜索"现代爱情故事歌词"、"上海成都列车时刻表"。

总之，不要用大白话去搜索，当搜索结果太少甚至没有时，则应该输入更简单的关键词来搜索，可以猜测要找的网页中可能含有的关键词，然后用那些关键词来搜索。

7）在错误的地方搜索。搜索引擎从网页解析、索引到提供检索有一个周期，各搜索引擎的信息滞后周期一般为一周到一个月不等，所以要找最新的内容应该去看新闻，用搜索引擎只能找到一个星期或一个月以前的内容。另外，对于动态内容也不适合用搜索引擎，而应该去相关的网站寻找。

8）其他原因造成的错误。如果已经注意了上面所说的所有问题，但结果仍然令人失望时，问题的出现可能源于以下原因：

①网站出现问题。网站有时会迁移，网页也可能从免费社区搬到有独立域名的大网站了。当遇到这种情况时，用户可以搜索寻找文件的标题或者作者名字。搜索标题很简单，只要用双引号引起来进行短语搜索即可。还有个更好的方法是对标题进行Field搜索。Field搜索是大多数搜索引擎支持的高级功能，可以利用Field来搜索标题、图片和其他网页的特殊部分。

②已索引的网页被索引库遗弃。搜索引擎会不断地从它们的索引库中抛弃已索引的网页，有时这些被遗弃的网页会重新出现在索引库中，有时却不会。幸运的是，Google对它索引的所有网页都准备了一份Cache。即使要找的网页链接已经接不上了，也可以通过网页的Cache找到Google上次做网页索引时所准备的备份。但是这种方法

也有其不利的一面，Google 的 Cache 可能是过期的内容，而且上次的结果可能并不是使用 Google 搜索到的。

【案例及点评】

材料 1：

"黄花闺女"一词中"黄花"是什么意思

点评："黄花闺女"是一个约定的俗语，如果只用"黄花闺女 黄花"做关键词，搜索结果将浩如烟海，没什么价值，因此必须要加更多的关键词，约束搜索结果。选择什么关键词好呢？备选的有"意思"、"含义"、"来历"、"由来"、"典故"、"出典"、"渊源"等，可以猜到的是，类似的资料应该包含在一些民俗介绍性的文字里，所以用诸如"来历"、"由来"、"出典"等词汇的概率更高一些。搜索"黄花闺女 黄花 由来"，查到"黄花"原来出典于《太平御览》，与南朝的寿阳公主相关。如果想获得第一手资料，那就可以用"太平御览 寿阳公主"作搜索关键词了。

材料 2：

查找《镜花缘》一书中淑士国酒保的酸话原文

点评：如果按照一般的思路，找某部小说中的具体段落，就需要用搜索引擎先找到这本书，然后再翻到该段落。这样做当然可以，但是效率很低。如果了解目标信息的构成，那么用一些目标信息所特有的字词，就可以非常迅速地查到所需要的资料。也就是说，高效率的搜索关键字不一定就是目标信息的主题。在上面的例子中，在酒保谈到酒的浓淡与贵贱的关系时，之乎者也横飞。因此，可以用特定的词语一下子找到目标资料。搜索"酒 贵 贱 之"即可，找到的第一条信息就是镜花缘的这一段落"先生听者：今以酒醋论之，酒价贱之，醋价贵之。因何贱之？为甚贵之？真所分之，在其味之。酒味淡之，故而贱之；醋味厚之，所以贵之。……"

材料 3：

找图片

点评：除了 Google 提供专门的图片搜索功能外，还可以组合使用一些搜索语法，达到图片搜索的目的。

分析一：专门的图片集合，提供图片的网站通常会把图片放在某个专门目录下，如"gallary"、"album"、"photo"、"image"等。这样就可以使用 INURL 语法迅速找到这类目录。现在，试着找找小甜甜布兰妮的照片集。

搜索："'britney spears' inurl：photo"。

结果：已向因特网搜索"britney spears" inurl：photo. 共约有 2720 项查询结果，

这是第 1～10 项。搜索用时 0.23s。

分析二：提供图片集合的网页，在标题栏内通常会注明，这是谁谁的图片集合。于是就可以用 INTITLE 语法找到这类网页。

搜索："intitle：'britney spears' picture"。

结果：已向因特网搜索 intitle："britney spears" picture。共约有 317 项查询结果，这是第 1～10 项。搜索用时 0.40s。

分析三：明星的 FANS 通常会申请免费个人主页来存放他们偶像的靓照。于是用 SITE 语法指定某免费主页提供站点，是个迅速找到图片的好办法。

搜索："'britney spears' site：geocities. com"。

结果：已在 geocities. com 内搜索有关 "britney spears" 的网页。共约有 5020 项查询结果，这是第 1～10 项。搜索用时 0.47s。

 思考实训

1. 简要回答搜索有哪些技巧？

2. 实训背景：

海尔集团是在 1984 年引进德国利勃海尔电冰箱生产技术后成立的青岛电冰箱总厂基础上发展起来的国家特大型企业。海尔公司自 2000 年 3 月开始与 SAP 公司合作，首先进行企业自身的 ERP 改造，随后便着手搭建 BBP 采购平台。从平台的交易量来讲，海尔集团可以说是中国最大的一家电子商务公司。

海尔集团首席执行官张瑞敏在评价该物流中心时说："在网络经济时代，一个现代企业如果没有现代物流，就意味着没有物可流。对海尔来讲，物流不仅可以使我们实现 3 个零的目标，即零库存、零距离和零营运资本，更给了我们能够在市场中竞争取胜的核心竞争力。"在海尔，仓库不再是储存物资的水库，而是一条流动的河，河中流动的是按单来采购生产必须的物资，也就是按订单来进行采购、制造等活动，这样，从根本上消除了滞留物资、消灭了库存。海尔集团每个月平均接到 6000 多个销售订单，这些订单的定制产品品种达 7000 多个，需要采购的物料品种达 15 万余种。新的物流体系将滞留物资降低了 73.8%，仓库面积减少了 50%，库存资金减少了 67%。目前通过海尔的 BBP 采购平台，所有的供应商均在网上接收订单，并通过网上查询计划与库存，及时补货，实现 JIT 采购；货物入库后，物流部门可根据次日的生产计划利用 ERP 信息系统进行配料，同时根据看板管理 4 小时送料到工位，实现 JIT 配送；生产部门按照 B to C 订单的需求完成订单以后，满足用户个性化需求的定制产品，通过海尔全球配送网络送达用户手中。目前海尔在中心城市实行 8 小时配送到位，区域内 24 小时配送到位，全国 4 天以内配送到位。

实训要求：利用所学知识在互联网上搜索目前中国产海尔冰箱在国外市场的销售状况、产品档次、价格和品种等情况。

第三节 在线办公

学习目标

1. 了解在线办公的模式并能进行实际操作。
2. 掌握在线办公的业务范围。

情景导入

王总的公司是一家百人左右的房地产企业。近两年来，随着行业竞争的加剧，企业利润逐年减少，可日常开支却逐年增加。

由于公司管理层要处理很多涉外事务，没有足够的精力去管理公司内部办公，公司的日常成本浪费非常严重，办公效率低。例如经常几箱复印纸都用完了，但实际出来的公文及报告却很少；每个月的电话费很高，经查都是公司不同部门和办事处间对一些非常琐碎数字的确认或文档的多次传真往来；王总口头下达的任务，等到想起来询问时，由于没有明确通知，办事人员为了避免责任互相推诿等，这些着实让王总头疼不已。

为提高公司的管理水平，王总决定选择商务领航的办公自动化服务。

业务使用两个月后，以上问题全部解决，目前公司已基本实现了无纸化办公。不但可以通过网络传送公文、发布公告，还可以进行电子邮件、车辆和用品的管理，大大地提高了办公效率和部门间的业务沟通响应时间，客户满意度明显提高，公司竞争力也随之增强。

知识精讲

一、在线办公的含义

在线办公是指将多台独立的计算机系统用通信设备和通信线路联接起来，在网络软件的支持下实现数据通信和资源共享的集合，实现集体办公。

二、在线办公业务

1）文件管理。文件管理主要负责文件的发送与接收，是按照一定的流程完成的。它是秘书在线办公的最主要功能。

2）邮件管理。邮件管理的主要功能是发送与接收内部邮件，并将需要邮件存入数据库，以便今后浏览查询。如果要发送与接收外部邮件，那么外部邮件服务器必须支持 POP3。

3）表单管理。表单管理主要是实现表单模板的定制、表单的存储、打印等功能，它在办公过程中用到的频率仅次于文件管理。

4）档案管理。档案管理功能是指对准备归档的文件或者企业的各类合同、协议、文件、指示、资料等的一个合理存储与查阅功能，以及针对复杂的分类和查阅权限实现合理存取、管理等基本功能。

5）日程安排。日程安排是办公系统的一个必不可少的辅助功能，可分为个人日程、部门日程，主要需要解决的是日程的基本存储和信息提示。

6）公共信息管理。公共信息管理包括公司新闻、员工论坛、资料下载等功能。

7）会议管理。如用网络视频会议方式，使得不在一起办公的人也能面对面地交流讨论。

三、在线办公模式

在秘书的日常工作中，处理各式各样的文件占有很大比重。例如，秘书每年都要为总经理起草年终工作总结报告，由于涉及各个部门和分公司的工作，所以，报告起草的各个环节，从撰写、修改、定稿到制作，都需要各个部门的配合，须请他们对与自己业务相关部分的内容提出修改意见。过去，秘书写好初稿后，要复印若干份，送给总经理和职能部门；如果分公司在外地，还要用传真发送给他们。各方面提出他们的修改意见后，再把修改稿返回给秘书。秘书综合各方面的意见后，再向总经理提出第二稿，根据总经理在第二稿上提出的意见再作修改，才最后定稿。这种工作模式不仅工作量大，而且周期长、效率低。

如果通过在线办公的模式来处理这份年终工作总结报告，那么处理周期可以大大缩短，效率也得到提高。其基本流程如下：

1）秘书起草好年度总结报告初稿。

2）秘书将起草好的年度总结报告初稿利用网络分发给相关部门的领导。

3）相关部门的领导对秘书起草的初稿进行批注或修订，并将修改意见仍旧通过网络回复给秘书。

4）秘书选择接受或拒绝各审阅者对初稿的修订，并可根据各部门领导的意见对初稿进行再修改。再把修改稿传递给总经理。

5）总经理对修改稿再提出修改意见，返回给秘书。

6）秘书根据总经理的意见再进行修改，并写好第三稿。

7）总经理根据秘书提出的第三稿进行签发，回复给秘书印制。

【案例及点评】

李宁公司办公自动化

北京李宁体育用品有限公司是国内著名的体育运动服装及运动器材制造商，在同行业中拥有较高知名度。通过十几年的发展公司在经营上已取得了不俗的业绩。但是为求得更快的发展和加入 WTO 后的竞争优势，保持公司的良好势头，李宁公司在企业信息化建设方面也进行了不懈探索。正是在这种背景下，李宁公司启动了办公自动化系统建设来带动企业的信息化建设，提高企业的整体竞争优势。该项目的目标是在李宁公司内部搭建起适合公司需要的电子邮件系统并逐步建立起满足公司业务需求的办公自动化应用系统。在建设系统过程中，可以发现目前办公系统已经不再是简单的将办公流程电子化，而是逐步渗入企业的发展变革过程中，更加贴近企业发展过程中各阶段的实际需求。办公自动化已经演变为以知识管理、人力资源管理、流程管理、电子协作等为主要核心内容的企业信息化系统。

为充分利用好已经搭建好的应用系统平台，尽可能发挥其应有作用，使 OA 系统真正能够融入李宁公司的企业文化和管理理念中去，李宁公司与神州数码公司在项目中展开了深入的合作，主要目的是建立起李宁公司自身特色的应用系统，使这个系统真正成为李宁公司的 OA。建设过程按照总体规划、分步实施的方案有序进行。在系统平台方面，首先实现了将办公平台延伸到李宁公司的外地分公司的目标，并将李宁公司的邮件系统与 Internet 邮件系统连通，使这个系统真正成为李宁公司内外部沟通的重要通道，这虽然是很简单的一个邮件系统功能，但是其对于公司统一的外部形象却是必不可少的。另外，为继续增强员工的活力，建立良性的员工激励考评体系，针对李宁公司的绩效考评制度和规定，开发和实施了李宁公司的绩效考核系统，并完成了从公司领导到基层员工的考核理念宣传和操作培训。项目的建设主要分为两个阶段。另外为了尽快体现出办公自动化系统在企业中的实施效果，一期的建设具有一个明显的特点："想的大，入手小，发展快"。也就是在系统设计中全面考虑、整体规划、注重系统设计的前瞻性和可靠性，而对应用则采取选择通用性强的小型应用，经过客户的简单修改后快速实施。整个系统的基本架构以李宁公司的硬件系统平台为基础，应用系统平台选用了 Lotus 的电子协作系统平台产品 Domino/Notes R5，以此为基础建设李宁公司的电子邮件系统及办公自动化系统。OA 的第一阶段建设目标是：李宁公司整体邮件系统的规划和实施；办公自动化应用，包括：会议室预定、论坛、名片申请、长途电话申请、电子邮件申请、发文管理、工作日历。通过一期系统的实施，李宁公司初步体会到了实施办公信息系统带来的便利和对管理及业务的帮助。为更好地体现李宁公司办公系统的个性化，第二阶段李宁公司的目标为：连通北京总部和外地分公司的邮件系统，建立李宁公司统一的邮件系统；连通李宁公司与 Internet 邮件系统，建立与客户、合作伙伴的沟通通道；建立李宁公司的知识管理系统，建立公司的知识管理体系；建立公司员工绩效考核系统，提供员工考核系统的实施服务。

（支点网：李宁公司办公自动化系统建设案例，2007 年 12 月 10 日）

点评：通过二期的实施，李宁公司在内部已经形成了电子化办公的氛围和环境：员工通过电子邮件系统就能够方便地与客户、商业伙伴或是其他员工进行沟通；公司通过各部门的知识管理库，能够将员工积累的知识、经验和信息合理地进行分类，员工也能方便地查询到可能会有帮助的知识和经验；通过绩效考核系统，人力资源部能够将公司的 KPI 考核体系落实到人，能够对员工的绩效情况进行跟踪、评估，最终形成对员工的评价报告；将内部办公信息整合，提供更为准确的数据依据，为公司的管理提供服务；借助系统进行企业文化的深入宣传，进一步增强了企业凝聚力。

思考实训

1. 在线办公主要实现哪些功能？

2. 实训情景：

年底的董事会还有半个月就要召开了，总经理要在董事会上向公司董事们提出明年的工作计划，这个计划自然是由秘书赵霞来起草。赵霞写好初稿之后，要让公司的十几个职能部门和全国二十多家分公司提出修改意见，因为这个公司的总的工作计划与他们都息息相关。通过网络在线办公，赵霞把自己起草的工作计划初稿发给了他们。不到 3 天，各部门和分公司对计划的意见都通过网络反馈回来了。

实训要求：实训分组进行，每一组中有一个同学拟写计划初稿，而后把计划初稿在网上发给小组同学，让小组中的每一个同学针对计划提出意见，并进行反馈。

参 考 文 献

蔡超，杨锋.2006.现代秘书实务.广州：暨南大学出版社

蔡超.2007.现代秘书实训.北京：首都经济贸易大学出版社

高海生.2004.秘书基础.北京：高等教育出版社

洪锦兰，谭丽燕.2006.秘书人员岗位培训手册.北京：人民邮电出版社

胡荣华，曾洁.2007.国际商务秘书模拟实训教程.北京：中国商务出版社

陆瑜芳.2006.秘书实务.上海：上海社会科学院出版社

孟庆荣.2007.秘书职业技能实训教程.北京：清华大学出版社

潘月杰，刘琪.2006.如何做秘书.北京：首都经济贸易大学出版社

孙荣等.2005.秘书工作案例.上海：复旦大学出版社

谭一平.2007.秘书工作案例分析与实训.北京：中国人民大学出版社

向国敏.2005.现代秘书实务.北京：首都经济贸易大学出版社

徐飙.2005.文秘实习实训教程.北京：高等教育出版社

徐飙.2005.现代文员实务技巧.北京：高等教育出版社

张金英，王文学.2006.办公事务实训.上海：上海财经大学出版社

张晋峰，范立荣.2006.中国秘书岗位资格证书教程.北京：中国人民大学出版社

张小慰，冯俊伶.2005.秘书工作综合流程解析.北京：北京大学出版社

张宇.2005.现代商务秘书工作实务.北京：中国农业出版社